演讲与口才实用教程

刘志敏◇主编

高等院校素质教育课程“十三五”规划教材

人民邮电出版社

北京

图书在版编目（CIP）数据

演讲与口才实用教程 / 刘志敏主编. -- 北京 : 人民邮电出版社, 2017.4（2018.1重印）
高等院校素质教育课程“十三五”规划教材
ISBN 978-7-115-44861-3

Ⅰ. ①演… Ⅱ. ①刘… Ⅲ. ①演讲－高等学校－教材②口才学－高等学校－教材 Ⅳ. ①H019

中国版本图书馆CIP数据核字(2017)第030296号

内 容 提 要

本书以理论为指导，以训练为主线，兼顾知识教育、素质教育和能力教育。全书共分七章，内容包括认识演讲与口才、演讲与口才基础、命题演讲、即兴演讲、交际口才、面试口才和职场口才。每章就是一个训练单元，由学习目标、案例导入、演讲与口才基本知识、阅读思考、项目实训、课后练习等构成，并提供了有关名人演讲、相关电影欣赏等视频资源的二维码，读者可用手机扫描，边看边学，趣味无穷。通过学习和训练，启发学生思考，调动学生“说”的兴趣，使学生掌握各种口才表达形式的基本要领，全面提高口才素养和能力。

本书具有时代性、实用性、操作性和趣味性，本书提供 PPT、课后练习答案、电子教案等，可通过编辑 QQ：602983359 索取。

本书可作为高等院校演讲与口才公共课教材，也可作为专业基础课教材，还可作为演讲与口才爱好者的参考书。

◆ 主　　编　刘志敏
　责任编辑　万国清
　责任印制　焦志炜

◆ 人民邮电出版社出版发行　　北京市丰台区成寿寺路 11 号
　邮编　100164　　电子邮件　315@ptpress.com.cn
　网址　http://www.ptpress.com.cn
　大厂聚鑫印刷有限责任公司印刷

◆ 开本：787×1092　1/16
　印张：18　　　　　　　　2017 年 4 月第 1 版
　字数：449 千字　　　　　2018 年 1 月河北第 2 次印刷

定价：49.80 元

读者服务热线：（010）81055256　印装质量热线：（010）81055316
反盗版热线：（010）81055315
广告经营许可证：京东工商广登字20170147号

前　言

在西方国家，特别是美国，口才备受推崇。20 世纪 40 年代，美国人将“口才、金钱、原子弹”当作生存的三大法宝，到了 60 年代，三大法宝变成了“口才、金钱、计算机”。不管社会如何变化，在美国人心中，口才的作用一直居首位，在美国的教育中，演讲与口才训练是最重要的内容之一，贯穿了整个中小学教育，相关课程也是大学生的必修课。公众演讲能力成为美国人人生必备。在美国，上至总统竞选，下至职位升迁，口才都发挥了极其重要的作用。如乔布斯堪称口才大师，他的每次苹果发布会，搞得都和奥斯卡颁奖典礼一样风光，乔布斯在台上一举手、一投足、每一句话都能引起台下的掌声、欢呼声、喝彩声，其风头与好莱坞影星不相上下。乔布斯受到全球粉丝的热捧，与其精湛的口才不无关系。

与之相比，我国改革开放以来，在演讲与口才训练方面的系统性教育做得很不够。应试教育背景下，学生在中小学很少得到这方面的培养和训练，其演讲能力与口才水平令人堪忧。然而，竞争日益激烈的当今社会，口才已经成为一个人成功的必备条件之一。没有良好的口才，不善交际与言谈，缺乏沟通能力，成为大学生求职失利的一个重要原因。令人欣慰的是，近年来不少高职院校开始加强学生演讲与口才能力的训练，积极推进相关教学改革，演讲与口才类课程甚至成为学生们的必修课。为了适应新的教学方式，帮助学生了解演讲与口才的基本理论，提高演讲能力和职场口才技能，为学生全面可持续地发展夯实基础，我们编写了本书。

本书以提高学生整体素质为基础，以增强学生实践能力为本位，兼顾知识教育、素质教育和能力教育。在编写上以理论为指导，以训练为主线，力图为教师提供一套科学实用的演讲与口才教材，为学生提供一份切实有效的训练手册。本书共分七章，内容包括认识演讲与口才、演讲与口才基础、命题演讲、即兴演讲、交际口才、面试口才和职场口才。每章就是一个训练单元，由学习目标、案例导入、演讲与口才基本知识、阅读思考、项目实训、课后练习等构成，突出了时代性、实用性、操作性和趣味性。书中事例与理论相结合，案例新颖、鲜活，给人以强烈的时代感。每章都设计了大量训练，力求系统、科学，有层次、有力度，针对性强。通过学习和训练，启发学生思考，调动学生“说”的兴趣，使学生掌握各种口才表达形式的基本要领，全面提高口才素养和能力。

本书为方便读者利用在线资源促进学习，提供了名人演讲、相关电影欣赏等视频资源的二维码，读者可用手机扫描软件（如微信中的扫一扫），在学习中即时观看，边看边学，颇具趣味性。

本书可作为高职院校演讲与口才公共课教材，也可作为专业基础课教材，还可作为演讲与口才爱好者的参考书。

本书由大连职业技术学院刘志敏主编，刘桂华、赵静、凌云、刘嫣茹任副主编。具体分工如下：刘志敏编写第三章和第五章；刘桂华编写第一章；赵静编写第二章；刘嫣茹编写第六章；凌云编写第七章；张岩松编写第四章。孟顺英、王芳、郑瑞新、李新宇、樊桂林、高琳、蔡颖颖、王允、潘丽、刘世鹏、刘思坚、唐成人、杨帆、白冰参与了"阅读思考"内容的编写。全书由刘志敏统稿。

在本书的编写过程中，参考了大量文献、演讲词和网络资源，恕不逐一标注，谨致谢忱。

因编者水平有限，不足之处在所难免，敬请读者批评、指正。

编　者

2016年12月

目录

第一章　认识演讲与口才

口者，心之门户，智谋皆从之出。

——鬼谷子

对我们每个人而言，言谈本身是文化修养最可靠的标志。

——【古希腊】埃索克拉底

学习目标

提高对演讲和口才的认识；掌握演讲的含义、特征、作用和类型；掌握口才的含义、要素、标准和类型；明确口才能力的构成；掌握口才的特征和作用。

案例导入

口才是把“双刃剑”

《伊索寓言》里有这样一个故事：有一天，主人在家设宴，来参加宴会的宾客很多都是哲学家，主人令奴隶伊索准备最好的菜肴待客。伊索认真思考了主人的要求，去收集了很多种动物的舌头，精心准备了一场舌头宴。就餐时，酒菜端上桌，主人一看非常吃惊，问道：“这就是最好的菜？”伊索从容地答道：“主人让我为各位尊敬的客人准备最好的菜肴，舌头是传授道理、学问的关键，一切最动听、最美妙的声音不都是从舌头发出来的吗？对于这些哲学家来说，舌头难道不是最好的菜吗？”客人听后觉得很有道理，都露出赞许的笑容。主人不甘心地吩咐伊索说：“明天我还要再办一次酒席，你去准备吧，这回的菜要最坏的。”

第二天，伊索把菜端上来，主人一看，依然是满桌子的舌头做成的菜。主人马上大发雷霆，斥问伊索为什么要这样做。伊索还是从容地回答：“舌头能编造一切谎言，世界上一切的坏事都是通过舌头去教唆他人做的。所以，舌头不仅是世界上最好的东西，同时也是世界上最坏的东西啊！”主人听后，虽然依然很生气，但也无话可驳。

问题：

1．这个故事说明了什么道理？

2．你认为口才对你来说重要吗？为什么？

3．如何谙熟口才这门艺术？

第一节　认识演讲

演讲又称演说、讲演，是人类社会一项非常重要的活动。演讲一词源于英文 oration，日本学者福泽谕吉后来把它译成“演讲”，逐渐沿用至今。在现代，随着人们交往范围的扩大、娱乐生活的丰富，人们把当众演讲视为一种扩大的交流沟通形式。本节着重探讨一下有关演讲的基本问题。

正确认识演讲，必须首先确立正确的演讲观，唯有正确的演讲观，才能透过演讲现象，认清演讲区别于其他口语形式的本质属性，才能恰当而准确地掌握其内部的规律和特点，以便驾驭它，发挥其最大的社会效益和作用。

一、演讲的含义

演讲是人类的一种社会实践活动，具有综合性、直观性、现实性和艺术性，这是它的主要特征。作为演讲活动，它必须具备四个条件，即演讲者（主体），听众（客体），沟通主、客体的信息以及主、客体同处一起的时境（时间环境），这四者缺一不可。也就是说，离开任何一个条件，都不足以揭示出演讲的本质属性。因为任何一种带有艺术性的活动，都有自己独特的物质传达手段和自身特殊的规律，并揭示着自身活动的本质特点。演讲活动自然也不例外，演讲者要想发表自己的意见，陈述自己的观点和主张，从而达到影响、说服、感染他人的目的，就必须运用与其内容相一致的传达手段。演讲的传达手段主要有：有声语言、态势语言和主体形象几个方面。

1. 有声语言

有声语言即演讲之“讲”，是演讲活动最主要的一种表达手段，是信息传递的主要载体，由语言和声音两种要素构成。它以流动的声音运载思想情感，直接诉诸听众的听觉器官，产生效应。

我们对演讲这种有声语言的要求是：吐字清楚、准确；声音清亮、圆润、甜美；语气、语调、声音、节奏富有变化；要注意形式美和内容美。演讲的有声语言还具有时间艺术的某些特点，是听众听觉的接受对象和欣赏对象。

2. 态势语言

态势语言即演讲之“演”，就是演讲者的姿态动作、手势、表情等体态语的表现。它是流动着的形体动作，辅助有声语言运载着思想和感情，诉诸听众的视觉器官，产生效应。由于态势语言是流动的，因此，它存在于一瞬间，转眼即逝，这就要求它准确、鲜明、自然、协调和优美，要有一定的表现力和说服力，这样，才能使听众感受形式美的“演”，从而在心里引起美感，并得到启示，产生共鸣。它具有空间艺术的某些特点，是听众理想的接受对象和欣赏对象。然而，态势语言虽然加强着有声语言的感染力和表现力，弥补着有声语言的不足，但如果离开了有声语言，也就没有了直接地、独立地表达思想情感的意义了。

这里值得注意的是，有声语言也好，态势语言也好，它们既不同于其他现实中的有声语言和态势语言，因为它们都带有一定的艺术性，也不同于舞台艺术中的有声语言和态势语言，因为它们不是纯艺术。

3. 主体形象

演讲者是以其自身出现在听众面前进行演讲的，这样，他就必须以整体形象，包括体形、容貌、衣冠、发型、举止神态等直接诉诸听众的视觉器官。整个主体形象的美与丑、好与差，在一般情况下，不仅直接影响着演讲者思想感情的传达，而且也直接影响着听众的心理情绪和美感享受，这就要求演讲者在自然美的基础上，要有一定的装饰美。而这种装饰美，是以演讲者本人为依托的现实的装饰美，它绝不同于舞台艺术的性格化和艺术化的装饰美。这就要求在符合演讲思想情感的前提下，注意装饰的朴素、自然、轻便、得体，注意举止、神态、风度的潇洒、大方、优雅，只有这样，才有利于思想感情的传达，有利于取得演讲的良好效果。

演讲就是靠着这些手段，组成了一个综合、统一而完整的传达系统，达到演讲的目的。在这综合的传达系统中，缺少任何一个因素都不能构成演讲活动。如果只有“讲”而没有“演”（包括主体形象），只作用于听众的听觉器官而不作用于听众的视觉器官，就会缺少动人的主体形象及表演活动——即缺少实体感；而如果只有“演”而没有“讲”，则犹如在聋哑学校看聋哑手势一样，对大多数人而言，总是令人难以理解。所以，“讲”与“演”这两个演讲的要素是缺一不可的，只有将它们和谐地、有机地统一在一起，才能构成完整的演讲传达手段，并圆满地完成演讲的任务。

然而，“演”与“讲”在演讲实践活动中，在传递信息的时候，并不是平分秋色、各占一半。二者要和谐统一，但不是一加一等于二的统一，而是以“讲”为主，以“演”为辅，既是听觉的，又是视觉的，兼有时间性和空间性艺术特点的综合的现实活动，才是演讲的本质属性，这是演讲区别于其他现实口语表达形式和艺术口语表达形式的关键所在。

可是，在我们现实的演讲活动中，由于有人忽视了演讲的本质属性，经常出现两种错误的倾向：

一是不讲艺术倾向。长期以来，由于不注重演讲艺术的研究，见到的多是严肃的、呆板的、没有说服力的报告。一些演讲者只重视其实用性，而忽视了它的艺术性，由于缺乏艺术性，实用性效果被减弱了。

二是追求表演化的倾向。有的演讲者在讲台上往往追求相声、评书以及朗诵等演员的表演艺术，认识不到演讲是一种现实活动，忘记了它的实用性，没有区别演讲艺术与表演艺术的本质不同，结果破坏了演讲应有的真实效果及其严肃性。

“任何一种蕴含艺术性的活动，都有其独特的物质传达手段，形成自己的特殊规律，揭示自身活动的本质特点。”（邵守义《演讲学》）那么，什么是演讲“独特”的手段、“特殊”的规律、“本质”的特点呢？有比较才有鉴别，我们不妨将演讲与其他口语表达形式做个比较[①]。

首先，演讲不同于朗诵。二者属于不同的范畴。朗诵属表演艺术，为演而讲，侧重于欣赏性；而演讲属实用艺术，为讲而演，侧重于宣传鼓动性。

其次，演讲不同于一般的报告。二者虽然都是面对听众发表讲话，但内容的侧重点不同。报告的内容注重政策性、权威性、指导性；而演讲的内容更注重典型性、鲜明性。

再次，演讲不同于讲课。教师讲课的口语讲究启发性、科学性，而演讲的口语更注重技巧性、生动性。另外，态势语是演讲的辅助表达形式，既可以即兴发挥，又讲究刻意设计；而讲课却没有刻意设计这样的要求。

最后，演讲不同于一般的交谈。一般交谈无主体（演讲者）、客体（听众）之分，谁都可以发表意见，任何地点都可以进行；而演讲必须是演讲者面对听众系统地表明自己的观点，且受时空条件的限制，比一般交谈更具严肃性。

① 史钟锋，张传洲. 演讲与口才实训[M]. 南京：东南大学出版社，2015.

综上所述，演讲的定义可以做如下表述：演讲是在特定的时境中，借助有声语言（主要手段）和态势语言（辅助手段）针对社会现实和未来的某个具体问题，面对广大听众发表见解和主张，阐明事理或抒发情感，从而达到感召听众并促使其行动的一种现实信息交流活动。

【演讲小故事 1-1】

周恩来练演讲

1913 年周恩来在天津南开中学读书，刚开始学习演讲的时候，他的苏北口音比较重，再加上缺乏实战的经验，所以第一次上台的时候非常紧张，演讲效果不好。为了提高自己的演讲水平，周恩来针对初次登台暴露的弱点，从内容、声音、仪表、姿态等各方面进行了专门的训练。从那以后，不论在多么复杂的情况下，他的演讲都是立论精辟的、生动感人的，他的气质和形体都给人带来了一种美的享受，具备了政治家、活动家和外交家的大雅风度。

二、演讲的特征

作为应用性很强的演讲活动，它到底有哪些特征呢？这是每一位从事演讲的人都必须了解和掌握的，只有了解和掌握了演讲的特征，才能有效地提高演讲水平，达到演讲的真正目的。具体来说，演讲具有以下特征：

1. 现实性

演讲活动属于现实活动的范畴，而不属于艺术活动的范畴。它是演讲者通过对社会现实的判断和评价，直接向广大听众公开陈述自己的主张和看法的一种现实活动。

首先，从反映的对象来看，一个人当众演讲，关键就在于其内容的思想性、原则性、准确性、鲜明性，帮助听众弄清复杂的社会现象，解决某一问题，或者提出一个问题，分析问题，然后解决这个问题。就其反映的对象来看，是现实的真实而不是艺术的真实；就其表现的手段来说，是通过判断、论证、推理和一些逻辑手段，而不是通过形象来表现的。

其次，从演讲者的活动来看，演讲者是现实中的自己，走到讲台仍然是他自己，面向广大听众公开发表自己的主张和观点。另外演讲者总是一身数职，既是演讲词的作者，又是演讲的指导者（导演），还要自己完成演讲，自始至终表现出演讲者的独创精神和演讲风格。

最后，从表现形式上看，演讲是以讲为主、以演为辅的形式，直接抒发情感，公开陈述演讲者的主张。

2. 艺术性

演讲是现实活动，但它优于一般现实的口语表达形式，是应用性很强的现实活动。但应该指出，演讲也是一门艺术，是通过有声语言和态势语言相结合所显示出来的艺术，或者称之为言（有声语言）态（态势语言）表达艺术。

另外，演讲之所以优于其他一切现实口语的表达形式，并且有较大魅力，还因为它不仅是由多系统（如声音系统、表演系统、主体形象系统、时境系统等）要素构成的综合的实践活动，而且还在于它使这些系统的要素有机结合而形成了自己的特点。

首先，具有统一的整体感。在演讲中，不仅缺少任何一个系统都构不成演讲，而且任何一个系统如果脱离了演讲的整体，就失去了它作为演讲的一部分的意义和作用，在整个演讲活动中，正是由于各系统互相联系、互相配合、互相渗透，才给人一个统一的整体感。

其次，具有协调感。演讲活动各系统的每一个要素不仅为了演讲的总目标积极地发挥着自己的功能和作用，而且它们这种功能和作用总是靠着它们之间的默契配合、协调一致来完成总目标。

最后，各系统要素富于变化。演讲的各个要素总是能根据主题和情感的需要而变化着，始终给听众一种新颖感，并扣动听众的心弦，比如声音的抑扬顿挫、速度的快慢变化、态势语言的多种姿态与变化等。当然，这种变化是在一定的目的支配下，有组织、有设计的，否则就是一片混乱。

3. 鼓动性

鼓动性是演讲的又一个特征。作为一次成功的演讲，是离不开鼓动性的，或者说，没有鼓动性，也就不称其为演讲了。

古希腊的德摩斯梯尼作为一位民主政治家和爱国主义者，当他认识到雅典公民们的麻木时，发表了一连串的《斥腓力演说》。他以满腔的爱国热情和对敌人的无比愤怒，奔走呼号，唤醒同胞，抗击侵略者，拯救祖国。不仅使所有听众为之惊醒、为之激愤，而且团结起来，投身到反侵略的斗争中，这就是他演讲的威力，是演讲的鼓动性所致。政治演讲也好，学术演讲也罢，不管什么样的演讲，都具有一种鼓动性。演讲之所以具有鼓动性，有以下几个方面的原因。

首先，一切正直的人，都有追求真、善、美的强烈愿望，都有渴求知识的愿望。而演讲的目的就是要传播真、善、美，就是要传播知识，开启人们的智慧、陶冶人们的情操，在这一点上，演讲者与听众之间很容易沟通，并能建立起共识，听众自然愿意听，并愿意为追求真理而献身。

其次，演讲在传播真、善、美和知识的时候，总是包含着炽烈的情感。“感人心者莫先乎情”，演讲者总是以自己的情感之火去点燃听众的情感之火，以自己炽烈的情感之手去拨动听众的心弦，从而使其动情，引起共鸣，达到影响、征服听众的目的。

再次，演讲有较强的艺术性。诸如动听的声音、语调，那丰富的表情和多变的手势，都容易感染听众，增强演讲的说服力；另外，严谨的结构、严密的逻辑，都能像触电一样打动每一位听众，紧紧抓住听众的心。

最后，演讲的直观性加强了它的鼓动性。任何一次演讲都是在特定的时空下进行的，演讲者不仅能看到所有的听众，而且听众也能看到演讲者。演讲过程的自始至终，双方总是在进行着直接的思想感情的交流，演讲者不仅随时观察着听众的情绪、反应，而且也必须及时地根据听众的反应随时调节自己的演讲，使其更能说服听众，以达到演讲的最理想效果。

就是基于上述四点，才使演讲更具有强烈的鼓动性。德摩斯梯尼曾经对他的朋友说过，“你所讲的，只令人说个好字，但我却能使听的人一起跳起来，众口同声地说：‘让我们去抵抗腓力。’”著名的军事统帅拿破仑也是鼓动的能手。有一次他在对一支需要整顿的部队演讲时说：“士兵们，你们没有衣服穿，吃得也不好，我想带你们到世界最富庶的国家去。”几句话说得士兵们顿时振奋起来，战斗力大增，打了一个大胜仗。由此可见，鼓动性也是演讲取得成功的力量所在。

4. 工具性

演讲是一门科学，是一门艺术，也是一个工具。语言是人们交流思想的工具，演讲从某种意义上说是语言的艺术，自然它也是工具，是人们交流思想的工具。也可以这样说，任何思想，任何学识，任何发明和创造，一般都会借助于演讲这个工具在各种各样的讲台上得以传播之后，才使听众了解的。因此，演讲是最普遍、最基本的传播手段和工具之一。人们知道，黑格尔的《美学演讲录》是由他为大学开课的讲稿发展而成的。马克思《资本论》中的某些基本思想和观点，是他先在工人中演讲过的。物理学家杨振宁、李政道的学术思想也是经常借助演讲进行传播的。总之，各行各业、各种身份的人，都可以利用演讲这个工具来进行信息的交流，而且这个工具是最经济、最实用、最方便的。正如秋瑾女士在《演说的好处》一文中所说的那样：一是“随便什么地方，都可以随时演说”；二是“不要钱，听人必多”；三是“人人都能听得懂，虽是不识字的妇女、小孩子，都可听的”；四是“只需三寸不烂的舌头，又不要兴师动众，捐什么钱”；五是“天下的事情，都可以晓得”。可见演讲的好处甚多，每一位渴望成功的人士，都应学会使用这个工具。

5. *灵活性*

演讲根据现实生活需要，可以在不同场合，面对不同听众，以不同的内容按不同的程序由不同的人来进行。这就使得演讲具有了“灵活性”的特征。

演讲的灵活性，首先表现在演讲的题材广泛，政治、军事、外交、法律、学术、道德及其他社会问题和人际交往，都可以作为演讲的题材。其次从演讲者和听众来说，也具有很大的灵活性，演讲不受性别、年龄、职务、学历等限制，谁都可以讲，谁都可以听。再次演讲的形式灵活简便，不需要过多的辅助条件和复杂的准备工作，礼堂、课堂、操场、赛场等都可以成为演讲场地。

【演讲欣赏 1-1】

林肯在葛底斯堡国家烈士公墓落成典礼上的演说

87 年前，我们的先辈们在这个大陆上创立了一个新的国家，它孕育于自由之中，奉行一切人生来平等的原则。现在我们正从事一场伟大的内战，以考验这个国家，或者任何一个孕育于自由和奉行上述原则的国家是否能够长久存在下去。我们在这场战争中的一个伟大战场上集会。烈士们为使这个国家能够生存下去而献出了自己的生命，我们来到这里，是要把这个战场的一部分奉献给他们做最后安息之所。我们这样做是完全应该而且是非常恰当的。

但是从广泛的意义上来说，这块土地我们不能够奉献、不能够圣化、不能够神化。那些曾在这里战斗过的勇士们，活着的和去世的，已经把这块土地神圣化了，这远不是我们微薄的力量所能增减的。我们今天在这里所说的话，全世界不大会注意，也不会长久地记住，但勇士们所做的事，全世界却永远不会忘记，毋宁说，倒是我们这些还活着的人，应该在这里把自己奉献于勇士们已经如此崇高地向前推进但尚未完成的事业；倒是我们应该在这里把自己奉献于仍然留在我们面前的伟大任务——我们要从这些光荣的死者身上汲取更多的献身精神，来完成他们已经完全彻底为之献身的事业；我们要在这里下定最后的决心，不让这些死者白白牺牲；我们要使国家在上帝福佑下得到自由的新生，要使这个民有、民治、民享的政府永世长存。

【演讲视频 1-2】林肯葛底斯堡演讲 http://www.56.com/u57/v_NDMzNDc1MjY.html

美国华盛顿林肯纪念堂的林肯像以及镌刻在墙壁上的这篇演讲词如图 1-1 所示。

点评：葛底斯堡战役是南北战争的转折点，为了纪念这次战役中的阵亡将士，1863 年 11 月 19 日，举行了葛底斯堡公墓落成典礼，美国总统林肯发表了这段不到 3 分钟的著名演讲。这篇演讲完美无疵，誉满全球，被铸成金文保存在英国牛津大学，被誉为演讲中的经典之一。

图 1-1　美国华盛顿林肯纪念堂的林肯像和镌刻在墙壁上的演讲词

三、演讲的作用

演讲之所以备受人们重视，是由于它有着强烈而广泛的社会作用，无论演讲者还是听众，在演讲活动中都能得到教益、受到启发。归纳起来演讲的作用主要体现在以下两大方面。

（一）对演讲者的作用

（1）全面提高。演讲家都不是天生的，而是后天实践造就的，是经过多方面艰苦努力才成功的。只有通过不断地学习和艰苦地磨炼，才能具备站在时代前沿的精深思想、渊博学识和丰富阅历，才能拥有敏锐的观察力、敏捷的思维能力、准确的判断力、迅速的应变力和较强的记忆力。在长期不懈的学习与磨炼中，一个人即使没有成为演讲家，他的思想、学识和智能也会得到极大的锻炼和提高。

（2）融洽关系。演讲家经过长期训练和实践所得的本领，不仅在演讲台上可以表现为有文雅的举止和出众的口才，而且在日常交际生活中，其丰富的学识、敏捷的应对、良好的修养都很容易冲破人际关系的种种障碍，比一般人更能迅速有效地与人交往和沟通。而演讲本身也是一种比较高级的社交形式，通过演讲，演讲家可以广泛地接触社会各阶层、各地区人士，扩大自己的交际面。

（3）展示自我。现代人为了更好地生存与发展，需要适时地展示和推销自我。对于演讲者而言，演讲活动正是这样一个舞台，它可以让演讲者充分展示自己的语言、思想、情感、愿望、意志、能力、人品以及仪表、服饰、风度、气质等，使自身的才华得到他人的认可和赞赏，为自己的全面发展奠定良好的社会基础。

（二）对听众和社会的作用

（1）教育激励。一次成功的演讲可以传递大量的知识文化信息，听众在接受这些知识信息的同时，思想受到熏陶、情感受到激发，对工作、学习和事业的责任感被唤起，内在的主动性、积极性和创造性迅速得到提升，因此，演讲是一种很好的教育手段。如人们所熟知的李燕杰的《塑造美的心灵》的演讲、曲啸的《心底无私天地宽》的演讲，对于陶冶广大青年的思想情操，树立远大理想，激励刻苦学习和努力工作，都起到了积极的教育作用。而 1775

年美国独立战争时期，演讲家伯特里克·亨利在弗吉尼亚州议会上发表的激励人心的抗英演讲，就如同雷鸣闪电般震撼人心，唤起千百万人民勇敢坚定地投身于伟大的为独立、自由而战的斗争中去，最终赢得了胜利。他的“不自由，毋宁死”的名言，至今还在鼓舞着千千万万的被压迫人民为自由而战。可见，正确的演讲可以启迪人心、传播文化、宣传真理、祛邪扶正，把人类社会推向理想境界。

（2）合理调适。演讲的调适作用表现在两个方面，即心理调适和社会调适。心理调适就是通过演讲解答人们的思想问题，消除心理障碍，克服心理疾病，达到心理平衡，保持良好心态。社会调适就是通过演讲分析社会问题，克服社会弊端，确立社会价值取向，实现社会协调发展。调适功能主要通过演讲的信息反馈来实现。通过反馈，我们就能把握发展趋势和潜在问题，从而采取有效措施，保障社会机制正常运行和个人心理健康。

（3）传播信息。随着知识经济时代的到来，人们对知识的渴望越来越迫切。演讲作为一种比较高级的语言表达形式，能最大限度地发挥语言在传播知识、探讨学问、宣传成果、交流经验等方面的作用。在特定时境作用下，演讲能对人体感官做多重的综合刺激，充分调动人们的注意力，促进人们的思维活动，并且使听众在情绪、情感、意志等方面同时受到影响，从而加深对演讲所传播的科学知识的理解，增强学习效果。因而，演讲始终是传播科学文化知识、提高人们文化素养的重要形式。

四、演讲的类型

演讲的类型是根据演讲内容或形式等不同标准所划分的演讲类别。分类的标准不同，演讲可以有不同的分类。了解和掌握演讲的各种不同类型，有助于全面、深刻地从整体上认识演讲的本质和作用，对人们具体地组织和参加演讲活动有一定的指导意义。

按演讲形式分类，演讲有命题演讲、即兴演讲和论辩演讲；按演讲内容分类，有政治演讲、学术演讲、法庭演讲、军事演讲和礼仪演讲等；按演讲风格分类，有激昂型演讲、质朴型演讲、活泼型演讲、淡雅型演讲和深沉型演讲等；按演讲目的分类，有“使人知”演讲、“使人信”演讲、“使人激”演讲和“使人乐”演讲；按演讲场地分类，有课堂演讲、街头演讲和视播演讲等。

【拓展阅读 1-1】

演讲相关资源网站

中国演讲网：http://www.yanjiang.com.cn/

大学生演讲网：http://www.wysls.com/

演讲与口才杂志社：http://www.koucai.com/

中国商业演讲网：http://www.zgsyyjw.com/

第一演讲网：http://www.yanjiang123.com/xiaoyuanyanjiang/

中国演讲口才网：http://yanjiang.cy211.cn/yanjiang/

激情演讲网：http://www.power200.com/Article_list.asp?ClassID=2

中国校园演讲网：http://www.chinaxyyj.com/

总裁演讲网：http://ceoyanjiang.com/

第二节　认识口才

我们天天都在说话，但是未必人人都会说话。人才也许不是口才家，但是有口才的人一定是人才。一个会说话的人与他人交流，准确得体，巧妙有趣，有条不紊，对答如流，一针见血，正所谓："慧于心而秀于口"。掌握口才这门艺术，才能让你在竞争中抓住机遇，挑战人生。

一、何为口才

（一）口才的含义

口才，《辞源》中的定义为："口才是善于说话的才能。"《现代汉语词典》中的定义为："口才是说话的才能。"它由"口"和"才"两部分组成。"口"是指口语表达能力，"才"则是指可供"口"表达的知识、才学。因此，口才是指人们运用口语表达思想情感、进行沟通交流的才能。在说话、交谈、朗读、论辩、讲课、演讲等现代语言交际活动中，它表现为以个人综合素养（思想品德、知识学问、文学艺术）为基础的规范化的口语表达形式。它是一个人的道德修养、文化积累、知识结构、思维方式、价值判断、心理素质、语言艺术和仪态仪表等综合素质的集中反映。

（二）口才的要素

口才是人们在交际过程中，因时因地、因人因事地凭借自己的知识和阅历，力求准确地表达自己的态度、见解和感情，以期充分发挥交际功能的口头表达能力，其内涵是很广泛的，它可由胆、情、智、识、知、辩、力、度、思、仪十大要素组成。

所谓"胆"即无私无畏、临场不慌，言其所必言；"情"即真情流露；"智"即驾驭交际场面的能力；"识"即见解、主见；"知"即丰富的知识和阅历；"辩"即不同的场合运用不同的言语表达形式，句式、语气、语速、语势、语体风格要运用得当；"力"即感染力、说服力；"度"即言语交际过程中，或赞或贬、或喜或悲、或坦陈或婉言、或精确或模糊，都有程度轻重的问题；"思"即贯穿于言语交际活动全过程的思维活动；"仪"即仪态、神情、举止，即指交际者的仪态神情只有与交际者的性格气质及特定语境中的言语和谐时，才能相得益彰①。

（三）口才的标准

当一个人的口语表达能力达到相当有艺术水平的时候，我们就说这个人有口才。具体标准是怎样的呢？演讲与口才专家邵守义教授认为可以用以下五个标准来衡量。

一是言之有理。你要说这个人有口才，他讲的话必须是真理，而不是歪理邪说，也不能是胡说八道，这是口才的第一个标准。二是言之有物。你讲话的时候不是空空洞洞什么也没有，当听你说完会让人觉得真的有内容有东西。三是言之有序。当你做报告或者是同事间交谈，当你说出话来保证是一、二、三，让人觉得条理清楚。四是言之有文。也就是说你说的语言、说的话，当你讲出来之后，听众就愿意听，有文采，没有文采的话，我们说这个人不见得有口才。为什么有人讲话容易引起人家的笑声，因为他很幽默，也很有文采。五是言之

---

① 张珺. 实用口才[M]. 南京：南京大学出版社，2013.

有情。做一个有口才的人，讲起话来总是有感情的，不像是一阵风在耳边一吹而过，在你讲的过程中喜怒哀乐全部都可以在你的口语表达里传达出来，别人一听就为之震动、为之惊诧、为之欢乐、为之悲伤，可以达到感动听众的目的。归纳起来，就是具备了言之有理、言之有物、言之有序、言之有文、言之有情这五点，我们就说这个人有口才。什么样的人没有口才呢？很少说话，或一说话就脸红脖子粗，说话吭吭哧哧。还有一种人没有口才，就是一讲起来喋喋不休、东拉西扯、言之无物，虽然能讲，但是并不见得有口才，四川人叫摆龙门阵，北京人叫侃大山，东北人叫瞎忽悠，我们不要被这种假像迷糊，这不是真有口才。

（四）口才的类型

口才的类型是多种多样的。按照功用来分，可以分为交际口才、演讲口才、说服口才、辩论口才、谈判口才等；按照表述方式来分，可以分为叙述口才、讲解口才、抒情口才、质询口才等；按照行业来分，可以分为教师口才、导游口才、司法口才、主持口才、军事口才、外交口才、政务口才、商务口才等[①]。

二、口才能力构成

从语言交际实践来看，口才能力主要由六个方面的能力构成，即说明能力、吸引能力、说服能力、感染能力、创造能力和控制能力。

1. 说明能力

说明能力，即把话说得准确明白的能力。把自己心里的想法说出来的能力是口才最基本的要求。要求说话者用词准确，语意明白，语句简洁，合乎语法规范，把客观概念表述得清晰、准确、连贯、得体。实际上能把意思讲准确，讲明白，使听者“一听了然”，也是不容易的。例如，有的人懂技术，但不见得就能说出来；有的学者知识渊博，写过不少专著，但一讲起课来，就让人昏昏欲睡。这些都是语言表达能力不佳，说明能力差的表现。

2. 吸引能力

吸引能力，即通过说话，把别人的注意力留住的能力。如何才能使自己的语言具有这种能力呢？

首先，说话要有内容，才能够吸引别人的倾听，要使别人在听你说话的过程中有一些收益或是产生共鸣，那么，这样的说话才是成功的；而别人也才会乐意听你说话，与你交流。同理，一位好的说话者一定是一位特别擅长沟通的人，在自己说话的时候也要学会倾听他人的说话，俗话说：“出门看天色，进门看脸色。”因此，在说话时更要学会看他人听你说话时的表情，以便适时地改变自己说话的内容、语气等，说话时千万不要自说自话，这是最不成功的说话。

其次，说话要注意自己的节奏感，这一点是相当重要的。有些人在说话的时候语速相当快，就像在爆豆子一样，往往他（她）自己说完以后，别人都没有反应过来他（她）到底说的是什么。说话说得慢一些，声音响亮一些，你会发现，人们会更加注意地倾听你的说话，而且他们会感觉你所说的每一句话都是从内心深处说出来的，是经过你慎重考虑后才说出来的，人们会认为你在对自己说的话负责任。其实，话说并不见得比写文章容易，文章写得不

① 汪彤彤．商务口才实用教程[M]．北京：中国人民大学出版社，2011.

好还可以修改，而一句话说出来了，要想修改是比较困难的。我们也常感觉到，即使同一个意思，甚至同一句话，会说话的人，能叫你听后眉飞色舞；不会说话的人，则叫你感到头昏脑涨。

3. 说服能力

说服能力，即通过言语的表达，使人心悦诚服的能力。口才好的人，并不一定讲得很多，关键在于他善于察言观色，了解别人心中的想法，会对症下药，三言两语就能使人折服。说服能力要求言语行为具有明确的目的性。没有目的、漫无边际地讲话是没有任何实际意义的。

对于那些善于操纵说服技巧的人来说，能更清楚地了解对方的思想轨迹及其中的“要害点”，瞄准目标，击中“要害”，比与对方不停地周旋更有效，它会使你的说服力大大提高。这一点如果发挥得淋漓尽致，足以成就大事。

【口才小故事 1-1】

追求

一个驼背的小伙子非常固执地爱上了一位商人的漂亮女儿，但商人的女儿却从来没有拿正眼看过他，这主要是因为他是个古怪可笑的驼子。

一天，小伙子找到商人的女儿，鼓足勇气问：“你相信姻缘天注定吗？”商人的女儿眼睛看着天空答道：“相信。”然后反问小伙子：“你相信吗？”小伙子回答：“我听说，每个男孩出生之前，上帝便会告诉他将来要娶的是哪一个女孩。我出生的时候，未来的新娘便已经配给我了。上帝还告诉我，我的新娘是个驼子。我当即向上帝恳求：上帝啊，一个驼背的女人将是个悲剧，求你把驼背赐给我，再将美貌留给我的新娘。”这番话说完，商人的女儿用一种非常奇怪的眼神看着小伙子，内心深处被某些记忆搅乱了。她把手伸向他，之后成了他最挚爱的妻子。

4. 感染能力

感染能力，即用语言感动人的能力，也就是要求讲话人以自己的激情感动听者，获得以情动人的效应。如果说话人感情平淡，语言贫乏，自然是无法感动听众的。具有感人能力的语言或是字字珠玑，让人听来春风化雨，或是情真意切，动人心扉。总之，就是要与听者产生心与心的碰撞和情感上的共鸣。

5. 创造能力

创造能力，即讲话中根据思想表达的需要创造语言的能力，或者是说创造性地运用语言来表达自己思想的能力。语言创造能力是形式和内容的有机统一，词汇贫乏，话到用时方恨少；用词没有仔细斟酌，粗陋肤浅，词不达意，错漏和歧义百出，这些现象，统称为缺乏语言营养。要发展语言创造力就必须攻克缺乏语言营养的堡垒。生活、阅读、情感、思维都是提高语言营养，丰富语言创造力的源泉之一。

【口才小故事 1-2】

出人意料的创意

小刘南下深圳，到一家广告公司参加应聘面试，他到达该公司时，已有 30 个求职者排在他前面，他是第 31 位。怎么能引起面试官的特别注意而赢得职位呢？小刘很快拿出一张纸，在上面写了一些东西，然后折得整整齐齐，走向秘书小姐，恭敬地对她说：“小姐，请你马上把这张纸交给老板，这非常重要！”秘书小姐把那张纸很快送到老板的桌上，老板看后笑了起来，纸条上写着：“先生，我排在队伍的第 31 位，在您看到我之前，请不要急于做决定。”小刘最终得到了工作，这是他善于创造的结果。

一个会动脑筋的人，一定是一个富有创意的人，而从事广告业务所要的人才，不仅要求其想象力丰富，还要有出人意料的创意。

6. 控制能力

控制能力，即控制自己的语言避免引起不良后果的能力。就是说，只会把话说出来，却不会顾及自己所说的话所能引起的后果，实际上是信口开河，瞎说一通，这算不上有口才。一般来说，语言的控制能力主要表现在以下几个方面。

第一，准确把握说话分寸的能力。既要把意思说到，又不会说得过头，而是说得恰如其分。

第二，针对不同的听话人和不同的情况，能准确预料和有效控制听话人对自己语言所做出的反应的能力。如向人提问某件事，能不能问，从哪个角度问，用何种语气问，对方按照提问可能做出的回答是什么，这些都需要在说话时加以预料和控制。

第三，在谈话过程中已经出现问题的情况下，改用恰当的语言予以补救的能力。

【口才小故事 1-3】

善言的纪晓岚

清代的纪晓岚学识宏富，能言善辩，机智敏捷。一次乾隆皇帝开玩笑地问他："何为忠孝？"纪晓岚说："君叫臣死，臣不得不死，为忠；父叫子亡，子不得不亡，为孝。合起来，就叫忠孝。"纪晓岚刚答完，乾隆皇帝说："好！朕赐你一死。"纪晓岚当时就愣了：这从哪说起？怎么突然赐我一死？但是皇帝金口玉言，说啥算啥，纪晓岚只好谢主龙恩，三拜九叩，然后走了。纪晓岚出去以后，乾隆皇帝想：都说纪晓岚有能耐，能言善辩，我看你今天怎么办？

大概有半炷香的工夫，纪晓岚气喘吁吁地跑了进来，扑通一声给乾隆皇帝跪下了。乾隆道："大胆，纪晓岚！朕不是赐你一死吗？你为什么又回来了？"纪晓岚说："皇上，臣去死了，我准备跳河自杀。我正要跳河，屈原突然从河里出来了，他怒气冲冲地说，你小子不浑蛋吗？想当年我投汨罗江自杀的时候，是因为楚怀王昏庸无道；想当今皇帝皇恩浩荡，贤明豁达，你怎么能死呢！我一听，就回来了。"这样的回答，让乾隆有口难言：让他死吧，就是昏庸无道；要是让他活着呢，又赐他一死了。最后，乾隆不得不自我解嘲地说："好一个纪晓岚，你真是能言善辩啊！"纪晓岚后面的这番话，不仅改变了自己前面语言的意向，也改变了乾隆皇帝的反应，控制了后果。

总之，好口才在个人成长的道路上发挥着重要的作用，不论是现在与他人交往，还是将来准备成就事业，良好的口才一定会在你成长的道路上助你一臂之力。

三、口才的特征

1. 综合性

口才是善于用口语准确、贴切、生动地表达自己思想感情的一种能力。语言是沟通人与人之间思想感情的重要工具。准确、贴切、生动的语言才能将自己的思想感情准确地表达出来，为对方所了解而不致产生歧义，但仅仅限于此是远远不够的，因为口才具有综合性，它是一门综合艺术，还有诸多的因素需要考虑。语言环境就是一个重要的方面。每个人在不同的环境和心情下，对别人发出的信息所产生的感觉都不同。所以，要想让自己说的话在对方思想上产生共鸣，必须考虑当时的语言环境：场所、时机、对方的心情等。善于选择和营造恰当的语言环境，是口才艺术的一项重要内容。

影响语言表达效果的，除了语言环境和语言本身之外，语调也是一项不可忽视的内容。所谓语调，是指语言的轻重疾徐、抑扬顿挫。这可以视为一种辅助语言，因为它能间接地影响表达效果。例如，说气话时，一般是高声大嗓，语调冲动急促，让人一听就能感觉到自己的愤怒，否则如用轻松随便的语调说出来，即使能让别人明白自己的意思，也有点“笑面虎”的味道。除语调之外，仪表、体态和神情动作也是一种辅助语言，能对表达效果产生较大的影响。

口才还受心理因素影响。口才活动离不开知觉、观察、记忆、思维、想象等心理活动的基本形式。气质、性格、能力等个性心理特征又决定着认识能力和表达能力的高低以及口语表达的风格。个性的倾向性，如兴趣、需要、动机、理想、信念、价值观等制约着口才活动的方向和社会价值。而情感、意志、自我意识等则对口才活动起着重要的支配、调节和控制作用[①]。口才尽管看不见摸不着，但是好口才者无不具备敏捷的思维、明晰的思路、丰富的想象、渊博的学识和良好的心理素质等方面的优势。可以说，口才是一个人综合能力的真实再现，想要拥有好口才，就必须使自己具备相应的素质、修养和能力。口才作为一门综合性的艺术，必须在各个方面协调配合，才能起到良好的效果。

2. 技巧性

一个人是否拥有出众的口才，关键在于其是否掌握了一定的技巧。好口才需要有好技巧。一个人天天口若悬河，或者喋喋不休，并非真正口才好。口才好坏的关键是看说话有没有影响力，能不能感染他人，或者能不能达到一定的交际目的，这其中技巧性是关键。一句话可以化敌为友，冰释前嫌，带来非凡的荣誉和成功；一句话也可以变友为敌，引发一场争论甚至导致一场战争。俗话讲“一句话说得人笑，一句话说得人跳”，讲的也是这个道理。

技巧就是艺术，而艺术的最高境界是“无技巧”，“无技巧”并非否定技巧。清代著名画家石涛说过：“至人无法，非无法也；无法而法，乃为至法也。”所以要想“无技巧”，就应下苦功学技巧，掌握了技巧，在不考虑技巧的情况下做到无处不体现技巧，这就是“至法”。

【口才小故事 1-4】

一位老者的开场白

在某地举行的一次修辞学年会上，会长在开场白中这样说：“先让我这个老猴来耍一耍，然后你们中猴、小猴耍。我老猴肯定耍不过你们，不过总要带个头吧。”代表们听后觉得很有意思，都笑着鼓掌。这是因为，首先，会长既是与会者中的最高权威，又年近古稀，把自己比做老猴，把其他与会者比做中猴、小猴，不仅描绘出老中青三代共聚一堂、切磋交流的学术气氛，还妙趣横生；其次，在修辞学的研讨会上，会长故意用这种修辞手法表示自谦，与主体身份、客观对象和具体场合都十分协调，因而可以取得好的效果。

但如果上述情景换一个中年人说出这样的话，如“我是个中猴，先让我来耍一耍，耍后请老猴和小猴耍”，就很不得体了。因为听的人必定产生反感，把德高望重的老者称作老猴是一种大不敬，按他的身份是不能打这样比方的。这就是口才的艺术魅力。

3. 训练性

好口才不是一种天赋的才能，不是与生俱来的，它是靠刻苦训练得来的。我们必须要坚定信念：口才一定是可以练好的。古今中外历史上所有口若悬河、能言善辩的演讲家、雄辩

① 孙海燕，等. 口才训练十五讲[M].北京：北京大学出版社，2004.

家，他们无一不是靠刻苦训练而获得成功的。几乎每个成功人士都曾经有意识地训练过自己的口才。

【口才小故事 1-5】

演讲家是怎样练习口才的

古代希腊著名演说家德莫斯梯尼从小口吃，但立志演说。为矫正口吃，使口齿清晰，他将小石子含在嘴里不断地练说。据说他曾把自己关在屋里练习，为锻炼脸皮竟然将头发剃去一半，成了“阴阳头”，“逼”自己专心一意地练口才。经过 12 年的刻苦磨炼，终于走上成功之路。

英国戏剧大师、批评家和社会活动家萧伯纳的口才是有口皆碑的。但是，他年轻时却胆小木讷，拜访朋友时都不敢敲门，常常“在门口徘徊 20 分钟”。后来他鼓起勇气参加了一个“辩论学会”，不放过一切机会同对手争辩。练胆量、练机智、练语言，千锤百炼终成口才家。他的演说，他的妙对至今仍脍炙人口。有人问他是怎么练口才的，他说：“我是以自己学溜冰的办法来做的——我固执地、一味地让自己出丑，到我习以为常。”

美国前总统林肯出身于农民家庭，当过雇工、石匠、店员、舵手、伐木者等，社会地位卑微，但从不放松口才训练。17 岁时他常徒步 30 多英里到镇上，听法院里的律师慷慨陈词的辩护，听传教士高元悠扬的布道，听政界人士激情澎湃的演说，回来后就寻一无人处精心模仿演练，终于口才日渐进步。1930 年夏，他为准备在伊利诺斯一次集会上的演讲，面对光秃秃的树桩和成片的玉米，一遍又一遍地试讲。后来他连任两届总统，也成了著名的演说家。

被誉为“20 世纪的演说家”的英国首相丘吉尔，原来讲话结巴、吐字不清晰，个头又矮，才一米六五，声音也很难听，最尴尬的是在议会下院的最初一次演讲中，他只讲了一半就跑了。他之所以最终拥有举世称赞的雄辩口才，就是刻苦、勤奋、坚持训练的结果。

日本前首相田中角荣，少年时曾患有口吃病，但他不被困难所吓倒。为了克服口吃，练就口才，他常常朗诵、慢读课文，为了准确发音，他对着镜子纠正嘴和舌根的部位，严肃认真、一丝不苟。

早期的无产阶级革命家、演讲家肖楚女，更是靠平时的艰苦训练，练就了非凡的口才。肖楚女在重庆国立第二女子师范学校教书时除了认真备课外，他每天天刚亮就跑到学校后面的山上，找一处僻静的地方，把一面镜子挂在树枝上，对着镜子开始练演讲，从镜子中观察自己的表情和动作。经过这样的刻苦训练，他掌握了高超的演讲艺术，他的教学水平也很快提高了。1926 年，他年方三十，就在毛泽东同志主办的广州农民运动讲习所工作，他的演讲至今受到世人的推崇。

诗人闻一多先生也是有名的演讲家。他的演讲之所以成功，也是与他年轻时刻苦练习分不开的。1919 年他在清华学校学习，从不间断演讲练习，一旦有所放松，他就在日记里警告自己：“近来学讲课练习又渐疏，不猛起直追恐便落人后。”“演说降到中等，此大耻奇辱也。”他坚持练习演讲，在日记里，他写道：“夜出外习演讲十二遍。”第二天又写道：“演说果有进步，当益求精致。”北京的一月天寒地冻，可他毫无畏惧。几天后又“夜至凉亭练演说三遍”，回宿舍又“温演说五遍”，第二天又接着“习演说”。闻一多先生正是通过勤奋的练习才提高了自己的演讲水平。

【演讲视频 1-3】口才训练_伟大的演讲家是怎么练习的
http://v.youku.com/v_show/id_XNTc2NDc1NzY0.html?tpa=dW5pb25faWQ9MTAyMjEzXzEwMDAwMl8wMV8wMQ

数学家华罗庚，不仅数学才华超群，同时也是一位不可多得的“辩才”。他从小就注意培养口才，学习普通话，他还背了四五百首唐诗，以此来锻炼自己的“口舌”。

点评：无数的事例证明，口才不好不是天生的，口才具有训练性，好口才可以后天练就。

四、口才的作用

1. 促进事业成功

口才是事业成功的重要因素。据一份对深圳市人才市场的求职者展开的一次随机抽样的调查资料显示：当求职者被重点问到“根据你自己的求职经历，你认为求职的成败与交际和口才能力有没有关系”的问题时，认为“很有关系”的占 60.7%，回答“有一点关系”的占 37.1%，而认为“关系不大”的仅占 2.2%。就是说如果按“有关系”和“没有关系”进行类聚，认为求职成败与交际和口才能力“有关系”的占到了 97.8%，这意味着与学历和工作经验相比，交际和口才因素在人的事业中发挥着重要的作用。

现代社会，口才已经成为决定一个人生活是否愉快、事业是否成功的重要因素之一。口才好、善于说话的人受人欢迎。口才好、善于说话的人可以通过语言充分地展露自身的才干，赢得领导、同事、下属的了解、赞赏和信任，帮助其在事业上获得成功。这正如美国前总统富兰克林在自传中所说的：“说话和事业的进行有很大的关系。你如果出言不慎，你如果无理地跟别人争吵，那么，你将不可能获得别人的同情、别人的合作、别人的帮助。”具备一定的口语表达能力，不仅是对创造型、开拓型人才的要求，也是对各行各业从业者的要求。当领导、职员、教师、律师、推销员、采购员的，都要运用语言进行工作，口才的重要性自不待言。就是当服务员、售货员等也应该能说会道。有些服务员、售货员与顾客发生争吵，除工作方法的原因以外，不善于说话常常是引起争吵的导火线。现实生活中，那些事业有成的人，绝大多数都具有较好的口才，而且口才越好，其活动天地就越大，成就也就越突出。因而，口才是通向事业成功之路的重要阶梯。

【口才小故事 1-6】

推销员的口才

有一家空调厂生产了一种新型空调，要两个推销员同时去推销。其中一个一天卖了30台，而另一个一天却只卖掉了2台。原因在哪里呢？前者在推销空调时，是这样说的：“先生，您忙吗？如果您不忙，我向您介绍我们厂最新生产的空调。这个空调不仅能杀菌，还能过滤空气，能定时自动关闭，自动调温，在现有的空调中，它的质量最好、功能最全、价格比其他同类产品都低，而且保修五年。先生，您不妨试试？”面对这么精彩的介绍，谁能不为之动心呢？而后者却是这样推销的：“先生，您买空调吗？我们这有新生产的空调，可好了，您买吧！”听到这样的介绍，顾客的回答通常是：“我不买。”两种截然不同的语言表达，产生的效果就形成了很大的差距。

2. 优化人际交往

社会交往效果的好坏，关键在于个人交际能力的高低。而一个人交际能力的高低，主要体现在说话艺术的高低。因为言为心声，舌战便是心战，语言能征服世界上最复杂的东西——人的心灵。所以口才在人际交往中具有极其重要的作用。20 世纪初，美国人就曾提出这样一个观点：一个人在事业上的成功，15%来自于他的专业技术，85%则依靠他的处世技巧和人际关系，而后者在很大程度上又取决于他的口才。这种认识不断发展，第二次世界大战时，美国人将“舌头、原子弹、金钱”视为赖以生存和竞争的三大战略武器。现在美国人又把“舌头、美元、电脑”作为三大战略武器。出人意料的是，科学代替了武器的炫耀，而“舌头”的地位竟未动摇，说明口才是多么重要。美国学者艾略特博士在担任哈佛大学校长几十年之后，更是断言：“我认为在一个淑女和绅士的教育中，只有一项必修的心理技能，那就是正确而优雅地使用他（她）的本国语言。”

大连一家电子公司颇有建树的总经理就很清楚这点。他口才了得：普通话准确流利，才思敏捷，反应很快。他不仅对自己从严要求，还要求公司的员工都要会说话、有口才，并把这一条作为招聘的条件和培训的内容。有人问他为何要如此重视口才，他说：“我们公司经营电子产品，总要同天南地北各种各样的人打交道。如果我们公司的人一张嘴说话就是满口土话或是辞不达意、语无伦次，那么就会被人家瞧不起，就会有损我们公司的形象，能做成的生意也做不成了……”这个见解确实实在而又高明，它很形象地说明了这样一个道理：口才是优化人际交往的利器！

3. 提高综合素质

美国俄亥俄州的马瑞塔学院曾对毕业工作不久和毕业工作 10 年以上的新老毕业生进行了一次调查，让他们根据各自的亲身体会回答一个问题——“在学校里学的哪一两门功课对走上社会最有用？”新老毕业生的答案很一致：最有用的课程是演讲学和交际学，它教会我们怎样说话，怎样与人打交道；其次是英语课，它教会我们怎样阅读和写作。现实确实如此，当今欧美各国，口才教育非常普及并得到人们的高度重视。这源于人们的一个共识，即口才不仅是人在一生追求奋斗中必备的一项基本能力，而且在获得这种能力的同时，其他几种重要的能力，如观察能力、记忆能力、思维能力、创造能力、应变能力和表达能力等都相应得到训练和提高。人们的这一认识，与口才本身就是一个非常复杂的思维过程有关。

我们知道，思维和语言之间的联系密不可分，思维是语言的具体内容，语言是思维的表现形式。口语交际最大的特点便是现想、现说，“想”是“说”的基础，“说得好”的前提是先要“想得好”，而无论是想还是说，都必须综合地运用交际者的各种素养和知识。具体来说，在“想”的阶段，首先说话者一方面要考虑说话场合、说话对象的身份和情绪，做到察言观色；另一方面要对相关事物进行细致的观察，以求深入了解，从而迅速把握对事物的认识。这就需要调动说话者的观察能力和对事物的感受能力。其次，口语说话随机性强，而且语音稍纵即逝，不能重复。这就要求说话者快速地启动头脑中的知识储备，并针对情况即时做出准确、得体和巧妙的应答，这就需要很好的记忆力和很强的随机应变能力。最后，口语说话要做到表达清楚、主旨明确、条理分明、逻辑严密。这就需要说话者具有一定的分析综合能力、联想与想象力、创造性思维能力。而在“说”的阶段，还需要交际者掌握一定的表达技巧和语言艺术。由此可见，口才是说话者综合素质的集中体现，精彩的口才靠的是非凡的智力做后盾。口才提高的过程，也是各种思维能力、语言能力不断得到培养和锻炼的过程[①]。

【口才小故事 1-7】

一个鞋匠的儿子

在林肯当选为总统之初，参议院大部分出身名门望族的议员都感到很尴尬，因为他们从来没有料到要面对的总统是一个鞋匠的儿子。于是，他们就想利用林肯首次到参议院演讲的机会，当众羞辱他。林肯刚刚站到演讲台上，一个态度傲慢的参议院站起来说：“林肯先生，在你开始演讲之前我希望你记住，你是一个鞋匠的儿子。”当时在场的所有议员听到这句话，都为自己不能打败林肯却能羞辱他而开怀大笑。笑声停止后，林肯不慌不忙地说：“我非常感谢你使我想起我的父亲。他已经过世了，我一定永远记住你的忠告，我永远是鞋匠的儿子，我知道我做总统永远无法像我父亲做鞋匠那样做得那么好。”

① 黄雄杰.口才训练教程[M].广州：广东高等教育出版社，2006.

参议员们听后马上安静下来。林肯又转过头对那个傲慢的参议员说："就我所知，我父亲以前也为你的家人做鞋子，如果你的鞋子不合脚，我可以帮你改正它，虽然我不是伟大的鞋匠，但我从小就跟父亲学到了鞋子的艺术。"之后，他又把目光投向所有参议员，说道："对参议院里的任何人都一样，如果你们穿的那双鞋是我父亲做的，而它们需要修理和改善，我一定尽可能地帮忙，但是有一事可以肯定，我无法像他那样伟大，他的手艺是无人能比的。"说到这里，林肯流下了热泪。

【演讲视频 1-4】阿全朗诵《鞋匠的儿子》http://www.tudou.com/programs/view/81K7gAw6iP8/?tpa=dW5pb25faWQ9MTAyMjEzXzEwMDAwMl8wMV8wMQ

点评：面对傲慢的议员，林肯没有反唇相讥，而是自然而然地接过对方的话，承认自己"永远是鞋匠的儿子"并以此为自豪，这不仅使那些想羞辱林肯的议员们没有达到目的，还表现了林肯的平民意识。另外，林肯在这里用了两个假设，如果"不合脚"，如果"需要修理和改善"，从而把议员们拉入回忆之中，让他们再去品味林肯父亲高超的做鞋技艺，并为刚才无情的嘲讽而反省自责。

阅读思考

口才训练 16 法

1. 朗读朗诵法

选择适当的材料，大声地读出来。每天坚持朗读一些文章，既练习口齿清晰伶俐，又积累一些知识量、信息量，清喉扩胸、纳天地之气，还有利于身体健康。

2. 对镜训练法

建议你在自己的起居室中或办公室某一墙面安装一面大镜子，每天在朗读过程中，对着镜子训练，训练自己的眼神、表情以及肢体语言，这样做效果很好。

3. 自我录音摄像法

如果条件允许，你可以每隔一段时间，把自己的声音和演讲过程拍摄下来，这样反复观摩，反复研究哪儿我卡壳了、哪儿姿势没到位、哪儿表情不自然，天长日久，你的口才自然进步神速。实践表明，看一次自己的摄像比上台十次、二十次效果都好。

4. 尝试躺下来朗读法

如果你想练就一流的运气技巧，一流的共鸣技巧，有一个非常简单的方法，就是躺下来大声读书。当我们躺下来时，必然就是腹式呼吸，而腹式呼吸是最好的练声练气方法。每天睡觉之前，躺在床上大声地朗读十分钟，每天醒来之前，先躺在床上唱一段歌，再起来。坚持一至两个月，你会觉得自己呼吸流畅了，声音洪亮了，音质动听了，更有穿透力了，更有磁性了。

5. 速读训练法

这种训练的目的在于使锻炼者口齿伶俐，语音准确，吐字清晰。具体方法：找来一篇演讲词或一篇文辞优美的散文。先拿来字典、词典把文章中不认识或弄不懂的字、词查出来，搞清楚，弄明白，然后开始朗读。一般开始朗读的时候速度较慢，逐次加快，一次比一次读得快，最后达到你所能达到的最快速度。读的过程中不要有停顿，发音要准确，吐字要清晰，要尽量达到发声完整。因为如果你不把每个字音都完整地发出来，那么，速度加快以后，就会让人听不清楚你在说些什么，也就失去了快的意义。我们的快必须建立在吐字清楚、发音干净利落的基础上。我们都听过体育节目解说专家宋世雄的解说，他的解说就很有“快”的功夫。宋世雄解说的“快”，是快而不乱，每个字、每个音都发得十分清楚、准确，没有含混不清的地方。我们希望达到的快也就是他的那种快，吐字清晰，发音准确，而不是为了快而快。

6. 即兴朗读法

平时空闲时，你可以随便拿一张报纸，任意翻到一段，然后尽量一气呵成地读下去。而且，在朗读过程中，能够注意一下，上半句看稿子，下半句离开稿子看前面（假设前面有听众）。长此以往，你会发现自己的记忆力加强了许多，快速理解力和即兴构思能力也在加强。

7. 背诵法

背诵，并不仅仅要求你把某篇演讲词、散文背下来就算完成了任务，我们要求的背诵，一是要“背”，二还要求“诵”。这种训练的目的有两个：一是培养记忆能力，二是培养口头表达能力。尝试去背诵一些文章，一篇一篇地去完成。天长日久，那些文章字句自然就转化为自己的词语了，练到一定时间就能张口就来、口出华章。正所谓：熟读唐诗三百首，不会作诗也会吟！

8. 复述法

复述法简单地说，就是把别人的话重复地叙述一遍。可以找一位伙伴一起训练。首先，请对方随便讲一个话题，或是一个故事。自己先注意倾听，然后再向对方复述一遍。这种练习在于锻炼语言的连贯性及现场即兴构思能力和语言组织能力。如果能面对众人复述就更好了，它还可以锻炼你的胆量，克服紧张心理。

9. 模仿法

我们每个人从小就会模仿，模仿大人做事，模仿大人说话。其实模仿的过程也是一个学习的过程。我们小时候学说话是向爸爸、妈妈及周围的人学习，向周围的人模仿。那么，我们练口才也可以利用模仿法，向这方面有专长的人模仿。天长日久，我们的口语表达能力就能得到提高。

一是模仿专人。在生活中找一位口语表达能力强的人，请他讲几段最精彩的话，录下来，供你模仿。你也可以把你喜欢的又适合你模仿的播音员、演员、相声表演家等的声音录下来，然后进行模仿。

二是专题模仿。几个好朋友在一起，请一个人先讲一段小故事、小幽默，然后大家轮流模仿，看谁模仿得最像。为了提高积极性，也可以采用打分的形式，大家一起来评分，表扬模仿最成功的一位。这个方法简单易行，且有娱乐性。所要注意的是，每个人讲的小故事、小幽默，一定要新鲜有趣，大家爱听爱学。而且在讲之前一定要进行充分的准备，要讲得准确、生动、形象。

三是随时模仿。我们每天都听广播，看电视、电影，那么你就可以随时跟着播音员、演员进行模仿，注意他的声音、语调，他的神态、动作，边听边模仿，边看边模仿。天长日久，你的口语能力就得到了提高，而且会增加你的词汇，增长你的文学知识。

要尽量模仿得像，要从模仿对象的语气、语速、表情、动作等多方面进行模仿，并在模仿中有创造，力争在模仿中超过对方。在进行这种练习时，一定要注意选择适合自己的对象进行模仿，要选择那些对自己身心有好处的语言动作进行模仿。我们有些同学模仿力很强，可是在模仿时不够严肃认真，专挑一些庸俗的内容进行模仿，久而久之，就形成了一种低级趣味，我们反对这种模仿方法。

10. 描述法

小时候我们都学过看图说话，描述法就类似于这种看图说话，只是我们要看的不仅仅是书本上的图，还有生活中的一些景、事、物、人，而且要求也比看图说话高一些。简单地说，描述法也就是把你看到的景、事、物、人用描述性的语言表达出来。描述法可以说是比以上几种训练法更进一步。这里没有现成的演讲词、散文、诗歌等做你的练习材料，而要求你自己去组织语言进行描述。因此，描述法训练的主要目的就在于训练同学们的语言组织能力和语言的条理性。在描述时，要能够抓住特点进行描述。语言要清楚、明白，要有一定的文采。一定要用描述性的语言，尽量生动些、活泼些。这可以训练我们积累优美词语的应用能力。

11. 角色扮演法

角色扮演法是指进行角色扮演，组织角色语言去讲话，又叫“情境模拟训练法”。比如扮演律师、扮演市长答记者问、扮演领导开动员会、扮演新郎新娘即兴发言等，还可以演小品，去扮演作品中出现的不同的人物，当然这个扮演主要是在语言上的扮演。这种训练的目的，在于培养人的语言的适应性、个性，以及适当的表情和动作。

12. 讲故事法

讲故事也是锻炼口才的好办法，故事里既有独白、人物对话，还有描述性的语言，所以讲故事可以训练人的口语能力。要讲好故事，就要把握故事情节，分析人物性格，用适当的语气和口吻。当我们拿到一个故事后，不要立刻就讲，而要首先把材料改造，改成适合自己讲的故事，然后反复练习，做到发音准确、语言生动形象，不要完全照着书读或是简单背诵，还要配上适当的表情、动作，做到绘声绘色。我们要多多积累故事素材，选择有吸引力的内容，同时还要讲得动听、讲得精彩，熟能生巧，讲得多了口才就练出来了。

13. 常翻字典、成语词典法

有空常翻翻《新华字典》和《现代汉语成语词典》，不认识的字多看看，认识的字也再看细些，你会发现中国的文字博大精深。坚持下去，你的词汇量会越来越多，你的口才自然越来越棒。

14. 随处学习法

对口才产生浓厚的兴趣，随时随处关注平时生活、工作中的口才技巧。兴趣在哪里，焦点到哪里；焦点到哪里，学问到哪里！即使看电视，也在注意台词的优美、交际的仪态、幽默的笑点，必然进步神快。

15. 写日记法

写日记是最好的自我沟通的方法，每天写一些心得，既整理自己的思路，又反省当日之进步与不足；既梳理自己的情绪，释放一些不快，又可以学会理顺思维，遣词造句。天长日久，手能写之，口能言之。

16. 多找机会上台法

很多同学认为生活中缺少锻炼的舞台，没有公众场合发言的机会。其实，这是一种误区，我们平时生活工作中，当众讲话的机会太多了，只是我们没有发现，没有这个意识去参与。如果你想突破口才瓶颈，就一定要多找机会上台讲话。

思考题：

1. 请选择以上口才训练的方法进行自我口才训练。
2. 请向同学谈谈你进行口才训练的体会。

项目实训

一、演讲能力测试

请回答下列问题测试一下自己的演讲能力。

1. 你喜欢当众发表自己的见解吗？
（1）喜欢（2分）　　（2）不太喜欢（1分）　　（3）不喜欢（0分）
2. 你习惯于当众讲话或演讲之前做充分准备吗？
（1）是（2分）　　（2）有时是（1分）　　（3）从不（0分）
3. 你能在演讲之前精心设计仪表仪容、手势动作、表情眼神等态势语吗？
（1）能（2分）　　（2）有时能（1分）　　（3）不能（0分）
4. 你能在演讲一开始就迅速抓住听众的注意力吗？
（1）能（2分）　　（2）有时能（1分）　　（3）不能（0分）
5. 你能紧紧围绕演讲主题，寓理于事、情理交融地表达自己的观点，使听众一目了然并心悦诚服吗？
（1）能（2分）　　（2）有时能（1分）　　（3）不能（0分）
6. 你能在演讲过程中密切注意听众的反应并及时调整自己演讲的内容与方式吗？
（1）能（2分）　　（2）有时能（1分）　　（3）不能（0分）
7. 你能在演讲出现忘词、停电等意外情形时从容应对吗？
（1）能（2分）　　（2）有时能（1分）　　（3）不能（0分）
8. 你能否在必要时与听众进行有效互动？
（1）能（2分）　　（2）有时能（1分）　　（3）不能（0分）
9. 你的普通话标准、声音清晰悦耳吗？
（1）是（2分）　　（2）一般（1分）　　（3）不（0分）
10. 当众讲话或演讲时，你有紧张得语无伦次的现象吗？
（1）从无（2分）　　（2）有时（1分）　　（3）经常（0分）

测试结果分析：以上10题满分为20分。如果你的得分在17分以上，说明你的演讲能力很好；12 至 16 分之间为一般；11 分以下则说明你的演讲能力较差，必须加强学习和训练。

二、口才水平测试

请回答下列问题测试一下自己的口才水平。

1. 您觉得会说话对人一生的影响是：(　　)。

A. 重要　　B. 一般　　C. 不重要

2. 您和很多人在一起交谈时，会：(　　)。

A. 有时插上几句

B. 让别人说，自己只是旁听者

C. 善于用言谈来增强别人对你的好感

3. 在公共场合，您的表现是：(　　)。

A. 很善于言辞　　B. 不善言辞　　C. 羞于言谈

4. 假如一个依赖性很强的朋友打电话与您聊天，而您没有时间陪他的时候，您会：(　　)。

A. 问他是否有重要的事，如没有，回头再打给他

B. 告诉他你很忙，不能和他聊天

C. 不接电话

5. 因为一次语言失误，在同事间产生了不好的影响，您会：(　　)。

A. 一样多说话

B. 以良好言行尽力寻找机会挽回影响

C. 害怕说话

6. 有人告诉您某某说过您的坏话，您会：(　　)。

A. 处处提防他　　B. 也说他的坏话　　C. 主动与他交谈

7. 在朋友的生日宴会上，您结识了朋友的同学，当你再次看见他时：(　　)。

A. 匆匆打个招呼就过去了

B. 一张口就叫出他的名字，并热情地与之交谈

C. 聊了几句，并留下新的联系方式

8. 您说话被别人误解后，您会：(　　)。

A. 多给予谅解　　B. 忽略这个问题　　C. 不再搭理人

计分标准

第 1 题：选 A，2 分；选 B，1 分；选 C，0 分。

第 2 题：选 A，1 分；选 B，0 分；选 C，2 分。

第 3 题：选 A，2 分；选 B，1 分；选 C，0 分。

第 4 题：选 A，2 分；选 B，1 分；选 C，0 分。

第 5 题：选 A，0 分；选 B，2 分；选 C，1 分。

第 6 题：选 A，1 分；选 B，0 分；选 C，2 分。

第 7 题：选 A，0 分；选 B，2 分；选 C，1 分。

第 8 题：选 A，2 分；选 B，1 分；选 C，0 分。

测试分析

得分在 0～5 分之间，表明您的口才能力较差，语言表达能力和语言沟通能力还很欠缺。如果你的性格太内向，这会阻碍你的语言能力的提高，你应该尽量改变这种状况，跳出自己的小圈子，多与外界接触，寻找一些与别人言语交流的机会，努力培养自己的说话能力。只有这样，你才有希望成为一个受欢迎的人。

得分在 6～11 分之间，表明您的口才能力良好，语言表达能力和语言沟通能力一般，如果再加把劲，你就可以很自如地与人交流了。提高你的语言能力的法宝是主动出击，这样可以使你在语言交流中赢得主动权，你的语言表达能力自然会迈上一个新台阶。

得分在 12～16 分之间，表明您的口才能力很好，你清楚怎样表达自己的情感和思想，能够很好地理解和支持别人，不论同事还是朋友，上级还是下级，你都能和他们保持良好的言谈关系。值得注意的是：千万不要炫耀自己的这种沟通和交流能力，那样，会被人认为你是故意讨好别人，是十分虚伪的表现。尤其是对那种不善于与人沟通的人，更要十分注意，要做到用你的真诚去打动别人，只有这样，才能长久地维持你的好人缘，语言表达才能表现得更好。

三、演讲认知训练

【任务名称】

演讲认知。

【任务目标】

（1）正确理解演讲内涵。

（2）深入体会演讲的特征。

（3）把握演讲要素在演讲活动中的重要作用。

【建议学时】

2 学时。

【涉及知识点】

演讲认知。

【任务实施过程】

1. 任务导入

举办演讲接力活动，活动要求如下：

（1）演讲话题分为英雄、网络、沟通和诚信。

（2）本次活动以小组为单位，各组以抽签形式决定自己的演讲话题。话题确定后，各组在同一话题下准备 3 个演讲，要求选择陈述型、论辩型、抒情型、鼓动型四类演讲中的三类表达方式，自拟题目，完成演讲稿，最终进行脱稿演讲。

（3）每组选派四名代表。第一名同学汇报本次活动的经过、组内成员的具体安排以及在此活动中的独特感受和体验。然后，演讲代表登台。每个同学台上时间控制在 3～5 分钟。

（4）各组同学依次交替演讲。每组演讲代表间隔不超过 30 秒，如果超时，即算作自动放弃一次演讲机会，转由下组继续演讲。

（5）评判人员对演讲做出评判。

2. 演讲认知训练

（1）热身准备。集体讨论：结合自身的理解谈谈什么是演讲。演讲有何作用？

（2）实地大演练。教师播放演讲视频2～3个，各组结合演讲的特征进行分析。要求：第一，请学生以组为单位进行讨论、学习，限时10分钟。第二，每组派出3名代表到台上进行表述，每组台上时间限定在8～10分钟。

（资料来源：赵京立.演讲与沟通实训[M].北京：高等教育出版社，2010.）

四、演讲模拟训练

【训练要领】

细心揣摩演讲者处理有声语言（如语调、语气、停连、重音等）和态势语言（如身姿、手势、目光、表情等）的技巧。

【训练方法】

1. 录像模仿。

先观看一小段精彩的演讲录像，要求当场默记，然后进行模仿。注意模仿的目的不是为了背出这段内容，而是为了学习口语与态势语处理的技巧。模仿前要注意演讲的类型、演讲的基调等。

2. 利用下面的材料，做仿说练习。

（1）19世纪法国杰出的浪漫主义作家维克多·雨果在伏尔泰百年祭日上发表著名演说《微笑本身就含有曙光》。结尾用诗一般的语言，连用多个“让我们……”的句式，充分表达了对伏尔泰的憧憬和颂扬之情，以及对战争、专制、独裁的诅咒，呼唤人们为争取生命权、自由权而奋斗，推翻王权，让光明从坟墓里出来吧！

让我们转向伏尔泰吧！让我们在他的墓前鞠躬吧！让我们记取他的忠告吧！虽然他在100年前已死，但他的成就是不朽的，也让我们记取其他伟大的思想家的忠告吧，让我们停止流血事件吧！够了！够了！专制政治！野蛮主义早该消灭，让文明兴起吧！让18世纪来拯救19世纪！那些哲学家们都是真理的门徒，在独裁者欲发动战争之前，让他们宣布人类生命权及良知的自由权，还有理性的崇高、劳力的神圣、和平的祝福。既然王权表示黑暗，就让光明从坟墓里出来吧！

（2）1904年秋瑾紧扣当时的现实，有理有据、言简意赅地宣传了演讲的好处。

演说有种种好处。第一样好处：随便什么地方，都可随时演说。第二样好处：不要钱，听的人必多。第三样好处：人人都能听得懂，虽是不识字的妇女、小孩子，都可听懂。第四样好处：只需三寸不烂之舌，又不要兴师动众，捐什么钱。第五样好处：天下的事情，都可以晓得。

（资料来源：朱彩虹.大学生实用口才训练教程[M].北京：清华大学出版社，2010.）

五、实施每日自我口才训练计划

目标：锻炼最大胆的发言，锻炼最大声的说话，锻炼最流畅的演讲。

自我激励誓言：我一定要最大胆地发言，我一定要最大声地说话，我一定要最流畅地演讲。

1. 积极心态训练

自我暗示：每天清晨默念10遍“我一定要最大胆地发言，我一定要最大声地说话，我一定要最流畅地演讲。我一定行！今天一定是幸福快乐的一天！”

2. 想象训练

至少花5分钟想象自己在公众场合成功的演讲，想象自己成功。至少花5分钟在镜前练习微笑，展示自己的手势及形态。

3. 口才训练

（1）每天至少与 5 个人有意识地交流思想。

（2）每天大声朗诵或大声说话至少 5 分钟。

（3）每天训练自己“三分钟演讲”1 次或“三分钟默讲”1 次。

（4）每天给亲人、同学至少讲 1 个故事或完整地叙述 1 件事情。

4. 口才技巧训练

（1）讲话前，深吸一口气，平静心情，面带微笑，眼神交流后，开始讲话。

（2）勇敢地讲出第一句话，声音大一点，速度慢一点，句子短一点。

（3）当发现紧张卡壳时，停下来有意识地深吸一口气，然后随着吐气讲出来。

（4）如果表现不好，自我安慰：“刚才怎么又紧张了？没关系，继续平稳地讲”；同时，用感觉和行动上的自信战胜恐惧。

（5）紧张时，可以做放松练习，深呼吸，或尽力握紧拳头，又迅速放松，连续 10 次。

5. 辅助训练

（1）每天至少花 20 分钟阅读励志书籍或口才书籍，培养自己的积极心态，学习语言表达技巧。

（2）每天放声大笑 10 次，乐观面对生活，放松情绪。

（3）每天躺在床上朗读，坚持将一篇文章读 3 遍，练习腹式呼吸，提高声音音质。

（4）训练接受他人的视线、目光，培养自信和观察能力。

（5）培养微笑的习惯，要笑得灿烂、体现真诚，锻炼亲和力。

（6）学会检讨，每天总结得与失，写心得体会。每周要全面总结成效及不足，并确定下周的目标①。

课后练习

一、演讲基础训练

1. 连缀不相关的事物

方法：学生互相出题，随意写出四个事物（如鼠标、饮料、微信、葡萄），练习者说一段话，将这些事物连缀起来。

2. 讲故事接龙

方法：由一人最开始用自己想象的稀奇古怪的开头来说故事，时间一分钟，时间到了由下一个人接着说。

3. 假定你在学校组织的一次演讲比赛中荣获了一等奖，在颁奖仪式上，主持人请你代表全体获奖同学发言，你该讲些什么？

4. 你和几位同学一起到一家公司实习，在公司的一次全体职工大会上，该公司经理把你

① 史钟锋，张传洲. 演讲与口才实训[M]. 南京：东南大学出版社，2015.

们这些实习生介绍给大家，并致了欢迎词后，同学们推你代表实习生发言，你该怎么办？

5. 根据下面的话题，进行口头评说，每题讲3分钟左右[①]。

苏格拉底的学生对他说："老师，您的知识这么多，您一定没有烦恼……"苏格拉底说："不，错了，知识是一个圆，烦恼是它的半径，知识越多，圆越大，半径也越长……"你是否有同感？你现在有烦恼吗？常烦恼些什么呢？如何摆脱烦恼？谈谈你的体会。

作家刘心武说过："亲情如溪流，友情如江河，爱情如大海。人活一世，亲情、友情、爱情，三者缺一，已为遗憾，三者缺二，实为可怜，三者皆缺，活而如亡！"请你谈谈感想。

"在才能和智慧不相上下的人群中，你拥有更高的热情，成功便在更大程度上属于你。"你认为这句话对吗？谈谈个人在品德修养和人际关系方面的重要性。

有人说："逆境容易出人才"；有人说："顺境容易出人才"；也有人说："不管是逆境还是顺境，成才关键靠人本身"。你是如何看的？

请围绕"付出与收获"联系现实，谈谈你的看法。

你热爱自己所学的专业吗？如果不喜欢你现在该怎么办？并谈谈你对未来工作的设想。

现在有一些大学生边读书边找一些工作做，有人持反对意见，有人赞同。请你对大学生兼职问题发表意见。是利大于弊还是弊大于利？怎么对待这个问题才好？

二、口才基础训练

1. 请用具体事例说明口才的六种能力。
2. 请举例说明口才与事业的关系。
3. 如何才能拥有良好的口才？
4. 请设想，在下列情况下，应该怎么说？

某俱乐部举行的一次招待会上，服务员倒酒时，不慎将啤酒洒到一位宾客那光亮的秃头上，服务员吓得手足无措，目瞪口呆。这位宾客却微笑着说："……"

一位主持人在报幕的时候不慎将《猎人舞曲》报成了《腊八舞曲》，如果当时你是这位主持人的搭档，你会说："……"[②]

5. 如果你在公共场所排队等候时有人插队，假设插队的人分别是青年学生、中年女工人、中年男知识分子和农村老大爷，你应如何劝说他们不要插队？请分组讨论，各小组推荐一名代表上台演示。

6. 结合下面的事例回答问题。

（1）某君赴宴迟到，匆忙入座后，见一烤乳猪就在面前，于是大为高兴地说："还算好，我坐在乳猪的旁边。"

话刚出口，才发现，身旁一位胖女士怒目相视。他急忙赔着笑脸说："对不起，我是说那只烧好了的。"

（黄雄杰，2006）

问题：某君这次交流的失误在哪里？

（2）有位脾气很不好的旅客，因为不满意柜台小姐安排的机位，在机场对小姐大吼大叫。

过了一会儿，这位小姐见他还没有意思住嘴，后面又有许多旅客排着队等候划票，于是就对他说：

① 傅春丹．演讲与口才案例教程[M]．北京：中国水利电力出版社，2011.

② 杨利平，艾艳红．实用口才训练教程[M]．长沙：湖南人民出版社，2013.

还有一件事，兄弟我也想不通。外国人在北京东郊民巷都建了大使馆，我们中国为什么不在那儿也建一个呢？说来说去都是我们中国太软弱了。

第三个纲目，学生篮球赛，肯定是总务长贪污了。我们学校就这么穷酸？让学生穿着裤衩，十来个人抢一个篮球，像什么样子？多不雅观。明天到我公馆里去，领一笔钱，多买几个球，一人发一个，省得再你争我他抢的。”

……

思考题：

（1）韩复榘演讲失败的原因是什么？请分析说明。

（2）这则反面案例给我们什么启示？

比尔·盖茨遭遇演讲滑铁卢

2009 年 2 月 20 日，在美国加利福利亚举行的全球科技、娱乐、设计大会上，退居二线的微软前总裁比尔·盖茨先生发表了主题为“重启”的演讲。盖茨在台上大声疾呼，号召人们要重视人类的生存环境，特别关注贫穷的非洲人们糟糕的生存状况。台下聚集的全球科技、艺术方面的精英们个个聚精会神仔细聆听，神情十分严肃。

说到起劲之处，一贯以口才见长的盖茨，忽然来了个新花样，“疟疾是由蚊子传播的”，他边说边打开一个瓶子，“我带来了一些蚊子，我将让它们四处飞行，没有理由只让穷人感染疟疾。”这番话将在场的不少听众吓得不轻，会场顿时一阵混乱：有人起身准备离席，有人抡起拳头向空中乱飞的蚊子拼命地挥打……看着这乱糟糟的场面，盖茨或许觉得自己此举不太妥当，赶紧来灭火，他大声向会场人员保证：他放飞的那些蚊子不携带疟疾病毒，他只是想引起大家关注和帮助贫穷的非洲。可是任凭他怎么解释，大家已无心恋“听”，演讲只得草草收场。

会后，该大会管理者克里斯讽刺说：“盖茨此举应该成为各大媒体新闻的头条，标题可以用‘盖茨向全世界释放更多的致命昆虫’。”商界巨头奥米迪亚表示：“这简直太过分了，我们离开这间房子的时候要得病了，我再也不坐前排了。”人们猛烈地批评比尔·盖茨放蚊子的行为，似乎没人关心他苦心设计这个环节所想要表达的主题。比尔·盖茨“收获”了自己辉煌演讲史上少有的失败。

思考题：

（1）比尔·盖茨为何遭遇演讲滑铁卢？

（2）比尔·盖茨用蚊子作为演讲道具，其做法有何不妥？如果是你将发表主旨演讲，你如何使大家关注和帮助贫穷的非洲？

于丹演讲的语言艺术

北京师范大学于丹教授以大众媒体为平台，以国学经典为载体，淋漓尽致地展现了她的个人魅力，而这种魅力主要是通过演讲来展现的。于丹的演讲魅力主要表现在审美层面，自于丹走入大众视野之后，就一度被冠以“美女教授”的称谓，直至最近入选“最美女人”的行列。于丹的确体现了当下女性知识分子的某些审美趣味与美的气质。她抓住当今中国百姓心灵深处对于通熟易懂的人文理论的强烈渴求，以白话诠释经典，以经典诠释智慧，以智慧诠释人生，以人生诠释人性，以人性安顿人心。她清楚明白地向我们传授《论语》知识，流畅准确，生动形象，风趣机智，启智导学，具有美的素质和美的魅力。她讲述的语言如行云流水，娓娓道来，一词一句充满情感，一言一语恰如春雨润物，渗透听众的心。

【演讲视频 1-5】于丹：《论语心得·天地人之道》
http://v.youku.com/v_show/id_XMzk3NzEzNzM2.html?tpa=dW5pb25faWQ9MTAyMjEzXzEwMDAwMl8wMV8wMQ

思考题：

（1）于丹演讲的成功之处何在？

（2）试着在网上收看《百家讲坛》中于丹的《论语心得》，体会于丹演讲的语言艺术。

无与伦比的营销口才

在美国零售店中，有一家知名度很高的商店，它就是彭奈创设的“基督教商店”。

彭奈对“货真价实”的解释并不是“物美价廉”，而是什么货卖什么价。

他有个与众不同的做法，就是把顾客当成自己人，事先说明货品等次。关于这一点，彭奈对他的店员要求非常严格，并对他们施以短期训练。

彭奈的第一家零售店开设不久，有一天，一个中年男子到店里买搅蛋器。店员问：“先生，您是想要好一点的，还是要次一点的？”那位男子听后显然有些不高兴：“当然是要好的，不好的东西谁要？”

店员就把最好的一种“多佛牌”搅蛋器拿了出来给他看。男子看了问：“这是最好的吗？”

“是的，而且是牌子最老的。”

“多少钱？”

“120元。”

“什么！为什么这样贵？我听说，最好的才六十几块钱。”

“六十几块钱的我们也有，但那不是最好的。”

“可是，也不至于差这么多钱呀！”

“差得并不多，还有十几元一个的呢。”男子听了店员的话，马上面露不悦之色，想立即掉头离去。

彭奈急忙赶了过去，对男子说：“先生，您想买搅蛋器是不是，我来介绍一种好产品给您。”

男子仿佛又有了兴趣，问：“什么样的？”

彭奈拿出另外一种牌子的搅蛋器来，说：“就是这一种，请您看一看，式样还不错吧？”

“多少钱？”

“54元。”

“照你店员刚才的说法，这不是最好的，我不要。”

“我的这位店员刚才没有说清楚，搅蛋器有好几种牌子，每种牌子都有最好的货色，我刚拿出的这一种，是这种牌子中最好的。”

“可是为什么比多佛牌的差那么多钱？”

“这是制造成本的关系。每种品牌的机器构造不一样，所用的材料也不同，所以在价格上会有出入。至于多佛牌的价钱高，有两个原因，一是它的牌子信誉好，二是它的容量大，适合做糕点生意用。”彭奈耐心地说。

男子的脸色缓和了很多：“噢，原来是这样的。”

彭奈又说：“其实，有很多人喜欢用这种新牌子，就拿我来说吧，我用的就是这种牌子，性能并不差，而且它有个最大的优点：体积小，用起来方便，一般家庭最适合。府上有多少人？”

男子回答：“5个人。”

“那再适合不过了，我看您拿这个回去用吧，保证不会让您失望。”

彭奈送走顾客后，对他的店员说：“你知道刚才你错在什么地方了吗？”

那位店员愣愣地站在那里，显然不知道自己的错误。

“你错在过于强调‘最好’这个概念。”彭奈笑着说。“可是，”店员说，“您经常告诫我们，要对顾客诚实，我的话并没有错呀！”

"你是没有错，只是缺乏技巧。我的生意做成了，难道我对顾客有不诚实的地方吗？"

店员摇摇头。彭奈又说："除了说话技巧外，还要摸清对方的心理，他一进门就要最好的，对吧？这表示他优越感很强，可是一听价钱太贵，他不肯承认自己舍不得买，自然会把不是推到我们做生意的头上，这是一般顾客的通病。假如你想做成这笔生意，一定要变换一种方式，在不损伤他的优越感的情形下，使他买一种比较便宜的货。"

彭奈在他 80 岁时的自述中，幽默地说："在别人认为我根本不会做生意的情形下，我的生意由每年几万元的营业额增加到 10 亿元，这是上帝创造的奇迹吧。"

思考题：

（1）请结合本案例对彭奈的口才进行评价。

（2）本案例对你有何启示？

第二章　演讲与口才基础

一言之辩，重于九鼎之宝；三寸之舌，强于百万之师。

——刘勰

第一靠什么？靠态度、信念、服务、说服及公众演说的能力！

——【美】奥巴马

学习目标

掌握发声练习的方法；学会运用有声语言；正确理解态势语言的运用原则；恰当地运用态势语言；纠正自身不合规范的态势语言；根据语言交流的进程和个性特点设计态势语言；明确口才与心理素质的关系；掌握心理素质的训练方法并切实进行相关训练。

案例导入

该来的不来

有一天，一个业务员宴请客户。开宴时间快到了，客人只来了一半，业务员有些着急，忍不住自言自语道："怎么该来的还没来呢？"

有的客人一听，心里凉了一大半："他这么说，想必我们是不该来的。"于是有一半人拍拍屁股走了。

业务员一看许多客人离开了，着急地说："怎么不该走的走了？"剩下的人听了，心里特别有气："这不是当着和尚骂秃驴吗？看来我们是该走的。"于是剩下的客人又走了一半。

业务员急得直拍大腿："嗨！我说的不是他们啊！"余下的人听了："这是什么话？不是说他们，那是说我们啦！"于是剩下的客人纷纷离去，客房里只剩下一位平时和业务员关系较密切的客人。最后这位客人奉劝业务员："说话前要先用脑子想想，不然说出去的话就收不回来了，覆水难收啊！"业务员一听，急忙辩解："我并不是叫他们走啊！"

这位客人一听也火了："不是叫他们走，那就是叫我走了！"说完，头也不回，扬长而去。

问题：

1．这位业务员的语言表达存在什么问题？

2．本案例对你有何启发？

第一节　有声语言

有声语言是人们进行交流的最主要工具，只有它才能准确周密地表达人们的所思所想，承载和传输各种信息，完成交际和交流的任务。有声语言表达能力的强弱一方面受个人先天条件的影响，另一方面，后天的训练和养成十分关键。

一、有声语言运用的基本原则

1. 热情

热情是对表达内容的兴奋之情或激情，使声音听起来富有表现力。表现力是热情的最大的信号，通过改变音高、音量、语速等使声音与语言内容、思想情感相吻合，使听众更加理解，哪怕是表达者语义上的细微差别。而完全缺乏热情则会造成声音单调，这会使交流的气氛沉闷压抑，使听众昏昏欲睡。热情的声音就好像一盆火，听众即使是一块冰也会被烤融化的。

2. 自然

自然意味着当我们在讲话时对语言的内容和意图要有回应，使语言富有活力、真实。要想做到声音自然，对语言内容的熟悉非常重要；还有不要死记硬背语言内容，学会自然地表述语言内容，使它听起来好像讲话者在用心考虑语言内容和他的听众。“宁要自然的雅拙，也不要做作的乖巧”。卡耐基认为，演讲时声音自然，才能把意念表达得更为清楚、更为生动，否则，难以引起听众的共鸣。

3. 流畅

有效的表达不仅是声音热情、自然，同时还应该是流畅的，即没有犹豫和语音干扰。大多数人在语言交流中偶尔会犯语音干扰的小毛病，这些小毛病也就是干扰流利语言的无关声音，如“啊”“嗯”“呢”等单音节词或“然后”“这个”“那个”“并且”等无实际意义的双音节词。当这些干扰过多时，听众就会注意到这些干扰，从而影响了对语言内容的注意。日常训练时，我们要挑出属于自己的干扰词，并用心练习去除这些干扰词。

二、有声语言运用的技巧

语言交流的效果不仅要靠语言内容本身，合理地运用各种有声语言的技巧手段，也是表达获得成功的关键。

在交际中，常常会遇到一些矛盾的、顾此失彼、难以两全的情况，使你处于两难的境地。例如，我们常会碰到下列情景：既想拒绝对方的某一要求，又不想伤害他的自尊心；既想吐露内心的真情，又不好意思表述得太直截了当；既不想说违心之言，又不想直接顶撞对方；既想和陌生的对方搭话，又不能把自己表现得太轻浮和鲁莽……凡此种种，难以一一列举。但概而言之，都是一种矛盾：行动和伤害对方的矛盾，自己利益和他人利益的矛盾，自己近期利益和长远利益的矛盾。为适应这些情况，产生了各种各样的语言表达艺术，它缓解了这些矛盾。这种表达的语言艺术从表面上看，似乎违背了有效口头表达的清晰、准确的要求，但实际上是对清晰、准确原则的一种必要的补充，是在更全面考虑了各种情况之后的清晰和准确，是在更高级阶段上的清晰和准确。语言艺术的具体方法因人、因事、因时、因地而异，没有绝对的适用任何情况的方法。这里介绍一些有声语言运用的技巧，供参考。

（一）积极表达期望

心理学中的“皮格玛利翁效应”启示我们：赞美、信任和期待具有一种能量，它能改变人的行为，当一个人获得另一个人的信任、赞美时，他便感觉获得了社会支持，从而增强了自我价值，变得自信、自尊，获得一种积极向上的动力，并尽力达到对方的期待，以避免对方失望，从而维持这种社会支持的连续性。语言沟通中，积极的语言反应表达出积极的心理期望。皮格马利翁效应也验证了积极的心理期望和暗示所产生的强大影响。要做到评议表达的积极，可从以下几个方面来把握。

其一，避免使用否定字眼或带有否定口吻的语气。如双重否定句不如用肯定句来代替，必须使用负面词汇时，则尽量使用否定意味最轻的词语。“我希望”“我相信”这两种说法有时表明你没有把握，或者传递出有些盛气凌人的信息；而赞扬现在的行为可能暗示对过去的批评。

其二，强调对方可以做的而不是你不愿或不让他们做的事情，站在对方的角度讲话。如说“我们不允许刚刚参加工作就上班迟到”（消极表达）就不如说“刚刚参加工作的人保证按时上班很重要”（积极表达）。

其三，把负面信息与对方某个受益方面结合起来叙述。可以说“你可免费享用 20 元以内的早餐”（积极表达），而不是说“免费早餐仅限 20 元以内，超出部分请自付”（消极表达）。

其四，如果消极方面根本不重要的话，干脆省去。如对方决策时不需要这方面的信息，信息本身也无关紧要，或者以前已经提供了这方面的信息。

其五，低调处置消极面，压缩相关篇幅。篇幅大，表明在强调信息。既然不想强调消极信息，就尽量少用篇幅，出现一次即可，不必重复。

（二）注意推论与事实

通常在观察外界的时候，人们在获得所有的必要事实之前就开始进行推论，推论的形成相当快，以致很少有人仔细考虑它们是否真的代表事实。“他未完成工作，因为偷懒”“如果您听了我的建议，您就了解我的意思了”，这些语句表示的并非事实，而是推论。因此不良的沟通就产生了。徐丽君、明卫红主编的《秘书沟通技能训练》（北京：科学出版社，2008 年版）中对此进行了分析。

有六种基本方法可以分辨事实陈述和推论陈述（表 2-1）。

表 2-1　事实陈述和推论陈述

事实陈述	推论陈述
1. 根据第一手资料下断言	1. 在任何时间下断言——根据事前、事后、事情发生时的经验
2. 根据观察下断言	2. 根据任何一人的经验下断言
3. 必须根据所经历的经验	3. 超出自己所经历的经验之外
4. 根据经验的陈述	4. 无界限地根据经验推论陈述
5. 达到最大的可信度	5. 仅有很小程度的可信度
6. 得到具有相同经验的人士的认同	6. 有此经验的人士不认同

为了避免妄下推论，在与人沟通过程中应当注意以下情况。

第一，学会区分哪些是事实，哪些是推断。

第二，当根据从别人那里得到的信息做出决策时，要评估推断的准确性，并获得更多信息。

第三，听取别人的汇报时，让其陈述事实而不是听取他人的评价。

第四，在说服别人时要使用具体的事实而非个人的价值判断。

第五，使用文字沟通时，要表明自己的推断以便别人了解自己的看法。

第六，意识到事情的复杂性，不要将其简单化。

第七，当只看到两种选择结果时，有意识地寻找第三种甚至更多种可能出现的情况。

第八，意识到自己所得的信息是经过过滤的，自己并没有得到所有的事实。

第九，尽量向别人提供背景信息，以便别人能够准确地解释自己的观点或看法。

第十，以具体的证据、事实和事例来支持笼统的陈述和评价，避免诸如“这个人的素质很不高”这样的论断。

第十一，检查自己的反应，保证自己的决策建立在合理的证据之上。

（三）进行委婉表达

“委婉”一词人们并不陌生，它在修辞学中，又是修辞格的一种。但“委婉”并不仅仅指修辞的方法。在书面语中，它主要表现为一种语言的表达方式；在沟通中，它又是一种处理问题的态度和方法。恰当地运用委婉，能够鲜明地表明人们的立场、感情和态度。这样做，既使对方乐于接受，达到说话的目的，又可增强语言的形象性和生动性。

1. 直意曲达

语言总要表达某种意思，亦即说话者要达到表明自己态度和感情的目的。但这个意思是通过迂曲委婉的说法来表达的，这也是利用了人们思维的曲折性和复杂性来达到的。

传说汉武帝晚年时很希望自己长生不老。一天，他对侍臣说：“相书上说，一个人鼻子下面的‘人中’越长，命就越长；‘人中’长一寸，能活一百岁。不知是真是假？”东方朔听了这话，知道皇上又在做不老的梦了。皇上面有不悦之色，对东方朔喝道：“你怎么敢笑我？”东方朔脱下帽子，恭恭敬敬地回答：“我怎么敢笑话皇上呢？我是在笑彭祖的脸太难看了。”汉武帝问：“你为什么笑彭祖呢？”东方朔说：“据说彭祖活了 800 岁，如果真像皇上刚才说的，‘人中’就有 8 寸长，那么他的脸不是有丈把长吗？”汉武帝听了，也哈哈大笑起来。东方朔要劝谏皇上不要做长生梦了，但又不好直言去规劝，只能用旁敲侧击的方法，委婉地表达自己的意思。这种批评使汉武帝愉快地接受了。

要达到沟通的最佳效果，不一定都用直言不讳的说法，用委婉的说法可能会达到意想不到的效果。

2. 易于接受

人们总是希望对方能够接受自己所发出的信息，并做出相应的反应。这就首先要让对方能够接受你发出的信息，委婉的语言就可以帮助你达到这个目的。

美国小说家马克·吐温到某地旅馆投宿，人家早告诉他此地蚊子特别厉害。他特别担心晚上是否能安稳睡觉，想要事先向服务员打招呼，又觉得这样做未必效果好，服务员不一定乐意接受。他在服务台登记房间时，一只蚊子正好飞过来。马克·吐温灵机一动，马上对服务员说：“早听说贵地蚊子十分聪明，果然如此，它竟然会预先看我的房间号码，以便夜晚光临，饱餐一顿。”服务员听了不禁大笑起来，结果就记住了他的房间号码，并相应地采取了一系列防蚊子措施，使马克·吐温这一夜睡得很好。马克·吐温如果生硬地告诉服务员要怎样赶蚊子，就不一定能达到这种效果。马克·吐温的话很委婉，让服务员易于接受，当然也就乐意尽心服务了。

在日常生活中也常有这样的例子：当你要求别人做一件事，或者指责别人哪里有过失的时候，要尽量选择让对方感到有回旋的话，把主动权仿佛送给了对方。例如某一员工衣帽不正有碍企业形象，你可以说："这样还算挺好的，但如果能够再把这个颜色换一下，会更好些。"这样的话语会使员工乐于接受，也就心悦诚服地愿意改正。

委婉的语言是曲折地表达自己的意思，听话者感到你是为他着想，或者感到合情合理，这就容易达到自己的目的，也给人以教育和启迪。

3. 言简意赅

与人交流时，特别是演讲者在说明、论述问题时，要简明扼要，言简意赅，力求用简约的语句表达丰富的内容，不要拖泥带水，不要画蛇添足，更要避免讲些空话废话。

请看下面一段对话。

问：你有过感叹吗？

答：感叹是弱者的习气，行动是强者的性格。

问：扬州大明寺一进门有尊大肚佛，两侧有幅对联。上联是"大肚能忍忍尽人间难忍之事"，下联是"慈颜常笑笑尽天下可笑之人"。你能做到吗？

答：我如果能做到我就成佛了。

问：你有烦恼与痛苦吗？

答：越有追求的人，烦恼与痛苦越多。成功之后将是快乐。

答话者回答问题时，总是用迂曲的方式作答，语言浅显通俗，含义却值得咀嚼。

（四）使用模糊语言

我们在客观世界里所遇到的各种各样的客观事物，绝大多数都没有一个明确的界线，而作为客观世界符号表现的语言也必然是模糊的。巧妙地利用语言的模糊性，使语言更能发挥它神奇的效用，是人际沟通追求的目标之一。

1. 化难为易

"化难为易"也称"化险为夷"。在人际沟通中，常会遇到难以应付的棘手场合，也会有非说不可却难以启齿的局面，怎么办？成功的沟通者往往会用模糊语言，使自己摆脱这种尴尬的处境。

在某大商场，有一位顾客拿了几个西红柿，然后混杂在已经称好重量并交款的蔬菜中转身就走。这时，售货员发现了这一情况。如果她高喊"捉贼"，势必会影响商场的秩序，损害商场的声誉，可能会大吵大闹一番。富有经验的售货员两手一拍说："唉呀！请您慢走一步。我可能刚才不注意，把蔬菜的品种拿错了，您再回来查查看。"这位顾客无奈也只得回来，售货员把蔬菜重新称过，随手就将西红柿拣了下来。售货员此时说"可能""查查看"都是模糊词语，收到了神奇的公关效果。

2. 缓和语气

在某些情况下，对方可能故意损害你，使你怒发冲冠、情绪激动，气氛顿时紧张起来。在这种情况下，注意使用模糊语言，易于控制自己的情绪，缓和气氛，使事态朝好的方向发展。

在我国南方一个城市，正值下班时间，乘车的人特别多，车已爆满。乘客们把车堵得严严的，车内乘客不容易看到车已行驶到哪一站。尽管乘务员大声报告站名，但总有乘客错过站。有一位错过站的乘客慌慌张张地擂门大叫："售票员下车！"乘务员也非常生气，正要酝酿几句奚落挖苦的话，正巧这时有一位公关人员在车内，及时地插嘴说："售票员不能下车。售票员下车了，谁来售票？"这时，不仅那位错过站的乘客情绪缓和下来，连乘务员也和颜悦色起来。这位公关人员就利用"售票员下车"一句话的模糊性来为乘务员解了围，剑拔弩张的气氛缓和了，一场争吵避免了。如果我们用模糊语言来淡化紧张气氛，就可以控制情绪，它能使我们与他人交往时不致紧张，在公关时能摆脱困境。即使在一触即发的关键时刻，它也可以使我们从容地脱身出来，离开不愉快的窘境或矛盾旋涡。

3. 点到为止

模糊语言要有分寸，要点到为止。不该说的不说，能把自己意思表达明白，却不伤害别人，不能直言不讳，要把自己的意思曲折地表达出来，并且要让对方明白。

我国一位著名的播音员到精神病院采访，采访提纲中原先写的是："您什么时候得的精神病？"这位播音员感到这种话或许会刺激病人，就临时改口问道："您在医院呆多久了？住院前感觉怎么不好呢？"委婉含蓄地提问，采取的是模糊语言，使对方易于接受，不致产生反感。在采访结束时，这位播音员说："您很快就要出院了，真为您高兴。""精神病"这个词对于精神病患者十分忌讳，播音员在采访时自始至终注意回避这个词。

模糊语言的运用要掌握分寸，过于模糊，对方不了解自己的意思，就失去了交际的作用；过于直露，又会伤害别人。只有既模糊又适度，在模糊语言中透露出自己真实的语意，才能达到公关的目的。

4. 增大容量

模糊语言的一个重要特征在于它能把难于表述的道理表达出来，大大地丰富了表达效果。模糊语言是"犹抱琵琶半遮面"，这样更能引起人们联想推断，包含着广博的内容。

我国某城市一个广播电台的直播节目中，一位小姐误把听众点给别人的歌曲认为是点给自己的歌，在直播节目中向播音员询问。播音员明知不是点给这位小姐的，但又不好明白地指出来。如果说出来，不仅扫了这位小姐的兴，也使广大听众感到不愉快。播音员说："可能是点给您的吧？其实呀，人间是一个温暖的大家庭，人人相处都应该以友相处。只要以诚相待，以友善之心相待，我们的朋友遍天下，又何必非要去计较是哪一位朋友呢？"播音员随机应变，巧妙应答，从小姐询问点播节目一事引伸出一番处事人生哲学。播音员使用了模糊语言，使节目的内容深化了。

（五）不妨幽默表达

幽默是外来词，由英文 humor 音译而来。1924 年，林语堂在《晨报》副刊上连续撰文，将"幽默"定为"humor"的汉译名，后被大家熟知并开始使用。幽默定义为一种生动、活泼、优雅、风趣、诙谐、含蓄且富有想象力的语言，是思想、学识、智慧和灵感在语言运用中的结晶。

幽默这一手法显得比其他手法更为复杂。关于幽默很难下一个全面而准确的定义，事实上也没有出现一个这样统一的认识。运用幽默的具体技巧也难以像其他手法一样，予以大致的分类罗列。应该特别指出的是，幽默手法的运用必须自然，切忌强求。第一，幽默只是手法，而非目的。第二，幽默是一种精神现象，不只是简单的笑话或滑稽所能描述；幽默是一种风格、行为特性，是智慧、教养、道德处于优势水平下的一种自然表现。

幽默可以化解难堪。例如：

20 世纪 50 年代社会主义改造运动中，上海的一位老教授因基层干部作风粗暴而投河自杀，幸被人救起。陈毅市长知道后，采取多种行动挽回影响，一是狠狠地批评了那位基层干部，一是亲自去老教授家赔礼道歉，同时在一次高级知识分子大会上，用幽默的手法批评了老教授："我说你呀，真是读书一世，糊涂一时。共产党搞思想改造，难道是为了把你们整死吗？我们不过想帮大家卸下包袱，和工农群众一道前进。你为何偏要和'龙王爷'打交道，不肯和我陈毅交朋友呢？你要投河也该先打个电话给我，咱们再商量商量嘛！"

幽默可以化解矛盾，缓和气氛。例如：

一个小孩看到一个陌生人，长着很大的鼻子，马上大叫："大鼻子。"小孩的父母感到很难为情，很对不起人。陌生人却幽默地说："就叫我大鼻子叔叔吧！"大家都能由此一笑了之了。一个人在车上不小心踩了别人一脚，忙连声道歉。被踩的这个人却风趣地说："不，是我的脚放错了地方。"这人大度地认为，事情发生了，已无可挽回，又不是故意的，也没有什么损失，何不一笑了之呢。一个顾客在餐厅吃饭，米饭中沙子很多，服务员歉意地问："仅是沙子吧？"顾客大度地回答："不，其中也有米饭。"既批评了餐厅，也免除了尴尬局面。

幽默也可以用来含蓄地拒绝。例如：

一位好友向罗斯福问及美国潜艇基地的情况。罗斯福问道："你能保密吗？"好友回答："能。"罗斯福笑着说："你能我也能。"好友也就知趣地不再问事了。

幽默可以针砭时弊。例如：

领导问："你对我的报告有什么看法？"群众："很精彩。"领导："真的？精彩在哪里？"群众："最后一句。"领导："为什么？"群众："当你说'我的报告完了'，大家都转忧为喜，热烈鼓掌。"这段幽默讽刺了领导干部长篇大论，不着边际的作风。

幽默可以在轻松的气氛下进行严厉的批评。例如：

某商店经理在全体职工大会上说："要端正经营作风，加强劳动纪律，公私分明，特别是那'甜蜜的事业'——糖果柜台。"

幽默是人的思想、学识、智慧和灵感的结晶，幽默风趣的语言风格是人的内在气质语言运用中的外化，幽默风趣的语言风度固然有先天成分的影响，但更是后天习得的结果。

以下是推销中幽默表达的成功运用，希望对商务人员有所启发。

1. 出其不意法

一名精明的推销员，要想在激烈的市场竞争中来往穿梭，游刃有余，就必须掌握幽默推销的艺术。出其不意法就是在推销过程中，利用想象的结果与实际结果之间产生的强烈反差，从而产生幽默的效果，促进商品销售的一种幽默推销方法。

有位推销员向一位杂货店老板推销洗衣粉，这位老大爷生性孤僻，顽固保守。推销员想好了一大堆话，正要开口，这位老大爷便大喝一声："你来干什么？"这个场面足以使他心惊肉跳，但他鼓足勇气反问："先生，你猜我今天是来干什么的？"老大爷不客气地回敬他："不说我也知道，还不是向我推销你们的破玩艺儿！"推销员听罢哈哈大笑："您老人家聪明一世，糊涂一时！我今天可不是向你推销的，而是求您向我推销的。"老大爷一听，愣住了："你要我向你推销什么？"推销员回答道："我听说您是这一地区最会做生意的，洗衣粉的销量最大，我今天是来讨教一下您老的推销方法的。"老大爷活了一辈子，从没有人登门求教过，心中很是高兴，于是便兴致勃勃地向推销员大谈其生意经，直到推销员起身告辞才住口。刚走到门口，老大爷忽然想起什么大声说："喂，请等一等，听说你们公司的洗衣粉很受欢迎，给我订30箱。"

2. 荒谬夸张法

就是在推销过程中，利用荒谬夸张本身包含的不协调，从而产生强烈的幽默效果，促进商品销售的一种幽默推销方法。

美国有两家保险公司的业务推销员，有一回相遇，而对客户争相夸耀自己的公司服务如何周到，付款如何迅速。一个说，他的公司保证在意外发生的当天就能将支票送到投保人的手中，另一个眼看无法占上风，不甘心认输，便干脆来幽他一默："当天送到又算得了什么？我们公司在一幢 40 层大楼的第 23 层，有一天，我们的一个投保人从顶楼摔下来，当他在下落的途中经过第 23 层窗口时，我们就顺便把支票塞到他的手里！"

其结果也不难想象，这位具有幽默感的推销员，赢得了更多的客户。

3. 声东击西法

这是一种更加含蓄迂回的幽默推销方法。目标向东而先向西，欲要进击先后退。

有位业余推销员，有一次走进一家报馆问："你们想要一名有才干的编辑吗？""不。""记者呢？""也不需要。""印刷厂如有缺额也行。""不，我们现在什么空缺也没有。""那你们一定需要这个东西。"年轻的推销员边说边从皮包里取出一块精美的牌子，上面写着："额满，暂不收人"。如此轻而易举，在轻松愉快中促成推销。

这就是声东击西的幽默推销技巧。

4. 生动活泼法

在商务活动中，若将话说得生动活泼，富有个性，气氛立即活跃、融洽；若说得平淡或者俗套，气氛则变得沉闷、勉强，甚至"冷场"。

一次，某汽车厂业务员去拜访一位买过其公司车的老用户。他是这样开场的："李总，您好！我是南京晨光公司的，楼下那辆车就是我们公司的。"(此处故意省略了"生产"两字)。李总一愣，抬头疑惑地说："是你们的？"显然尚未反应过来，这位业务员立即说："既是你们的，也是我们的，或者说曾经是我们的，我是它的娘家人，特来问问它，不知它是否听话、孝顺。""听话、孝顺"，是拟人化的措辞，实际指质量如何。李总听完哈哈大笑，马上停下了手头的工作，接下去双方会谈的气氛可想而知。试想，如果该业务员这样开场："李总，您好！我是南京晨光公司的，请问今年有没有购车计划？"那么，对方很可能会头也不抬地打发他走，至少气氛会平淡无奇。

这段对话正是这位业务员看到李总的车后，随机应变、巧妙设置"悬念"，以恰当的比喻使会谈引人入胜、充满生气。

无独有偶。某单位欲在新楼前设铜牛雕塑，一位业务员获悉后带着有关图片资料叩响了筹建处的大门："主任，您好！我特地为您所关心的牛而来。"边说边拿出图片说，A 牛：牛劲十足，系拓荒牛，象征着披荆斩棘、所向无敌；B 牛：牛气冲天，意味着永远牛市；C 牛：是革命的老黄牛，标志着勤勤恳恳、无怨无悔。未等他介绍完，办公室内其他人纷纷围拢过来，叽叽喳喳议论开了。主任激动地表示，B 牛理想。原来该主任是标准的股民，于是这位业务员投其所好，大侃一通股经，俩人自然有了说不完的话题，成了股友。业务洽谈格外顺利、融洽。

这里这位业务员并未急于切入正题，大谈如何造型、如何铸造等技术问题，而是以生动的比喻将牛与股市的牛市结合起来，了解到了对方的兴奋点，为进一步洽谈做好铺垫。假如他干巴巴地拿出三张设计草图，对方绝不会如此兴趣盎然地与其谈到股市等题外话，谈话也就少了润滑剂般的轻松。

【演讲欣赏 2-1】

《矮子的风采》演讲摘录

这是湖南师范大学党委书记在一次大学生晚会上的即兴演讲：

这话题之二嘛，是“矮子问题”。（哄笑）由我当众提出这个问题，岂不惹火烧身？（鼓掌）这也要点勇气呢！老实说，在我年轻的时候我并不觉得“矮”有什么问题，直到 80 年代，在舆论压力之下，才感觉成了问题。（哄笑）其实，白鹤腿长，鸭子腿短，都是生来如此，何必自寻烦恼！现在要问，矮子能有风采吗？答曰：“高个儿不见得都有风采，矮个儿不见得都不风采。”（鼓掌）那么，矮个儿怎样才能也具有风采呢？我有几点心得可供参考。

第一，是要有自信。论个子，我比他低一头，而论觉悟、学识、才能，可能比他更胜一筹！这也叫“以长补短”吧？（鼓掌）

第二，不要犯忌讳。大凡麻子怕说麻子，秃子甚至怕说电灯泡，其实越犯忌讳越尴尬，不如自己说白了反而没事。我常有机会跟北方汉子们在一起开会或聊天，我跟他们开玩笑：“我不如你高，你可别怪我，怨只怨我们那山上的猴子就个子小些！”（鼓掌、哄笑）

第三，把胸脯挺起来，但也用不着踮脚尖，衣着讲究适当，比方不穿横条、方格的衣服，但也用不着老穿高跟鞋，我主张矮要矮得有骨气，还是脚踏实地好！

第四，最重要的还是本人的德学才识，有修养、有风度，对社会有贡献，自然受人爱戴。

趁着晚会的高兴劲儿，解开这个“矮子问题”，不知台下的某些同学心里是否踏实些？（长时间热烈鼓掌）

三、提高声音质量的方法

（一）认识声音

有人把人的发声器官比做一架管风琴。肺是风箱，由它提供发声的原动力。气流从肺中自下而上，通过气管上升到喉头，声音就由喉部产生。当人们呼气时，使保护气管开端的肌肉（即声带）紧密地挨在一起，以使空气通过声带时能够产生振动。这种振动产生了微弱的声音，然后该声音再穿过咽部（喉咙）、口，以及在某些情况下上升到鼻腔时被抬高产生共振。在这里，口和鼻腔就成了管风琴的两个管，它们不但可以起到扩大音量的作用，还可以任意变换音色。这样，共振后的声音被舌头、嘴唇、腭和牙齿这些发音器官改造，从而形成了语言体系中的声音。

我们认识发声器官，了解声音如何产生，目的是要在有声语言的训练中遵循其活动规律，正确发挥其功能和作用，从而有效地利用它来发出富有表现力和感染力的声音，增强语言表达的效果。

（二）影响声音质量的因素

现实生活中，去除语言的内容，人们经常能够通过一个人的声音判断出对方的许多信息，如对方的性格、涵养、情绪等；有时甚至单凭一个人的声音就去主观地判断这个人的外貌、形象等特征，尽管判断的结果有时与事实不符，这说明声音具有迷惑性。因此声音质量的高低直接影响听众对语言内容和表达者的接受程度。那么，影响声音质量的因素有哪些呢？

1. 音域

音域即每个人的声音从低音到高音的范围。大多数人运用音高的范围超过 8 度，也就是音阶上的 8 个全音。音域的宽窄直接影响到声音的质量。人们在平时交谈时，音域大多在一个 8 度左右，而常用的也只有四、五个音的宽度，但是如果要同时与众多听众进行交流，如演讲或是表达强烈的思想感情时，这样的音域就显得过窄。因为这时表达者不得不用到音域的极限，自己会感到吃力，声音会变得不自然，而带给听者的则是极不舒服的感觉。如果一个人的音域过窄而造成表达上的障碍，则需要专门为此进行训练，以拓宽自己的音域。事实上对于大多数人来说，不在于是否拥有令人满意的音域，而在于是否最好地利用了他们的音域。

2. 音量

音量也就是发出声音的强弱、大小。当人们正常呼气时，横隔肌放松，空气被排出气管。当人们讲话时，就会通过收缩腹肌来增加排出空气对振动声带的压力。这种压力提高了声音的音量。感受这些肌肉动作的方法是：将双手放在腰部两侧，将手指伸展放在腹部。然后以平常的声音发“啊”，再以尽可能大的声音发“啊”，这时我们会感觉到提高音量时腹部收缩力量的增强。微弱的声音，缺乏力度，使有声语言没有表现力，难于表达强烈的思想感情；而响亮、浑厚、有穿透力的声音，则能做到高低起伏，轻重有别，可以增强声音的表现力与感染力。因此，如果我们的音量不够大，则可以通过在呼气时提高腹部区域压力的方法加以锻炼。

3. 音长

音长也就是声音的长短，它同语速、停顿密切相关，可以影响语言节奏的形成，对声音的质量同样有着不可忽视的作用。语速，也就是讲话的速度。大多数人正常交流时语速为每分钟 130～150 个字，而播音员的语速一般在 180～230 个字。可见，对于不同的人，不同的语言环境，语速的差异是比较大的。我们不需要去统一执行哪一个标准语速，因为一个人的语速是否恰当关键取决于听众是否能理解他在说什么。通常情况下，当一个人发音非常清楚，并且富有变化、抑扬顿挫时，即使语速很快也能被人接受。

我们一方面要进行良好的训练，另一方面，要学会合理地控制这些特征，这样就可以使声音富于变化、轻重有别，从而更加有效地表达语言的思想内容。

（三）发声练习

我们已经知道，声音的产生并不是单靠哪一个器官完成，而是呼吸器官、消化器官相互协同完成了发声。发音效果的好坏，与呼吸、声带、共鸣器官等有直接的关系。因此，要想提高声音的质量，使自己发出的声音更加富有表现力和感染力，就要从以下几个方面多加练习。

1. 控制气息

气乃声之源。一个人气量的大小、能否正确用气，对语音的准确、清晰度和表现力都有直接影响。唐代文学家韩愈曾说过：“气，水也；言，浮物也。水大而物之浮者大小毕浮。气之与言犹是也，气盛则言之短长与声之高下者皆宜。”因此我们必须学会控制好气息，这样才能很好地驾驭声音。在语言交流中要想使声音运用自如、音色圆润、优美动听，就要学会控制气息，掌握呼吸和换气的技巧。

呼吸的紧张点不应放在整个胸部，而应放在丹田，以丹田、胸膛、后胸作为支点，即着力点。使力量有支点，声音才有力度。

（1）吸气。吸气时，要双肩放松，胸稍内含，腰腿挺直，像闻鲜花一样将气息吸入。要领是：气下沉，两肋开，横膈降，小腹收。这样随着吸气肌肉群的收缩容积立刻扩张，有明显的腰部发胀、向后撑开的感觉，注意不要提肩，也不要让胸部塌下去。当气吸到七八成时，利用小腹的收缩力量控制气息，使之不外流。

（2）呼气。呼气时，要保持吸气时的状态，两肋不要马上下塌。小腹始终要收住，不可放开，使胸、腹部在努力控制下，将肺部储存的气息慢慢放出，均匀地向外吐。呼气要用嘴，做到匀、缓、稳。在呼气过程中，语音随之一个接一个地发出，从而使有声语言富有节奏。

（3）换气。在语言表达过程中，人们不可能一口气将所要说的内容说完，常需要根据不同内容和表情达意的需要做时间不等的顿歇。许多顿歇之处就是需要换气或补气之处，以保证语气从容、音色优美，防止出现气竭现象。换气有大气口和小气口两种方法。大气口是在类似于朗读、演讲这样的表达时，在允许停顿的地方，先吐出一点气，马上深吸一口气，为下面要说的话准备足够的气息。这种少呼多吸的大气口呼吸一般比较从容，也比较容易掌握。小气口是指表达一段较长的句子时，气息用得差不多了，但句子未完而及时补进的气息。补气时，可以在气息能够停顿的地方急吸一点气，或在吐完前一个字时不露痕迹地带入一点气，以弥补底气不足。无声、音断气连，这是难度较大的换气方法。

2. 训练共鸣

气流从肺部上升到喉头冲击声带发出的声音本来是很微弱的，但经过喉腔、咽腔、口腔、鼻腔的共鸣，声音就扩大了，这不需经过训练，人人都可以做到。但是，要想使声音宏亮、圆润、悦耳，就需要进行特殊的训练了。

（1）鼻腔共鸣。鼻腔共鸣是由“鼻窦”实现的。鼻窦中的额窦、蝶窦、上鄂窦、筛窦等，它们各有小小的孔窦与鼻腔相连，发音时这些小孔窦起共鸣作用使声音响亮、传得更远。运用鼻腔时，软腭放松，打开口腔与鼻腔的通道使声音沿着硬腭向上走，使鼻腔的小窦穴处充满气，头部要有振动感。这样，发出的声音才会震荡、有弹力。但要注意，鼻腔色彩不能过量，过量就会形成“鼻囊鼻音”。

（2）口腔共鸣。口抬起，呈微笑状，使整个口腔保持一定张力，口腔壁、咽腔壁的肌肉处于积极状态。这样，声带发出的声音随气流的推动流畅向前，在口腔的前上部引起振动，形成共鸣效果。共鸣时要把气息弹上去，弹到共鸣点。声音必须集中，同时还要带上感情，兴奋起来，这样才会达到一个好的共鸣效果。

（3）胸腔共鸣。胸腔是指声门以下的共鸣腔体，属于下部共鸣腔体，它可以使声音结实浑厚、音量大。运动胸腔共鸣时，声带振动，声音反着气流的方向通过骨胳和肌肉组织壁传到肺腔，这时胸部明显感到振动，从而产生共鸣。有了这个底座共鸣的支持，声音才会真实，不飘。

在进行共鸣训练时，扩大共鸣腔要适度，不能无限制，要以不失本音音色为前提。同时，应该学会控制共鸣腔肌肉的紧张度，保持均衡的紧张状态。另外，共鸣腔各部位包括肌肉要协同动作，这样声音的质量才能真正提高。

3. 吐字归音

吐字归音是汉语（汉字）的发声法则，即“出字”和“收字”的技巧。我们把一个字分为字头、字腹和字尾三部分，“吐字”是对字头的要求，“归音”是对字腹尤其是对字尾的发音要求。

（1）吐字。吐字也叫咬字。一是注意口型，口型该大开时不能半开，该圆唇的时候不能展唇，尽量使声音立起来；二是注意字头，字头是字音的开始阶段，要求叼住弹出。要做到吐字清晰，发音有力，摆准部位，蓄足气流，干净利落，富有弹性。只有这样吐字才能使声音圆润、清楚。

（2）归音。字尾是字音的收尾部分，指韵母的韵尾。归音是指字腹到字尾这个收音过程。收音时，唇舌的动作一定要到位，字腹要拉开立起，即在字腹弹出后口腔随字腹的到来扯起适当开度，共鸣主要在这儿体现。然后收住，要收得干净利落，不拖泥带水，但也不能草草收住。如“天安门”三个字收音时舌位要平放，舌尖抵住上齿龈，归到前鼻韵母“n”音上。只有这样归音才到位，才能使声音饱满，富有有韵味。

（四）节奏练习

有声语言的节奏是语言中的音节排列组合后体现出的一种均衡和谐的美。节奏的构成主要有重音、停顿、语速、抑扬等。

1. 重音

重音是指在句子中某个词语说得特别重或者特别长。重音通常分为两类：一类是与句子的结构有关，叫做结构重音；另一类与强调的某个潜在的语义有关，叫做强调重音。在说话人没有任何强调意思时，句中的结构重音就起作用了，这时的重音是句中组成成分之间相比较而存在的。例如，在简单的主谓句中，旨在说明主语“怎么样了”时，相比之下，谓语重些。如小王买了（重音在“买”）。如果句中有宾语，则宾语较重，如小王买电脑了（重音在“电脑”）。如果句中有修饰语，则修饰语较重，如楼上的小王买电脑了（重音在“楼上”）。强调重音没有固定的位置，是根据表达者所要强调的潜在意义决定的，但强调重心也不是随心所欲的，要根据上下文意思决定。例如，我们要起诉施虐者（实施起诉的不是别人）；我们要起诉施虐者（不是采取别的行为，是起诉）；我们要起诉施虐者（起诉的对象是施虐者）。

2. 停顿

停顿是指在语言交流中的语句或是词语间声音上的间歇。停顿一方面是我们生理和心理的需要；另一方面它也起到控制节奏、强调重点的作用；同时也是给听者一个思考、理解和接受的时间，使听者更好地理解语义。停顿有多种性质，一是语法停顿，这类停顿基本依据标点来处理，如句号、问号、感叹号的停顿就要比顿号、逗号、分号的长；二是层次停顿，语义的层次需要停顿来表达清楚，这既包括语言中大的意思层次，如一节或一段，也指一句话中语义的层次；三是呼应性的停顿，如果是一大段的语言内容，往往会出现整体性的呼应或是局部呼应，这种情况声音必须停顿，否则就是造成呼应中断，影响语义的表达，如这对小燕子，便是我们故乡的那／一对，两对吗（郑振铎《海燕》）；四是音节性停顿，这主要是指朗读节奏感比较强的诗词时，如空山／新雨后，天气／晚来秋；五是强调性停顿，即为了突出句中的某些重要词语，而在这些词语的前或后稍加停顿，如有的人活着／他已经死了；有的人死了／他还活着（臧克家《有的人》）。

3. 语速

语速是指语言节奏的快慢。它是体现语言节奏、表达思想感情的重要手段。在现实生活中，凡是兴奋、激动，则会语速加快；而沉思、平静时，语速就变慢。因此一方面语速的运用要与内容、情感有关，另一方面也受不同场合的影响。做报告、播音的语速就相对较慢，而讲课的语速则要快一些，最快的则是我们常常听到的体育赛事的转播解说。

4. 抑扬

抑扬是指语调高低升降的变化。这种升降的变化能表达不同的语气。一般来说，下抑的语调表示肯定的或是祈使的语气；上扬的语调则表示疑问的语气；平直、低沉、慢速的语调则表示庄重；平直、快速的语调则表示冷淡；弯曲的语调表示有言外之意或是反语。

以上所说的重音、停顿、语速、抑扬在实际运用中不是孤立的，而是相互配合的，只有这样才能真正使有声语富有节奏，展示出声音和谐之美。

第二节　态势语言

人们在语言交流中除了借助有声语言外，还需要借助个人形象、动作举止、面部表情、服饰着装等其他手段向听众传递信息，这些非语言的因素就被称为态势语言，也被称做无声语言。它们既可以独立表达思想感情，又可以协助有声语言共同完成信息的传达。态势语言作为一种视觉形象，在语言交流中起着十分重要的作用。它可以增强语言的感染力度，渲染语言的环境气氛，更能形象地传递信息，更加有效地表达说话者的情感，更直观地昭示心灵，使整个语言交流充满了魅力。

人们在学习语言交流中的态势语言时，容易产生误区：错误地将态势语言单纯地理解成为了配合语言而设计的特定态势。这样的理解太过片面。事实上语言交流中的的态势语言无时不在，无论我们是否承认，人们在口语交流的整个过程中总是以某种态势出现在他人面前的，尽管其态势可能恰当，对语言效果产生了积极的作用；也可能不恰当，对语言效果产生了消极的作用。

因此在学习态势语言的过程中，要正确理解态势语言的含义，在训练中能够有效地设计自己的态势语言，修正自身态势语言中的不足，使态势语言与有声语言完美地结合。

一、态势语言的特点

1. 形象性

无声语言是以表情、手势、体态等形象性较强的动作进行传达交流，比有声语言显得形象简单而生动，能够直观地表现人的内心活动。比如人们在开心的时候会喜笑颜开，手舞足蹈；悲伤时则愁眉苦脸，捶胸顿足。通过具体的肢体语言和面部表情可以充分了解一个人的心情。即使是内向的或城府很深的人，也会通过表情、动作透露其内心的想法。

2. 普遍性

无声语言因其形象性，显得简单易学，所有的人群皆可以使用。专家研究发现，一个刚刚生下 8 天的婴儿就会微笑。心理学家认为，这是婴儿对于那种单纯的生理满足——食物、温暖、舒适、安慰等所做出的第一个反应。6 个月左右的婴儿已经能够用笑来表达种种复杂的喜悦。

3. 真实性

西方心理学家弗洛伊德曾有一段经典名言："任何人都无法保守他内心的秘密。即使他的嘴巴保持沉默，但他的指尖却喋喋不休，甚至他的每一个毛孔都会背叛他。"在交际活动中，人们为了某种目的，往往会克制自己的情绪，隐瞒自己的真实想法。虽然他在语言上体现出礼貌，但是有些和语言不一致的行为，却通过其无声语言暴露无遗。比如，有人嘴上说不害怕，不紧张，可手心却会出汗，小腿也在抖动；主人嘴上热情地挽留客人，却悄悄地看钟表。

4. 文化性

态势语言在不同的民族文化中有着不同甚至相反的语义，而同样的态势语言其含义也因民族文化不同而不同。美国人架起腿坐着的时候，习惯于呈平面的"4"字形，而中国人往往喜欢将一条大腿压在另一条大腿上。至于美国人好耸肩的动作，中国人则很少使用。第二次世界大战期间，被德国盖世太保逮捕的许多美国情报员，大多数是因为他们用右手拿叉子吃东西，而没有被严格训练成欧洲人用左手拿叉子吃东西的方式，因而露出了马脚。用手指轻击桌面，在国外表示不耐烦，而在我国则表示正在思考。"摇头不算点头算"几乎是各种文化的人们都能接受的常规动作，但是在保加利亚和印度的某些地方，摇头恰恰表示肯定。翘大拇指的手势，在英国、澳大利亚、新西兰都含有三种含义：搭车手势，侮辱人的信号，表示"五"。在表示搭车手势、侮辱人的信号时，大拇指急剧上翘。翘大拇指的手势，在希腊表示要对方"滚蛋"，在中国则表示称赞。第二次世界大战期间，英国首相丘吉尔推广了一种手心向外，手指作成"V"形状以象征胜利的手势。如果手心向内，在澳大利亚、新西兰和英国则成了侮辱人的信号，在欧洲各地则表示"二"。因此，在使用态势语言时要了解对方的民族文化，以免造成误会。

5. 多样性

态势语言表现形式丰富，传播载体多样。态势语言遍布全身，几乎从头到脚都可以成为信息的传播载体。一般来说，人们将态势语言分为服饰语言、手势语言、表情语言和方位语言等。此外，虽然讲话时的音量、语调和重音等与口头表达有关，但由于这些语言能够影响信息的传播效果，其特点和运用方法与态势语言十分接近，因此习惯上也归于态势语言的范畴。

6. 综合性

书面语言和口头语言都具有一定的独立性，可以单独运用，如秘书撰写文本时无需过多考虑其他语言的运用，再如秘书与客户通电话时只需要口头表达等。但是态势语言独立性较弱，单独运用无法获得预期效果，甚至很难单独运用，因此，一种态势语言出现时往往会伴随其他种类的态势语言或者其他语言。例如，某秘书在火车站迎接旅游团时，边微笑边握着旅客的手说："欢迎，一路辛苦了。"微笑语、手势语同时传递着"热情友好"的信息，加上问候语，给旅客以视觉（微笑）、触觉（握手）、听觉（问候）刺激，给予对方"赏心悦目"的感受。

7. 变化性

态势语言时代感强，变化频率高。各种语言都必须紧跟时代，与行业的发展变化同步，其中态势语言的变化频率最高。文字和言语的形成是长期历史积淀的结果，在一定时期内会保持相对的稳定，很难发生大的变化，但是态势语言会因不同文化背景而经常改变。比如我国改革开放后受外来文化的影响，“OK”型手势和“V”型手势逐渐被人们在交往中大量运用。

8. 含蓄性

态势语言表达委婉，内容含蓄。书面语言和口头语言直接传播信息，其内容明白、清楚，只要运用得当，一般不会产生歧义。而态势语言是间接传播信息，需要对神态、动作等进行揣摩分析后才能明白，因此这样的信息传递方式就可以将一些不便于直接告诉对方的事情委婉地表达出来。但是，由于人们的文化背景和思维逻辑各不相同，态势语言所传播的信息有可能被误解，因此在运用态势语言时要特别注意。

虽然态势语言在社会交往中能起到很大的作用，但如果使用过多会给人不稳重之感。另外，态势语言传达的信息很丰富，但有些态势语言应坚决避免，尤其面对客户时，绝对禁止挖鼻孔、修指甲、抓痒等极不礼貌的态势语言。

二、态势语言的作用

美国心理学家艾伯特·梅拉比安通过长时间的观察实验得出一个结论：人们在交流中的信息表达由三个方面组成：55%的体态、38%的声调及7%的语气词。由此可见，态势语言在语言交流中的重要作用。人们不可能接受一个面部毫无表情，身体僵化的人滔滔不绝的言论，尽管其语言可能非常流畅。僵化的态势语言向人们传递着某种信息：听众会认为他是一个心理素质极差、缺乏沟通能力、没有思想、毫无生气的留声机，听者是不可能忍受的。相反，一名哑剧演员在台上即使不发声也会使听众完全领会他要表达的内容和情感；交通警察在指挥交通时单凭手势就足以使每一个过往司机和行人明白其意图。人们在语言的交流中如果能够有效地运用态势语，使有声语言与态势语融为一体，相互补充，言辞接于耳，姿态接于目，两者合而为一，就能获得语言交流的成功。

1. 对有声语言的替代与补充

有声语言作为语言交流中最主要的一种表达手段，是信息传递的主要载体，而态势语言是指语言交流中的姿态动作、手势、表情等。它是流动着的形体动作，辅助有声语言运载着思想和感情，诉诸听众的视觉器官，产生效应。“言之不足，故手之舞之，足之蹈之”。态势语言信息含量丰富，虽然在语言交流中处于从属地位，但它却能够替代和补充有声语言，简洁直观，听者一看则明。列宁在演讲中，时常运用富有个性色彩的态势语言。他喜欢以一手下压的动作，表示对当时社会腐朽制度的蔑视和愤怒，而用一手向上前方伸展的姿态，向听众展示光明灿烂的革命前途。他的演讲动作干净利落，带给听众以极大的鼓舞。而斯大林在讲话时，则习惯手拿烟斗，边讲边摇头，这一动作，成为他独特的演讲风格的一部分。

2. 对有声语言的突出与强化

在语言交流过程中，会经常出现单凭有声语言表达效果不尽完善的时候。通过态势语言可以对有声语言不便说、不好说或不尽完善的方面加以完善补充，进而起到强化的作用。恰到好处的有声语言表达与自然得体的态势语言相互配合，能够更加形象、准确地传递信息，强化表达的感染力，拉近语言交流双方的心理距离。林肯经常在谈话途中停顿。当他说到一项要点，而且希望他的听众在脑中留下极为深刻的印象时，他会倾身向前，直接望着对方的眼睛，足足有一分钟之久，但却一句话也不说。这种突然而来的沉默和突然而来的嘈杂声有相同的效果，使得在场的每个听众都提高注意力并警觉起来，注意倾听他下一句将说些什么。

例如，在他和道格拉斯那场著名的辩论接近尾声时，所有迹象都表明他已失败，他因此感到沮丧。在演说的最后，林肯突然停顿下来，默默站了一分钟，望着他面前那些听众的脸孔，他那深陷下去的忧郁的眼睛跟平常一样，似乎满含未曾流下来的眼泪。他把自己的双手紧紧并在一起，仿佛它们已太疲乏了，无法应付这场战斗，然后，他以他那独特的单调声音说道："朋友们，不管是道格拉斯法官或我自己被选入美国参议院，那是无关紧要的，一点关系也没有。但是我们今天向你们提出的这个重大问题才是最重要的，远胜过任何个人的利益和任何人的政治前途。朋友们，"说到这儿，他又停了下来，听众们屏息以待，唯恐漏掉了一个字，"即使在道格拉斯法官和我自己的那根可怜、脆弱、无用的舌头已经安息在坟墓中时，这个问题仍将继续存在、呼吸及燃烧。"为林肯写传记的一位作者指出："这些简单的话，以及他当时的演说态度，深深打动了每个人的内心。"

3. 对听众情绪的调控与引导

态势语言在语言交流的整个进程中对听众会起到微妙的、不易察觉的情绪上的调控与引导作用。人们可以运用态势语言来影响听众，使听众的听解向着有利于自己的方向发展。有时单独依靠态势语言，还能起到"此时无声胜有声"的效果。例如作家方纪在描写重庆谈判前毛泽东在机场登机的文章《挥手之间》中有这样一段细腻的描写：

机场上人群静静地立着，千百双眼睛跟着主席高大的身形在人群里移动，望着主席一步一步走近了飞机，一步一步地踏上了飞机的梯子。

这一会时间好长啊！人们屏住呼吸，一动不动地望着主席的一举手、一投足，直到他在飞机舱口停住，回转身来，又向着送行的人群。

人群又一次像疾风卷过水面，向着飞机涌了过去。主席站在飞机舱口，取下头上的帽子，注视着送行的人们，像是安慰，像是鼓励。人们不知道怎样表达自己的心情，只是拼命地一齐挥手，像是机场上蓦地刮来一阵狂风，千百条手臂挥舞着，从下面，从远处，伸向主席。

主席也举起手来，举起他那顶深灰色的盔式帽；但是举得很慢很慢，像是在举起一件十分沉重的东西。一点一点的，一点一点的，举起来，举起来；等到举过了头顶，忽然用力一挥，便停止在空中，一动不动了。

【演讲视频 2-1】毛主席演讲《社会主义好》
http://v.youku.com/v_show/id_XMTU2Njc0Mzg5Ng==.html?tpa=dW5pb25faWQ9MTAyMjEzXzEwMDAwMl8wMV8wM

在这篇文章中，作者方纪通过细腻地描写毛主席在登机前的态势，向人们传达了他此时的心情、愿望。其态势语言胜过千言万语。

4. 对个人素质的无声展示

态势语言不仅可以补充、替代、强调有声语言，也是一个人思想情感的外化，是个人修养、风度、个性等方面的展示。良好的态势语言，能够提升一个人在听众心目中的地位，从而建立一种信任，同时还能给听众带来美好和谐的审美愉悦。而不当的态势语言则会降低其在听众心目中的地位，影响听众对其语言信息的接收。例如，一个人举止从容，说明其为人冷静；慌慌张张说明其不够自信或是缺少条理；面部微笑，说明心态阳光，对听众友好；而面部僵化说明其历练不足或是心理素质欠佳等。无论我们是否有意识地使用着态势语言，我们总是以某种态势出现在听众面前，而这种态势能够把人性格特征、内在涵养等方面的信息无声地传递给听众。态势语言既是一个人德才学识等各方面修养的外化，也是其特有的行为气质的外在方式，《世说新语·容止》载："魏武将见匈奴使，自以形陋，不足雄远国，使崔季硅代，帝自捉刀立床头。既毕，令间谍问曰：‘魏王何如？’匈奴使答曰：‘魏王雅望非常；然床头捉刀人，此乃英雄也。’魏武闻之，追杀此使。”虽然曹操装扮成地位低下的卫士，可是，曹操高度的政治、军事文化素养，长期养成的封建时代的政治家的特有气质，并没有被他矮小的身材所掩盖，而被匈奴来使一语道破。

【拓展阅读 2-1】

演讲者形体语言的含义

- 小幅度摇腿或脚表示紧张。
- 将一只脚放在另一只脚上表示兴奋。
- 脚尖的指向度过于偏则给听众一种“不太热情”之感。
- 弯腰给人一种压抑情绪。
- 频频将手插入衣袋给人一种紧张的表现，尤其是拇指向外更不雅观。
- 将两手大拇指呈八字形插放侧面有一种威严感。
- 如果猛然坐下，给听众的感觉是演讲者太随便、太紧张。
- 挺直腰部反映出情绪高昂、充满自信，但太过头则给人一种骄狂姿态。
- 深坐给人一种老成之感，但年轻人演讲时忌用。
- 突出腹部表示自信满足，如果刻意体现则表达趾高气扬之感。
- 轻拍自己腹部，表示自己有风度和雅量。
- 把手按在腰腹上表示自己忠诚、可靠。
- 耸肩表示示威和吓唬对方，配合摇头或双手表示不明白、没办法之意。
- 抬头表示遐想、傲慢等。
- 点头表示同意、欣喜、致意、肯定、承认、感谢、应允、满意、认可、理解、顺从。
- 摇头表示否定。
- 侧头表示疑问。
- 歪头行礼表示天真。
- 抱头表示不同意。
- 垂头走路表示心事重重。
- 步频较快、轻松表示“春风得意”。
- 走路时眼光正视前方，手摆幅度大，表示趾高气扬，目空一切。
- 走路时拖着步子，速度太慢表示自卑、紧张、没有信心。
- 女性走路时手臂抬得高，显得精力充沛和快乐，但演讲中不能过分夸张。

（资料来源：袁红兰. 演讲与口才[M]. 北京：航空工业出版社，2014.）

三、态势语言的构成

在美国一个现代化的养蜂场中养了几百箱的蜜蜂，在每一个蜂巢里都装上一面很大的放大镜，只要按下按钮，蜂巢内部就会被电灯照得通明。因此，任何时候，不管是白天或夜晚，这些蜜蜂的一举一动都能被很细致地观察到。在语言交流中，表达者的情况也与此相似，听众都在用心观察，以期更好地理解其意图，所有的眼睛都看着他。在这种情况下，他个人外表上最微小的不协调之处，就显得格外醒目。所以在语言交流的训练中，态势语言训练至关重要，尤其在细节处理上。态势语言主要包括目光语、表情语、体态语和手势语四个方面。

（一）目光语

“眼睛是心灵的窗户”。眼睛是最能传神的，是口语交流中表达感情信息的重要渠道，会产生很强的感染力。兴奋、热情的目光会使听众高兴；和蔼、关切的目光会使听众感到亲切；坚定、自信、充满希望的目光会使听众受到鼓舞；冷峻如剑的目光会使听众毛骨悚然；充满仇恨的目光会使听众怒火中烧。因此，应注意运用目光语来表达内在的丰富感情。目光语主要体现在时间、部位和方式三个方面。

1. 时间

实验表明，在整个语言交流过程中，双方的目光相接累计应达到 50%至 70%的时间，只有这样，才能在彼此间建立起信任和喜欢。如果目光相接不足全部交谈时间的 1/3，则表示对交流内容不感兴趣。还要注意的是，在语言交流中除关系十分亲密的外，一般连续注视对方的时间应在 1～2 秒内，否则会给对方造成不舒服的感觉。如果长时间对异性注视或是上下打量，都是不合礼仪的。

2. 部位

目光语的部位在场合不同、对象不同的情况下而有所不同。在业务洽谈、交易磋商、贸易谈判等这些公务活动中，目光停留的部位是对方的前额至双眼这一区域，显得认真严肃、有诚意、积极主动，容易把握交谈的控制权。在大多数的社交场所，目光停留的部位则是对方的双眼至嘴这一区域，显得友善尊重，富于关切。而对于异性之间，特别是恋人之间，目光则更多停留在对方的双眼和胸部之间，对于关系并不密切，甚至陌生人之间，这种目光语则是不合礼仪的。

3. 方式

目光语的使用方式主要有以下三种：一是环视法。这是用眼睛环视听众的方法。在环视过程中要做到神态自然，视线在全场按一定部位自然地流转，环视场内听众。这种目光可以控制听众的情绪，了解听众的反应，检查语言表达的效果。但头部不可大幅度地转动，以免扰乱听众视线，分散听众的注意力；也不可以过于呆板，使听众感到僵化而无生气。二是注视法。这是把视线集中到某一听众或某一区域，只同个别或部分听众交流的视线，以对听众做比较细致的心理调查，启发引导全场听众专心听讲，或制止个别听众在场内小声议论、搞小动做等。但注视个别听众时目的要明确，时间不宜过长，能让听众充分理解其意图即可。三是虚视法。这是用眼睛似看非看的方法。虚视要求睁大眼睛面向全场听众而不专注某一点，使每一个听众都感觉到被注视。这种目光能够控制全场，可以克服语言交流中的怯场心理；在回忆和描述某种情景时，还可以表示思考，带领听众进入想象的理想境界，使听众受到优美意境的熏陶和感染。目光语必须注意与面部其他表情协调一致，与有声语言密切配合，而且反应要灵敏、自然、和谐，不可随意挤眉弄眼，生硬做作。运用虚视法，要做到“目中无人，心中有人”。

（二）表情语

面部表情能反映一个人的内心，它是“心灵的镜子”。这面镜了，是出脸的颜色、光泽、肌肉的收与展，以及脸面的纹路所组成的。它以最灵敏的特点，把具有各种复杂变化的内心世界，如高兴、悲哀、痛苦、畏惧、愤怒、失望、忧虑、烦恼、疑惑等最迅速、最敏捷、最充分地反映出来。面部表情包括眼、脸、眉、口四个部分。因为前面已对目光语进行了详细的阐述，在此对面部表情中的“眼”就不再重复，只阐述其余三个部分。

1. 脸

脸的表情依靠脸面肌筋动作和肌肉颜色、纹路的变化，而脸面肌肉颜色、纹路的变化又跟脸面肌筋动作的变化密切相关。一般是“愉快”“和谐”“善意”的表情，脸上的肌筋动作都向上；“不快”“悲哀”“痛苦”的表情，脸上的肌筋动作都向下；若在感情剧烈的时候，脸上的肌筋动作，一部分向上，一部分向下，一部分向左右牵扭，失去其和谐性。我们在训练表情语时，可以选择一些感情丰富的演讲词，经过认真研读领会之后，带着感情对镜子训练面部表情，使面部表情能够准确鲜明地反映出自己内在的真实感情。

2. 眉

眉和目相连，眉目常联合传情。如眉目低垂，表示冷漠；眉目骤张，表示恼怒；双眉紧锁，表示忧愁；眉飞色舞，表示兴奋等。在运用表情语时，眉的动作变化，必须和眼睛的变化协调配合。

3. 口

口形变化能够表情达意。具体情况有以下几个方面：口角向上，表示“高兴”“愉快”“谦逊”；口角向下，表示“忧愁”“失望”；嘴唇紧闭，口角向下，表示“厌恶”“不满”；嘴唇微开，口角向下，表示“悲哀”“痛苦”；口大张，表示“畏惧”“恐怖”；口角平直而嘴紧闭，表示“警惕”“坚定”；口角平而嘴唇颤抖，表示“气愤”“激动”等。上述口形与脸面、眼神要协调配合，不能截然分开。

语言交流中，人的表情主要在面部，它受两种因素的制约：一是对听众的态度，二是所讲内容。对听众的态度，表情的基调应是微笑，它是“招人喜欢”的秘决；就内容来说，表情应丰富，喜怒哀乐都可出现。比如有位推销员，他出现在客户面前时，全身散发出一种气息，仿佛在说他很高兴能来到这儿，他很喜欢他即将进行的推销工作。他总是面带微笑，而且显得十分乐意见到客户。因此，很快地，他的客户必然会觉得他十分亲切，而对他大表欢迎。

（三）体态语

我们常说“坐有坐相，站有站姿”“立如松，坐如钟，卧如弓，行如风”。这些体态规范在语言交流中虽然不必完全效仿，但我们却要明白，稳定优美、舒适自然的体态，有利于塑造一个人良好的形象。体态语主要指站姿、坐姿和移动。

1. 站姿

脚是整个人体的底盘，脚的姿势关系到人的“站相”，而且许多姿态发源于此。站立姿态适当，会觉得全身轻松，呼吸畅快，易于旋转，让听众看着顺眼、舒适，体现着一种体态美、形象美。语言交流中表达者的体态、风貌、举止、表情都应该给听众以协调平衡以至美的感受。演讲家曲啸说：“听众就是演讲者的镜子，而且是多棱镜，从各个角度来反映演讲者的形象。要想从语言、气质、神态、感情、意志、气魄等方面充分地表现出演讲者的特点，也只有在站立的情况下才有可能。”恰当的站姿主要有以下两种。

一是“丁”字式站姿。站立的姿势，一般提倡“丁”字步。即一只脚在前，一只脚在后，两脚之间呈 90 度垂直角的“丁”字型，两腿前后交叉距离以不超过一只脚板的长度为宜。站立时，全身的力量都应集中在前脚上，后脚跟略为提起。其中，右脚在前，左脚在后，可称为“右势丁字型”；左脚在前，右脚在后，可称为“左势丁字型”。这种“丁”字站姿用于表达强烈的感情，有利于调动听众的兴趣和情绪。运用“丁”字站姿需要注意的是两脚不宜紧靠在一起，否则会显得呆板，没有精神；两只脚不要平行地放在一条直线上，因为两腿所构成的平面，与前排听众的视线构成平行状态，如果身体的重力均等地落在两只脚上，就会形成机械对称，失去对比，不仅毫无美感，而且直接影响语言的效果。

二是“稍息式”站姿。“稍息式”站姿是两脚之间任何一脚略向前跨步，两脚之间呈 75 度角，脚跟距离在 5 寸左右。这种站姿要求两腿均须直立，一身力量多半集中在后脚，前脚只有辅助作用。在交流过程中，也可以根据需要随时变换左势和右势。要改变站姿时，需要后脚前进一步，变左势为右势，或变右势为左势即可。“稍息”式站姿在语言交流中广泛运用，特别是在说理、达意、传知等场合时，一般都用这种形式。

除此之外，站立时应注意收腹挺胸，做到“松而不懈，挺而不僵”。要克服不良的习惯动作：身子东摇西晃，背着手来回走动，以脚尖“打点”，紧张时抓耳挠腮等。

2. 坐姿

优雅美观的坐姿，不仅能塑造完美的自我形象，还可以减轻自己的疲劳。男性坐着的时候，要抬头、挺胸、收腹、两眼平视对方，两腿与肩平齐，要表现出男性的自信与大方。女性的坐姿与男性要求不同，强调坐姿要优雅，要求坐在凳子的 1/3 或 1/2 处，不要靠椅背，胸脯不要靠前桌，身体稍稍向左或右侧 15 度为宜，一只脚的拇指紧接着另一只脚的脚跟，膝盖并拢。不论是男性还是女性，都切忌“跷二郎腿”，如果“跷二郎腿”还轻轻抖动，就会传达出说话者漫不经心、懒散、对话题不感兴趣等信息。长时间的交流，可采取坐姿和站姿相结合，这样既可减少自己的劳累不适，也能形成一种“动静相济”的效果。动静结合更能突出表达所注重的思想情感。罗斯福认为交流的技巧在于：“亲切、简短、坐着说。”“坐着说”比较随便，这对于“拉家常”式的交流较为适合。

3. 移动

移动是指整个身体的运动。在语言交流中，有的人自始至终都会完全静止地站着，而有的人则可能不断走动。动与不动的原则是，如果没有移动的理由，最好的做法是站在原地。理想的做法是移动应该有助于强调过渡、强调观点或将注意力吸引到语言内容的一个特别的方面。避免不自觉的运动、跳动或是摇晃，不停地左右换脚，从场地的一侧走到另一侧，这都会给听众造成眼花缭乱之感。

（四）手势语

“手是人的第二张脸”。手的动作是态势语言的核心。在整个态势语言中，手势使用频率最高，作用也最明显。它不仅能够表情，还会达意。一些人上台讲话时，不能用、不会用或乱用手势，是因为缺乏手势语运用的严格训练。

1. 手势语的活动范围

手势语活动范围分为上中下三个区域。上区（肩部以上）：手势在这一区域活动，多表达积极、宏大、激昂的内容和感情。如表示坚定的信念，殷切的希望，胜利的欢呼，幸福的祝愿，愤怒的抗议等。“让我们扬起风帆，向着光明的未来奋勇前进！”右臂向斜上方打出，表示奋斗的决心。中区（肩部至腹部）：手势在这一区域活动，多表达叙述事物和说明事理。一般表示比较平静的心情。“请相信我，我一定会做好这项工作的。我虽没有名牌大学的文凭，但我有勇于进取，敢于负责的品质。”右臂抬起，手抚心区，表示忠诚。下区（腹部以下）：手势在这一区域活动，多表示否定、不悦、鄙视、憎恶和厌弃的内容和情感。“考试作弊，这是令人不耻的欺骗和盗窃行为。我们着重承诺，此类行为决不会在我们中间发生！”右后臂向胸前，然后迅速向斜下方打出，表示厌恶、憎恨。

2. 手势语分类

手势语具体可分为情意手势、指示手势、象征手势和象形手势四种。情意手势是随着语言内容的起伏发展而用来表达自身思想感情的手势动作。如指心表示忠诚，抚胸表示悲哀等。指示手势是在交流过程中显示听众视觉范围内的事物的动作。如在说到你、我、他和这边、那边时，轻轻用手指示一下，使听众产生一种形象化的感觉。象征手势是伴随内容高潮的到来，用来引发听众心理上的联想的一种行为动作。如讲到“队友们，让我们团结起来，共同奋斗吧”时，可以把手果断地向前方伸出，以示未来，体现着一往无前的精神。象形手势可以模拟事物形状引起听众联想，给听众一个具体明确的印象。如：“什么是爱？爱不是索取，而是奉献！”双臂在胸前平伸，臂微弯，手心朝上，模拟心状物。

另外，手势中手指的作用也是不可忽视的，它可以表示数目，也可以指点他人和自己。如当对某人表示崇敬、赞扬之意可伸出大拇指。拳头的动作相对来说少一些，它一般用来表示愤怒、决心、力量或警告等意思。但不到感情激烈时不要用，而且不可多用。

四、态势语言的运用要求

在人们的语言交流过程中，有声语言始终起着主导作用。态势语言对有声语言的辅助、补充、替代与强化作用，表明态势语言只是完成表达任务的手段而不是追求的最终目标。因此，对态势语言的运用要注意符合以下要求。

1. 自然真实

自然真实是与交流双方建立信任的基础，这是对态势语言运用的最基本要求。孙中山曾经这样告诫人们：“处处出于自然。”动作生硬，刻意表演，姿态做作，如背台词一般，这种态势会使听众感觉别扭、不真实、缺乏诚意。矫揉造作除了能够使听众心生反感之外，起不到任何积极作用。

2. 符合个性

卡耐基比喻一个人的手势，就如同他的牙刷，应该是专属于他个人使用的东西，人人各不相同，只要他们顺其自然，应该每个人的态势语言都各不相同。我们可以学习他人得体的态势语言，但并不是完全复制，否则就失去了自己的风格。生活在不同时代、不同文化、不同国度的人，其态势语言的风格也会有所不同。例如通过观察当代的中国领导人和美国领导人，他们在语言表达中通过态势传递的个性都是不同的。因此，在态势语言的学习上，要结合自身的个性特点来训练态势。例如，一个人如果平时就比较安静，与人交谈时不喜欢用手势，那么在交流中也不必一定要加入手势，因为使用者首先自己会感到别扭，所做出的手势往往就会僵硬，不够自然。

3. 服从内容

口语交流中的一举一动、一颦一笑，都应目的明确，与语言的内容一致，服从语言内容的要求，从而切实起到传情达意的需要。同时要善于随着语言内容、情感的变化，适当地变换动作和姿态，以期生动活泼，富于魅力。如果交流的内容是一个相对严肃的话题，那么态势语言也应庄重严肃；反之，如果交流的内容是一个相对轻松的话题，那么态势语言也应活泼轻松。

4. 合乎礼仪

在上述原则基础上，表达者需要修正自己的态势，使其符合礼仪规范的要求。因为态势语言可以无声地向听众展示着个人素质。态势语言的举止优雅、彬彬有礼、张弛有度可以显示出表达者良好的教养和从容自信的内涵，从而使听者加深对其个人魅力的认同。如果一个人态势上粗鲁无礼、缺乏修养，那么他就很难在听众中建立起信任。美国总统尼克松在他的《回忆录》中对周恩来总理的谈话风度做了如下描述。

周恩来的敏捷机智大大超过了我能知道的其他任何一位世界领袖。这是中国独有的、特殊的品德，是多少世纪以来的历史发展和中国文明的精华结晶。他做人很谦虚，但透着坚定。他优雅的举止，直率而从容的姿态，都显示出巨大的魅力和泰然自若的风度。他从来不提高讲话的调门、不敲桌子，也不以中止谈判相威胁来迫使对方让步。他在手里有"牌"时，说话的声音反而更加柔和了……在谈话中，他有四个特点给我留下了不可磨灭的印象：精力充沛、准备充分、谈判中显示出高超的技巧、在压力下表现得泰然自若。

从这段话中我们可以看出，周总理的态势语正是他的智慧、品德的外在表现。

为了使自己的态势语言自然得体，在日常训练与运用中必须注意以下几个问题：一是不要与内容脱节。如一位演讲者在说完"让我们张开双臂，迎接这个春天吧！"之后才生硬地举起双手，这样就破坏了和谐美。二是不要夸张、表演。无"雕饰"的态势语言才会给人以美的享受，否则只能产生负效应。如一位演讲者最后说到"我们要勇往直前！"时，她前腿弓，后腿绷，右手伸向斜上方来了个造型，使全场哗然。三是不要过频过滥。在交流中，态势语言毕竟是一种辅助性的手段，决不能喧宾夺主。无目的地重复"掏心"动作，不仅没有任何意义，而且会使听众眼花缭乱，破坏语言的效果。四是不要生硬地模仿他人。每人讲话时都有自己的动作习惯，态势语言的设计要根据自身的条件加工提炼。五是不要违反礼仪规范。如莫名其妙地傻笑，眼睛望着天花板，不时地用眼睛瞟向听众，东摇西晃，抓耳挠腮，挖鼻孔，揉眼睛，手无处可放等。

对于商务人员，尤其是销售人员来说，平时的工作主要以沟通为桥梁，因此更要重视态势语言，更要善于借助态势语言来表情达意。如果你希望给客户一个好印象，那么就要在手势、眼神、站姿以及坐姿等方面下工夫，纠正那些不雅的、负面的肢体语言，具体如表 2-2 所示。

表 2-2 销售人员正确的肢体语言

名称	正确的肢体语言	错误的肢体语言
手势	（1）在指点物品时，若所指物品较大应用全手掌指出；若所指物品较小，只用食指去指就行，同时要注意掌心朝上 （2）在给客户带路时，销售人员应对客户说"请往这边走"，同时全掌伸出，手指指示走路方向，手掌朝向对方 （3）做手势时要配合肢体其他动作，单是打手势会让客户感觉不适	介绍产品时，用手背对着客户来指引其观看产品说明书，这会让客户觉得你不够坦白，因此要纠正

续表

名称	正确的肢体语言	错误的肢体语言
眼神	（1）在与客户沟通时，销售人员的目光应注视客户眉宇之间的三角区域。此外，客户鼻子、嘴巴和下巴等也可作为重点关注区域 （2）销售人员自己讲话或聆听客户讲话时，应不时地注意一下对方的眼睛 （3）在客户提出特别请求或面谈即将结束时，销售人员可以把视线集中在客户的眼睛部位，这样会使客户产生亲切感	注视客户某一部位的间过长，会给对方造成一种压迫感；如果目光游离，又会让对方觉得冷漠
站姿	（1）正确的站姿是做好行礼、打招呼等后续动作的基础 （2）销售人员站立时应一脚稍微在前，另一脚靠后并将重点放在后脚 （3）销售人员在与客户沟通时，尽可能地站在客户的左边而不是正对面，否则会给客户压迫感	站着时不断地摇晃肩膀或不断地倒换双脚，这会让客户认为你不耐烦，想尽快结束谈话
坐姿	（1）就坐时最好坐满整个椅面，但背部不可靠着椅背 （2）坐着时，身体基本保持正直，可微前倾，双手端正地放在两腿上 （3）女士应双腿并拢，男士的两膝盖间应保持一个拳头左右的距离	坐在椅子上时，两腿向前伸得长长的，或挠起二郎腿晃来晃去，这会令客户反感，也不礼貌

第三节　心理素质

美国权威杂志《读者文摘》曾在全美范围做了一次关于“你最害怕什么”的调查，调查结果显示，许多人最怕的是“当众说话”，而“怕死”反而排在了第六位。言语表达能否成功在很大程度上取决于说话者的心理素质，因为心理素质很大程度上决定了说话者能否在表达过程中镇定自若地面对听众，能否充分发挥自己的口才水平。

这里我们着重探讨一下口才与心理素质的关系以及心理素质的培养途径与训练方法。

一、口才与心理素质的关系

心理素质是指一个人的思想、观念、情感、意志的修养和能力，是先天遗传和后天教育的综合。在一般情况下，心理素质可包括个性品质、心理健康状况、智力和非智力的因素、自信心和自我认识能力等内容。对商务人员来说，良好的心理素质对商务口才的发挥具有很大的促进作用。口才与心理素质是互相作用、密切相关的。

（一）心理素质是口才的基础

人人都要说话，但并非人人都会说话，更不是人人都具有口才。一个人口才的好坏，与其本身的素质，尤其是心理素质有很大关系。一个人的性格、气质、心理定势、成功欲、自信心、自制力、需要、兴趣等心理因素对口才都有着重要影响。口才表达中的人的心理由心理过程和个性心理组成。心理过程包括认识过程、情感过程和意志过程；个性心理包括个性倾向和心理特征。这里我们从以下几个主要方面谈谈①。

1．气质

目前心理学家普遍认为，人的气质主要是由遗传决定的，可分为胆汁质、多血质、抑郁

① 汪彤彤，王平．商务口才实用教程[M]．北京：中国人民大学出版社，2011.

质和黏液质四种。不同气质类型的人在进行口语表述时会有不同的特征表现。

多血质的人就像春天，具有外倾性。其特征是活泼好动，思维敏捷，善于交际，做事粗枝大叶，所以在群体中语言富有感染力，表情生动，在人群中比较受欢迎，但是喜怒易变，注意力易转移，所以对事物的热情持续不长。此类人在当众讲话时需要控制好自己的注意力，保持交流的热情。

胆汁质的人就像夏天，具有外倾性。其特征是热情兴奋，直率坦诚，乐观向上，所以在说话时毫不怯场，情感强烈，但言辞上不讲求策略，率性而为，无意中个别表述会惹恼听者，使得沟通无法进行下去或当面遭到对方言语上的反击。此类人在当众讲话时需要控制自己的情绪，三思而后行。

抑郁质的人就像秋天，其特征是沉稳、细腻，多愁善感，富于想象，优柔寡断，遇困难易畏缩，与人沟通时主动性较差。所以在说话时善于控制感情，言辞能经过深思熟虑后再出口，一般都能让听者接受。但在紧急关头缺少了当机立断的魄力，有时就失去了良机，难于让听者心理上认同其行为。此类人在当众讲话时只需在紧急关头果断地拿出自己的决定，便会受到听者的欢迎。

黏液质的人就像冬天，其特征是富于理性，情感不外露，自制力强，善于完成长时间注意集中的工作，但行动缓慢，不善于随机应变，所以在说话时不轻易表达自己观点，遇事冷静处理，按部就班之中完成自己的表述，难见创新之举，容易让听者失去兴趣感到枯燥。此类人在当众讲话时需要恰当表达自己的内心情感，改变一些不痛不痒的表达方式。

2. 性格

性格是指人在社会生活中所形成的，对现时稳固的态度及与之相适应的习惯化了的行为方面的个性心理特征。不同的性格在口语表达中有不同的特点，对口语整体风格的形成有着很大影响。

例如，性格内向的人，说话常常是一本正经，喜欢辩论，容易恼怒，在大众面前常常局促不安，易为赞赏所打动，不愿意受人差遣，意见易趋于极端。

性格外向的人表现欲和表现力都较强，感情强烈外露，说话流利，不喜欢固执争辩，判断迅速，不愿意追根问底，在大庭广众面前落落大方，不介意别人的批评，服从命令，很容易理解别人的言语和动作，但是其行为往往不太稳定。中间型性格的人为数较多，其特点兼而有之。

3. 自信心

自信是人类一切创造活动的心理前提，也是口语交际正常进行的心理动力和心理支柱，没有自信就不会有主动的口语表达和成功的人际交往。自信心是人们对各类活动有无成功把握的估计判断及其心理定势。一个人如果对自己的口语表达有成功的把握，就表示他具有强烈的自信心，而强烈的自信心可以使交际者情绪高昂，思维活跃，智力进入最佳状态，交际潜力得到最大的发挥。

相反，一个人如果总是害怕、担心当众说话，不敢大胆地进行必要的交际，或在口语交际中不能充分地发挥自己的潜力和水平，常常是因为怀疑自己的能力，就表示他缺乏自信心。自信心的缺乏往往带来口语表达的障碍和人际交往的失败。自信心的强弱可以通过不断地实践来调整。语言表达者通过语言、语音、语调、仪表、仪态等方面的不断练习，面对听众就能做到镇定自若、热情果断、言语流畅，就能获得良好的表达效果，自信心也会随之大增。

【拓展阅读 2-2】

如何克服害羞

1. 永远不要无缘无故把自己说得一无是处。也许你有做错事的时候，如说错话，但这并不表示你是笨拙的；也许你有缺点，如小眼睛，但也没必要感觉自己目光短浅、丑陋。

2. 了解自己的优点和缺点。找些小卡片，把它们分成两种颜色：一种代表优点，一种代表缺点，每张卡片写一个优点或缺点。然后检验一下哪个优点还没发挥，怎么去发挥这个优点，哪个缺点是你可以不在乎且可以忽略的，把这些可以忽略的、不在乎的缺点去掉。这样做你就不会过分保护自己，然后你会发现自己的优点比缺点多。这样做能使你集中发挥自己的优点，克服自己的缺点。

3. 试着坐在人群的中心位置。害羞的人常喜欢躲在角落，免得引人注目。因为这样也就没有人注意到自己，因而证实了“没人关心自己”的想法。改掉这个习惯，让别人有机会注意你、关心你。

4. 有话大声说。害羞的人说话都很小声，不妨把你的音调提高，你就会更加相信自己有权说话。

5. 别人跟你讲话时，眼睛要看着对方，害羞的人常常忘了这一点。当然不必瞪着对方，但至少要让对方知道你在倾听。

6. 别人没有应答你的话时，要再重复一遍。不要替自己找理由说是别人对你的话不感兴趣。

7. 别人打断你的话时，要继续把话说完。我们讲话时常会被打断，而害羞的人有时还会用动作来造成别人打断他的话，就好像那正是自己所期望的事。有时对方插话也表示他对你说的话很感兴趣，所以下次不要把中断谈话当做借口而逃出人群。

其实就这么简单——正确看待自己，大声说话，看着对方，让别人注意自己……就像改变其他行为一样，刚开始时总觉得不好意思，觉得还是回到老样子舒服些。这时你不妨先将一切担心往好的方面想，最重要的是不要在乎那些害怕心理，慢慢地你就会发现自己变成了另外一个人。一般人总认为是有了勇气才去行动，恰恰相反，对害羞的人来说是有了行动才会有勇气。

因此，心动不如行动，只要去做，你就会变得越来越自信。

4. 自制力

自制力是指克服自己不良情绪的心理能力，即根据需要对自我情绪和情感进行调节和控制的能力。我们常听到这样的话——“我气得（吓得、急得、激动得、高兴得……）说不出话来”。心平气和则心清智明，心清智明则百法萌生，被自己的不良情绪控制，心眼就被堵塞了，什么方法技巧都使不出来。过度的兴奋、忧虑、恐惧、厌恶、恼恨，尤其是过度的愤怒，不仅常常抑制人的口语表达水平的发挥，还常常使人失去理智而说蠢话做蠢事，使交际砸锅，有的甚至造成终身遗憾。所以，要进行正常有效的口语交流，提高自己的口才水平，必须学会在任何情况下，都要克制自己的不良情绪。总之，自制力是意志力的表现。锻炼自己的自制力，有效控制自己的不良情绪，是实现成功表达的重要保障。商务人员不能被不良情绪控制，而要控制住自己的不良情绪。

【口才小故事 2-1】

英国首相威尔逊的自控力

英国首相威尔逊在一次群众大会上演讲，反对者在下面吵闹，其中一个高声大骂：“狗屎”“垃圾”。面对听众可能产生的误解和骚动，威尔逊首相沉稳宽厚地微笑，然后非常严肃地举起双手表示赞同，说：“这位先生说得好，我们一会儿就要讨论你特别感兴趣的脏乱问题了。”捣乱者顿时哑口无言，听众则报以热烈的掌声。

（二）口才是心理素质的集中体现

"闻一言而知贤愚"，口头交际是最直接、最及时、最省事、最经济、最有效地了解人的志趣才能的"窗口"。在口头交际中，人的才、学、胆、识等，都能显露出来。随着就业压力的增大，每一位大学生毕业后都面临着自主择业、双向选择。各个公司、企业招聘各类人才，几乎都要进行面试。据调查，许多应聘失败者，在自我介绍或回答考官问题时表现为脸红心跳、语无伦次、词不达意，而那些应聘成功者则显得从容大方、不卑不亢，口语表达有条理，回答问题机智幽默。后者的成功得益于经常的口才锻炼。我们身边充满挑战和机遇，而机遇的获得，又是与口才紧密相关的，因为通过谈吐才能让别人对你有更深一层的了解，也就更容易取得信任并被委以重任。所以孔子说："言以足志，文以足言。不言，谁知其志？"

【口才小故事 2-2】

周恩来语惊四座

周总理的口才蜚声海内外，其应变的机敏、非凡的气魄、犀利的言辞，柔中有刚，就连对手也不禁发出赞叹之词。美国前总统尼克松说，"周恩来在谈话中有四个特点：精力充沛、准备充分、谈判中显示出高超的技巧，在压力下表现得泰然自若。"

有一次周恩来在北京举行记者招待会，介绍中国经济建设的成就及对外方针，一西方记者出于对中国贫穷的讥笑，突然提问道："中国人民银行有多少资金？"周恩来妙语以对："中国人民银行的货币资金嘛，有 18 元 8 角 8 分。"对此回答，记者们不禁愕然。周恩来然后不慌不忙地细细做解释道："中国人民银行发行面额为 10 元、5 元、2 元、1 元、5 角、2 角、1 角、5 分、2 分、1 分的十种人民币，合计 18 元 8 角 8 分。中国人民银行是由全中国人民当家做主的金融机构，有全国人民做后盾，信用卓著、实力雄厚，它所发行的货币，是世界上最有信誉的一种货币，在国际上享有盛誉。"周恩来此语一出，惊动四座，激起场内听众雷鸣般的掌声。

（三）口才对改善心理素质发挥作用

良好的口才需要以较高的心理素质为基础，反过来，经常性的口才训练又可以有效地促进思维的表达，培养大学生的主体意识，帮助其克服自卑感和实现自信，并使其观察力、记忆力、想象力、应变力及创造力等综合能力得到协调发展。现代社会，开放的程度越来越高，人们的交际越来越频繁，关系越来越错综复杂。只有具备良好的口才，才能更好地与人沟通思想，交流感情，学会与人相处、合作，为工作和生活创造和谐的人际关系环境。

【口才小故事 2-3】

老教授的口才

某大学邀请一位老教授做报告，当时校园正进行卡拉 OK 赛，老教授发现不少学生站在走廊上，不进教室坐，可能是在权衡是留下来听讲座，还是去看卡拉 OK 赛。于是老教授说了这样一段话："同学们，今天首先是你们鼓舞了我，你们放弃了青年歌手大奖赛来这里听我演讲，这说明你们严肃地进行了选择，在说与唱之间，一般人选择唱的，而你们都选择了说的；在年轻小伙子、姑娘和老头子之间，一般人选择小伙子和姑娘，而你们选择了我这半老头子。这说明你们认定说的比唱的好听，老头子比年轻人更有魅力，这使我产生了一种返老还童之感。"这位教授就及时地抓住现场的氛围，幽默得体地赞美了听讲座的学子，使得站在走廊上的学生纷纷走进了教室。

（资料来源：http://3y.uu456.com/bp_5emgj9ugox02tja2ir72_2.html）

二、心理素质的培养途径

（一）增强自信心

自信心是交际取得成功的首要条件，是指一个人对自身能力与特点的肯定程度，是人的意志和力量的体现，是良好的语言形象的重要组成部分。一个人的自信心不是与生俱来的，而是后天培养起来的。商务人员，尤其是刚涉足职场的年轻人，不要总想把一段话讲得尽善尽美，不出现丝毫纰漏，那样反而会在心理上造成一种不必要的压力。为了保持心理上的优势，一要消除自卑感，不必过多顾虑自我形象如何，只有做到“心底无私”，才能感到“大地宽阔”，自身的才气才会得到较好的发挥。二要正确对待听者，要了解环境和对象。要使语言富有感染力、说服力，就要尊重公众，放松情绪，不要一看到听众表情上的变化，便影响到自己的表达，给自己增加新的压力。三要有充分准备，对于自己说话的内容，尽可能事先想好，力争做到深思熟虑、胸有成竹，力求见解新颖、立论有据。同时，在语句搭配、表达方式上也需做必要的准备，有条件的还可事先练习练习。这样在语言表达过程中会表现得流畅自然，不致说到半截卡壳，也不会因发生意外情况而心慌意乱。

（二）提升自控能力

提升自控能力首先要确定明确的目标，把握言语表达的方向；其次要能够控制情绪，保持头脑冷静、清晰。在进行语言表达时，目标越明确，自我控制能力也就越强。这就要求我们学会通过意志行动来自我控制，努力集中注意力，遇事冷静，消除不良心理的影响，努力控制愤怒、不满和恐慌等情绪，克服其干扰，从而从容化解危机。下面，以控制愤怒情绪为例，介绍一下制怒的几种方法。

（1）智慧克敌。对那些引起发怒的事，要看得破，想得开，放得下，以宽广的胸怀去对待。一时看不破，就想想发怒的害处和不发怒的好处。

（2）目标监控。苏轼说，那些能够“卒然临之而不惊，无故加之而不怒”的人，是因为“其所恃甚大，而其志甚远（目标志向远大）也”。在交际过程中，如果能够始终牢记交际目的，就一定能控制住自己的不良情绪，而不会“小不忍而乱大谋”。

（3）转移注意力。瞬间或短时间将注意力转移一下，有助于控制不良情绪。

（4）养成忍的习惯。事到临头，依靠强忍也可制怒。强忍不是高明的办法，但养成忍的习惯后，也往往很有效。

（三）培养语言风度

语言风度是指一个人内在气质的语言表现，是一个人的涵养的外化。一个人风度翩翩，会使他具有强烈的人际吸引力，使人仰慕不已。使自己的语言具有风度，是塑造语言形象的重要途径。

培养语言风度，首先要提高思想修养。风度是一种品格和教养的体现。俗话说：“慧于心秀于言”“腹有诗书气自华”。如果没有远大的理想抱负、造福于人类的美好心灵，没有正义感、助人为乐、平等待人等高尚的道德情操，没有广博的知识储备、较高的文化素养、优雅的生活情趣，那么其语言必然粗鄙、不雅，毫无魅力可言。所以，代表组织整体形象的公关人员更应注意从这一根本点入手，培养自己的风度。

其次，要使语言风度与自己的性格特征相吻合。风度是一种特征表现，各种不同的风度增添了人们交际的风采。商务人员要使自己成为成功、高雅的交际者，就应根据自己的气质、性格、特点来塑造自我风度，切勿东施效颦。正如卡耐基所说：“不要模仿别人。让我们发现自我，保持本色。”

最后，要注意修饰仪表。日本企业家松下幸之助平时穿着随便，不拘小节，头发很长。有一次，他理发时，理发师批评他说：“您是公司的总经理，一言一行都代表着整个公司，却这样不重衣冠，别人会怎么想？连总经理都这个样子，他公司的产品还会好吗？”理发师建议，今后理发应到东京去，松下觉得很有道理，从此开始重视自己的仪表了。商务人员作为组织的代言人，更要注意自己的仪表，服饰要整洁大方，显示个性，富有美感，同时注意发型和美容。当然，要塑造外表美，必须从培养和提高内在素质入手。

（四）提高应变能力

所谓应变能力，就是讲话者针对交流过程中出现的不利因素，机智地调整讲话内容或仪态等，以适应现场变化的快速反应能力。它能反映出讲话者应付、处置各种突发情况的心理素质。它要求讲话者即时、快速做出反应。随机应变是根据交际情境应对和变化，应注意几点：一是根据说话对象的基本情况决定说话策略；二是观察、分析交际对象的心理、心情变化，及时调整说话策略；三是利用交际场合中的其他情境因素（周围人的言行、交际的时间、交际的空间状况、交际时的天气、现场的各种声音和物品）借机发挥、借势发力。例如，王先生开了一家餐厅，生意兴隆。一日餐厅打烊又遇夫人河东狮吼，王先生情急之下钻到桌下，恰好客人返回来寻找丢失的东西，正好撞见，进退尴尬。这时八面玲珑的王太太急中生智拍了拍桌子：“我说抬，你说扛，正好来了帮手，下次再用你的神力吧！”王先生顺坡下驴大夸夫人想得周到，一场面子危机轻松化解。

演讲灵活性还表现在演讲者利用演讲环境中的不利因素，变不利为有利。演讲进行过程中，有时候环境的某些因素发生变化，演讲秩序遭到破坏，如处理不好，其影响是非常不利的。但是，演讲者能巧妙引导，则会变不利为有利。

【演讲小故事 2-1】

闻一多雨中演讲

1945 年 5 月 4 日云南大学准备举行一次纪念大会。会议即将开始之际，空中下起了小雨。顿时，会场一阵骚动，秩序乱起来。会议主持人连声高喊，欲止骚动，毫无作用，于是，便请在场的闻一多先生想办法。闻一多先生走到雨中，对骚动的人群讲道：

“同学们，今天这种情形很有趣，它令我想起了则故事：两千多年前，周武王决定起义，去打暴君纣王。就在出兵的那一天，正像我们现在一样，忽然下起雨来。许多人觉得很不吉利，建议武王改期。这时候，管占卜的，就是现在当参谋的人出来了。他说，这不是坏事，这是‘天洗兵’，是老天爷在帮我们的忙，把兵器上的灰尘冲洗干净，刺杀敌人时更锋利有力！”接着，闻一多先生有力地挥挥手，提高嗓音说：“我们今天也碰上了这样的机会，这是天洗兵！不怯懦的人回到会场中来，走进来，勇敢地站过来！”

闻一多先生讲完后，离开会场避雨的人重新回到会场并恢复了秩序。

三、心理素质的训练方法

心理素质的训练方法主要有思维训练和听知能力训练。刘洪秋、刘志彬在其《公安民警口才训练之心理素质训练》(辽宁警专学报，2007 年第 11 期)中对此进行了系统阐述，现归纳整理如下。

(一)思维训练

思维是人脑对客观事物的特征和规律性的一种反映过程。这一过程的基本内容是分析、综合和概括。人们为了揭示事物的本质，必须进行分析、综合、概括的思维活动。这一活动，凝聚着人们复杂的脑力劳动和心理过程。进入 21 世纪，创造性思维训练成为训练的重点，通过创造性思维训练以求使人们的认识能摆脱思维的单一性和僵化，突破原有一般性思维的框框。

1. 一般性思维训练

这包括观察力训练、条理性训练和概括力训练。

首先是观察力训练。一般性思维训练，要在观察或实践获得大批感性材料的基础上进行。不掌握丰富的材料，就不可能做出科学的论证和思考。因此，一般性思维训练的第一步，就应该从训练观察力入手。什么是观察和观察力呢？观察，就是有意识、有目的地仔细察看客观事物和各种现象的过程。观察力，简言之就是能准确察看客观对象的能力。观察力训练有以下方法：一是静物观察。可集中注意力看一个物体，如一把茶壶、一盆鲜花，或一件工艺品、一张油画等，限定时间看 1~2 分钟，然后把实物拿走，背述物体的形态、花色、图案、特征等，要说得准确，切合实际。二是环境观察。它既包括对自然环境的观察，又包括对社会环境的观察。如观察自己的家庭、单位、社区这些身边最熟悉的景物。要善于从千变万化的景象中、从纷繁复杂的人际关系中抓出重点。抓重点，就是抓环境中最有特色、最能说明问题的部分。这一训练可以培养观察力和思维力综合运用的能力，从纷繁复杂的事物中，抓住人与物的相互关系。三是人物观察。人物观察是观察的重点。可先从周围的人开始。如给同事“画”(口述)肖像：请同事们用 1~2 分钟时间描述大家熟悉的一位同事。从人物的容貌、衣着、神态、习惯等进行观察，揭示人物的精神面貌和性格特征，然后请同事们说出人物的姓名。此外，还可以观察人物的行为，做动作过程的口头描述。这一观察，既要注意动作的外部表现，更要注意动作表现的内心活动；既要抓住体现人物个性的行为，又要抓住体现人物特征的依据。

其次是条理性训练。思维的条理性，是客观事物条理性的反映，表现在口语表达中，就是一个人说话的思路。客观事物无论怎样纷繁杂乱，总是有一定条理或规律可循的，人们的认识也必然按照一定程序，由浅入深、由此及彼、由表及里地进行。在说话之前，先想好说什么，先确定中心，再安排层次。先说什么、再说什么、后说什么、哪些地方需要交代、哪些地方需要呼应、哪些地方详说、哪些地方略讲、哪些地方用哪些材料，都要想得有头有尾、有条有理。做到了这一点，说话就能连贯、条理分明、无懈可击。训练有以下方法：一是变更结构顺序训练。变更结构顺序，是改变思路、调整思维的训练。可把插叙的文章，用口述方式变为顺叙；也可把倒叙的文章，口述为正叙或插叙。二是分类训练。分类训练是进行条理性训练一种行之有效的方法。因为，分类首先要对所得到的材料进行梳理，使之条理化、语脉清晰。分类是明确概念外延的方法，也就是根据一定的标准，把一个属概念分成几个种概念。

最后是概括力训练。在人们的思维活动中，概括能力的培养是极为重要的。这里所说的思维概括能力，就是把事物的共同属性，通过分析、综合、比较归结在一起，把握事物的基本特征。例如，对标题的确定、观点的提炼、情节的凝缩、人物事件的简介等，都需要建立在思维概括性的基础之上。因此，概括能力的高低，在很大程度上决定着整个思维水平的高低。概括能力训练有以下方法：一是提炼标题训练。标题是内容的高度集中与概括的反映。在口语表达中，无论是提炼讲话的总标题，还是提炼讲话内容的小标题，都是对内容的高度概括，都是使讲话内容更凝练、更有条理的一种做法。从口语表达过程来看，小标题就是说话的内容层次，总标题就是讲话的宗旨或讲话人的意图。二是提炼观点训练。观点，在论说文中叫“论点”，在口语表达中叫“看法”，即作者或说话人对议论的问题提出的见解或主张。观点必须正确、鲜明。正确是要符合客观实际、符合马列主义科学真理；鲜明就是立场、态度要分明，肯定什么、否定什么、赞成什么、反对什么，都要清楚明白，不能似是而非、模棱两可。训练时，可把观察和阅读得来的材料，经过分析、综合，加以提炼。三是概括情节训练。可在观察材料的基础上进行。例如，看过一次电影或电视剧、读过一本小说、听过一个故事等，都可以做“概括情节”的训练。概括情节，不是详细地复述内容，也不是三言两语使人听不清内容全貌，而是要抓住情节发展的中心线索、舍弃枝节、简单扼要地复述出来。四是概括人物训练。对生活中熟悉的人物或从小说、影视剧中读到看到的人物，用准确而洗练的几句话，概括某一人物的精神面貌和个性特征，说出他是一个怎样的人。这种概括既不能过于广泛详细，也不能主次不分、以偏概全。应以人物的言行为基础，抓住人物的本质特征，做到公正客观、恰如其分而又言简意赅。

2. 创造性思维训练

创造性思维是人类所独有的。从一定意义上说，人类所创造的一切成果，都是创造性思维的外现与物化。创造性思维一般是指开拓人类认识新领域的一种思维。它与一般性思维的不同之处在于其具有新颖性、独创性和突破性。创造性思维是人类智慧最集中表现的一种思维活动，它是一种非常复杂的高级思维过程，是一切创造活动的主要精神支柱。它可以使人类突破各种条条框框，在一切领域开创新的局面，以不断地满足人类对精神和物质的种种需求。由此可见，一般性思维与创造性思维之间既存在着区别，又没有严格的界限，两者之间没有一条不可逾越的鸿沟。可以这样认为，创造性思维是一般性思维的发展，而一般性思维则是创造性思维的基础。创造性思维训练应从以下四个方面着手。

一是摆脱习惯性思维训练。摆脱习惯性思维训练，被人们称为“创造性思维的准备活动”和“软化头脑的智力柔软操”。乍看起来，这类训练题的出题人是在那里设圈套、故弄玄虚，没啥意思。其实，这类训练的真正意义在于，促使人们探索事物存在、运动、发展、联系的各种可能性，从而摆脱思维的单一性、僵硬性和习惯性，以免陷入某种固定不变的思维模式，使思维具有流畅性、变通性和独特性。请看下面的训练题：某人长得很胖，但他的一位朋友则恰恰相反，长得骨瘦如柴，而且胃也有毛病。他常看见他朋友去眼科医院，这是为什么？（答案是：他的朋友是眼科医生。）

二是发散思维训练。发散思维指沿着不同的角度和思路来分析问题，提出各种不同的解决方案。它是一种无确定规则、无限制、推断无定向的思维。为了使口语表达完美、严谨、开阔，思维就要拓展生发，由此及彼，举一反三。在演讲与口才中培养发散性思维可以通过讨论达成：在学生充分参与的基础上，形成思维的独特性。平常训练中可通过如下方法培养发散性思维[1]。

（1）多角度思考法。思维的变通性也就是思维的灵活，它要求能针对问题（发散点）从不同角度用多种方法思考问题，以实现触类旁通、举一隅而反三隅的效果。这种训练方法主要依据演讲主题，不同的主体阐述对问题不同的看法。如《滥芋充数》这个故事，从南郭先生的角度讲，他不学无术、不懂装懂，最后落得个逃之夭夭的可悲下场，然后可以联系个人生活的实际，展开宣扬诚信的主题；也可以从齐宣王的角度出发，他好大喜功，官僚主义，给了南郭先生生存的条件，然后联系社会现实，指出问题的关键；还可以从齐泯王的角度去谈，齐泯王不因循守旧，大胆实行改革，从而有利于发现人才。多角度地分析问题，形成对问题多样的看法，有利于培养发散思维。

【拓展阅读 2-3】

成为一颗大树给人的启示

成为一棵大树的第一个条件：时间。没有一棵大树是树苗种下去，马上就变成了大树，一定是岁月刻画着年轮，一圈圈往外长。

启示：要想成功，一定要给自己时间。时间就是体验的积累和延伸。

成为一棵大树的第二个条件：不动。没有一棵大树，第一年种在这里，第二年种在那里，而可以成为一棵大树，一定是千百年来经风霜，历雨雪，屹立不动。正是无数次的经风霜，历雨雪，最终成就大树。

启示：要想成功，一定要“任你风吹雨打，我自岿然不动”，坚守信念、专注内功，终成正果！

成为一棵大树的第三个条件：根基。树有千百万条根，粗根、细根、微根，深入地底，忙碌而不停地吸收营养，成长自己。绝对没有一棵大树没有根。

启示：要想成功，一定要不断学习。不断充实自己，自己扎好根，事业才能基业常青。

成为一棵大树的第四个条件：向上长。没有一棵大树只向旁边长，长胖不长高；一定是先长主干再长细枝，一直向上长。

启示：要想成功，一定要向上。不断向上才会有更大的空间。

成为一棵大树的第五个条件：向阳光。没有一棵大树长向黑暗，躲避光明。阳光，是树木生长的希望所在，大树知道必须为自己争取更多的阳光，才有希望长得更高。

启示：要想成功，一定要树立一个正确的目标，并为之努力奋斗，愿望才有可能变成现实。

（2）联想法。丰富的想象力能让演讲变得生动、有趣和精彩。法国 19 世纪的评论家让 · 保罗曾说过：“想象能力能使一切片段的事物变为完全的整体，使缺陷世界变为完满世界；它能使一切事物都完整化，甚至也使无限的、无所不包的宇宙变得完整。”而联想则是在类似的或相关的条件刺激下，串联起有关的生活经验和思想感情；它可以丰富演讲的内容，增强感情色彩。通过严谨的构思，将材料巧妙而有机地组合起来并使之浑然一体，从而增强演讲的深度和广度。如“满意服务”的主题演讲，由服务联想到“爱”的付出，又联想“太阳”的意象，捕捉到它们都是予人温暖与帮助的本质，从而给听众以十分形象的感受。

（3）借题反击法。所谓“借题反击”，是指对方的隐含判断带有侵犯的恶意，此时被侵犯者借题发挥予以反击。

① http://www.kxren.com/arts/330305/.

【口才小故事 2-4】

反击外商

20 世纪 80 年代，一次外贸谈判中，中方贸易代表拒绝了一位红头发的西方外商的无理要求时，恼羞成怒的外商竟出言不逊说："代表先生，我看你的皮肤发黄，大概是营养不良造成你思维紊乱吧？"中方代表立即反击道："经理先生，我既不因为你皮肤是白色的，就说你严重失血，造成你思维紊乱；也不会因为你头发是红色的，就说你吸干了他人的血，造成你头脑发昏。"在这里，面对外商的恶毒嘲讽，机智的中方代表借题反击，展开了犀利的语言攻势，让白肤红发的外商在自身观点的逻辑发展中领受了"贫血患者""吸血鬼"的辛辣讽刺。

三是聚敛思维训练。聚敛思维就是由四周向一点集中的思考方法，针对众多的问题集中思考。也就是说，要撒得开，收得拢，既具有发散能力，又具有聚敛能力。如教师设计两个内容上具有共同特点的小故事，要求学生在一分钟内归纳出一个成语。

四是逆向思维训练。逆向思维，通俗地讲就是反过来想一下。它经常打破常规思维方式从反方向进行思维，这种思维往往可以产生新的观点。逆向思维是让演讲立意出新的一种绝佳的方法。它作为一种有别于常规的思维方式，只要注意把握好尺度和分寸，就会让你的演讲有标新立异之奇，有鬼斧神工之妙，从而赢得更多听众的喜爱。例如："学海无涯苦作舟"是中国人传统观念中对"头悬梁、锥刺股"的学习观念和方法的确认；但现在有演讲者反过来想，学习是一个获得知识，提高自我的过程，所以也应该是一个快乐的过程，特别是通过学习的努力获得知识和能力更应该让人觉得快乐，所以就提出"学海无涯乐做舟"的命题，并取得了很好的演讲效果。

【演讲欣赏 2-2】

郎咸平的演讲

著名经济学家郎咸平所做的题为《中华文化的两个小问题：投机与浮躁》的演讲，堪称逆向思维方面的典范。

"赤壁之战的决胜因素是什么？有人说了是借东风。因为当时是冬天，刮的西北风，曹操的战船在北面，东吴和蜀在南面，如果要用火攻的话，刚好逆风，因此一定要等到东风来才行。所以我们的男主角诸葛亮登场了，终于借来了东风，火攻成功，大败曹营。我请大家用逆向思维想一个问题：万一这位男主角没有借到东风怎么办？如果没有借到东风，百万将士的生命将置于何处？这是什么事件？这是标准的小概率事件。

第二件是什么事？就是空城计。诸葛亮弹琴，他在赌司马懿也是否多疑，因为司马懿本来就是个多疑的人。可是，万一那天司马懿跟他老婆吵了一架，不多疑了呢？被他老婆骂一顿，心里一毛，桌子一拍，上来把诸葛亮抓走了，有没有这个可能呢？当然有可能了，吵架是天经地义的事。如果司马懿真的把诸葛亮抓走的话，"三国演义"就没有了，就变成"二国演义"了。诸葛亮身为堂堂蜀国的丞相，冒这种风险，这也是小概率事件。

点评：诸葛亮是家喻户晓的智慧型人物，借东风与空城计更是他的惊世之作，人们多为他的聪明睿智所折服，可郎教授对此却不以为然，他用逆向思维思考问题，提出一个疑问——假如诸葛亮失败了怎么办？并进一步得出结论——诸葛亮这是在用百万将士和蜀国的江山冒险！虽然他两次都侥幸成功，但其实他失败的概率更高，而一旦失败了，就将葬送整个蜀国江山。因此，这种赌徒一样的行为，非但不能表扬，反而应受到批评。通过逆向思维，郎教授从老材料中挖出了新结论，显得认识深而论证实，让人备受启发。可以说，郎教授的演讲立意新颖，受到听众的欢迎，逆向思维可谓立下了头功。

（二）听知能力训练

口才，需要一对倾听的耳朵。听知能力是使口语表达具有实际意义的先决条件。口语是口说、耳听的言语活动。有说才有听，有听必有说，二者是相辅相成的。即使是自言自语，也是通过空气和骨骼的传导，自己听自己说话。所以口语也可以称为“口耳之学”。练“口”必须先练“耳”，没有“耳才”也就不可能有“口才”。要想说到点子上，必须首先听好，因为听是说的基础，人们常说的“会说的不如会听的”说的就是这个道理。只有会听，才能真正会说；只有会听，才能更好地了解对方，促成有效的交流。因此，具有了听知能力，才能抓住对方说话的主旨，才能抓住自己说话的中心。只有这样，口语表达才能获得成功。所以说听和说一样，都是人们交流思想感情和信息的重要手段，都是人类社会赖以生存和发展的重要条件。

听知能力培养和训练的要求是：听清、听记、听辨、听懂。听人说话最重要的是听清他讲的是什么，既要注意听语音，也要注意听语义，还要从整体出发，抓住对方讲话的全部内容，不可断章取义。善于倾听永远是一种做人的美德，因此，要养成良好的习惯，听人说话要有耐心、有礼貌，不随便打断别人的话，要让别人把话讲完。只听不记或前听后忘，也就失去了“听”的意义。“集中注意力”是听记的关键，否则稍一走神，信息就会中断，也就无从记起了。听辨主要是辨别对方讲话语音的清浊、内容的正误、观念的是非、意图的真伪。有的人说话，出于种种原因，不愿直接说出自己的真实意图，这就需要听者透过说者言语的表面现象，从对方说话的语气、语调及态势语言中去揣摩对方的讲话意思。听懂的中心是“理解”，要在听清内容的基础上去理解，揭示话语的真正含义，理解对方讲话的主旨。其中听懂每句话的意思是关键。因为每一句话都是在一定语境中说出的，听话人必须根据当时的言语环境，仔细琢磨，概括出每一个层次是什么意思，再参照对方讲话时的心情、语气和态势，就会理解对方讲话的主旨。

1. 听知注意力的训练

听别人讲话要专心致志，如果漫不经心，只能“左耳朵听、右耳朵冒”，听不清也记不牢，无从掌握听的内容。因此，进行听知注意力的训练是十分必要的。

（1）集中注意力训练。可封闭其他一切接收信息的渠道，排除各种干扰，摒除一切杂念，使注意力集中在听的内容上，等候接收声音信息。如选择一篇2000字以内的小说，听读后要求说出故事的梗概、结构的线索（包括开端、发展、高潮、尾声）、塑造了几个人物形象、人物的性格特征是什么；或选一篇1000字以内数字较多的说明文，听读后要求说出各种不同的数字，记得越多越准为最好。

（2）分配注意力训练。如选择两则内容生疏、字数相近的寓言故事，由两个人同时朗读，听后要求说出两则故事的大意和寓意；或午间休息时，听同事们乱哄哄的讲话，看谁获得的信息最多，说得最清楚。

2. 听知记忆力的训练

广博的知识是口才的源泉，而知识的积累是靠记忆来完成的。一个人的知识在头脑里储存得越多、记得越牢，就越有可能在口才运用中纵横驰骋、应对自如。我国古代就有“过目成诵”的记载，据说茅盾可以背诵整部《红楼梦》，医师可以记忆成百上千中西药名称，老师可以记住他教过的每一个学生，社区公安民警也可记住辖区上千户居民家庭的大致情况。由此可见，人的记忆潜能是很大的。加强听知记忆力的训练，不仅有利发展智力、丰富知识和积累经验，也是人类生存与发展的需要。训练方法可采取用心记的方法，听15分钟的新闻广播，听后说出共有多少条新闻、各发生在哪里、每条新闻的主要内容是什么；或选择一篇500～600字的故事，读给大家听，边听边按情节发展记下关键词语，然后复述故事内容。

3. 听知辨析力的训练

听对方讲话，要品味出讲话人的思想感情，分辨出语音、语句、语气、语调及内容正误、是非曲直。这正是人们常说的“说话听声，锣鼓听音”。这种能力就是听知辨析力。缺乏了这种能力，对别人说的话就不可能完全理解，也就是没有真懂。需要注意的是，听人说话不但要辨析内容直白的话语，还要善于听出“言外之意”和“弦外之音”，这是很关键的听辨能力。训练方法如下：如请一人朗读一篇500字以内的范文，大家指出语音、语调等不准确或错误的地方。然后，请他以此范文内容为基础，用自己的语句再叙述一遍，请大家评议。

4. 听知理解力的训练

听别人讲话，是为了听懂讲话的内容和含义，因此理解是听的目的，理解力是听知能力的核心。在理解力训练过程中，要注意的问题是：理解说话人所说的内容，善于抓住重点言辞，分清主次，理出头绪；理解说话人的目的、含义、观点；对说话人所用的比喻、正话反说、寓意深刻的语句，能迅速洞悉其“言外之意”，以达到真正理解的目的。

请听读下面两段话，指出各段话借助形象说明了什么道理。

猎人进森林，如果只带干粮，不久就会吃光；如果带上好猎枪，又会使用它，就能够随时获取食物。

答案：授人以鱼，不如授人以渔。

东汉有个叫陈蕃的，自己的庭院肮脏不堪，从来不愿扫一扫。他说：“大丈夫要扫除天下，哪能去扫一屋？”

答案：一屋之不扫，何以扫天下！

【电影赏析】

从《国王的演讲》学演讲技巧

《国王的演讲》(*The King's Speech*)是由汤姆·霍珀执导，科林·费斯、杰弗里·拉什主演的英国电影。影片讲述了英国女王伊丽莎白二世的父亲、乔治六世国王的故事。

【电影欣赏】《国王的演讲》
http://www.tudou.com/programs/view/l8fzSzsizFU/?union_id=100501_100500_01_01&tpa=dW5pb25faWQ9MTAyMjEzXzEwMDAwMV8wMV8wMQ

公开演讲对一个国王而言，是他的职责，但他却患有严重的口吃。1925年，身为王子的艾伯特被父亲乔治五世要求在伦敦温布利的大英帝国展览会上致闭幕词。当会场内外静静期待他的精彩演讲时，广播里传来的却是“……我……有事宣布……，……我承诺……”的结巴声，他甚至紧张得在20秒内没有说出任何一个词。

我们很难想象一个国王没有出色的口才，不能当众演讲，会是怎样一种情形？但乔治六世在语言治疗师莱纳尔·罗格的治疗下，克服障碍，最终成长为能熟练运用演讲技巧、深谙演讲礼仪的国王，并在“二战”前发表了鼓舞人心的演讲。

阅读思考

如何讲好一个故事

善于讲好故事，是演讲与口才训练的基础。史钟锋，张传洲在其主编的《演讲与口才实训》(南京：东南大学出版社 2015 年版)中介绍了讲好一个故事的技巧，现录于此，供大家参考。

讲故事，有五个要素，何时、何地、何人、何事、何故，每一个故事都应该包括这五项内容，才算表达清楚。何时的表述要注意开门见山；何地的表述要尽快地进入场景；何人的表述要有名有姓，有名有姓才显得真实，也方便听众理清思路；何事的表述应注意具体化，描述细节化；何故的表述相对不太重要，是对听众的一个心理释放。

讲故事，最重要的是对何事的讲解，换句话说也就是重现场景。重现场景的技巧就是表达具体化、描述细节化，这才能使听众以一个一致性的画面进入情节，限制听众的随意思考。你让他思考了，听众的反应就是不一致的；不一致在社会心理学中，就意味着心理互动的失败；心理互动失败，就不能在讲话中达到最佳效果。

注意事项：

1. 不要用模糊的概念。"可能甲""可能乙""好像是 2012 年"等句子，模糊的概念会转移听众一部分的注意力，也降低了你的故事的真实性，导致你说服力的下降；相比之下，直接确定为甲，或是直接说是 2012 年，故事则显得更有说服力。

2. 不要用解释性的语言，尽量使用描述性的语言。在描述故事的天气时，你若说"那天因为天气很热，所以我穿得很少"，就不如"那天天气太热，我只穿了个裤衩"；"因为台子有 8 米高，所以我站在上面发抖"，也不如"我站在 8 米高的台子上，双腿发抖"。

3. 讲故事时，不要有谦虚的开场白。你的无意义的谦虚会打击听众的信心，认为从你的讲话中学不到什么东西；而且要是连你自己也没有自信，如何让听众相信你呢？

4. 在讲故事之前，第一句话的语音、语调、语速是非常关键的。如果第一句话较有力，首先会吸引听众的注意力，再者下面的故事陈述就会流畅得多；所以在讲话之前，要吸一口气稳一下自己的心神，然后再开始，不要慌慌张张地开始。

5. 在讲一个事情或心理的反应时，尽量使用事实来侧面反衬，这样给听众的印象是生动的、形象的、记忆深刻的，如说害怕，说事后发现衣服湿透了，则更加逼真。

6. 如果你想表达一种戏剧性的效果，你就应该使用原因倒置技巧。原因倒置往往使听众恍然大悟，也可能使其心理期待骤然落空，这时笑声自然也就出来了[①]。

思考题：

1. 你善于讲故事吗？讲好一个故事有何意义？

2. 请按照本文的要求成功地讲一个故事？

---

① 史钟锋，张传洲. 演讲与口才实训[M]. 南京：东南大学出版社，2015.

项目实训

一、身体语言测试

你了解身体语言吗？（参考答案见表 2-3）

1. 当一个人试图撒谎时，他会尽力避免与你的视线接触。（对/错）

2. 眉毛是一个传达感情状态的关键线索之一。（对/错）

3. 所有的运动和身体行为都有其含义。（对/错）

4. 大多数身体语言交流是无意识行动的结果，因而是个人心理活动的最真实流露。（对/错）

5. 在下面哪种情况下，一个人最可能采用身体语言交流方式？（　　）

A. 面向 15~30 人发表演讲　　B. 与另外一个人进行面谈

6. 当一位母亲严厉斥责她的孩子，而又面带微笑时，孩子将会（　　）。

A. 相信语言信息　　B. 相信身体语言信息

C. 同时相信两种信息　　D. 两种信息都不相信

E. 变得迷惑不解

7. 如果你坐在图 2-1 中的位置 1 的时候，另外一个坐在哪个位置能够最充分显示出合作的姿态，并最有利于非言语交流？

8. 如果你想表示要离开，那你将采用什么样的动作？请写下来。

9. 别人对你的反应取决于你通过交流留给他们的印象。（对/错）

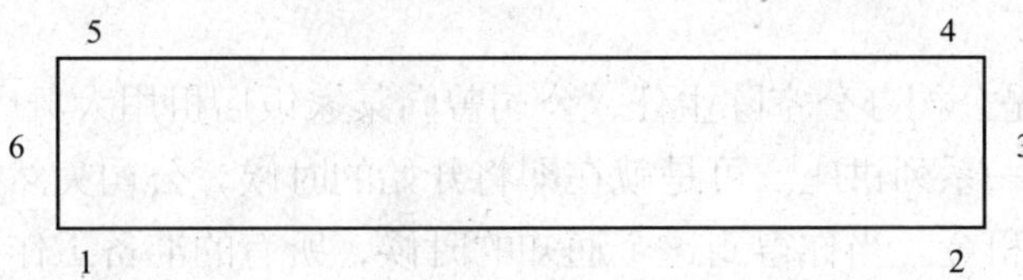

图 2-1　座位图

10. 下面哪些举动能使你给人留下更好的印象？（　　）

A. 谈话中不使用手势　　B. 避免较长的视线接触

C. 仅偶然地露出微笑　　D. 上述所有动作

E. 不包括上述任何动作

11. 身体语言交流相对于口头交流或书面交流有许多优势，你能列举出一些吗？

参考答案：

表 2-3 “你了解身体语言吗”参考答案

题号	答案	说　明
1	错	因为人们已变得更加难以预料。“撒谎者不敢看他人的眼睛”已成为一般常识，所以狡猾的撒谎者常常能够在双目直视你的情况下撒谎，要识别谎言，我们需要捕捉其他更能说明问题的信号
2	对	我们的眼睛是最能表达内心活动的面部因素之一，另一个则是嘴唇
3	对	我们可能并没有每一个姿势中都有意地去传达某种信息，但这些动作和姿势却不可避免地落在对方眼里并产生一定的感想

续表

题号	答案	说　明
4	对	通过身体语言，可以发现别人的心理活动，这一点取得了专家共识
5	A	当面对 15 ~ 30 个人讲话时，你需要对 15 ~ 30 双眼睛和嘴唇做出反应。这将比只与一个人面谈更能刺激你使用身体语言交流
6	E	尽管身体语言信号（微笑）比语言信号（责骂的语句）有更强的作用，但两者的混合导致的结果将是迷惑不解
7	4	位置 1 和 4 之间有桌角相隔，两个人可以随时调整自己与桌角的距离，从而改变两个人之间的距离。因此，在谈判中，坐在位置 1 和 4 的两个人会较少地受空间环境的影响，更易于非语言交流
8		最好的信号是有意无意地用眼睛扫一下你的手表、站起身来、在慢慢站起来时拍拍大腿、慢慢地挪向门附近或是靠在门框上等
9	对	因为我们总是根据别人给我们的整体印象做出反应，其他人对我们的反应也是同样的
10	E	当你自然地使用手势、目光接触、微笑等身体语言时，会给别人留下好的印象
11		身体语言给你的印象更深刻，它们有助于传达真诚、信任等语言交流所达不到的效果；它们能够传达更微妙的言下之意；身体语言信息有助于我们洞察他人的真情实感。当然，身体语言信息也存在一些严重的缺陷：它们可能会泄露我们的秘密；它们很容易被误解；它们的含义因不同的文化背景而不同；它们可能需要长时间地重复进行才能被人理解

（资料来源：张喜春，刘康声，盛暑寒.人际交流艺术[M].北京：北京交通大学出版社，2014.）

二、口头语言训练

实训目的：

（1）通过实训掌握口头语言交流中的各种技巧要领。

（2）提高运用相关知识解决实际问题的信心和能力。

（3）养成良好的沟通习惯和风格，形成得体的沟通综合能力。

实训情景：

职业情景 1：你是公司办公室陈主任，公司曾向某家饭店租用大舞厅，每一季用 20 个晚上，举办员工培训的一系列讲座。可是就在即将开始的时候，公司突然接到通知，要求必须付高出以前近 3 倍的租金。当你得到这个通知的时候，所有的准备工作已经就绪，通知都已经发出去了。单位领导派你去说服对方不要违约，你怎么办？请模拟场景，扮演角色。

职业情景 2：于雪的上司吴总是公司负责营销的副总，为人非常严厉。吴总是南方人，说话有浓重的南方口音，经常“黄”与“王”不分。他主管公司的市场部和销售部，市场部的经理姓“黄”，销售部经理又恰好姓“王”，由于“黄”和“王”经常听混淆，于雪非常苦恼。这天，于雪给吴总送邮件时，吴总让她“请黄经理过来一下！”是让王经理过来还是让黄经理过来？于雪又一次没听清吴总要找的是谁。面对这种情况，于雪该怎样处理？

实训内容：

（1）根据职业情景 1，模拟演示陈主任的沟通协调过程。

（2）根据职业情景 2，为秘书于雪找出一个两全其美的办法，并演示沟通过程。

实训要求：

（1）本实训可在教室或情景实训室进行。

（2）先分组讨论，再进行角色模拟演示。

（3）分组进行，每组 3 ~ 5 人，一人扮演对方公司经理，一人扮演秘书于雪，一人扮演公司吴副总经理。分角色轮流演示，每组分别演示以上两个情景。

（4）要求编写演示角色的台词与情节，用语规范，表达到位。

实训提示：

（1）利用口语交流的技巧。

（2）注重沟通的目的与策略。

实训总结：个人畅谈沟通体会，教师总评，评选出最佳口头语言沟通者。

（资料来源：徐丽君，明卫红.秘书沟通技能训练[M].北京：科学出版社，2008.）

三、朗读训练

1. 诗歌一组

再别康桥

徐志摩

轻轻的我走了，
正如我轻轻的来；
我轻轻的招手，
作别西天的云彩。

那河畔的金柳，
是夕阳中的新娘；
波光里的艳影，
在我的心头荡漾。

软泥上的青荇，
油油的在水底招摇；
在康河的柔波里，
甘心做一条水草！
那榆荫下的一潭，
不是清泉，是天上虹；
揉碎在浮藻间，
沉淀着彩虹似的梦。
寻梦？撑一支长篙，
向青草更青处漫溯
满载一船星辉，
在星辉斑斓里放歌。
但我不能放歌，
悄悄是别离的笙萧；
夏虫也为我沉默，
沉默是今晚的康桥！
悄悄的我走了，
正如我悄悄的来；
我挥一挥衣袖，
不带走一片云彩。

我们的爱情单纯如歌曲

泰戈尔

两手相挽，凝眸相视；
这样开始了我们心灵的纪录。
这是三月的月明之夜；空气里有凤仙花的芬芳；
我的横笛抛在地上，而你的花环也没有编成。
噢，你我之间的这种爱情单纯如歌曲。
你粉色的面纱使我醉眼陶然。
你给我编的茉莉花环像赞美似的使我心醉神迷。
这是一种欲予故夺、欲露故藏的游戏；
有些微笑，有些微微的娇羞，也有些甜柔的无用的挣扎。
噢，你我之间的这种爱情单纯如歌曲。
没有超越现实的神秘；没有对不可能事物的强求；
没有魅惑后面的阴影；没有黑暗深处的摸索。
你我之间的这种爱情单纯如歌曲。
我们并不背离一切语言而走入永远沉默的歧途；
我们并不向空虚伸手要求超乎希望的事物。
我们所给予的和我们所得到的都已经足够，
我们不曾贪欢过度不致从欢乐中榨出痛苦之酒。
啊，你我之间的这种爱情单纯如歌曲。

将 进 酒

李 白

君不见黄河之水天上来，奔流到海不复回。
君不见高堂明镜悲白发，朝如青丝暮成雪。
人生得意须尽欢，莫使金樽空对月。
天生我材必有用，千金散尽还复来。
烹羊宰牛且为乐，会须一饮三百杯。
岑夫子、丹丘生；将进酒，杯莫停。
与君歌一曲，请君为我倾耳听。
钟鼓馔玉不足贵，但愿长醉不复醒。
古来圣贤皆寂寞，惟有饮者留其名。
陈王昔时宴平乐，斗酒十千恣欢谑。
主人何为言少钱，径须沽取对君酌。
五花马，千金裘，
呼儿将出换美酒，与尔同销万古愁。

2. 散文一组

岳阳楼记

范仲淹

庆历四年春，藤子京谪守巴陵郡。越明年，政通人和，百废具兴，乃重修岳阳楼。增其旧制，刻唐贤今人诗赋于其上。属予作文以记之。

予观夫巴陵胜状，在洞庭一湖。衔远山，吞长江，浩浩汤汤，横无际涯；朝晖夕阴，气象万千。此则岳阳楼之大观也，前人之述备矣。然则北通巫峡，南及潇湘，迁客骚人，多会于此，览物之情，得无异乎？

若夫淫雨霏霏，连月不开，阴风怒号，浊浪排空；日星隐曜，山岳潜形；商旅不行，樯倾楫摧；薄暮冥冥，虎啸猿啼。登斯楼也，则有去国还乡，忧谗畏讥，满目萧然，感极而悲者矣。

至若春和景明，波澜不惊，上下天光，一碧万顷；沙鸥翔集，锦鳞游泳；岸芷汀兰，郁郁青青。而或长烟一空，皓月千里，浮光跃金，静影沉璧，渔歌互答，此乐何极！登斯楼也，则有心旷神怡，宠辱皆忘，把酒临风，其喜洋洋者矣。

嗟夫！予尝求古仁人之心，或异二者之为，何哉？不以物喜，不以己悲；居庙堂之高则忧其民；处江湖之远则忧其君。是进亦忧，退亦忧。然则何时而乐耶？其必曰“先天下之忧而忧，后天下之乐而乐”乎。噫！微斯人，吾谁与归？

匆匆

朱自清

燕子去了，有再来的时候；杨柳枯了，有再青的时候；桃花谢了，有再开的时候。但是，聪明的，你告诉我，我们的日子为什么一去不复返呢？——是有人偷了他们罢：那是谁？又藏在何处呢？是他们自己逃走了罢：现在又到了哪里呢？

我不知道他们给了我多少日子；但我的手确乎是渐渐空虚了。在默默里算着，八千多日子已经从我手中溜去；像针尖上一滴水滴在大海里，我的日子滴在时间的流里，没有声音，也没有影子。我不禁头涔涔而泪潸潸了。

去的尽管去了，来的尽管来着；去来的中间，又怎样地匆匆呢？早上我起来的时候，小屋里射进两三方斜斜的太阳。太阳他有脚啊，轻轻悄悄地挪移了；我也茫茫然跟着旋转。于是——洗手的时候，日子从水盆里过去；吃饭的时候，日子从饭碗里过去；默默时，便从凝然的双眼前过去。我觉察他去的匆匆了，伸出手遮挽时，他又从遮挽着的手边过去；天黑时，我躺在床上，他便伶伶俐俐地从我身上跨过，从我脚边飞去了。等我睁开眼和太阳再见，这算又溜走了一日。我掩着面叹息。但是新来的日子的影儿又开始在叹息里闪过了。

在逃去如飞的日子里，在千门万户的世界里的我能做些什么呢？只有徘徊罢了，只有匆匆罢了；在八千多日的匆匆里，除徘徊外，又剩些什么呢？过去的日子如轻烟，被微风吹散了，如薄雾，被初阳蒸融了；我留着些什么痕迹呢？我何曾留着像游丝样的痕迹呢？我赤裸裸来到这世界，转眼间也将赤裸裸的回去罢？但不能平的，为什么偏要白白走这一遭啊？

你聪明的，告诉我，我们的日子为什么一去不复返呢？

3．绕口令一组

（1）八百标兵奔北坡，炮兵并排北边跑。炮兵怕把标兵碰，标兵怕碰炮兵炮。

（2）哥挎瓜筐过宽沟，赶快过沟看怪狗。光看怪狗瓜筐扣，瓜滚筐空哥怪狗。

（3）天上七颗星，树上七只鹰，墙上七根钉，钉上七盏灯。地下七块冰，遮满天上星，赶走树上鹰，拔掉墙上钉。吹灭了钉上的

【演讲视频 2-2】相声：绕口令
http://v.youku.com/v_show/id_XMTg3NTc1OTU2.html?tpa=dW5pb25faWQ9MTAyMjEzXzEwMDAwMl8wMV8wMQ

灯，踏碎了地下的冰。

（4）梁家庄有个梁大娘，梁大娘家盖新房。大娘邻居大老梁，到梁大娘家看大娘，赶上梁大娘家上大梁，老梁帮着大娘扛大梁，大梁稳稳当当上了墙，大娘高高兴兴谢老梁。

（5）老龙恼怒闹老农，老农恼怒闹老龙，农怒龙恼农更怒，龙闹农怒龙怕农。

发声及朗读提示：将双唇紧闭，上下齿叩合，舌尖在口腔中不触及腔壁，臆想气从头腔发出，带音慢慢哼，同时用手摸鼻翼，有微颤感觉，整个头腔随着音调渐高和音量加大震颤增强，然后将唇松开，发延长音。找到感觉之后反复数次，再用高音朗读。朗读时要注意气息平稳、匀称，共鸣腔体转换自然，吐字清晰，声音圆润，以情带声。

四、共鸣训练

1. 假设分别向1个人、10个人、50人、1000人，在教室、大礼堂、体育场等地朗诵或喊口令，十分准确地运用声音。

2. 朗读毛泽东的诗词《七律·长征》，要求放慢速度，有意识地夸张，尽量找出最佳共鸣效果。声音适当偏后些，使之浑厚有力。注意防止鼻音。

红—军—不怕—远—征—难，
万—水—千—山—只—等—闲。
五岭—逶迤—腾—细—浪，
乌蒙—磅礴—走—泥—丸。
金沙—水拍—云—崖—暖，
大渡—桥横—铁—索—寒。
更喜岷山—千—里—雪，
三军过后—尽—开—颜。

五、气息控制训练

1. 假设桌面上有许多灰尘，要求吹而又不能吹得尘土飞扬。练习时，按吸气要领做好准备。然后吸足一口气，停顿一两秒钟左右，向外吹出气息。吹气时要平稳、均匀，尽量吹得时间长些，直至将气吹完为止。

2. 练习下面的绕口令，开始做练习时，中间可以适当换气。练到有了控制能力时，逐渐减少换气次数，最后要争取一口气说完。

五组的小组长姓鲁，九组的小组长姓李。鲁组长比李组长小，李组长比鲁组长老。比李组长小的鲁组长有个表姐比李组长老，比鲁组长老的李组长有个表姐比鲁组长小。小的小组长比老的小组长长得美，老的小组长比小的小组长长得丑。丑小组长的表姐比美小组长的表姐美，美小组长的表姐比丑小组长的表姐丑。请你想一想：是鲁组长老，还是鲁组长的表姐老？是李组长小，还是李组长的表姐小？是五组小组长丑，还是九组小组长丑？是鲁组长表姐美，还是李组长表姐美？

（资料来源：刘维娅.口才与演讲教程[M].武汉：华中师范大学出版社，2007.）

六、有声语言技巧训练

综合运用有声语言重音、语速、停顿、抑扬等技巧，根据语言的环境，读下面的内容。

1. 伙计们都寻思起来，想什么办法呢？玉宝坐在旁边也想了一会儿，笑着说："叔叔，我有个好办法，咱们大家出口气，把那老小子打一顿。"（选自高玉宝《半夜鸡叫》）

2. 康大叔显出看他不上的样子，冷笑着说：“你没有听清我的话，看他的神气，是说阿义可怜哩。”（选自鲁迅《药》）

3. 我为少男少女们歌唱，我歌唱早晨，我歌唱希望，我歌唱那些属于未来的事物，我歌唱正在生长的力量。（何其芳《我为少男少女们歌唱》）

4. 范柳原冷冷地道：“你不爱我，你有什么办法，你做得了主吗？”白流苏道：“你若真爱我的话，你还顾得了这些！”范柳原道：“我不至于那么糊涂。我犯不着花了钱娶一个对我毫无感情的人来管束我。那太不公平了。对于你，那也不公平。噢，也许你不在乎。根本你以为婚姻就是长期的卖淫合同。”（选自张爱玲《倾城之恋》）

5. 一生中能有这样两个发现，该是很够了，即使只能做出一个这样的发现，也已经是幸福的了。但是马克思在他研究的每一个领域，甚至数学领域都有独到的发现，这样的领域是很多的，而且其中任何一个领域他都不是肤浅地研究的。（选自恩格斯《在马克思墓前的讲话》）

七、手势语和表情语训练

请根据以下语句的内容给出相应的手势语和表情语。

1. 请大家安静，安静！

2. 什么是爱？爱，不是索取，而是奉献！

3. 他转身朝着黑板，拿起一支粉笔，使出全身的力量，写了一行字：“法兰西万岁！”然后他待在那儿，头靠着墙壁，话也不说，只向我们做了一个手势：“散学了——你们先走吧！”

4. 在过去的一年中，在座各位，各位将我们的销售额不可思议地提高了 17.17%！这在公司的整个历史上还从来没有过，从来没有！由此我们的利润不只是提高了 5%或 10%，而是 13%，整整 13%！

5. 大家不要慌，请大家跟我来！

6. 我现在要明确地告诉对方辩友，你们犯了一个严重的逻辑错误！

7. 现在，请让我们大家在此，心平气和地交换一下对这个问题的看法。

8. 现在，摆在我们面前的有两条道路：一是勇往直前奋战下去，有成功的可能，但也有失败的风险；二是原地踏步，坐以待毙。

9. 这几天，大家晓得，在昆明出现了历史上最卑劣最无耻的事情！李先生究竟犯了什么罪，竟遭此毒手？他只不过用笔写写文章，用嘴说说话，而他所写的，所说的，都无非是一个没有失掉良心的中国人的话！大家都有一支笔，有一张嘴，有什么理由拿出来讲啊！有事实拿出来说啊！

10. 我要感谢我的竞选伙伴。他发自内心地投入竞选，他的声音代表了那些在他成长的斯克兰顿街生活的人们的声音，代表那些和他一道乘火车上下班的特拉华州人民的声音。现在，他将是美国的副总统，他就是乔·拜登！

八、小品示范训练

训练开始，先做准备活动，舒展筋骨，再轻揉脸颊，放松面部肌肉，也可以三三两两谈笑，或听一段轻松优美的音乐，一方面稳定情绪，一方面促使受训者进入规定情景。

1. 小品《学做摄影师》，两人为一组练习。进行这个训练时，主练者前面不能有任何遮挡物，如讲台、课桌等。手里也不能拿任何东西，如讲稿，使训练者无依无靠，全身心投入练习。练习前不需做任何准备，以即兴发挥为好，时间 10 分钟左右，也可根据需要缩短或延长。

训练开始，主练者不断向陪练者发出指令，如“立正，面带微笑……”“右手伸向前方……”“坐端庄、挺起胸……脸微微抬起……笑……，皱眉头，做出愤怒表情……动作跟上……表情不错……”

随着指令，主练者不断地要求形象生动、逼真，根据陪练者实际情况增加训练内容。一轮训练结束后陪练者换位再进行第二轮训练。

【演讲视频 2-3】小品《双簧》
http://v.youku.com/v_show/id_XMzg5MjM0ODE2.html?tpa=dW5pb25faWQ9MTAyMjEzXzEwMDAwMl8wMV8wMQ

2. 相互介绍训练。自拟情境，一人扮演介绍者，另一人或几个人扮演被介绍者。配合一定的语言，由介绍者将被介绍者一一介绍给在坐的其他听众。要求态势语言自然得体，符合礼仪规范，与语言配合到位。

3. 模拟训练。一名同学做导游，一名同学录像，其他同学当游客。选择校区内或周边的一条线路，从不同角度进行一一介绍，体会边说边走中体态的综合运用。同学间交替进行。然后通过录像资料进行点评。

提示：小品示范训练要求贴近自然，受练者需放得开。这样既可避免矫揉造作，又妙趣横生，无单调枯燥之感，且能从仪表、风度、手势、眼神及面部表情等多方面综合训练。

课后练习

一、模仿练习

【演讲视频 2-4】回忆宋世雄进球解说
http://www.tudou.com/programs/view/hf2BoOnXKtE/?union_id=100501_100500_01_01&tpa=dW5pb25faWQ9MTAyMjEzXzEwMDAwMV8wMV8wMQ

1. 模仿我国著名体育解说员宋世雄的一段解说词，注意发音准确、感情饱满。

1981 年的世界杯女排赛，中国女排第一次获得世界杯赛冠军，也是五连冠的开始。同年，中国男排大翻盘战胜韩国队，取得世界杯赛资格。宋世雄高亢的解说，让人记忆深刻。他回忆，当时声音颤抖，一个字一个字地从嘴里蹦出来。

“亲爱的听众、亲爱的观众，当你看到中国女排运动员在场上的精彩表现，可曾想到，她们是付出了多少代价啊！年轻的小将郎平，为了提高身体机能，让医生踩她的双腿，疼得她流出了眼泪，咬破了嘴唇，也不哼一声。她曾经这样说：‘我是个新队员，要接受严格的考验，接受最艰苦的训练，绝不被困难吓倒……’”

2. 模仿黄健翔的一段解说词，尽量快而不乱、发音准确。

【演讲视频 2-5】黄健翔经典解说
http://v.youku.com/v_show/id_XMzY2MjI0NjQ=.html?tpa=dW5pb25faWQ9MTAyMjEzXzEwMDAwMl8wMV8wMQ

2006 年 6 月 26 日，在第 18 届世界杯足球赛八分之一决赛意大利对澳大利亚的比赛中，当比赛进入伤停补时的最后时刻，意大利左后卫格罗索突入澳大利亚队禁区助攻，被澳大利亚后卫绊倒。裁判判给意大利队一个点球。这时黄健翔有一段颇具争议的“激情”解说。

“伟大的意大利的左后卫！他继承了意大利的光荣的传统。法切蒂、卡布里尼、马尔蒂尼在这一刻灵魂附体！格罗索一个人他代表了意大利足球悠久的历史和传统，在这一刻他不是一个人在战斗，他不是一个人！

托蒂，面对这个点球。他面对的是全世界意大利球迷的目光和期待。

施瓦泽曾经在世界杯预选赛的附加赛中扑出过两个点球，托蒂应该深知这一点，他还能够微笑着面对他面前的这个人吗？10 秒钟以后他会是怎样的表情？

这个点球是一个绝对理论上的决杀。绝对的死角，意大利队进入了八强！

胜利属于意大利，属于格罗索，属于卡纳瓦罗，属于赞布罗塔，属于布冯，属于马尔蒂尼，属于所有热爱意大利足球的人！

澳大利亚队也许会后悔的，希丁克，他在下半时多一人的情况下打得太保守、太沉稳了，他失去了自己的勇气，面对意大利悠久的历史，他没有再拿出他在小组赛中那种猛扑猛打的作风，他终于自食其果。”

3. 模仿一段新闻联播的播报。

4. 模仿一段名人的演讲或讲话（如马云、俞敏洪、奥巴马等）。

（资料来源：袁红兰.演讲与口才[M].北京：航空工业出版社，2014.）

二、绕口令练习

1. 坡上立着一只鹅，坡下就是一条河。宽宽的河，肥肥的鹅，鹅要过河，河要渡鹅，不知是鹅过河，还是河渡鹅？

2. 山上五棵树，架上五壶醋，林中五只鹿，箱里五条裤。伐了山上树，搬下架上的醋，射死林中的鹿，取出箱中的裤。

3. 板凳宽，扁担长，扁担没有板凳宽，板凳没有扁担长；扁担想绑在板凳上，板凳不让扁担绑在板凳上，扁担偏要绑在板凳上。

4. 一平盆面，烙一平盆饼；饼碰盆，盆碰饼。

5. 山前有个严圆眼，山后有个严眼圆，二人山前来比眼，不知是严圆眼的眼圆，还是严眼圆比严圆眼的眼圆？

6. 出南门，走六步，见着六叔和六舅，叫声六叔、六舅好，借我六斗六升好绿豆；过了秋，打了豆，还我六叔、六舅六十六斗六升好绿豆。

7. 老方扛着黄幌子，老黄扛着方幌子。老方要拿老黄的方幌子，老黄要拿老方的黄幌子；末了儿方幌子碰破了黄幌子，黄幌子碰破了方幌子。

8. 粉红墙上画凤凰，凤凰画在粉红墙。红凤凰、粉凤凰、红粉凤凰、花凤凰。

9. 老罗拉了一车梨，老李拉了一车栗。老罗人称大力罗，老李人称李大力。老罗拉梨做梨酒，老李拉栗去换梨。

10. 有个面铺门朝南，门上挂着蓝布棉门帘，摘了蓝布棉门帘，面铺门朝南；挂上蓝布棉门帘，面铺还是门朝南。

11. 大刀对单刀，单刀对大刀，大刀斗单刀，单刀夺大刀。

12. 一班有个黄贺，二班有个王克，黄贺、王克二人搞创作，黄贺搞木刻，王克写诗歌。黄贺帮助王克写诗歌，王克帮助黄贺搞木刻。由于二人搞协作，黄贺完成了木刻，王克写好了诗歌。

13. 天上有个日头，地下有块石头，嘴里有个舌头，手上有五个手指头。不管是天上的热日头、地下的硬石头、嘴里的软舌头、手上的手指头，还是热日头、硬石头、软舌头、手指头，反正都是练舌头。

14. 师部司令部指示：四团十连石连长带四十人在十日四时四十四分按时到达师部司令部，师长召开誓师大会。

15. 门口吊刀，刀倒吊着。

16. 牛郎恋刘娘，刘娘念牛郎，牛郎年年念刘娘，刘娘年年恋牛郎，郎念娘来娘恋郎。

17. 化肥会挥发；黑化肥发灰，灰化肥发黑；黑化肥发灰会挥发；灰化肥挥发会发黑；黑化肥挥发发灰会花飞；灰化肥挥发发黑会飞花。

18. 五组的小组长姓鲁，九组的小组长姓李。鲁组长比李组长小，李组长比鲁组长老。比李组长小的鲁组长有个表姐比李组长老，比鲁组长老的李组长有个表姐比鲁组长小。小的小组长比老的小组长长得美，老的小组长比小的小组长长得丑。丑小组长的表姐比美小组长的表姐美，美小组长的表姐比丑小组长的表姐丑。请你想一想：是鲁组长老，还是鲁组长的表姐老？是李组长小，还是李组长的表姐小？是五组小组长丑，还是九组小组长丑？是鲁组长表姐美，还是李组长表姐美？

三、发音吐字训练

1. 大声朗读下列成语，注意声母和韵母以及声调。

比翼双飞　披荆斩棘　满载而归　丰衣足食　大张旗鼓　推陈出新

南征北战　龙飞凤舞　高瞻远瞩　快马加鞭　和风细雨　洁身自好

轻歌曼舞　先人后己　正本清源　超群绝伦　生龙活虎　日新月异

责无旁贷　此起彼伏　四通八达　按部就班　呕心沥血　峨冠博带

依山傍水　闻过则喜　云淡风轻　而立之年　仗义执言　瞒天过海

鞍前马后　兵强马壮　催眠有术　灯红酒绿　飞崖走壁　甘霖普降

挥毫洒墨　坚决果断　鲲鹏展翅　捞钱索物　闷头写作　千锤百炼

酸甜苦辣　吞云吐雾　心明眼亮　争前恐后　因循守旧　巍然挺立

2. 向听众讲述一段个人经历中印象深刻的一件事。

要求：不要照稿宣读，注意吐字发音，并使自己的声音热情、自然、有表现力。可将自己上面的讲话用手机录下来，然后分析研究自己的录音，找到自己语言中的干扰词。再重复自己刚才讲述的内容，重复时注意克服这些干扰，尽量减少干扰词出现的频率。

四、朗读训练

朗读下面这篇散文，一要用普通话；二要综合运用有声语言的技巧；三在朗诵时注意有声语言的运用原则。

春

朱自清

盼望着，盼望着，东风来了。春天的脚步近了。

一切都像刚睡醒的样子，欣欣然张开了眼。山朗润起来了，水涨起来了，太阳的脸红起来了。

小草偷偷地从土里钻出来，嫩嫩的，绿绿的。园子里，田野里，瞧去，一大片一大片满是的。坐着，躺着，打两个滚，踢几脚球，赛几趟跑，捉几回迷藏。风轻悄悄的，草软绵绵的。

桃树、杏树、梨树，你不让我，我不让你，都开满了花赶趟儿。红的像火，粉的像霞，白的像雪。花里带着甜味儿，闭了眼，树上仿佛已经满是桃儿、杏儿、梨儿。花下成千成百的蜜蜂嗡嗡地闹着，大小的蝴蝶飞来飞去。野花遍地是：杂样儿，有名字的，没名字的，散在草丛里，像眼睛，像星星，还眨呀眨的。

“吹面不寒杨柳风”，不错的，像母亲的手抚摸着你。风里带来些新翻的泥土的气息，混着青草味儿，还有各种花的香，都在微微润湿的空气里酝酿。鸟儿将巢安在繁花嫩叶当中，高兴起来了，呼朋引伴地卖弄清脆的喉咙，唱出宛转的曲子，跟轻风流水应和着。牛背上牧童的短笛，这时候也成天嘹亮地响着。

雨是最寻常的，一下就是三两天。可别恼。看，像牛毛，像花针，像细丝，密密地斜织着，人家屋顶上全笼着一层薄烟。树叶儿却绿得发亮，小草儿也青得逼你的眼。傍晚时候，上灯了，一点点黄晕的光，烘托出一片安静而和平的夜。在乡下，小路上，石桥边，有撑起伞慢慢走着的人；地里还有工作的农民，披着蓑戴着笠。他们的房屋，稀稀疏疏的，在雨里静默着。

天上风筝渐渐多了，地上孩子也多了。城里乡下，家家户户，老老小小，也赶趟儿似的，一个个都出来了。舒活舒活筋骨，抖擞抖擞精神，各做各的一份事儿去。

“一年之计在于春”，刚起头儿，有的是工夫，有的是希望。

春天像刚落地的娃娃，从头到脚都是新的，它生长着。

春天像小姑娘，花枝招展的，笑着，走着。

春天像健壮的青年，有铁一般的胳膊和腰脚，领着我们上前去。

朗读提示：《春》的朗读，要始终把握赞美春天的主题。围绕这一主题，全文从三个方面展开：第一部分为“盼春”（盼望着……春天的脚步近了），第二部分为“描春”（一切都像刚睡醒的样子……），第三部分为“颂春”（一年之季在于春，领着我们上前去）。朗读时，一定要进入作品意境，把握作品中的“形、声、色、味”，似乎真正“看到、听到、闻到、触到”春天的美景。例如，“吹面不寒杨柳风……这时候也成天嘹亮地响着。”这一段描写春风，主要从三个层面展开：一是春风拂“像母亲的手抚摸着你”这是触觉的感受，在这里要突出“母亲的手”的感觉；二是风送芳香，土气、草味、花香都在“微微湿润的空气里酝酿”，这是嗅觉的感受，朗读时要读出春风里都有什么香味；三是风传乐声、鸟语花香交相呼应，朗读时要突出听觉方面的感受。

【演讲视频 2-6】

朗读：朱自清《春》

http://www.tudou.com/programs/view/tCiRDJcXfc?tpa=dW5pb25faWQ9MTAyMjEzXzEwMDAwMl8wMV8wMQ

五、态势语言训练

1. 分析自身日常语言交流中的态势语言，找到不符合规范的态势，尝试纠正。

2. 如果你是老师，要做一位同学的思想工作。你应该采用什么样的坐姿？

3. 如何理解面部表情在态势语言中的作用？

4. 古人云：“言之不足，手之舞之，足之蹈之。”请就此论断来说明有声语言与体态语言之间的关系。

六、心理素质训练

1. 自我暗示：每天清晨默念 10 遍“我一定要最大胆地发言，我一定要最大声地说话，我一定要最流畅地演讲。我一定行！今天一定是幸福快乐的一天！”平常也自我暗示，默念或写出来，至少 10 遍）

2. 想象训练：想象自己在公众场合成功的演讲，想象自己成功。

3. 微笑练习：在镜前学习微笑，展示自己的手势及体态。养成微笑的习惯，要笑得灿烂、笑得真诚，富有亲和力。

4. 阅读励志书籍或口才书籍，培养自己的积极心态，学习一些技巧。

5. 每天放声大笑 10 次，乐观面对生活，放松情绪。

6. 训练接受他人的目光，培养自信和观察能力。

7. 学会检讨，每天总结得与失，写心得体会。

8. 当你走进演讲世界的神秘大门时，有没有魔咒能令你奇迹般打开这扇神秘的大门呢？如果你能记住演讲魔咒，每天不断默念诵读，并在实践中不断演练，你一定能打开通往演说家乐园的大门。咒语如斯：

——我喜欢演讲；
——我有演讲的天分；
——我天生就是演说家的料；
——我用生命准备我的演讲；

——我的脚下就是演讲的舞台；
——我的身边就是演讲的大众；
——每天都是我演讲的第一时间；
——每件事都是我演讲的最好素材；

——只要有机会演讲我就演讲；
——只要演讲我就要激情演讲；
——只要演讲我就大声演讲；
——只要演讲我就快速演讲；

——只要演讲我就全身心演讲；
——只要演讲我就用眼睛演讲；
——只要演讲我就用手势演讲；
——只要演讲我就用身体演讲①。

七、案例分析

如此“高僧”

吴礼权在其著作《言语交际与人际沟通》(广州：暨南大学出版社，2013)中讲述了这样一个故事。

在明代，佛教界中人也并非个个都是得道高僧，而是鱼龙混杂，其中不乏滥竽充数的南郭先生。当时，有一位颇为知名的僧人，法号“不语禅”。他虽然名声很大，其实是个毫无学识、毫无见识的庸人。说的直接点，也就是个佛教界的骗子。他的所谓名气，其实都是当时不甚发达的“传媒”(即口耳相闻的人际传说，捕风捉影，见风是雨，最不靠谱)炒出来的。知情者都知道，不语禅之所以能在佛学界混事，而且还混得风生水起，成为当时一时的名僧，都是因为他有两个有见识、有学识、又能说会道的侍者(相当于今天我们所说的“助理”)代他发言。

有一天，不语禅的两个侍者刚好出外办事，寺里就来了个云游的和尚，说是慕名远道而来，想见主持不语禅。不语禅没办法，只得摆出主人的姿态予以接待。因为都是同行，不能失了礼节！宾主寒暄施礼已毕，云游和尚便开口请教道：

“高僧，什么是‘佛’？”

这是佛学的一个基本问题，做僧人的应该人人都明白，是不需解释的。但是，因为这是佛学的基

① 乔宪金. 四维演讲兵法[M]. 北京：北京工业大学出版社，2008.

本问题，所以它也是佛学界谁都回答不好的问题，最能见仁见智。云游和尚是来取经的，当然要问这样的经典问题。

不语禅一听，顿时傻了眼不知如何回答。于是，急得东张西望，希望两位侍者快点回来解围，不然丑就出大了。可是，看了半天，连两个侍者的影子也没有。

云游和尚见不语禅东顾西盼，不知何意，但又不便多问，遂又换了一个话题，问道：

“请问高僧，什么是‘法’呢？”

不语禅不听则罢，一听这个问题，顿时脑袋“嗡”的一声，真的要昏过去了。因为他压根儿就不懂佛家的什么“法”。大概是觉得实在太惭愧了，不语禅这次不仅没有勇气直视云游和尚，甚至都不好意思左右顾盼了，所以只得仰头看屋顶，低头看脚下，极力避免与云游和尚四目相对。因为“眼睛是心灵的窗户”，他怕从窗户里泄露出他内心的一切。

云游和尚不知就里，遂再向不语禅问了一个问题：

“高僧，不知您是如何看待‘僧’的？”

不语禅一听这话，以为云游僧是故意讽刺他枉穿袈裟，枉称僧人，遂更是羞愧难当，既不好意思左右顾盼，也不好意思上看下看，索性闭上眼睛，假装打坐了。

云游僧见此，既怕惊扰了大师，又心有不甘，自己不远千里而来，竟然与高僧未交一言，岂不是莫大的遗憾？想了想，云游僧又向不语禅问了一个问题：

“贫僧还有一个问题请教，敢问高僧，何谓‘加持’？”

不语禅听云游僧问到这个问题，更是恨不得寻个地缝钻进去，或是一头撞死算了，因为他从来就不懂这些佛家术语的真正内涵。想到此，不语禅不由自主地伸出手去。

云游僧看到不语禅闭目养神伸手，端坐岿然不动的样子，似乎突然有所顿悟，于是起身而去。

云游僧刚走出寺院，就看到了不语禅的两个侍者外出归来。云游僧与二人见过礼，抑制不住喜悦的心情，脱口而出道：

“高僧就是高僧！‘不语禅’果然名不虚传！贫僧问什么是‘佛’，高僧东顾西盼，意思是说‘人有东西，佛无南北’。贫僧又问什么是‘法’，高僧仍然不语，只是看上看下，意思是说‘法平等，无有高下’。贫僧再问何谓‘僧’，高僧只是闭目打坐，意思是说“白云深处卧，便是一高僧’。贫僧最后又问什么是‘加持’，高僧则闭目伸手，意谓‘加特便是接引众生’。这等大禅，真是‘明心见性’啊！”

二位侍者回到寺里，不语禅见之，大骂道：

“你们二人都跑到哪里去了？也不来帮我。今天来了一个野和尚，他问什么是‘佛’，我答不出，就盼着你们赶快回来，但却东看你们不见来，西看你们也不见来；他又问什么是‘法’，我哪里答得出，真是尴尬的要命，只好上看下看，可谓是上天无路，入地无门；他又问什么是‘僧’，我实在没有办法了，只好闭目假睡；没想到这个野和尚问个没完，又问我什么是‘加持’，我自愧一问三不知，还做什么长老，不如伸手沿门去叫化也罢。”

思考题：

（1）结合本案例谈谈态势语言在交际中有何作用？

（2）本案例对你有何启示？

第三章 命题演讲

只要遵循正确的方法，做周全的准备，任何人都能成为出色的演说家。反之，不论年纪及经验多么老到，若没有适当的准备，仍会在演讲中出窘。

——[美]戴尔·卡耐基

第一名靠什么？靠态度、信念、服务、说服及公众演说的能力！

——[美]奥巴马

学习目标

明确命题演讲应做的准备；能够成功地设计命题演讲稿；演讲者形象符合要求；掌握演讲的控场技巧；运用相关技巧成功地进行命题演讲。

案例导入

冯玉祥的抗日演说

抗日战争时期，著名爱国将领冯玉祥来湖南益阳作过一次抗日演说。

那是1938年秋的一天早上，益阳市机关学校、团体及城乡居民两万多人齐集在老城区的西门体育广场，欢迎冯玉祥将军一行。会场内人头攒动，都想一睹这位力主抗日的爱国将军的风采。

冯玉祥当时是国民党军事委员会副委员长。人们以为他来时定会骑着高头大马，随从前呼后拥，谁知他徒步入场，后面的是百名背长板凳的士兵，还有一个士兵肩上扛着一棵小松树，最后就是当地知名人士。

欢迎大会开始，主持人请冯玉祥演说。两万多双眼睛都注视着主席台。只见冯玉祥身着一套发白了的旧军装，脚穿青布鞋，身材魁梧，神采奕奕地向群众挥手。那些士兵把凳子放在主席台的前面，让婆婆娃娃安安稳稳坐定之后，冯玉祥开始演说。

冯玉祥演说的时间不长，但讲得通俗易懂。开始，他引用《世说新语·言语》中的“岂见覆巢之下，复有完卵乎”的典故。他左手握住士兵扛来的松树，右手把一个草编的鸟窝安放在树杈上，又把几只蛋放进鸟窝里后，就慷慨激昂地演说起来。他把树比作国，把窝比作家，把蛋比作生命，以手握树比作誓死捍卫国家。他严肃地说，现在我们的国家遭到日本帝国主义的侵略，我们要用双手来保卫她，那就是抗日。如果不抗日——这时他手一松，树倒了，窝摔了，蛋砸了。接着，他高声朗诵他创作的《鸟爱巢》诗：“鸟爱巢，不爱树，树一倒，没住处，你看糊涂不糊涂。人爱家，不爱国，国如亡，家无着，看你怎么去生活。”

冯玉祥用生动形象的比喻、通俗易懂的语言，深入浅出地说明先有国，后有家，才有生命的道理，使民众懂得不抗日就会遭受亡国、亡家、亡命的严重后果。他的演说震撼了全会场。演说完毕，会场内外爆发出雷鸣般的掌声，抗日口号此起彼伏。随后就有多名热血青年报名要求当兵上前线，杀敌卫国。

现在多年过去了，听过当年演讲的人回忆起当时的情景时，仍激动不已。

问题：

1. 冯玉祥的抗日演说为什么多年后仍然令人激动不已？

2. 成功地进行命题演讲应注意哪些问题？

第一节 命题演讲概述

一、命题演讲的定义及分类

命题演讲是根据指定题目或限定的主题，事先做了充分准备的演讲。一般都写好了讲稿并经过精心设计和反复演练，也有不写讲稿，只拟提纲或只准备腹稿的。命题演讲一般具有严谨、稳定、针对性强的特点。

命题演讲大致分为两类：一类是定题演讲，即根据邀请单位或主办单位事先确定的题目进行演讲。这种演讲对主题和内容都做了较严格的限制，例如《我心目中的秘书职业》，就必须谈秘书职业，必须谈个人经历和体会。另一类是自拟题目的演讲，即主办单位只提出演讲的主题要求和范围，题目由演讲者自定。这种演讲的限制虽不及前一种，具有一定的自主性，但演讲的内容同样必须符合主办单位的有关要求。

二、命题演讲的准备

众所周知，1863 年 11 月 19 日林肯在葛底斯堡国家烈士公墓落成典礼上的演讲被尊为英语演讲史上的经典。那么，林肯是怎样成功的呢？

【演讲小故事 3-1】

林肯准备演讲稿

美国总统林肯曾被美国负责葛底斯堡公墓的委员会邀请致辞，林肯为此准备了两个星期。

他首先借来同时要做献辞演讲的全国享有盛名的学者、演讲家爱华·埃弗雷特的原稿，反复思考，甚至照相时都在思考。然后，他抓紧时间思索自己的演讲，甚至在办公室里等待最近战役的报告时，他都在思索。林肯还随身携带演讲稿，稍有空闲便思索、推敲。致辞前夜，他已修改过两三遍了，但他还在继续修改，并请秘书提意见。第二天吃过早饭后，他在去公墓参加典礼的路上，对演讲的内容又做了最后的修改。

经过认真、细致的准备后，林肯的演讲感情真挚，内容集中，文辞朴实，感动了在场的每一位听众，这次演讲大获成功。

可见，巨大的成功与演讲前的精心准备是分不开的。演讲前的准备工作是多方面的。苏联著名演讲家阿普列相在《演讲艺术》一书中指出："真正的演讲家总是一身而三任：既是作者（'剧作家'），又是导演，还是完成自己的演讲、谈话的表演者。"这段话形象地说明了演讲者肩负的职责，也道出了命题演讲的主要工作。命题演讲的准备一般包括研究听众、酝酿构思和试讲演练三个阶段。

（一）研究听众

听众是演讲活动的客体，不了解听众的演讲是无的放矢乱讲一气，是不可能获得成功的。研究听众，就是通过不同渠道设法了解听众的职业、身份、性别、年龄、文化程度、生活阅历、兴趣爱好及现时的心理活动。其目的在于因人制宜，采取令对方喜闻乐见的形式传达自己的思想和主张，有效影响听众的思想和行动。

【演讲小故事 3-2】

竞选班长

某市公共关系培训班的学员们以演讲方式竞选班长。前面发表竞选演讲的十几位学员都是以冷静的风格说明“我当班长要做好哪几项工作”或“我具备了哪些当班长的条件”。台下学员对千篇一律的演讲开始厌烦，有的开始起哄，会场秩序呈现混乱状态。这时，一位男学员大踏步地走上讲台，说：“我——竞选班长！如果我当班长，我将是各位忠实的代表！（掌声）请记住——选我，就是选你们自己！”（热烈的掌声）

点评：这位学员针对听众心理，及时调整演讲角度和风格，运用极富号召力的语句和语调，再辅之以大幅度的态势语言，造成了强烈的现场情绪，取得了较好的效果。

在研究听众时还应特别注意了解听众的意愿要求，有针对性地做好确定主题、选择材料等准备工作。听众参加演讲会的意愿和要求大致有以下几项。

（1）慕名而来。当著名政治家、科学家、演讲家、学者、明星等发表演讲时，往往有大批听众慕名前往。此时听众的主要目的大多是为了一睹名人的风采，一般不太计较演讲水平的高低。同时，由于潜在的崇拜心理，名人的演讲往往能激起异乎寻常的热烈反响。

（2）求知而来。为了获取新的知识和能力，听众会自觉地选择那些满足自己求知欲的演讲，如学术讲座、技术辅导、国外见闻等。如果演讲内容充实、条理清晰，听众一般不会过于挑剔演讲技巧。

（3）解惑而来。听众对自己渴望的演讲话题总是抱着极大的兴趣。如果关系自己的切身利益，听众会十分主动地参与演讲的沟通过程。此时，所要做的是分析听众希望了解的话题和存疑之处。此类听众只要求把演讲内容交代清楚，对演讲者的身份、地位和演讲水平不会有太苛刻的要求。

（4）欣赏而来。此类听众的目的在于欣赏演讲者的表达技巧，在其潜意识中隐藏着对高水平演讲者的崇拜和学习演讲的强烈愿望。面对这样的听众，演讲者要充分展示自己的口才魅力和表达技巧。

（5）被动而来。工作报告、经验交流、各类庆典的会场上，有些听众是由于单位安排或出于礼貌而不得不来的。这类听众对演讲内容不甚关心，心不在焉，反映冷漠。演讲者想征服这类听众，必须掌握高超的演讲技巧。

（二）酝酿构思

不管是自愿还是受命，一旦准备登台演讲，就必然有一个由酝酿到构思的过程，而这一过程的结果就是演讲稿。这一过程包括审定题目，确立主题，收集和选择资料，构思框架，撰写演讲稿。这是一个十分艰难的创作过程。这既是一系列的封闭式的个人劳动，同时又是以社会、听众为背景的艺术创作活动。

（1）审定题目。分两种情形：对规定了题目的演讲，要研究审定题目中的关键词，譬如

《党在我心中》，关键词就有“党”和“我”，既要歌颂中国共产党，又要与我的经历和见闻联系起来；对只限定了大致范围或主题的演讲，要研究审定其切入点，譬如《传承文明，弘扬美德》，要求演讲者只做关于道德文明方面的演讲，演讲者可以自拟题目，也可从不同角度切入和演讲。

审题要把握两个关键点：一是选择角度。角度要新、要适度。新，是相对于同台演讲者而言，尽可能避免与别人的演讲相同或相近，尽可能给人耳目一新的感觉。适度，是相对于自己而言的，太大，驾驭不了，讲不透；太小，容量不够，发挥不好。二是选择自身的优势。1994年，在新加坡举行的第二届全球华语演讲大赛中，印度姑娘鲁巴·沙尔玛一举夺魁。她在复赛和决赛中的演讲分别是《汉学在印度》和《我与汉学》。因为她出生在印度，父母都是高级知识分子，从小又跟父母到了中国，从小学到大学都是在中国上学，她既熟悉印度，又了解中国的文化。因此做这方面的演讲，就特别得心应“口”，也特别能迎合新加坡听众的需求。

（2）确立主题。主题是命题演讲的核心。确立主题应特别注重把握两方面。一是主题要适时，即适合社会的需求，具有时代感；适合听众的需求，考虑听众年龄、职业、文化程度的共享性。二是主题要单一。演讲稍纵即逝，讲得太多、太杂，反而适得其反。正如德国著名演讲家海因兹·雷曼说的：“在一次演讲中，宁可牢牢地敲进一个钉子，也不要松松地按上几十个一拔即出的图钉。”

（3）选择材料。演讲是信息的传播，信息的载体是材料。信息有疏有密，有强有弱。前者表现为量，即材料的多寡；后者表现为质，即材料的优劣。选择材料，就是在具有一定数量的基础上，对材料进行优化组合。组合的依据：一是能恰当地表现主题，二是能满足听众的预期需要，三是真实典型，四是具体新颖。

（4）构思框架。命题演讲的构思包括两个方面：一是构思演讲稿，二是精心设计演讲的现场实施。演讲稿的构思，包括开场白、主体、高潮、结尾，这实际上就是材料的安排与处理；同时也包括思维框架与基本语言形态的选定。精心设计现场实施，实际上构思演讲稿的过程就基本上包含了现场实施的设计。但两者比较，后者更具体，更细化，更具有操作性。这种设计是在演讲稿构思的基础上，进一步琢磨实施过程中的处理与表现，其中包括各种演讲技巧的运用，譬如手势、眼神、声音、应变等。构思在命题演讲过程中是较为重要的一个环节。

（5）撰写讲稿。执笔成文，是上述各个环节总的归宿。命题演讲的成败，取决于演讲稿的优劣。演讲稿必须精心写作，最好是自己动手写稿，保持个人的风格。

（三）试讲演练

试讲演练是命题演讲必经的一个阶段，主要目的是背诵和处理演讲稿、斟酌演讲的技巧应用。有的演讲者以为只要把讲稿记牢背熟就万事大吉了。其实不然，演讲稿中记载的只是演讲的内容和架构，至于演讲的技巧与方法，包括语调、节奏、停顿，体姿、手势、表情、眼神等的设计与应用，演讲稿中却无法体现，这些都需要在试讲演练中细心揣摩，精心处理。在试讲和演练中特别要处理好以下几个问题。

（1）情感基调的把握。或平实，或激昂，或欢快，或悲壮，都要根据稿件内容做相应的处理。自己写的讲稿相对好处理些，别人代写，或者经过别人加工的稿子，就更要仔细琢磨。

如果情感基调把握不准，感情处理不到位甚至错位，再好的稿子也难有好的演讲效果。

（2）语音的处理。由文字转化为语音，一定要经过处理，否则便会在演讲中出现念稿或背稿的现象。演讲既要自然，又要做恰当的艺术处理，否则，便会造成整篇演讲的不协调。

（3）态势的处理。服饰、化妆是事先可以设计好的，而手势、姿势、表情是随着演讲内容与情感的变化而不断改变的，原则上很难做出精确设计。

（四）辅助手段

演讲者在制作 PPT 演示图片时要注意 KISS（Keep It Short and Simple）原则（即简单明了）和 KILL（Keep It Large and Logic）原则（即字体大，内容逻辑性强）。

坚持 KISS 原则，要注意：图表不要成为数据的海洋；不要出现大段的文字、连篇累牍；尽量利用图形、图表，有利于清楚地传递信息；运用饼图、直方图、曲线图，每张胶片不要出现两个以上的图。

坚持 KILL 原则，要注意：演示图片上的字体要较大，如文字一般在 28 号字体以上，32 号比较合适；演示图片的图像、图表要大，能让听众清晰浏览；前后图片之间内容连贯；图片之间衔接有逻辑，不出现思路中断；要多运用逻辑性、总结性图片[1]。

三、演讲者的形象塑造

演讲者的形象是演讲者通过演讲活动所表现出来的形体动作和思想意志的综合特征并给听众留下的突出、集中、深刻的总体印象。因此，演讲者的形象一方面是他的身材、容貌、表情、姿态、手势和动作等给听众的直观印象；一方面是他的思想、意志、观念、智慧、精神和气质等给听众的思辨感觉。这两个方面的有机结合构成了气度不凡的演讲者形象。

演讲者的形象虽然是由这两方面有机结合而构成的，但是后者比前者更为主要，它是演讲者形象构成的主要方面。比如，我们今天已经无法获得闻一多和林肯演讲的直观形象，但是却可以通过表现他们思想、意志、观念、智慧、精神和气质的演讲词体会到关于他们的思辨感觉，并在脑海里构筑起演讲者的形象。有人研究《林肯的第二次就职演说》后，发现那是一个“倡导和平与正义的善良形象”。由此可见，后者是构成演讲者形象的主要方面，不但给听众以第一印象，而且是演讲者总体形象的组成部分。为此，优秀的演讲者对它都十分重视。

（一）演讲者的仪表

仪表，通常是指人的外表。而演讲者的仪表应指经过点缀、修饰和打扮的外表。为此，演讲者的仪表是需要特定设计的。演讲者的仪表是演讲者形象给听众直观印象的重要因素之一，讲究仪表，寻求外在的美，是理所当然的。

首先，讲究仪表是由演讲的目的所决定的。仪表，作为演讲者形象给听众以直观印象的重要因素，是给听众的“第一印象”的主要部分，对于获得听众的好感、尊重和爱戴是至关重要的。所以演讲者对仪表不能不讲究。

其次，人都是按照美的规律打扮自己、改造世界。“爱美之心人皆有之”，每个人都希望在社会活动中展现自己的美，在演讲中这种欲望将更加强烈，演讲者绝不能给听众留下一个

① 杨利平，艾艳红．实用口才训练教程[M]．长沙：湖南人民出版社，2013.

蓬头垢面、不修边幅的印象；同样，听众也决不愿意在眼前晃动着一个邋邋遢遢、衣衫不整的演讲者。只有仪表堂堂才能满足演讲者和听众对美好形象的追求。

再次，演讲者讲究仪表是对听众的尊敬。体现一个人仪表的主要方面是容颜和服装。讲究仪表是提高自信心、增强自尊心的重要途径和手段。女性可以通过化妆突出面部优点，掩饰其瑕疵，美化肌肤和五官，使演讲者更加朝气蓬勃、容光焕发，充满成功的信心。值得注意的是无论服装、饰品还是化妆，最要紧的是和谐、自然、文雅、大方。过分的追求可能弄巧成拙，事与愿违。演讲者着装打扮要注意做到四个一致：一是要和演讲者的思想感情及演讲内容的基调一致。表示喜悦、欢庆内容的演讲最好穿浅色服装，这样会让人心情愉快；而在发表严肃、庄重、哀痛等内容的演讲时应穿深色或黑色的衣服，这样能更好地表达演讲者的情感，烘托气氛；以青春、理想为主题的演讲，则可穿较简洁、时尚些的服装，以传递青春气息和奔放的热情。二是要和肤色、体型、年龄相一致。一般来说，服装不能和自己的肤色反差太大（不过肤色较黑的最好不穿黑色的服装）。稍胖者宜穿深色和竖条的服装，较瘦者宜穿暖色和明度较高的服装，青年宜穿款式活泼（不是奇装异服）和色彩鲜艳些的，中老年人可穿淡雅些的等。三是要和自己的气质、性格及职业相一致。好动的人可借助蓝色增加文静的感觉，沉稳的人可借助浅色增加活力，在特定的情况下，有时可以穿职业装（如民警、税务人员、军人、护士等），以显示自己的身份和对自己工作的热爱。四是要和演讲环境相一致。在建筑工地或救灾一线进行即兴演讲，大可不必换装，带着泥水的工作服要比笔挺的西装更有感染力。

最后，要穿出“和谐统一”的美感来。所谓和谐统一，一是注意服装和鞋子要配套（如不要西服配旅游鞋之类）；二是上装和下装从款式到颜色要和谐；三是装饰物要和服饰及人物身份统一等。

此外，演讲者还要注意恰当选择装饰物。常见的装饰物有围巾、帽子、头饰、耳环、手饰、胸针等，不同体形和肤色、不同的年龄和性别对装饰物要求不一样。各种装饰的佩戴必须符合一定的礼仪规范与佩戴原则，才能达到合理渲染的效果。戴眼镜也是一门艺术。从女性看，方圆型脸应选择窄型眼镜；椭圆型脸，一般眼镜均可。从男性看，圆型脸宜选用长方形镜架，尖型脸最宜戴有锐角型镜架；方型脸选用大方型镜架，这样会产生坚定、沉稳的效果。只要人们切实根据自身特点与实际做出恰当、正确的选择，定会使服饰表现出不同风格的艺术魅力。20 世纪 60 年代初美国总统竞选时，尼克松本来处于优势，但由于他没有注意修饰自己，以憔悴不堪的形象出现在电视屏幕上，结果失去了许多拥护者。而他的竞争对手肯尼迪却服饰整洁、气宇轩昂，以微弱的优势战胜了尼克松，这个结果与肯尼迪的仪表不无关系。

（二）演讲者的举止礼仪

演讲者的举止，即演讲者整个身体的姿态和风度；而礼仪是指演讲者在演讲前后和演讲过程中对听众的礼节。举止与礼仪是演讲者的思想、品格、修养的外在表现，是演讲者风度和形象构成的重要因素。这是演讲前听众就能见到和感到的“第一印象”，所以历来为演讲者所重视。它要求演讲者在演讲过程中的举手投足及细枝末节都要落落大方、得体自然。有人在台上常常不自觉地做出些“小动作”来，背手低头不敢正视听众；用手不住地抻衣角或扭动衣扣；男士用手挠脖子，女士则不住地用手往耳后拨弄本来没有掉下的头发。尤其是忘词时，一些人的举止更是不雅，向旁边的“词托儿”或主持人翻眼求援；耸肩缩脖不知所措；

摆着手连连说“sorry”（对不起）等。因此，作为一名演讲者不论遇到什么情况，都要保持自己高雅得体的形象。具体策略是：以“静”制“动”，即不管演讲的现场情况多糟糕，也要沉着冷静。比如，紧张时做深呼吸，调整心态之后再演讲，中间忘词时可以大大方方地拿起稿子念上一段。当会场纷乱时可以调整自己的语气、语调，或微笑行注目礼，等稍安静后再接着讲。

演讲者在演讲过程中（包括演讲前后），其举止与礼仪应做到潇洒自如、落落大方、彬彬有礼、温文尔雅。因此要注意以下几个方面。

一是进入会场。有人陪同时，听众可能已经坐好；若几个人同时进入会场，不可在门口推托谦让，而应以原有的顺序进入会场。听众如果起立、鼓掌欢迎，演讲者应边走边表示谢意，不可东张西望，更不要止步与熟人打招呼、握手。没有人陪同时，听众可能没有完全入场，要寻找靠近讲台的边坐好。不要在门口观望或等听众坐好后再进场。

二是入座前后。有人陪同，要等陪同人指示座位，并应等待与其他演讲者同时落座，先入而坐有失礼节。如果先进入会场，被主持人发现时给调换座位，应马上服从，按指定座位坐好，并表示谢意。坐好后不要回头或左顾右盼找熟人，更不要主动与别人打招呼，那样显得轻浮。

三是主持人介绍。演讲前主持人常常要向听众介绍演讲者，主持人提到演讲者名字时，演讲者应主动站起来，立直身体，面向听众，并微笑致意，估计听众可以认清后再转身坐下。如果主持人介绍词中介绍了演讲者的成绩或事迹，听众反响强烈，演讲者应再次起身，向听众致谢，并向主持人表示“不敢当”“谢谢”之意。如果反响一般就不必再次致意，否则，多此一举，反而不美。要不要再次表示谢意，应审时度势，当机立断，过频或过分都有失礼节。

四是走上讲台。当主持人提到演讲者名字，演讲者应站起身来，首先向主持人点头致意，然后走向讲台。走路时上身要平稳直立，不躬腰，不腆肚，步伐不疾不徐。目视前方，虚光转弯，面向听众站好，正面扫视全场，仿佛与听众进行一次目光交流，然后以诚恳、恭敬的态度向听众敬礼，稍稍稳定一下后，再开始演讲。注意，有经验的演讲者一定不会一上讲台就马上开讲。

五是站位和目光。站位不但要考虑演讲时活动的方便，更要考虑听众观察演讲者的方便，使听众不论在什么地方都能看清演讲者的演示，方便情感双向交流。要讲究站立的姿势，站姿得当，会显得英姿干练、生气勃勃，给人美感。站姿不当，不但形象不美，而且不利于动作，如果失去平衡造成失态，这是对听众的不敬。目光要兼顾到全场，落到每位听众的脸上，听众仿佛觉得光顾到他，仿佛与每位听众都进行过目光的交流。但是目光又不要总与一个听众的目光相撞、交流。演讲者的目光集中一隅、盯住不放就是对听众的失礼。

六是走下讲台。演讲完毕，要面向听众敬礼，向主持人致意。如果听到掌声，应再次向听众表示谢意，然后下台回到原座位。走路要和上台一样，不要因为“这下可讲完了”或者为了抓紧时间就匆匆忙忙、慌慌张张。这会给听众留下不好的印象，甚至影响下面演讲者的演讲。这就有失礼节，对人不敬。

七是走出会场。演讲全部结束后，演讲者可能由主持人陪同先行退场，听众出于礼貌，或站起身来，或热情鼓掌。这时演讲者要同样热情回报，或鼓掌或招手致意，直至走出会场。如果听众先退出会场，演讲者应起立，面向听众，目送听众。

（三）演讲者的手势和面部表情

在商务演讲中，手势动作的出现，一不要过多，否则会喧宾夺主，分散听众的注意力。二不要过多地重复同一个动作。一个手势动作在演讲的整个过程中最多不能超过三次，否则会引起听众的厌烦心理，从而影响演讲效果。三是手势应当与语言、声音、表情协调一致，自然大方，以赋予手势以悦目赏心的自然美。

波兰著名经济学家格列科夫斯基在研究商务演讲的效果时，通过对 1 945 个典型案例的分析，总结出这样一个公式：商务演讲的效果=15%的言词+34%的音量传动波+47%的面部表情效果+4%的动作效应。从这个分析中我们不难看出演讲者的面部表情对商务演讲效果的重要作用。如何通过演讲者的面部表情有效地表达其丰富的内心世界呢？一般来说，要注意鲜明感、灵敏感的统一。鲜明感是指演讲者的面部表情伴随其演讲的内容而准确、明朗地表现出来。该喜则喜，该悲则悲，该怒则怒，该忧则忧，不能似是而非。灵敏感是指演讲者伴随演讲的内容，能够迅速、敏捷地反映出内在的情感。在演讲中，演讲者的面部表情是通过鲜明感、灵敏感两者的有机统一而表现出来的。眼睛是心灵的窗口。不同的眼神表现着不同的思想感情。眼神坦荡、清澈，表现演讲者为人正直，心胸宽广；眼神狡黠、阴诈，表现演讲者为人虚伪，心胸狭窄；眼光执着，表现演讲者志向高远，信念坚定；眼光浮动，表现演讲者为人轻薄浅陋。因而，一个高明的公共关系演讲者，应善于恰当而巧妙地运用自己的眼睛去辅助有声语言，充分表达自己的感情。

第二节　命题演讲稿的设计

有人做过这样的实验：把用于阅读的一篇优秀文章不加改写地讲给一部分人听，另把一篇引起过轰动效应的演讲，根据录音一字不差地记录下来，把文稿交给另一组人去读，然后收集两组人的评论意见。实验结果是：对优秀的阅读文章，听者觉得修饰词汇太多，很有矫揉造作、卖弄文采之态，有些字眼听起来还不顺耳，引起误解；而那篇让人阅读的演讲稿，读者反映他们体会不到精妙动人之处，甚至有许多用语是废话。这个实验表明：长期以来，适用于听的语言和适用于阅读的语言，在习惯上已出现明显的差异，人们对听的语言和读的语言早就默认了两种不同的要求。由此可见，书面演讲词和书面文章有着区别。同样都是文字表达，二者有什么区别呢？演讲家李燕杰对此有独到见解，他讲："文章是让文字躺在纸上，让读者体会文章作者的思想、感情及其所讲述的道理。若把文章比作无声的影片，那么演讲则可以比作立体声的电影。因此，在'制片'时就应充分考虑视听综合效果，让文字鲜活地'站'在听众面前。"

一、命题演讲稿的特点

命题演讲稿是为适应演讲活动的需要而写作的一种实用文体，与其他文体相比，有以下几个特点。

1. 以情感人

演讲必须以情感人，情感是演讲的生命线。没有人愿意坐上几个小时，就为听演讲者这些空而又空、玄而又玄的大话。这样的大话连演讲者自己都不能感动，又怎么能感动别人呢？所以，精彩讲稿的第一个特点是以情感人，说出自己的心里话，而不是“为赋新词强说愁”。那些虚假的事、夸大的情，只会让人感到做作、别扭。社会交往中待人真诚是第一，说话也是真诚第一。

现在最受欢迎的演讲，就是那种情真意切、以情取胜的演讲。

白居易说“动人心者莫先乎情”，唯有炽热真实的感情，才能使“快者擷髯，愤者扼腕，悲者掩泣，羡者色飞”。美国第一任总统华盛顿的就职演讲是这样开篇的：

参议院和众议院的同胞们：

本月4日收到根据两院指示送达给我的通知。阅悉之余，深感惶恐，我一生饱经忧虑，但过去所经历的任何焦虑均不如今日之甚。一方面，因祖国的召唤，要我再度出山，对祖国的号令，我不能不欣然谨从。然而，退居林下，是我一生向往并已选定的归宿。我曾满怀奢望，也曾下定决心，在退隐之余度过晚年。对此退隐的居所，除喜爱之外，已经习惯；看到自己的健康，因长期操劳，随着时光流逝而日益衰退，这时，对此更感需要和亲切。另一方面，祖国委我以重托，其艰巨与繁难，即使国内最有才智和最有阅历的人士，亦将自感难以胜任，何况我资质鲁钝，又从未担任过政府行政职务，更感德薄能鲜，难当重任。处于此种思想矛盾中，使我一直认真致力于正确估量可能影响我执行任务的每一种情况，以确定我的职责，这是我所断言的……

【演讲视频 3-1】华盛顿就职演说词（中文版）
http://www.tudou.com/programs/view/ji2J-PgmSSk/?union_id=100501_10050001_01&tpa=dW5pb25faWQ9MTAyMjEzXzEwMDAwMV8wMV8wMQ

在场面热烈盛大的就职典礼上，华盛顿说了这样一番并不激昂，甚至有些低调的话，似乎与当时的盛况有些不和谐，但是看得出来，这确实是他的心里话。据当时一家报纸报道，华盛顿在宣誓和演讲时非常“虔诚热情”，很多听众都流下了眼泪，其动人之处正在于他的虔诚。他讲的确实是一个年近60岁的老人受命承担国家命运时自然的思想斗争。恰恰是因为这斗争的激烈，更让人们看到这位总统的爱国热情，这篇讲稿的名字叫《我的热情驱使我这样做》。这个低调的开篇比那些慷慨激昂的宣告感人得多，正是因为他讲的是自己的真心话。

2. 切合场景

演讲者要注意自己的演讲切合具体的场景，并能因势利导，使自己的演讲有力度，这正是创造环境，借东风烧曹船。它往往能取得意想不到的效果。丘吉尔在“二战”阴影笼罩全球时，在一个圣诞节上是这样演讲的：

战争的狂潮虽然在各地奔腾，使我们心惊肉跳，但在今天，每一个家庭都在宁静的、肃穆的气氛里过节。今天晚上，我们可以暂时把恐惧和忧虑抛开、忘记，而为那些可爱的孩子布置一个快乐的晚会。全世界说英语的家庭，今晚都应该变成光明的、和平的使者，使孩子们尽量享受这个良宵，使他们因为得到父母的礼物而高兴，同时使我们自己也能享受这种无牵无挂的乐趣。然后我们担起明年艰苦的任务，以各种代价，使我们的孩子所应继承的产业，不致被敌人破坏。因此，在上帝庇佑之下，我谨祝各位圣诞快乐。

丘吉尔说得多好啊！“使我们的孩子所应继承的产业，不致被敌人破坏。”在一个本是处处洒满圣洁月光的盛大节日，一个本该是和平宁静的节日里，让孩子们快乐，在战争席卷全世界的背景映衬下，这样一种安静、肃穆来得何等艰难！不忘圣诞节的宁静安详，不忘在这样的日子致以希望与祝福，不忘让疲于战争的人们暂时放松，不忘让这么一个盛大的节日不失节日的气氛。但丘吉尔同时也不讳言战争的可怕，让恐怖与安详形成鲜明的对比，让人们更憎恨战争的残酷。多么入情入理！多么扣人心弦！在战争的阴影下，在欢乐的圣诞节日中仍忐忑不安的人们，听了这话能不振奋激动吗？如果在这样的情境中，丘吉尔大呼战争，大呼反抗，大呼“我所能奉献的没有其他，只有热血、辛劳、汗水与眼泪”，这将多么败人兴致、大煞风景呀！但一味地平安祝福，忘了眼前黑暗，又不像一个首相的演讲。他如此巧妙地发表圣诞祝词，尽显一个演讲大师的风度，的确是非常切合时间与场合的，这才是精彩的讲稿。

3. 使用短句

演讲归根结底就是一种说话，而声音转瞬即逝的特点就决定了演讲的语言不能太烦琐、太复杂，因为在演讲当中，听众根本没有时间反复推敲和仔细琢磨。因此，对听众而言，多用长句很容易让听众顾此失彼，即使能勉强理解，也不可避免给他们造成一种疲于追赶的紧张感，时间久了，自然会产生厌倦和疲惫心理，演讲效果必然大大降低。如果多采用短句，则有这几样好处：一是可以让表达更明确，听众不需要努力辨听就能轻而易举地理解演讲内容，感觉轻松；二是短句句式多变，还能采用排比、对偶、顶针、回环等修辞手段化散为整，将短句整合成整句，这样便会让表达更紧凑有力、严密集中。著名的演讲，如林肯的《我们在此立下誓言》(《葛底斯堡的演讲》)、尼克松的《人类历史上最珍贵的一刻》、闻一多的《最后一次演讲》等，都是简洁有力的典型。这里我们来看看 1941 年 12 月 8 日罗斯福在《一个遗臭万年的日子》中是如何运用短句达到自己的演讲目的的。

(日本军队)昨天对夏威夷群岛的进攻，给美国海陆军部队造成了严重的损害。我遗憾地告诉各位，很多美国人丧失了生命。此外，据报，美国船只在旧金山和火奴鲁鲁岛之间的公海上，也遭到了鱼雷的袭击。

昨天，日本政府已发动了对马来西亚的进攻。

昨天，日本政府进攻了中国香港。

昨天，日本政府进攻了菲律宾群岛。

昨天，日本政府进攻了威克岛。

今晨，日本人进攻了中途岛。

【演讲视频 3-2】罗斯福 1941 年对日宣战演说
http://my.tv.sohu.com/us/20051391/69506053.shtml

在这篇著名的演讲中，罗斯福列举了大量的事实，充分说明日本的侵略是蓄谋已久的。用的是短句，但其说服力度绝非长句能比。这一小段演讲词尤其铿锵有力，语感和听觉效果都很不错，排比造成的气势也非同一般。用这样的句式表达愤懑，其愤懑之情溢于言表，很能调动听众情绪。这就是短句得天独厚的优势。

4. 通俗易懂

演讲语言不同于书面语言，演讲是讲给别人听的，讲稿也只是口语的书面文字形式。在写讲稿的时候，必须考虑到听众在现场中不可能有余暇去理解某些生僻的词语和隐晦的意思，更不可能像阅读文章那样进行多次的反复领会，因此必须尽量避免“文绉绉”“掉书袋”，少用复杂的结构句式，少用生僻字，要让人一听就懂。

比如：“体面”与“堂皇”、“驼背”与“佝偻”、“寒冷”与“凛冽”等几组近义词或同义词，每组的后一个词语更书面化，更能体现使用者的文化素养。但在演讲中，用后者不如用前者，否则让听众想上一阵才恍然明白“佝偻”是哪两个字、是什么意思，后面的演讲就更听不过来了，这样的演讲是在给自己帮倒忙、找麻烦。

5. 文体交融

演讲稿是一种特殊的文体，写作时要交融使用各种语体。文章中的记叙文、议论文、说明文，就其主要表达方式来看，有着单一的对应关系。而演讲稿的写作需要运用各种文体的写作规律，综合各种文体的特点于一体。准确地说，演讲稿要具有论文的结构、新闻的真实、散文的选材、小说的语言、诗歌的激情、相声的幽默、戏剧的安排。所谓论文的结构，是指观点与材料的统一，条理清晰井然；所谓新闻的真实，是指所用事实材料必须取于生活中的真情实况，不许虚构；所谓散文的选材，是指发散式选材在演讲中体现得最充分，不受时空局限，皆可为我所用；所谓小说的语言，是指经过加工处理的文学化口语，大量使用修辞手法；所谓诗歌的激情，就是演讲稿或热情奔放，或感情充沛，或深沉悲壮，或严肃冷峻；所谓相声的幽默，就是要活泼有趣、雅俗共赏；所谓戏剧的安排，指内容、结构的编排上有张有弛，跌宕起伏，切忌平铺直叙。

演讲不是纯粹的艺术，而是一种讲究艺术性的现实活动。演讲稿的写作则要让各种可用的艺术都为我所用，各种文体的写作技巧在这里都有用武之地，体现出演讲在艺术上的追求。

6. 选例典型

这个要求可归纳为一种模式："画面+我"。所谓画面，就是通过选讲真实感人的事例，在听众心中所构筑的那一幕幕动人场景和形象。选例具有典型性，一方面是指选何种事例、选多少事例，这要针对演讲主题和现场需求而定，既不能多选，多选有堆砌、讲故事之嫌；也不能少选或不选，否则难以充分说明事理。另一方面，选例还必须具有代表性、时代性。一般来讲，历史的不如现实的，陈旧的不如新近的，陌生的不如熟悉的，书上的不如生活的，而群体的、个体的、伟大的、平凡的、他人的、自己的，凡此种种，则可兼而备之。

二、演讲稿题目的设计

演讲稿由题目、主题、开篇、主体和结尾几个部分构成，把握好演讲稿的题目设计是演讲先声夺人的基础。

演讲的题目是一篇演讲稿的有机组成部分，它与演讲的内容、风格、语调有直接关系。内容决定题目，题目则又鲜明地体现了内容的特点。

（一）演讲题目的作用

一个新颖、生动、恰当而富有吸引力的题目有以下三个作用：一是具有概括性。它能将演讲的主题、内容、目的全面地反映出来。如毛泽东的《反对党八股》《为人民服务》等演讲题目，一讲出来就让人明白内容和主题。二是具有指向性。题目一讲出来，听众就知道你要讲的是哪方面的问题，是政治性的、学术性的、党政军的或是伦理道德的。三是具有选择性。题目能在开讲之前就告诉听众演讲者要讲什么，听众可以据此选择听或不听。

（二）确定演讲题目的原则

（1）积极性。题目要给听众一种希望。一方面，要选择那些光明的、美好的、富有建设性的题目，如《自学可以成才》，听到这个题目，就会给人一种鼓励，去掉失望心理，充满信心地走自学之路；另一方面，要选择乐观的题目，如《癌症终可治》，听了这个题目，就使听众感到有希望。

（2）针对性。这可从三个方面考虑：其一，要针对听众的实际。即选题要考虑听众的思想修养、文化水平、职业特点、阅历等，这样才能有的放矢。其二，要注意自己的身份。即选择与自己所从事的工作性质、专业、知识面接近的题目。因为自己熟悉的东西容易讲深讲透，容易收到预期的效果。其三，要估算好演讲的时间，即按规定的时间选择题目。如果规定的时间长，题目就可大些；时间短，题目就可小些。

（3）新奇性。只有“新”和“奇”，才能吸引听众，干瘪瘪的题目是不受听众关注的。比如《我的祖国》《青春在岗位上闪光》等，听众听完了，恐怕也睡着了。在此，我们不妨看看鲁迅的演讲题目:《老而不死论》《伟大的化石》《老调子已经唱完》《象牙塔与蜗牛庐》，这样新奇的题目怎能不吸引人呢？

（4）情感性。把强烈的爱憎情感注入题目里去，从而打动听众并引起共鸣，使题目对听众有一种情感的导向作用和激发作用。如鲁迅的《流氓与文学》、马克·吐温的《我也是义和团》等，其爱憎情感都是很鲜明的。

（5）生动性。演讲题目生动活泼，就能给人一种亲切感和愉悦感，像前面举例的《老而不死论》《象牙塔与蜗牛庐》等。

当然，题目是否生动活泼要由主题和内容而定。严肃的主题和内容就不宜用活泼的题目，否则，会冲淡和破坏演讲的质量和严肃性。为了确保题目臻于完美，还要注意以下三点：一是不要太冗长。冗长的题目不仅不醒目，而且也不易记，应该尽可能简洁明快。二是不要太深奥。题目太深令人费解，就引不起听众的兴趣。三是不要太空泛。空泛就使人抓不住中心，提不起纲来。如《我自信》《理想篇》等，这样的题目听众根本捕捉不到演讲的范围和内容，也不会愿意听讲。

【拓展阅读 3-1】

切实有效的标题拟定小技巧

A. 用一组令人兴奋的词语，如“用你的服务赢得客户的忠贞不渝”。

B. 用一首流行歌曲的名字作标题，如“爱拼才会赢”。

C. 运用类比，如“真相如同玫瑰一样带着刺：娱乐圈繁华的背后”。

D. 疑问句，如“OEM 到底是馅饼还是陷阱”。

E. 挑衅，如“让任志强与潘石屹休息：我们来合作建房”。

F. 结合最近的某件大事，如“从黄金大崩盘看中国的金融安全”。

三、演讲稿主题的设计

掌握好演讲的主题，犹如掌握好军队的统帅权，有了它，就可以将原来散乱的素材组织成井然有序的演讲稿。

（一）演讲主题的选择

演讲主题要从以下方面进行选择。

（1）选择现实中急需回答的问题。马克思和恩格斯认为：一篇生动的演讲词，究竟能在多大程度上帮助听众弄清社会现实中的复杂现象，并在多大程度上有助于迫在眉睫的社会问题的解决，这是演讲艺术的本质特征。目前在招聘中普遍使用的竞职演讲，就是选择现实中急需回答的问题，其核心的内容就是现在的事、身边的事。

（2）选择自己有真知灼见的主题。纵观古今中外诸多优秀的演讲词，都是演讲者以熟悉而有见地的题材为线索构筑起来的，如古希腊苏格拉底的《泛希腊集会辞》、德摩斯梯尼的《反对腓力》的八篇演讲词、李燕杰的《国家、民族与正气》等。演讲者在确定演讲主题时，要把握的一个重要原则就是“讲自己能讲的，讲自己能讲透的”。

（3）选择“旗帜鲜明”的主题。在这里，“旗帜鲜明”四字有两层意思：一是听众听后，就知道你谈的主题是什么，而不是让听众感到虚无缥缈。二是演讲的主题要鲜明地表现出演讲者的爱憎情感。只要有益于进步的事物，就宣扬、就支持；只要有碍于进步的事物，就抵制、就批评。切不可似是而非，模棱两可，欲说又止，吞吞吐吐。

（4）选择与听众生活密切相关的主题。只有选择与听众生活密切相关的主题，才能更好地抓住听众的心，空泛的理论往往只能让人不知所云。如果发表的演讲只是对事件一知半解的阐述，发表一些无意义的议论，那么即使求助于资料、书刊，甚至课本、名人名言，东拼西凑成一篇冗长的演讲词，同样也是不受欢迎的。只有对听众有意义的主题，对听众有价值的主题，才是受听众欢迎的主题。捷克作家哈谢克的讽刺小说《好兵帅克》中，记录了这样一位天马行空的演讲者——克劳斯上校。他的演讲没有主旨，充满了让人感到乏味的内容。

诸位，我刚才提到那儿有扇窗户，你们都知道窗户是什么东西是吧？一条夹在两条沟之间的路叫公路。对了，诸位，那你们知道什么是沟吗？沟就是一群工人挖出来的凹下去的狭长的坑，是的，那就是沟。沟呢，是用铁锹挖的。那你们知道什么是铁锹吗？铁锹啊，就是铁做的一种工具，我想，不用说大家都知道的，是不是？你们都知道吧？

这样的讲话不仅没有逻辑可言，而且不具有任何意义。与其说是在演讲，不如说是一个思维混乱的人没有穷尽地自言自语。作者借这个虚构的人物暴露了现实中一些演讲者的缺点，值得我们注意。

（二）演讲主题的提炼

如何提炼一个格调高、内涵深、角度新并且有一定美学价值的演讲主题呢？这需要把握以下原则。

（1）突出重点的原则。一篇演讲稿主题太分散，就没有重点，听众自然也就不知道你到底在讲什么。主题太多，企图面面俱到，结果蜻蜓点水，不深不透，就达不到演讲的目的。所以演讲者选择主题，一定要集中，调动演讲的一切手段，紧紧地围绕一个主题，把问题讲清楚、讲透彻，从而使演讲重点突出，才能给听众留下深刻的印象，收到良好的效果。

（2）抓住动机的原则。什么是演讲的“动机”呢？即演讲者在接触生活、素材、题材时，接受到它们许许多多信息（即意蕴）。通过演讲者形象的、逻辑的、灵感的三大思维组成的网络，敏锐地发现和捕捉到一个或几个与主题有联系，或者可以发展、提炼和形成主题的“主题意蕴”，这就是演讲的“动机”。

（3）提炼意境的原则。演讲的意境，是指演讲者主观的“意”与现实生活中的“境”的辩证统一。有了深邃优美的意境，才会使演讲的主题诗意化，产生巨大的艺术魅力。因此，演讲者应善于在现实生活中“捕捉”那些具有诗情画意的情节、细节、场景，通过自己的感受和理解，达到客观与主观的统一，熔铸成深而美的意境，使整个演讲的主题得到升华。

（4）揭示哲理的原则。演讲主题要具有一种深刻的内涵，就必须揭示和凝练生活的哲理，使之贯穿于整个演讲之中，使演讲的主题闪烁着理性的光芒，从而给人以深刻的启迪。

（5）贵在创新的原则。演讲艺术的优劣在于一个“新”字。我们提炼演讲主题要独辟蹊径、别具匠心，把对生活的独特感受、独立思考、独到评价贯穿在整个演讲中，给人以耳目一新之感。

【演讲欣赏 3-1】

追一个女孩子背后的人生哲学

在上大学的时候，我有没有看上过我喜欢的女孩子？我看上过，但是我在上大学时从来没有去追过一个女孩子，为什么？不敢，我一想到要去追一个女孩子，我就先想到我自己。瞧我这副模样，长得那么难看，又是农村家庭出身，成绩也不怎么样，普通话又说得不好，我要是去追，百分之一百被人拒绝。既然被人拒绝，这个面子又没了，我去追她干什么呢？所以在大学，我就只能单相思，到最后什么机会都没有了。但是后来我才明白，你去告诉任何一个女孩子你爱她，哪怕你是个癞蛤蟆，女孩听了也会高兴的。你要知道，多一个人爱她总要比少一个人爱她好。她是不是爱你，那是另外一回事。就算你去追了十次以后，她还不要你，也没关系。我问你一个问题：在追她以前，她属于你吗？她不属于你呀。那追了她以后，最终没答应你，你丢东西了吗？你什么也没有丢。对不对？但是万一她答应了呢？坦率地说，你的收获还不止如此。第一，面对自己想要追求的对象，你学会了放弃自己的面子，你敢于去追求了；第二，在被人拒绝以后，你还能勇敢地去追，你有了坚韧不拔的意志；第三，当你觉得对方无论如何也不会爱上你以后，你放弃了，你收获得更多，你有了放弃的勇气。

（6）画龙点睛。画龙点睛既是演讲艺术的表现手法，更是一种提炼演讲主题的方法。它是在演讲的关键之处采用片言只语，揭示和突出演讲的主题，使演讲具有一种警策作用，更加耐人寻味、发人深省。1775 年 3 月 23 日，美国人佩特瑞克·亨利发表了《在弗吉尼亚州议会上的演说》。他把演讲的主题提炼为“不自由，毋宁死!”的警句，高度浓缩和概括了反对殖民统治、争取自由独立的重大主题，激励了美国人民的爱国热情，振奋了美国人民的斗志，鼓舞了千百万美国人民拿起武器投入争取自由独立的战争。

总之，主题提炼是演讲者形象思维、逻辑思维、灵感思维的结晶，是使演讲形成一个活生生的、统一整体的好方法。很多时候，演讲的时间都是有限的，这就从客观上要求演讲的主题不能过多，篇幅不能过长。如果主题过多，篇幅过长，就会变得不知所云，使听众产生厌烦的情绪，不利于演讲的最初目的。

确立一个好的主题，能够为你赢得阵阵掌声。

【演讲欣赏 3-2】

决战人生

《决战人生》是施瓦辛格作为美国加州州长访华时在清华大学发表的一篇演讲，其中一段是这样说的：

我还记得第一次到美国参加世界健美锦标赛。当时我输了，绝望无比。我就像一个失败者，一个遭受惨败的人。

我哭了，事实上我感到让朋友失望了，也让自己失望了。但第二天，我重整旗鼓，改变了态度，并对自己说：“要吸取教训。”

从那时起，我不断努力，事业也因此飞黄腾达。我实现了自己想做的一切——首先成为健美冠军，接着成为电影明星，后来当上了世界第六经济体——加利福尼亚州的州长。

实现这一切，都是因为我的梦想。即使别人说我的那些梦想都是虚伪而荒唐的，但是我仍然坚持不懈。

在好莱坞，他们曾说："你绝对不可能成功，你一口德国腔。在好莱坞，还没有一个说话带德国腔的人能成功的。饰演一些纳粹角色你倒是可以，但有口音的人想成为主角是不可能的。还有你的体形，一身肌肉，太过发达了！20 年前倒是拍过大力士的影片，不过早过时了。还有你的名字，施瓦辛格，根本不适合上电影海报。算了，你不会成功的。还是回去搞你的健美运动吧！"

其余的都成了往事。演完《终结者》之后，我便成为好莱坞片酬最高的明星，但外界的质疑从未中断过。我竞选州长时还有人说："阿诺，你永远当不上加州州长。你也懂政治？"而我依然参加了竞选。

我相信自己的梦想，其余的都已成明日黄花。我最终当上了州长。因此那些梦想总引导着我不断向前——健美运动给了我信心，电影给了我财富，而给我更大的决心的，是竞选州长的成功，以及因此带来的为公共服务的机会。

【演讲视频 3-3】
施瓦辛格：决战人生
http://v.youku.com/v_show/id_XMTA3MDc1ODcy.html?tpa=dW5pb25faWQ9MTAyMjEzXzEwMDAwMl8wMV8wMQ

点评：《决战人生》是一场被广大网友交口称赞的演讲，一篇思想性、艺术性俱佳的演讲杰作。整个演讲主题非常鲜明，施瓦辛格通过自己现身说法，充分证明有一个积极的人生态度多么重要。施瓦辛格选取了一个他自己感兴趣的主题，并用自己非常熟悉的亲身经历来论证、支持这个主题，逻辑严密，观点鲜明，最终演讲取得了成功。可见，在演讲中确立一个合适的主题至关重要。只有确立好的主题，你才能对演讲的内容有一个全方位的认识，才能更好地把握演讲的内容。

（三）演讲主题的引出

开门见山地抛出演讲主题自然是痛快，但很多时候，因为主题深奥，并不能马上让听众轻松理解，这样就容易导致听众如入云里雾中的结果，致使演讲效果大打折扣。如果能通过一定的技巧，把主题缓缓引出来，不但能让听众看到演讲主题，而且还能够深刻理解演讲主题，就一定能够让听众更好地融入到演讲中。采桑人在其《如何巧妙引出演讲主题》（演讲与口才，2012 年第 14 期）中对此进行了阐述，现录于此，供参考。

（1）数学题引出主题。著名天使投资基金创始人徐小平的演讲《3 个桃与 4 个桃》如下。

用 1 元钱能买两个桃子，用两个桃核能换 1 个桃子。假如你有 1 元钱，能吃到几个桃子呢？当然是 3 个，这连一年级小学生都算得出来。其实不是这样的，你完全可以吃到 4 个桃子。怎么可能吃到 4 个桃子呢？你想啊，当吃完第 3 个桃子后还剩下 1 个桃核，这时可以先向卖主借 1 个桃子，吃完后就有两个桃核了，然后把两个桃核还给卖桃子的人，这样既多吃了一个桃子，又遵守了规则，何乐而不为呢？其实，手上剩下的 1 个桃核，是一个不成熟的条件，因为它仅能换到半个桃子而不能换来 1 个完整的桃子。这个条件看似没用，其实转变一下思路就大有可用。如果我们手上拥有的只是这样不成熟的、看似没用的条件，千万别把它们放弃了。我们可以先采取"借"的方式，借助自己的智慧，借助别人的力量，借助一切有利于不成熟条件成熟起来的因素，让一个不可食用的桃核变成一个美味可口的桃子。我今天要讲的就是创业过程中，如何利用好手中的不成熟条件。

徐小平这次演讲的主题是：如何利用不成熟条件取得创业的成功。但是他并没有平铺直叙地进入主题，而是给听众们出了一道看似很简单的数学题，并通过由 3 个桃到 4 个挑的转化过程，突出了手中不成熟条件的"价值"。这种引出主题的方式新颖别致，给听众眼前一亮的感觉，并使听众对于"不成熟条件"这一抽象的概念有了一个形象的认识。接下来，再从专业角度演讲的时候，就容易为听众所理解了。用一些能够启迪人心的算术题或者小公式引出演讲主题能够调动听众思维，使演讲主题形象直观，值得一试。

【演讲视频 3-4】徐小平：新东方演讲
http://www.tudou.com/programs/view/E9paqs4gjIs/?tpa=dW5pb25faWQ9MTAyMjEzXzEwMDAwMl8wMV8wMQ

（2）用哲理故事引出主题。著名学者易中天的演讲《这是你的理想吗》如下。

一个从小练习芭蕾舞的女孩决定将跳舞作为终身职业。但她很想搞清楚自己是否有这个天分。于是，当一个芭蕾舞团来到女孩居住的城市时，她跑去求见该团团长。女孩说："我想成为最出色的芭蕾舞演员，但我不知道自己是否有这个天分。""你跳一段舞给我看。"团长说。5分钟后，团长打断了女孩，摇了摇头说："不，你没有这个条件！"女孩伤心地回家，把舞鞋扔到箱底后再也没有穿过。后来，她结婚生子，当了超市的服务员。多年后她去看芭蕾舞演出，在剧院出口又碰到了当年的团长。她想起当时的对话，于是给团长看了自己家人的照片，并聊起现在的生活。她说："有一点我始终不明白，你怎么那么快就知道我没有当舞蹈家的天分呢？""哦，你跳舞的时候我几乎没怎么看，我只是对你说了对其他所有人都会说的话。""这真不可饶恕！"她愤怒地叫道，"你这句话毁掉了我的生活，我原本可以成为最出色的芭蕾舞演员的！""我不这么认为。"老团长反驳说，"如果你真的渴望成为一名舞蹈家，你是不会在意我对你所说的话的。"如果是理想就不会轻易放弃，如果轻易放弃了，那就不是你的理想。

【演讲视频 3-5】易中天北大演讲
http://v.youku.com/v_show/id_XNzMzMTI5Nzky.html?tpa=dW5pb25faWQ9MTAyMjEzXzEwMDAwMl8wMV8wMQ

如果这个故事只听前半段，那么错的一定是这个不太负责任的团长，因为他很随意地就毁掉了一个女孩的理想。但是当把整个故事听完的时候，却突然发现，原来，那都是团长的考验：考验女孩是真的把芭蕾舞当成自己的理想，还是只想碰碰运气。而一个碰运气的人是不会有毅力取得真正的成功的。这样的"奇峰突起"正是哲理故事的魅力所在。这个精彩的哲理故事引导人们思考自己的理想到底是什么，同时也融入了易中天的演讲主题"什么是理想"。用哲理故事引出的演讲主题，能够引发听众的深深思索，从而以最快的速度融入到演讲中。

（四）演讲主题的深化

演讲的主题是通过演讲材料的有机整合，采取相应的方式方法而渐进深化的。它们或以情节发展为线索，通过对事件结果的理性提升得以深化；或以分析说理为线索，在分析对比中演绎归纳，从而凸显主题；或以情感推进为线索，在感情的积聚过程中得以强化。演讲中，若可以对材料的本质内涵加以分析、概括、提炼、延伸，并通过富于理性色彩的语言点拨、渲染，便可将听众的思维引向一个更深邃、更崇高的境界，使演讲主题得以深化和升华，达到一个演讲的高潮。演讲无论怎样深化，都有一个渐进的过程，主题逐步深化，直抵听众心底，从而达到预期的演讲效果。

（1）由典型事件扩展开来，引领听众思考深化主题。罗宽海在其题为《"人"的教育》的演讲中就是采用这种方法深化演讲主题的。

首先说一件令人痛心的事件。前不久，一个高一的学生跳楼自杀了。他在初中时是学校里的佼佼者，到了高中，佼佼者多了，他考了一次班级倒数第二，无法接受现实而选择了自杀。一朵绚丽的生命之花瞬间凋谢，实在可悲可叹。可更令人难过的是，学校紧急召开家长会，让家长告诉孩子成绩并不那么重要。不料，一个孩子竟然反问道："妈妈，成绩不重要，那我还去学校干什么？"成绩，真的成了学生的命根，这实在是教育的悲哀！事后，我就在想，一所学校到底要教给学生什么？最近，读过洛克的《教育漫话》之后，我才明白真正有价值的是对一个人的精神品质的培养、礼仪教育、求生的能力、思考习惯等一辈子终身受益的东西。我渴望每一所学校，把读一些有用的书，把培养良好的读书习惯当作大事情来做，让阅读促进精神的成长；我渴望每一所学校，把培养学生的求生技能作为一件大事来抓，一旦灾难来临，能熟练地运用生存技能，保存鲜活的生命；我渴望每一所学校，把学生的修养放在教育的最高位置，让优雅的言谈举止、流利而有感染力的演说能力、关心民间疾苦的胸怀、积极参与社会活动的热情、懂得与人相处的基本法则，来成就人生长久的快乐。一言以蔽之，学校的教育，应该是人的教育，人的发展永远是第一位的。

演讲者选取令人痛心的"高一学生自杀事件"作为一个点，通过另一学生"成绩不重要……干什么"这句话，道出了学校教育唯"分数"的触目惊心的事实。通过这个点，演讲者又引领听众思考：我们到底需要什么样的教育？由点向面扩展，喊出学校要把"培养良好的读书习惯当作大事情来做"，要把"培养学生的求生技能作为一件大事来抓"，要把"学生的修养放在教育的最高位置"，得出"学校的教育，应该是人的教育"的结论。最终使演讲主题得到了深化和升华。

（2）从感性到理性，在情节发展中深化主题。俞敏洪在其题为《越过心中的铁丝网》的演讲中就是用此法深化主题的。

我们来到科尔沁草原，草原风景美不胜收。从山脚下爬到山坡上，会看到更加辽阔的草原。但我们被路边的一道铁丝网拦住了去路。铁丝网不是很结实，也不高。稍微使点劲，就能从上面跨过去；把中间的两根铁丝往上下一拉，也能从拉开的洞里钻过去。有人说："呀，有一张铁丝网，过不去了。"我犹豫了一下说："没事，我们可以钻过去。"但马上有人说："钻过去是不守规矩的行为，而且，还会被铁丝钩住衣服。"我从小在农村长大，知道这样的铁丝网一般不是用来挡人的，突破了不会产生什么严重后果。我走向铁丝网，向下一压就跨过去了。其他人犹犹豫豫，发现我跨过去之后什么也没有发生，才一个个跨过来。其实，我们生命的成长也是如此。因为习俗、传统、习惯等的限制，我们在潜意识中逐渐养成了"不突破界限"的习惯，而这种习惯慢慢就成为制约我们发展的重大障碍，使我们陷入不敢突破、无能为力的境况中。实际上，不是我们无法突破，而是被心中的铁丝网挡住了。所以，面对障碍，我们应该善于思考、勇于跨越，越过心里的铁丝网，才能看到更美的风景，创造自己更精彩的世界！

最初，演讲者先交代大家想看"更加辽阔的草原"而攀爬山坡，却被并不结实也不很高的铁丝网挡住的事实。接着讲述在铁丝网面前，习惯性思维停滞了大家的脚步。最后在"我"的带领下，才一个个地跨过铁丝网。铁丝网本身挡不住人，为何大家被挡住呢？并不是客观的障碍难以跨越，而是来自于心灵的顽固性习惯的束缚。至此，演讲者按照事情情节的发展，透过事物本身的表象，从个别到一般，从感性到理性，水到渠成地深化了"善于思考、勇于跨越"这个主题。

（3）由"个别"引申到普通，以理服人深化主题。俞敏洪在其题为《成功是"逼"出来的》演讲中，就是用这种方法深化演讲主题的。

每个月为公司的杂志写一篇卷首，本来不难。但每次编辑部向我索稿时，我都惊慌失措，因为我无比繁忙，从来都没能把稿件预先准备好。所以，暗暗"仇恨"编辑部的人总是在最后几天这样"逼"

我交稿，让我本来可以轻松的几天变得心情沉重、食不甘味。然而，就是在这样一次次被“逼”之下，一篇篇卷首语被“逼”了出来，几年后居然结集出版了几本书，心中免不了产生一点成就感。中国正在日益变得强大，这强大也是被“逼”出来的。想一想清朝前期，我们眼中除了中国没有世界。结果，鸦片战争惨败，国人这才发现自己成了挨打的对象。100 多年，在羞辱和悲愤中，国人开始奋发图强。到今天，我们终于看到了一点曙光，赢得了一点民族的尊严和别国的尊敬。也许，我们应该“感谢”那些曾经欺负过我们的国家和强盗，是他们让我们清醒地意识到了“落后就要挨打”的真理。成功从来都不是唾手可得的。如果我们觉得在被“逼”着做某些事情时，不必为此感到无奈或懊恼，因为这些事情从长远来看也许不是坏事。适当的逼迫能够把我们的惰性“逼”走，把我们的平庸“逼”走，把我们的勇气“逼”出来，把我们的前途“逼”出来，也把我们的成就感和幸福感“逼”出来。

【演讲视频 3-6】俞敏洪浙大演讲：心若不死，就有未来 http://v.youku.com/v_show/id_XMTU5MjI2ODU3Ng==.html?tpa=dW5pb25faWQ9MTAyMjEzXzEwMDAwMl8wMV8wMQ

在演讲中，有时也可用某一典型事件或现象作为媒介来加以引申，联系到另一类相关事件或事理，以此来升华演讲的主题。这里，演讲者首先讲述自己遭遇编辑的“逼”，结果是被逼出了几本书。由此，联系到中国被列强“逼”得越来越强大的事实，进一步说出了“逼”的作用。最后，演讲者将前面这些“个别”引申到普通，由此及彼，得出了“成功是逼出来的”这个观点，主题自然也得到了深化。

四、演讲稿开篇的设计

开场道白，如同乐器定调，这个调定得如何，将决定全部演奏的成败。演讲的开场白是演讲者与听众之间的第一座桥梁，是演讲者给听众留下的第一印象。演讲成功与否，开场白往往起关键作用。如果演讲者的开场白能像凤凰之冠那样引人入胜、扣人心弦，就会取得旗开得胜的效果。所以，开头要精心设计，造成一种气氛，务求三言两语即能抓住听众，先声夺人。

（一）开篇的作用

俗话说：“万事开头难。”演讲稿也是如此，而且不论任何形式的演讲，开头总是关键的。在演讲开始后的几分钟或者几秒钟内，听众通常会决定是否接受演讲，是否听下去。有趣的是，准备演讲从来不是从开头入手，而是应当先确立演讲的目的，然后围绕题目收集材料，并将材料加以组织整理，最后要做的才是着手准备开头，只有这样才能更好地选择正确而恰当的开头方式。那么，应当怎样做好演讲的开头呢？在写演讲稿的开头时，需注意以下要点。

1. 吸引听众的注意力

演讲开头成败的关键，在于能否吸引并集中听众的注意力。演讲时获取听众注意力的方式随题材、听众和场景的不同而改变。一般可以运用事例、逸闻、经历、反诘、引言、幽默等手段达到目的。

麦克米兰石油公司副总裁迈克斯·艾萨克松在一次演讲的开头中，便运用了引言和反诘的方法来吸引听众。

我们都知道，演讲是件很难的事，但是请听听月尼尔·韦伯斯是怎么说的吧：“如果有人要拿走我所有的财富而只剩下一样，那么我会选择口才，因为有了它，我不久便可以拥有其他一切财富。”

2. 解释关键术语

如果演讲的成功与否取决于听众能否理解演讲中的某些术语或概念,那么在演讲开头时,对关键术语加以解释，就显得格外重要了。

一位公司副总裁在就记者招待会的用途发表演讲时，就很好地运用了这一技巧。

公共关系，简单地说，就是指“与公众的关系”，即任何涉及公司或个人的关系。它的主要目的就是有效利用媒体——最常见的是书面形式——为公司谋取最佳印象或形象。

3. 提供背景知识

演讲时，演讲者应当使自己被认为是专家或权威。因此，如果听众对演讲的主题不熟悉或是知之甚少，那么很有必要在开头部分对听众讲述与主题有关的背景知识，它们不仅是听众理解演讲所必要的，而且也可以体现出主题的重要性。

美国空军少将鲁弗斯·L. 比拉普斯在夏努特空军基地的一次宴会上演讲时，就对“黑人遗产周”的有关背景知识及其对美国空军的重要性作了介绍。

我很高兴来到此地，同时我也很感谢应邀和在座各位讨论有关美国黑人问题。为保持和增进民族间的理解，美国各州又开始纪念“黑人遗产周”。在夏努特空军基地，我们庆祝它，则可以对美国空军进行完整无缺的教育。我们民族的主旋律是：“黑人历史，未来的火炬。”这个已成为美国人民生活一部分的纪念活动，是弗吉尼亚州纽坎顿市卡特·G. 伍德森最先提出并计划的，他现在被誉为美国“黑人历史之父”。伍德森先生于 1915 年成立了“美国黑人生活和历史协会”。后来，他又于 1926 年发起了“黑人遗产周”纪念活动……

4. 阐述演讲结构

演讲时，应当利用开头部分对演讲内容加以概述，让听众了解演讲的中心思想和结构。特别是当演讲的主题很复杂，或是专业性较强，或是需要论证几个观点时，这样做就能使演讲显得清楚而易于理解。

汉诺威信托制造公司的主席及总裁约翰·F. 麦克基里卡迪在一次演讲的开头中，就很明了地陈述了他演讲的结构及范围。

女士们、先生们，晚上好!

我很荣幸应科里主任的邀请，来参加这个在我国很有权威的商业论坛，在见解上，它可以与底特律和纽约的经济俱乐部相提并论。

首先，我们对最近的国内经济形势加以展望。我认为，它并非人们有时所想象的那样严峻。

其次，谈谈近期欧佩克的经济增长对国际经济增长的影响——对包括我们自己在内的许多国家来说是件痛苦的事，但又是完全有办法应付的。

再次，对总统的能源建议作几点评论，我认为它既令人鼓舞，又令人失望。

最后，我将就演讲逐渐成为一种时尚和必要的现象，以及美国的现状谈一点个人看法。

5. 说明演讲目的

在大多数情况下，演讲的开头应揭示出演讲的目的。如果做不到这一点，那么听众要么会对演讲失去兴趣，要么会误解演讲的目的，甚至会怀疑演讲者的动机。

美国快递公司主席詹姆斯·鲁宾逊三世在短短的 15 秒内，便把他的演讲目的陈述给了听众。

女士们、先生们，早上好。

谢谢大家给予我这个露面的机会。美国广告联盟是美国传播工业的一个重要组成部分。当前，美国传播工业还面临许多问题，而重担则落在大家的肩上。我今天演讲的目的，便是就这些问题及它们呈现出的挑战，谈谈我的看法。

6. 激发听众的兴趣

从本质上说，听众是很自私的，他们只是在感到能从演讲中有所收获时，才专心去听演讲。演讲的开头，应当回答听众心中的“我为什么要听？”这一问题。

在对美国会计协会罗切斯特分会的一次演讲中，演讲顾问唐纳德·罗杰斯通过表达他对听众需要的关心，来激发起他们的兴趣。

我今晚要演讲的题目是“信息的透露”。确定这个题目之前，我先是查阅了本地的会计年鉴分册和全国会计协会的学术专刊，然后又询问了我的同事亚历克斯·莱文斯顿和戴夫·汉森：“今晚来听演讲的人都有哪些？他们希望我讲什么？”

他们告诉我，在座的各位都是些很热心的人，希望我的演讲有趣而富有启发性。因此，我将告诉大家一些有用的知识，我也同时希望我的演讲简明扼要，并留给大家一定的提问时间。

7. 获得听众的信任

有时候，听众可能会对演讲者的动机发出疑问，或是与演讲者持相反的观点。在诸如此类的场合——特别是想改变听众的观点或行为时，要使演讲成功，就需要建立或是提高听众对演讲者的信任感。对于这个问题，应注意下面几条建议：一是承认分歧的存在，但是着重强调共同的观点和目标；二是对那些连演讲还没有听，就对演讲者的名声和所作所为进行攻击的行为给以驳斥；三是否认演讲的动机是自私和个人的；四是唤起听众的公道意识，让他们仔细地去听演讲。

（二）开篇的方式

演讲的开头是不拘一格、活灵活现的，因时、因地、因人而有所不同。正如一个乐队的演奏，既可以用嘹亮激昂的号角开端，又可以用轻柔舒缓的提琴声作为开端。只要能打动听众的心，使他们产生“继续听下去”的强烈愿望，使其感到不是“要我听”而是“我要听”，那么这个开头就应该认为是成功的。这里介绍几种演讲常见的较受欢迎的开头方式。

1. 开门见山式

这是一种最常见的成功的方式。演讲一开始就把“问题”提出来，或把自己的观点亮出来，做到鲜明突出、引人入胜。例如一篇标题为《艰苦奋斗的传统不能丢》演讲稿的开头是这样设计的：

一段时间以来，我一直被一个问题困扰着，现在日子过好了，吃穿住用都不用发愁了，作为革命传统的艰苦奋斗精神还有没有发扬的必要呢？

这样开头，开门见山。随着疑问的提出，听众也跟着思考起来，同时又希望听到你的看法。

又如某学生的演讲稿《生命的价值在于奉献》的开头：

生命的价值究竟是什么？是追求金钱？还是追求远大的理想？为人还是为己？

这种开头很容易抓住听众，从而引导听众“听”个究竟。在运用这种方法时，一定要先清晰地把握演讲的中心，把自己要讲的中心问题向听众表达出来，使听众一听就知道你演讲的中心是什么，注意力马上集中起来。

【演讲欣赏 3-3】

刘少奇的开场白

1944 年 5 月 20 日，刘少奇《在陕甘宁边区工厂代表会议上的讲话》是这样作开场白的：

我们陕甘宁边区最近几年搞起来一件新的东西，这就是工业。我们今天的工业规模虽然还很小，但这几年的发展是惊人的。1935 年时，这里只有几十个人的一个修理厂，而现在则已经有一万多工人了。这次会议，相信会有更快更大的发展。

这里没有一句大话、套话、空话，也没有一句打官腔的话，而是开门见山，单刀直入，用三言两语摆出自己的观点，讲实事，讲大家亲身经历并关心的事，一开场就揭示了演讲的主题内容。

2. 故事导入式

巧妙地借用新鲜而有趣的小故事，以生动形象的材料，将自己的思想观点不动声色地溶入到故事中，引出一个话题，把听众引入一种“佳境”，起到“随风潜入夜，润物细无声”的作用，往往能收到事半功倍的效果。

如讲关于教育孩子独立生活能力的相关话题，就可以引用这样的故事作为演讲开场白：

今日某报纸披露了这样一个事实：一个四年级的小学生，每天要带由父母亲剥光了壳的鸡蛋到学校吃。有一次，父母忘了给鸡蛋剥壳，差点憋坏了孩子。他对着鸡蛋左瞅右看，不知如何下口。结果只好带回鸡蛋去问父母。母亲十分吃惊地问他怎么不把鸡蛋吃了，他的回答很简单：“没有缝，怎么吃呢？”

故事导入式开场白要求故事短小精悍，有细节和主要人物，有意味，促人深思，并与演讲内容有关。但要注意摒弃复杂的情节和冗长的语言，不然就成了故事会。这里还要求演讲者平时要注意积累关于责任、励志、成功、感恩、执行力、友谊等各类故事。

以下两名学生的演讲就成功地运用了这种开场白。一篇演讲稿《珍爱青春，远离网瘾》这样开头：

大家好！我先给大家讲个故事：蜘蛛向空中一只年轻的蚊子热情打招呼：“小伙子，到我家里歇歇吧。”蚊子说：“别骗人了，谁不知道那是个要命的陷阱。”蜘蛛说：“如今我开网吧了，真叫过瘾，有的‘客人’玩通宵，你快来试试吧。”蚊子听了这话，调回头，一头便扎了进去……

文章的作者用一个蜘蛛和蚊子对话的有趣故事来开头，巧妙地进入了“网络”话题的演讲，说明网络就像蜘蛛拉开的一张张网，延伸到了社会生活的各个角落。听众会自然地想到了与网吧有关的事宜，听众就会沿着你的演讲思路听下去。

另一篇演讲稿《养成一种良好的学习习惯》的开头是：

什么叫习惯呢？先请同学们听一个小事：在印度和泰国随处可见这样的场景：一根小小的柱子，一截细细的链子，拴得住一头几千斤重的大象。那些驯象人，在大象还是小象的时候就用一条铁链把它绑在水泥柱或钢柱上，无论小象怎么挣都无法挣脱。小象渐渐地习惯了不挣扎，直到长成了大象，可以轻而易举地挣脱链子时，也不再挣扎。小象是被链子绑住，而大象则是被习惯绑住。

这个故事讲得很有趣，使听众对“习惯”有了一个全新的认识：“习惯真是一种顽强而巨大的力量，它可以主宰人的一生，因此，我们从幼年起就应该通过教育培养一种良好的习惯。”有了这种认识，听众肯定会认真听你演讲，相信效果一定错不了。

【演讲小故事 3-3】

钱钟书在日本早稻田大学的演讲开场白

被中国学界视为“文化昆仑”，学贯中西的一代学问大家钱钟书先生，在 1980 年 11 月 28 日的日本早稻田大学文学教授恳谈会上，谦虚地做了演讲开场白。

大才子钱钟书幽默地讲了个意大利笑话：有个穷乡僻壤的土包子，一天在路上走，忽然下起小雨来了。他凑巧拿了一根木棍子和一块方布，还算急中生智，用木棍顶住方布，遮住头顶，回到家后居然没有被淋成落汤鸡。高兴之余，他觉得自己应该把这一发明公诸于世。他听说城里有个“发明专利局”，就兴冲冲地拿棍连着布，赶到城里，到发明专利局去报告和表演自己的发明创造。专利局的工作人员听他说明来意，哈哈大笑，拿出一把雨伞，让他看个仔细。

钱钟书说，自己今天来日本讲学，就仿佛那个上注册局申请发明专利的乡巴佬，孤陋寡闻，没见识过雨伞。在找不到躲雨的地方的时候，只能用根木棍撑着块布，来自力应急了。

（资料来源：王文静. 钱钟书在日本早稻田大学的演讲开场白.问世月刊，2013（11）.）

3. 设问祈使式

在演讲开场抛出恰当的问题，引起听众的好奇心，并让听众进入思考，将演讲的主题更加紧密地与听众互动起来。可以通过提出与中心思想相关的问题来使听众投入你的开场白。如演讲者可以根据演讲内容设定问题：“我问个问题：2+2=？”当问出此问题时，大部分人不会直接回答 4，多数人会认为其中有诈，关注度就会提升。当有人回答 4 时，可追问还有没有其他答案。最后总结为，在现实中，有时 2+2 不等于 4，甚至小于 4。比如有的公司 4 个部门的力量放在一起，可能只剩下 2 个部门甚至更少；但有的公司 2 个部门相加的结果等于 8 个、16 个，甚至产生更多的价值。“各位，今天我们讲的题目是团队绩效”。

又如《演讲与口才》2001 年第 8 期刊登过一篇题为《与党一起同行》的演讲词，它的开场白是这样的：

朋友们：当我们泛舟西湖引吭高歌，一览祖国壮丽风光勃勃生机时，您是否还记得 80 年前嘉兴南湖上的那条诞生了我们党的小船？当我们觥筹交错莺歌燕舞躺在祖国温暖有力的怀抱中时，您是否还记得那群唱着“红米饭啊南瓜汤”的可爱人们？

一连两个提问，吸引了听众的注意力，从而让大家带着思考全神贯注地倾听接下来的演讲。

设问祈使式开场要注意问题不能过于简单，过于简单地进行提问是有风险的，听众很可能并没有做好思考的准备，达不到预期效果。

4. 即景生情式

一上台就开始正正经经地演讲，会给人生硬突兀的感觉，让听众难以接受。不妨以眼前的人、事、景为话题，引申开去，把听众不知不觉地引入演讲之中。可以谈会场的布置，谈当时的天气，谈此时的心情，谈某个与会者形象……例如，你可以说：

我刚才发现在座的一位同志非常面熟，好像我的一位朋友。走近一看，又不是。但是我想这没关系，我们在此已经相识，今后不就可以成为朋友了吗？我今天要讲的，就是作为大家的一个朋友的一点儿个人的想法。

根据现场氛围调动灵感，即兴发挥，一下子抓住了听众。1935 年 3 月 7 日，著名作家高尔基应邀在苏联作家理事会第二次全体会议上讲话。当代表们听到高尔基的名字时，报以长时间的热烈鼓掌和欢呼。高尔基立刻改变原来的开场白，风趣地说道：

如果把花在鼓掌上面的全部时间计算起来，时间就浪费得太多了。

这样的开场白既谦逊又幽默，立刻引来台下的一片笑声，精彩的演讲就这样开始了。

1863 年，美国葛底斯堡国家烈士公墓竣工。落成典礼那天，前国务卿埃弗雷特站在主席台上，只见人群、麦田、牧场、果园、连绵的丘陵和高原的山峰历历在目，他心潮起伏、感慨万千，立即改变了原先想好的开头，从此情此景谈起：

站在明净的长天之下，从这片经过人们常年耕耘而今已安静憩息的辽阔田野放眼望去，那雄伟的阿勒格尼山隐隐约约地耸立在我们的前方，兄弟们的坟墓就在我们的脚下，我真不敢用我这微不足道的声音打破上帝和大自然所安排的这意味着无穷的平静。但是我必须完成你们交给我的责任，我乞求你们，乞求你们的宽容和同情……

这段开场白语言优美、节奏舒缓、感情深沉，人、景、物、情是那么完美、那么自然地融合在一起。据记载，当埃弗雷特刚刚讲完这句话时，不少听众已泪水盈眶。

即景生情不是故意绕圈子，不能离题万里、漫无边际地东拉西扯，否则会冲淡主题，也使听众感到倦怠和不耐烦。演讲者必须心中有数，还应注意渲染的内容必须与主题相互辉映、浑然一体。

5. 诙谐幽默式

演讲时用幽默法导入，不仅能够较好地表现演讲者的智慧和才华，而且使听众能在轻松愉快的气氛中自觉不自觉地进入角色，接受演讲的内容。同时，在幽默趣味的开场中，不时发出一种与导入语的语感、语义十分和谐的笑声，这轻松的一笑，不仅给人以美的感受，而且能沟通双方的感情。大家都知道李敖文笔不凡，但却不知道他的口才也同样了得。他思维敏捷，词锋犀利，却又不乏幽默狡黠，诙谐之处每每让人捧腹。

2005 年 9 月 21 日，李敖到北大演讲，他的整场演讲都幽默风趣，让人捧腹。他的开场白是这样的：

你们终于看到我了。我今天准备了一些"金刚怒目"的话，也有一些"菩萨低眉"的话，但你们这么热情，我应该说菩萨话多一些（掌声，笑声）。演讲最害怕四种人：一种是根本不来听演讲的；一种是听了一半去厕所的，一种是去厕所不回来的，一种是听演讲不鼓掌的。（李敖话音未落，场内已是一片掌声）

当年克林顿、连战等来北大演讲时，是走红地毯进入的。我在进门前也问道："我是否有红地毯？"校方说："没有，因为北大把你的演讲当作学术演讲，就不铺红地毯了。"如果我讲得好，就是学术演讲；若讲得不好，讲一半再铺红地毯也来得及。（听众席爆发出了雷鸣般的掌声）

【演讲视频 3-7】
李敖北大演讲
http://www.56.com/u38/v_Mjc3MDYxMjM.html

很多演讲者都喜欢在开场时先恭维一下在场的听众，赚点人气。李敖却不落窠臼，来了个"反弹琵琶"，不说客套话，首句便以"你们终于看到我了"来打趣听众，暗含潜台词"你们有机会见到我李敖应该很高兴"，充满谐趣且匠心独运。紧接着，他用"金刚怒目"与"菩萨低眉"来形容自己的话语，诙谐之处令人捧腹。然后，他趣谈演讲最害怕的四种人，实则在变相向听众"讨要"掌声，可谓妙到极至。李敖接着拿"红地毯"说事，"如果我讲得好，就是学术演讲；若讲得不好，讲一半再铺红地毯也来得及"，这句幽默话一语双关，既自矜于高超的演讲水平，又顺便戏谑了克林顿、连战的演讲水平不及自己，中国"台湾文坛第一狂人"的形象一展无遗。如此妙趣横生的开场白，自然能收获听众的满堂彩了。

又如一位同学在竞选班干部时的演讲是这样开头的：

大家好！先自我介绍一下：我叫梁丽叶，与梁山伯同姓，和朱丽叶同名。大家可能会莞尔一笑："哟，好一个中外合资的名字！"爸爸对我说，叶子很平凡，但美丽的叶子却不多，起这个名字是寄希望我出平凡于不平凡之中，自己创家立业。这名字就代表我的志向、我的作风、我的追求。

这个幽默的演讲开场白，能使听众在轻松愉快之中很快进入演讲接受者的角色。

【演讲小故事 3-4】

周恩来的幽默开场白

1965 年 11 月，美国友人安娜·路易斯·斯特朗女士在中国庆祝她的 80 寿辰，周恩来总理特意在上海展览馆大厅举行了盛大的祝寿宴会。周总理的开场白是：

今天，我们为我们的好朋友、美国女作家安娜·路易斯·斯特朗女士庆贺“40 公岁”诞辰（参加宴会的祝寿者对“40 公岁”这个新名词感到纳闷不解）。在中国，“公”字是紧跟它的量词的两倍。40 公斤等于 80 斤，40 公岁就等于 80 岁。

周总理巧妙的解释在几百位祝寿者中激起了一阵欢笑，斯特朗女士也高兴得流下了眼泪。

幽默式开场白切忌低级庸俗的笑话或粗俗的语言。例如，一位基层干部给青年工人做形势报告：

今天，我给大家吹吹形势问题。形势怎么样？那是秃子头上的虱子——明摆着的事情。哪个瞎了眼的狗日的敢说不好？可是，有些家伙就说不好。他成天屁事不想干，光想往腰包里搂票子。猪肉都不想吃了，想吃个蛇呀、鱼呀、王八蛋一类的东西。抽烟抽的是带屁股的，还要什么“三个五”呀（三五牌）、“万个宝”呀（万宝路牌）的。喝茶是龙井、虎井的，那狗井、猫井就不能喝呀？还成天骂娘！你这端起碗吃肉、放下筷子骂娘的没有良心的家伙。

这位干部的演讲立意没有错，也激起了听众一阵阵的大笑，但这种笑声恰恰是听众对演讲者庸俗粗鄙的语言的嘲笑。这种所谓的“诙谐幽默”，不仅损坏了演讲主题的价值，也贬低了演讲者在听众心目中的人格形象①。

【演讲小故事 3-5】

陈毅的幽默开场白

用幽默的语言和动作，或者用轶闻趣事作开场白，创造出一种轻松、和谐、积极的氛围。这种方式能很快获得听众的接纳与信赖，有时还会产生意想不到的效果。据说 20 世纪 50 年代初，当时担任上海市市长的陈毅应邀到一个单位作报告。他见讲台上摆着许多鲜花和水果，就走上讲台把花瓶和果盆撤了，然后幽默风趣地说：“我这个人作报告很容易激动。一激动起来就会手舞足蹈，这花瓶放在台上有点碍手碍脚，说不定就被我不小心碰翻砸碎了，我这个供给制市长还赔不起呢！”几句幽默风趣的话逗得场上一片笑声，缩小了演讲者（市长）与听众（群众）之间的距离，气氛很快活跃了起来。

6. 制造悬念式

人们都有好奇的天性，一旦有了疑虑，非得探明究竟不可。为了激发起听众的强烈兴趣，可以使用悬念手法。在开场白中制造悬念，往往会收到奇效。

制造悬念不是故弄玄虚，既不能频频使用，也不能悬而不解。在适当的时候应解开悬念，使听众的好奇心得到满足，而且也使前后内容互相照应，结构浑然一体。比如，有位教师举办讲座，这时会场秩序比较混乱，学生对讲座不感兴趣，老师转身在黑板上写了一首诗：“月黑雁飞高，单于夜遁逃。欲将轻骑逐，大雪满弓刀。”写完后他说：

这是一首有名的唐诗，广为流传，又选进了中学课本。大家都说写得好，我却认为它有点问题。问题在哪里呢？等会儿我们再谈。今天，我要讲的题目是《读书与质疑》……

① http://blog.tianya.cn/post-4668236-50670429-1.shtml.

这时全场鸦雀无声，学生的胃口被吊了起来。演讲即将结束时，老师说：

这首诗的问题出在哪里呢？不合常理。既是月黑之夜，怎么看得见雁飞？既是严寒季节，北方哪有大雁……

这样首尾呼应，能加深听众印象，强化演讲内容，令人回味无穷。

人们都有好奇心理，对于未知的东西有一个探索未知的冲动，这是人的一种本性。在演讲中利用悬念吸引听众一般有语言悬念和实物悬念两种类型。

一是语言悬念。一开口就出其不意，独辟蹊径，才能引人入胜，激起听众的好奇心。例如，有一个年轻貌美的女士在一次演讲中第一句就说道："昨天我险些脱掉裙子。"此言一出，在场的听众人人大吃一惊，急欲知道这是怎么一回事。她接着说道：

当我昨天在厨房做事时，我那念小学三年级和一年级的两个儿子在隔壁房间吵了起来，他们两兄弟似乎吵得很凶，口出恶言。首先小弟说："你这个大笨蛋，妈妈的肚脐是凹进去的。"接着老大也不甘示弱地反驳说："妈妈才不是凹肚脐呢，她的肚脐像一小截肠子似的凸出来。"小弟说："你胡说，才不是呢！"大儿子说："你才胡说！"我看情形不对了，赶快跑出来解释说："你们两个给我下来，我让你们看看妈妈的肚脐是凹的还是凸的。"于是我做出要脱下裙子的样子。"啊，妈妈羞羞羞。"他们两个小鬼看后马上拿小食指划着小脸蛋羞我，我们三个人都笑了起来。

这是一个关于"亲子关系"的演讲。

二是实物悬念。就是在演讲的开头，用一件或几件实物的展示来"抓"住听众的兴趣，而这些实物既与演讲的主题相关又不同寻常，还能勾起听众的好奇心。例如，有一位日本教授给大学生演讲，一开始场面乱哄哄的。老教授并没生气，他从衣袋里摸出了一块黑乎乎的石头扬了扬，然后说道：

请同学注意看看，这是一块非常珍贵的石头，在整个日本，只有我才有这么一块。

同学们顿时静了下来，被这块并不起眼的石头吸引了，人人都在暗自发问：这是一块什么石头呢？如此珍贵？全日本才一块？老教授的悬念收到了效果。他面对静下来的同学和那一双双充满好奇的眼睛，才开始了他关于南极探险的演讲。最后大家都知道了那块黑乎乎的石头是从南极探险时带回来的。

7. 插叙解释式

演讲开头，恰当地运用插叙的方法，不仅可以补充人物和事件，使演讲内容丰富和充实，引人入胜，还能使演讲波澜起伏，神采飞扬。冯小刚在题为《温故而知幸福》的演讲开头讲道：

【演讲视频 3-8】冯小刚在《开讲啦》节目中的演讲
http://v.youku.com/v_show/id_XNTY5NzM5NjI0.html?tpa=dW5pb25faWQ9MTAyMjEzXzEwMDAwMl8wMV8wMQ

"为什么要讲'温故而知幸福'这个话题呢？在回答大家这个问题前，我想先讲讲《温故 1942》的拍摄初衷。"接着，他插叙道："那是 1993 年一个阳光明媚的下午，王朔从他的客房走到我这个客房来，扔给我一本小说，是刘震云写的《温故 1942》。我就一口气看完了，非常受触动。小说里写了 1942 年发生在河南的一场灾荒，三千多万人向陕西逃荒，途中有三百万人饿死。刘震云去采访那些幸存的当事人时，大家也都说记不清了。是不是我们是善于忘记的一个民族，还是说我们这个民族遭遇的苦难实在太多了？所以我下定决心要拍这个电影。"然后，冯小刚接着讲道："如果你生在 1942 年的河南，你真的是叫生不逢时。你会觉得在今天，你怎么想你遇到的所有的挫折，你都不会想我被饿死了。跟饿死了相比，咱们目前的这些挫折、这些的不幸，其实都不在话下。所以，温故之后，才知道幸福。"

冯小刚运用的就是插叙解释式开头，即在叙述的过程中，对事件发展的原因，做一些解释和说明。温故知幸福，是从哪想到的，插叙的“那个下午的故事”，就解释说明了这个问题。这种插叙，能够让听众了解事情的前因后果、来龙去脉，从而接受你的观点。演讲中，当我们需要解释说明时，可以运用这种开头方式，深化演讲主旨。

8. 材料引人式

演讲者选择用一个精彩的材料作为开头，以像磁石一样深深地吸引住听众，为接下来的演讲打开局面。要使材料引人，首先要选用能激发听众兴趣的材料作为开头。如编剧郑晓龙的演讲《审美的变迁》是这样开头的：

从中世纪开始，欧洲人都认为洗澡是不健康的行为，会带来疾病，有人甚至认为，洗澡是一种罪。当时的肥皂非常昂贵，即使要用，也只能在面部、颈部和双手涂抹，偶尔也在脚上涂一点。因此，那个年代的人自然是体味浓郁，嘴里也是一股子臭气。为了掩盖体臭，女士们会在腰上别一个绣着精美花纹的袋子，里面装着香料。实际上，香水的问世，就是为了掩盖令人不快的体味。当时，英国女王伊丽莎白一世一个月洗一回澡，结果，同时代的人都嘲笑她有洁癖。当时，人们以不洗澡为荣，不洗澡甚至可以成为个人成就。发现新大陆的哥伦布很骄傲，因为他说自己一生只洗过两次澡，一次是出生的时候，一次是结婚之前。昨天的美有可能变成今天的丑，潮流总是随着时代的发展在不停变换。

在古代的欧洲，竟然以洗澡为耻，以不洗澡为荣，这也太不可思议了吧。演讲者开头的这段材料可谓妙趣横生，一下子就激发了听众浓厚的兴趣，吸引住了听众，使听众对接下来的演讲充满了期待。听众们会想，那么，接下来人们的审美是如何发生了变化的呢？这就为整场演讲定了成功的基调。

要材料引人，二是要选用能给予人们新知的材料作为开头。如一位演讲比赛选手在进行《合适的距离产生美》演讲的时候，是如此开头的：

据专家介绍，如果地球和太阳的距离再近 1%，地球就是一个永恒的“火焰山”；如果再远 3%，地球就是一个永恒的“广寒宫”。而现在的距离不偏不倚，恰到好处。仰望那些孤寂荒芜的星球，需要庆幸我们拥有多姿多彩的天气、舒适宜人的温度，庆幸我们与太阳之间合适的距离。所以不是距离产生美，而是合适的距离产生美。我们与人交往也是如此，就算关系再好，也不要不分你我，肆意去窥探别人的隐私，每个人的心里都有一个不愿被别人触及的角落;即使你与一个人合不来，也不要水火不容，正常的交往还得保持，不要“欲除之而后快”，给自己树立敌人。

演讲者这段作为引子的开头材料，一般的听众是不可能了解到的，听众一开场便获得了新知，顿时产生了一种“没有白来”的感觉。而这个引子还打破了人们一贯的认识——距离产生美，更具体、更到位地阐释了距离与美的关系：合适的距离产生美。开头新意盎然，听众自然愿闻其详。

9. 实物开讲式

在演讲开场的同时，展示与演讲内容有关的实物，可以强化演讲内容，给听众一种新鲜、感性的直观印象，引起听众的注意，充分调动起听众的兴趣和期待心理，一下子抓住听众。《演讲与口才》2005 年第 11 期刊登的一篇题为《见贤思齐 和而不同》的演讲稿，就是这样处理的。

尊敬的院领导、老师、亲爱的同学们：

大家好！先请大家欣赏两幅画：这一幅是清朝宫廷画师郎世宁的《八骏图》，这一幅是徐悲鸿的《群马图》。

这样的开场白，不但使大家欣赏到了名家作品，大饱了眼福，更令大家迫切地想知道，演讲者接下来到底要说些什么。

又如在某单位举办的以“珍惜时间”为主题的演讲会上，一名选手首先将一片黄叶展示给在场的听众。

亲爱的朋友们，你们看，我手中拿的是什么？是一片落叶吗？不错。然而这仅仅是一片落叶吗？不，它是穿越时空隧道的过客，是一首哀叹时间一去不回头的诗。我们读它，仿佛是在与那来去无踪的时间对话。从这里，我们不只看到了时间的伟大力量，同时也看到了时间的无情和冷峻。绿叶婆娑，那是时间的恩典；黄叶飘零，那是时间的摧残。面对它，我们还有什么理由不珍惜时间呢？……

演讲者灵活自然地选取“道具”——黄叶作为“切入点”，并将其与演讲的主题巧妙地结合起来，用富有朝气与活力的语言，深入浅出、形象鲜活地唤起了听众对时间的哲理性思考，激起了听众心中的波澜，给他们带来耳目一新的感受。

五、演讲稿的主体设计

主体是演讲的主干部分，演讲者在撰写演讲稿时必须予以高度重视。

（一）演讲主体的构成

演讲的主体至少应该包括以下四个方面。

一是独到的见解。演讲者要有自己的真知灼见，要能讲出别人想讲而未讲或根本没有想到的却对做人做事很有启发意义的道理，这样才能启迪人心，使人感佩。演讲最忌讳人云亦云、老生常谈。《让青春飞扬》是一篇优秀的充满时代气息和人生理趣的演讲词。它不谈古而论今，论的是当下在许多青年人中流行的一种人生观。它从一首青年人喜爱的流行歌曲《再回首》的歌词开始，巧妙入题，单刀直入，直切主题，见解独到，三言两语切中要害，通过饱含情感的分析，批驳了一种无为的消极人生观，而鼓励青年大学生树立起积极向上的人生观和生活态度。相信许多青年朋友尤其是大学生们听了这样的演讲以后一定会有所感悟，受到启发。全篇演讲稿洋溢着一种浓郁的青春气息，给人一种昂扬向上的蓬勃感。

二是真挚的情感。“感人心者，莫先乎情。”演讲具有真诚而热烈的感情才能打动人心，引起听众心灵的交汇和共鸣。20 世纪 80 年代，曲啸的《心底无私天地宽》的演讲在中央电视台播出之后，深深拨动了千家万户、男女老少的心弦。许多观众都说：“曲啸同志的报告有血有肉，充满了对党、对祖国、对人民的无限信赖和热爱，而且充满了对生活、对事业、对信仰的执着追求，特别是曲啸同志结合他自身的实际、自身的经历，告诉人们应当如何正确对待社会、对待人生、对待爱情婚姻。”曲啸自己也说：“在演讲过程中，我讲‘爱’，我就满腔挚诚地爱；我讲‘恨’，就痛心疾首地恨。我用我的心血甚至生命真实地表达着我个人的喜怒哀乐。于是，使我看到，听众与我一同进入了共同的喜怒哀乐。”

三是典型的事实。“事实胜于雄辩。”因为人的大脑对外界种种信息的接受，总是具体的易于抽象的，感性的易于理性的。事实具有直接现实性的品格，它能够以自己丰富多彩的活生生的形象直接打动听众的思想和感情，浅显易懂地体现和证明深奥的道理，无需听众多费脑筋去思考、消化、转换。因此，事实和道理是演讲主体部分相辅相成的两个方面，分担着说服和感染听众的共同任务。著名演讲家李燕杰在题为《德才学识与真善美》的演讲中，列举大量事实说明“人要想有学问，就得付出艰苦的劳动”这一朴素的道理：一位高考落榜、

30 岁开外的青年工人，在两年半的时间里，在身份“三合一”（大学旁听生、工人、好爸爸）的情况下发奋努力，最后通过考试，被录取为社科院科研人员；一个得过黄疸性肝炎的男青年，每月挣 40 多元钱，节衣缩食买下七八百元的书，工作之余刻苦学习知识，寻求事业和理想的出路；一名患有眼病、肝病和胳膊先天畸形的女青年，却自强不息，矢志学习，等等。此外，他还提到了李四光、爱迪生、高尔基、贝多芬等多位名人年轻时发奋努力的事实。

四是动人心弦的高潮造势。“文似看山不喜平”，演讲也要求节奏鲜明，张弛相间，跌宕起伏。要有引人入胜的内容和动人心魄的高潮，力避平铺直叙、泛泛而谈。一次成功的演讲总会高潮迭起，扣人心弦，使听众达到“快者掀髯，愤者扼腕，悲者掩泣，羡者色飞”的出神入化的佳境。动人心弦的高潮造势常用如下两种方式。

一种是以重复形成高潮。在演讲中有意识地进行重复，不仅是为了让听众记住一些重要词句，更重要的是在重复时通过有声语言的变化来加强语气、强调观点和升华感情，从而增强语言表达效果。1963 年 8 月 28 日，马丁·路德·金站在林肯纪念碑的台阶上发表了《我有一个梦想》的演讲。在高潮阶段，他高举双臂，以充满电力的嗓音高声朗诵一位老黑人的精神赞歌，藉此来呼唤黑奴的解放“当我们让自由之声轰响，当我们让自由之声响彻每一个大村小庄、每一个州府城镇，我们就能加速这一天的到来。那时，上帝的所有孩子，黑人和白人，犹太教徒和非犹太教徒，耶稣教徒和天主教徒，将能携手同唱那首古老的黑人灵歌：‘终于自由了！终于自由了！感谢全能的上帝，我们终于自由了！’”

另一种是以排比形成高潮。根据演讲内容的需要，运用排比的修辞方法，可以把演讲者的思想感情表达得淋漓尽致，把演讲和听众的情绪推向高潮。例如，周恩来在延安一次会上演讲的两个片段就成功地运用了排比形成高潮：“要胜利，不是拖而是打！要胜利，不是消极抗战而是积极的抗战！要胜利，不是国内的分裂而是国内的团结！要胜利，不是政治的压迫而是政治的民主。”“有办法！办法就出在陕甘宁边区！办法就出在八路军、新四军和敌后抗日根据地！办法就出在中国人民的身上！办法就出在真正抗日的党派和军队中间！办法就出在中国共产党尤其是在我们的毛泽东的手中！”

（二）突出一个中心

一般来说，在一篇演讲稿中只能安排一个中心，不能搞多中心，因为多中心就是无中心。演讲也如同打仗，“伤其十指，不如断其一指”。演讲者如果一会儿谈花卉栽培技术，一会儿谈商业管理，就会变得杂乱无章，使人难以理解。演讲中只有目标始终如一，方寸一丝不乱，以一个中心贯穿始终，才能使主题鲜明突出，给听众留下深刻的印象。威廉·詹姆斯教授曾在对教师的谈话中说：在长达一小时的演讲中，也只可以提出一个要点来解说。然而一些初学的演讲者，往往在几分钟的演讲内安排了两三个甚至更多的要点，以至于一个问题也没阐述明白。这种演讲已不是正常演讲，而是在用说话来跑马了，这样的演讲是没有不失败的。演讲中，观点不在于多，而在于把一个观点阐述得充分明白，让听众彻底了解，并深感兴趣，欣然接受，这才是最重要的。为此要注意以下三点[①]。

（1）采用片言居要的方法来突出主旨。为了使一个中心更加突出，应采用“片言居要”的方法来突出主旨，在演讲中要“一线到底”，如同兵卒要接受大将的统帅、射箭要射到靶子

① 袁红兰. 演讲与口才[M]. 北京：航空工业出版社，2014.

上一样，使全篇演讲“万变不离其宗”。例如，世界著名的演说家佩特瑞克·亨利的演讲《诉诸武力》，便是用“不自由，毋宁死”的“片言”来揭示全篇主题的。这种“片言居要”方法的运用，起到了“画龙点睛”的作用，既使听众易于把握演讲主题，又使主题表现得格外明晰。所以揭示主题，话不宜多。

（2）反复向听众解释要点。演讲有一个中心，演讲者也很清楚，这容易办到，但要使听众也同样清楚，就并非易事。所以，为了让听众彻底了解演讲的主旨，演讲者就必须反复加以解释。但是反复不是重复，在反复申说解释要点时切不可使用完全相同的语句，以免听众感到啰嗦而厌烦。演讲者可以用几种不同的措辞，换几种不同的说法，听众就不会觉得重复了。例如，美国的政治家柏寿安曾说：“如果你自己还没有明了那个问题，你绝对无法使别人明了那个问题。反之，你对这个问题越是认识得清楚，你把这个问题传达到别人的心里也越是容易。”这段话中，第二句的意思与第一句相同，但由于第二句采用了不同的措辞和说法，听众便没有工夫来细细辨别它是不是重复，反而觉得这样一解释，意思显得格外清楚了。古今中外许多著名的演说家，都曾用这种方法来突出演讲主旨。实践证明，这确是一个行之有效的方法。

（3）加强综合性的阐述。要想透彻地说明一个观点，单从一个角度去论证显然是不够的。例如，要证明改革开放的必要性，只讲这是党中央制定的方针政策还不够，还应从内外、正反、纵横等方面去论述。就内外方面说，内指内容，外指形式；从正反方面看，正是利，反是弊；而纵横方面，纵指历史角度，横指空间地理位置角度。如果演讲者能在各方面的对比中有力地阐明改革开放的优越性，那就不仅主题鲜明突出，而且令听众心悦诚服。有些演讲不能使听众信服，原因就在于只讲一面而忽略了另一面。说好，就好得无以复加；说坏，就一无是处。既无比较又无鉴别，殊不知这反倒容易让人看出它的破绽来。

（三）引入激发听众兴趣的元素

在一开场营造有利的演讲气氛后，演讲进入主体阶段，这时更需要你继续付出努力，紧紧抓住听众的注意力。人的注意力的集中是相对的，因为人们的思维活动是一刻也不停的，在吸引听众注意力方面不能指望一劳永逸。一旦演讲者用平淡的口气叙述时，听众就会感到乏味，注意力就难免会分散。在演讲过程中，主题贯穿于整个演讲过程，可以只是一个，也可以由若干要点组成。注意不要涉及过多的要点，否则就会向听众填鸭式地灌输过多的信息，而听众是记不住那么多信息的。可以在演讲的过程中加入以下令听众感兴趣的元素来营造高潮。

（1）故事。听众都喜欢听故事，但是你与听众分享的故事应是与你的演讲主题、要点有关的故事。简短精炼、发人深省的故事能帮助你把抽象的概念转换成与听众有关的情境，给听众以强烈的印象和深深的震撼。

【演讲小故事 3-6】

这条小鱼在乎

这是一位外国教师在中国某医学院开学典礼上的演讲，题目是《这条小鱼在乎》，其内容如下。

有这么一个故事。在暴风雨后的一个早晨，一个男人来到海边散步。他一边沿着海边走着，一边注意到，在沙滩的浅水洼里有许多被昨夜的暴风雨卷上岸来的小鱼。它们被困在浅水洼里，回不了大海了，虽然近在咫尺。被困的小鱼，也许有几百条，甚至几千条。而用不了多久，浅水洼里的水就会被沙粒吸干，被太阳蒸干，这些小鱼都会干死的！

男人继续朝前走着。他忽然看见前面有一个小男孩，走得很慢，而且不停地在每一个水洼边弯下腰去——他在捡起水洼里的小鱼，并且用力地把它们扔回大海。这个男人停下来，注视着这个小男孩，看他拯救着小鱼的生命。

终于，这个男人忍不住走了过去："孩子，这水洼里有几百几千条小鱼，你救不过来的。"

"我知道。"小男孩头也不抬地回答。

"那你为什么还在扔？谁在乎呢？"

"这条小鱼在乎！"男孩一边回答，一边拾起一条小鱼扔进大海，"这条在乎，这条也在乎，还有这一条，这一条，这一条……"

今天，你们在这里开始了大学的生活，你们每一个人都将在这里学会如何去拯救生命。虽然你们救不了全世界的人，救不了全中国的人，但是，你们还是可以救一些人的。你们可以减轻他们的痛苦。因为你们的存在，他们的生活将从此有所不同——你们可以使他们生活得更加美好。这是你们能够并且一定会做得到的。

在这里，我希望你们勤奋努力地学习，永远也不要放弃！记住：

"这条小鱼在乎！这条小鱼在乎！还有这一条，这一条，这一条……"

点评：作为一门艺术，演讲的内容就不应是千篇一律的，应该在深刻把握演讲主题的情况下，从不同的角度确定演讲的内容，给人以别开生面的创意感。这位外国教师通过一个故事，激起医学院学生们的兴趣和共鸣，让他们懂得医生的天职是什么。全篇没有一句关于"关爱每一个生命""救死扶伤""人道主义"的提法与要求，但又是没有一句讲的不是这一道理。

（2）轶事。所有的领域都有一些轶事。对于那些以前没有听说过这些轶事的人来说，这会引起他们的兴趣。轶事通常能够帮助听众去理解一个难以理解的概念。

（3）类比。类比能帮助听众了解复杂的概念。就用演讲来举例。做演讲就像学习开车，你还记得你第一次上驾校的课程吗？控制汽车多么让人沮丧，你是什么时候才让自己的驾驶动作协调起来，并开始享受驾车的感觉的？演讲也是一样，有许多事情需要顾及，可一旦你接受了好的建议并多加练习，不仅能成为好的演讲者，还能享受演讲的全过程。

【演讲小故事 3-7】

苏格拉底的《如何择偶》

（大意）三人经过一块成熟了的麦地，大家约好，每人只能选择一次且不能回头，看谁能摘到一棵最大的麦穗。第一个人出发不久，发现有个麦穗挺大，就把它摘了下来，当他发现后面还有更大的时却已不能再做选择，也就无奈地叹了口气！第二个人接受了第一个人的教训，明明看到大的也不敢摘，总以为后边还有更大的，等到发现后边的麦穗皆不如刚才的那个，也就无奈地叹了口气。第三个人则是把全部路程分为三个二分之一，第一个二分之一是细看看什么样的才叫大麦穗，第二个二分之一是核实一下刚才的判断究竟对不对，经过第三个二分之一时才动手采摘，果然摘到了最大的麦穗。

点评：究竟如何择偶？听了苏格拉底的演讲，答案不言自明。这个演讲运用类比手法，说明择偶之道，既妙语连珠，又言简意赅，看似和主题不相干，实则处处紧扣主题。

（4）经历。一般来说，自己亲身经历的事或自己为之感动的事，最具说服力和感染力。一个好的演讲者，往往会把自己亲身经历的事例加工成演讲的素材，为听众现身说法，因为亲身经历的事例最真实，最有说服力，因而更能打动人。

2008 年 4 月 16 日，有"当代福尔摩斯""华裔神探"美誉的著名国际刑侦专家李昌钰博士，来到某大学为同学们作一场题为《使不可能成为可能》的演讲。他以自己的亲身经历对大家说道：

……

其实我这一辈子一直在尝试做一件事，那就是尽量使不可能成为可能。人的一生就像一个漫长的爬坡，有着高低起伏，高的时候不应该骄傲，低的时候也不要气馁。我出生在江苏省如皋县，很小的时候就来到台湾，父亲在我年幼时就去世了，妈妈独自抚养了我们兄弟姐妹 13 人。在我眼中她是世界上最伟大的女性，中学都没毕业的她要求我们 13 个人，人人都要拿到大学学历，攻读博士学位。很多人问我一生最敬佩的人是谁，我说是我妈妈；最怕的是谁，我说也是我妈妈。到了台湾之后，家里从很有钱到一无所有，我念中学的时候就开始送报纸养活自己，念大学的时候，没有钱交学费。当时在台湾，只有军官大学和警官大学读书不要学费，于是我便去了警官大学念书。

我从警官大学毕业后，在台北市警察局服务。当时侦破案件很简单。有一次破案，我们抓了 7 个嫌疑犯，一开始，大家都不招供，于是就把 7 个人都带到后面的小房间。5 分钟之后出来，7 个人都招了，但招了也不知道是真是假。我们破的案比实际发生的还要多，其实中间有很多人是被屈打成招的。

所以我一直在思考，除了刑讯之外，是不是有其他科学的办法可以破案。

后来我带着全部家当 50 美金去美国留学，不会讲英文，和我太太去闯天下。到了美国才发现，美国不是想象中的那样满地黄金。在美国要出人头地有两个途径：一是出身名门贵族，如姓肯尼迪或者洛克菲勒；第二个办法就是“勤俭敬业，努力工作”。我在纽约医学院做研究员，每天工作到半夜三更，在餐馆端盘子，教中国功夫……什么都干过。

……

我在美国开始重读大一，很多人都很不理解，因为如果在中国台湾，我大概可以念研究院了。但是我觉得自己根基不好，尤其是英语，讲得十分不流利，所以我决定从头开始学习。我以两年半的时间修完了四年大学课程，获得纽约大学生物化学及分子化学硕士、生化博士学位，打破了纽约大学从来没有一个人一年拿到博士学位的历史。并非我考试作弊，这都是我辛勤工作的结果！中国人最优秀的传统美德就是勤劳。

……

人生最重要是“坚持”，是“相信”，任何困难都可以克服。人生有高有低，有痛苦有快乐，这样才叫人生。假如太平淡了，那也不是人生了。

【演讲视频 3-9】李昌钰北大演讲片段 http://my.tv.sohu.com/us/201854659/64954819.shtml

李昌钰讲完后，台下掌声如雷。在演讲中，在台上，李昌钰将发生在自己身上的故事，将自己早年在国外求学和工作所积累的成功经验，如实地讲给同学们听，不仅增加了演讲的说服力和可信性，还拉近了和听众的距离。

在演讲过程中，为了能够有效说服听众，可以结合自己的亲身经历，向听众现身说法，这比在台上空谈理论效果更明显，也是一种说服听众的好方法。

（5）事实和数据。以一种令人感兴趣的方式去讲述事实和数据，能够帮助听众把你提供的信息与那些和他们有关的概念联系起来。例如，某个演讲者正在谈论道路上的拥堵情况。他谈到在头两个月里售出了 48 万辆以上的汽车。接着他告诉听众，这么多的车辆能够填满整条沪宁高速公路上的所有 6 条车道。此时，听众就会容易理解这些数字的意义。

（6）定义。你可以通过定义，以简要生动的方式去阐述某个要点。比如，可以把市场营销定义成“以一种有利可图的方式去发现、预测和满足客户需求的管理过程”，也可以对它进行更加简洁的定义——“以令客户满意的方式向客户推销产品”。

（7）幽默。幽默是最为有效的一种保持听众兴趣的方式。幽默不仅能够使你的听众放松，也能帮助你放松。许多人会认为，在向高层人士进行演讲的时候，最好不要掺入幽默因素。其实这是一种常见的误解。实际情况是，几乎所有的听众都乐于在演讲过程中享受放松。你不需要讲述一连串的笑话，通常可以讲述一个有意思的个人经历，或者一句经过仔细推敲的具有幽默感的话。

（四）写作注意事项

无论是哪一种结构模式，在演讲稿主体的写作中，要特别注意以下几点。

第一是中心：要有一个演讲的中心论点贯穿全篇。结构紧扣主题是成功演讲的共同规律，任何一篇成功的演讲都不例外。

第二是条理：前后材料的编排要有条理，满足表述中心论点的需要。

第三是统一：观点和材料要统一，论点和论据要统一。

第四是严谨：各点之间有内在的联系，点点相连，整齐有序。

第五是变化：奇正相生。把趣味性材料和论证性材料予以巧妙的安排，要注意使其高潮与低谷相间，说理、叙事与升华议论相结合。

另外，演讲稿的结构有其动态性。因为演讲稿的结构是客观事物固有的逻辑、条理秩序与作者观察、认识和表现客观事物的独特思路，以及听众接受有声语言信息的不同思路三者的辩证统一、密切配合，所以，在演讲稿结构的安排上，既要坚持有序性、整体性、相关性、多样性，也要注重有声性，使听众能够明确感到演讲层次的存在和脉络的清晰。

（五）常见的结构安排

演讲稿的结构与其他形式的文体结构是有区别的，结构好的演讲稿必须遵循某个易于辨明的组织模式。常用的演讲稿的结构有如下四个基本顺序：话题顺序、时间顺序、空间顺序和逻辑推理顺序。这四个顺序之所以常用，是因为它们最易被大多数听众理解。

1. *话题顺序*

话题顺序是依据学科的分类或科目来组织演讲的主要观点。这是一种极为常用的给要点排序的方法，因为几乎任何学科都可以用许多不同方法来分组或分类。话题的顺序可以从一般到特殊，从最不重要到最重要或者其他一些逻辑顺序排列。演讲者所选的话题的顺序常常对演讲的成功有很大影响。

如果话题对听众或演讲目标的分量或重要性不同，那么安排的顺序可能影响听众对它们的理解或接受，如听众经常会把最后一条观点视为最重要的。在相同的例子里，各话题的分量皆不相同，它们的顺序是最重要的要点放在最后，一般认为这样的排序最适合听众及演讲目标。

例如：假如一位演讲者的具体目标是想要听众了解去除身体中毒素的三个被证实为有效的方法。

主题句：被证实有利于去除身体中毒素的三个方法是减少动物食品、保持水分以及纯天然食品。

（1）第一个被证实有利于去除身体中毒素的方法是减少对动物食品的摄入。

（2）第二个被证实有利于去除身体中毒素的方法是吃更多的纯天然食品。

（3）第三个被证实有利于去除身体中毒素的方法是保持充足的水分。

2．时间顺序

时间顺序或年代顺序，需要尊重事件的先后顺序，它强调首先是什么，接着是什么，随后是什么等。当选择对要点按年代顺序进行排列时，听众将明白这些要点的顺序和内容都十分重要。当解释怎么做一件事、怎样制造一个东西、某个东西怎么运作或某件事怎么发生时，时间顺序是最合适的。例如关于“将棉花纺成线的步骤”的演讲就是一个时间顺序的例子。

3．空间顺序

空间顺序遵循要点的空间顺序或地理走向。当演讲者希望听众能认识到某物所处的位置非常重要时，空间顺序是最有帮助的。虽然空间顺序远远比不上话题或时间顺序使用普遍，但它有可能用于描述性、知识性演讲中。在对情景、场所、人或物体的解释中，空间顺序有助于为听众创造有序的视觉画面。为了形成连续、有逻辑的描述，可以按从上到下、从左到右、从内到外或从任何听众能够想象出的方向进行演讲。

在下面的例子中，运用空间顺序将有助于听众想象大气层的三个气层。

具体目标：想要听众想象出组成地球大气层的三个气层。

主题句：地球大气层由对流层、平流层和电离层组成。

（1）对流层是大气层的内层。

（2）平流层是大气层的中层。

（3）电离层是构成大气层外部区域的系列气层。

4．逻辑推理顺序

逻辑推理顺序强调听众为什么应该相信某事或为什么应该以其种方式行事。逻辑顺序不像其他三种对要点的安排顺序，它是最适合说服性演讲的，如下例所示。

具体目标：我想要听众捐助海啸受灾国的难民。

主题句：应该积极捐助海啸受灾国的难民。

（1）海啸受灾国受灾情况极为严重。

（2）海啸受灾国的难民急需世界各国的捐助。

（3）海啸受灾国有许多华人，他们急需我们的帮助。

（4）对海啸受灾国的捐助还有其他意义。

六、演讲稿的结尾设计

演讲的结束语，是演讲走向成功的最后一步，也是极为重要的一步，是演讲中给听众留下的一个“最后印象”。各种研究表明，演讲的结束比起其正文来说更能被听众注意。好的结尾应该既是收尾，又是高峰；既水到渠成，又戛然而止；既铿锵有力，又余音袅袅、耐人寻味；既别开生面、不落俗套，又显得自然精妙。因此，讲究演讲结束语艺术，是保证演讲获得成功的重要环节。演讲结尾的语言艺术大致有如下几种。

1．总结全篇式

这是演讲结束语最常见的方式，就是用极其精练的语言，总结收拢全篇的主要内容，概括和强化主题思想。这样，通过"近因效应"使演讲的要点更深刻地留在听众的记忆之中。毛泽东的《实践论》这篇演讲就是这样结尾的：

通过实践而发现真理，又通过实践证实真理和发展真理。从感性认识而能动地发展到理性认识，又从理性认识而能动地指导革命实践，改造主观世界和客观世界。实践、认识、再实践、再认识，这种形式循环往复以至无穷，而实践和认识之间每一循环的内容，都逐渐地进到了高一级的程度。这就是辩证唯物论的全部认识论，这就是辩证唯物论的知行统一观。

2. 号召呼吁式

这种结尾方式就是运用一些情感激昂，富有鼓动性、号召性的语言，激起听众的情绪、信念，鼓动干劲，促进行动。在美国独立战争前夕，裴特瑞克·亨利在弗吉尼亚州议会上的演讲便是采用这种方法结束的。

我们的同胞已经身在疆场了，我们为什么还要站在这里袖手旁观呢？先生们希望的是什么？想达到什么目的？生命就那么可贵？和平就那么甜美？甚至不惜以戴锁链、受奴役的代价来换取吗？全能的上帝啊，结束这一切吧！在这场战斗中，我不知道别人会如何行事，至于我，不自由，毋宁死！

亨利以"至于我，不自由，毋宁死"九个字的结束语来激励听众行动起来，争取他们站到自己的立场上来。当他话音刚落，先是全场愕然，随后就响起"拿起武器"的呼声。

又如，演讲词《再筑一道长城》的结尾也是采用了这样的方式。

朋友们，让我们携起手来，用我们的思想，用我们的全部再筑一道长城，一道坚强不摧的血肉长城！让我们伟大的中国，伟大的中华民族，永远，永远立于世界民族强林！

3. 引用名言式

心理学家研究表明：在演讲的结束语中引用权威人物的名言警句激励后人，比一般性的结尾对人的心理控制度可提高 21%~37%。恰当地结合演讲内容及要求，运用名人名言警句结尾，借助名人效应，可使通篇演讲得以升华，给听众以深刻的启迪和印象。胡适的《毕业赠言》结尾，运用名言颇耐人寻味。

诸位，11 万页书可以使你成为一个学者了。可是，每天看三种小报，也得浪费你一点钟的工夫，四圈麻将也得费你一点半钟打发光阴。看小报呢？还是努力做一个学者呢？全靠你自己的选择！易卜生说："你的最大责任，是把你这块材料铸成器。"学问便是铸器的工具，抛弃了学问便是毁了你自己。再会了！你们母校眼睁睁地要看你们 10 年之后成什么器。

这样的结尾，情真意切，令人心悦诚服地接受他的见解。

又如，演讲词《无名英雄无上光荣》就是采用的这种结尾方式。

诗人泰戈尔曾经说过："果的事业是尊贵的，花的事业是甜美的，让我干叶的事业吧，因为叶总是谦逊地垂着她们的绿荫的。"哨所的事业又何尝不是叶的事业呢？我愿做一片绿叶，用我的青春装扮我的哨所。我爱我的哨所，爱她就是爱我们的军队，爱她就是爱我们的祖国！

4. 重申重点式

成功的演讲者往往在演讲结尾重申此次演讲的重点，以加强听众的记忆。日本松下电器产业公司创始人松下幸之助在公司培训演讲的结束语中应用了这种方法。

我已讲过的六条，其重要性是不一样的。唯有第一条和第三条是公司生存发展中最致命的，即松下永远以质量战胜一切竞争者，松下的凝聚力高于一切。这两条将成为我们的法宝和座右铭，也是我要求全体员工切记的。

5. 引入高潮式

1941 年 12 月 8 日，美国总统罗斯福发表了《一个遗臭万年的日子》的演讲，结尾这段话即是铿锵入耳、引入高潮式的名篇，整个演讲给人以庄重、严肃、紧急的感觉。

我现在断言，我们不仅要做最大的努力来保卫我们自己，我们还将确保这种形式的背信弃义永远不会再危及我们。我这样说，相信是表达了国会和人民的意志。敌对行动已经存在，毋庸讳言，我国人民、我国领土和我国利益处于严重危险之中，信赖我们的武装军队，依靠我国人民的坚定决心，我们将取得必然的胜利。上帝助我！我向国会宣布，自 1941 年 12 月 7 日——星期日，日本进行无缘无故和卑鄙怯懦的进攻时起，合众国和日本帝国之间已经处于战争状态。

运用高潮式结尾应注意，演讲者不要告诉听众要结束演讲，最好不用“我现在做个小结和归纳”之类的话，也不要用某种表情或动作来显示演讲即将结束。否则听众就会开始计算时间，分散注意力，很难继续专心听演讲。应当让听众有一种余音绕梁、意犹未尽的感觉。

高潮式结尾如果运用恰当，会收到很好的效果。

6. 诗词收束式

在演讲结束时，演讲者通过引用著名的诗词佳句，营造一种或激动人心，或温情浪漫，或催人向上，或启人思考的演讲氛围，以增加演讲的感染力和说服力。因为，好的诗词饱含着丰富的想象和感情，具有鲜明的节奏、和谐的音调和凝练的语言，所以它往往能给听众留下一种余韵，引起听众强烈的共鸣。

美国黑人民权运动著名领袖马丁·路德·金的著名演讲《我有一个梦想》的结尾，就是诗词结尾的典范。

到了这一天，上帝的所有孩子都能以新的含义高唱这首歌：
“我的祖国，
可爱的自由之邦，
我为您歌唱。
这是我祖先终老的地方，
这是早期移民自豪的地方，
让自由之声，
响彻每一座山岗。
如果美国要成为伟大的国家，这一点必须实现。
因此，让自由之声响彻新罕布什尔州的巍峨高峰！
让自由之声响彻纽约州的崇山峻岭！
让自由之声响彻宾夕法尼亚州的阿勒格尼高峰！
让自由之声响彻科罗拉多州冰雪皑皑的落基崇山！
让自由之声响彻加利福尼亚州的婀娜群峰！
不，不仅如此，让自由之声响彻佐治亚州的石山！
让自由之声响彻田纳西州的望山！
让自由之声响彻密西西比州的一座座山峰，一个个土丘！
让自由之声响彻每一个山岗！”

当我们让自由之声轰响，当我们让自由之声响彻每一个大村小庄、每一个州府城镇，我们就能加速这一天的到来。那时，上帝的所有孩子，黑人和白人，犹太教徒和非犹太教徒，耶稣教徒和天主教徒，将能携手同唱那首古老的黑人灵歌：

"终于自由了！

终于自由了！

感谢全能的上帝

我们终于自由了！"

结尾运用诗歌，情绪激昂、文字优美，极富感召力。"让自由之声响彻山冈"，这脍炙人口的佳句，成为激励黑人进行斗争的座右铭。

又如，李燕杰先生在 1982 年发表的演讲《心上绽开春花，芳草绿遍天涯》，就是采用的这种结尾方式。

说到这里，我想起了贺敬之的《雷峰之歌》，诗人写道：

"雷峰"——

我是在写呵

我们阶级的

姓名；

……

且看这里

遍地青松

个个雷峰！——

……快摆开

你们新的雁阵呵，

把这大写的

"人"字——

写在那

万里长空！

运用诗词结束演讲，可以收到余音绕梁不绝于耳、言有尽而意无穷的演讲效果。

7. 对照比较式

所谓对照比较式，是指在演讲结束时，演讲者把两种相对或相互矛盾的事物并列在一起，进行前后或正反对照比较，以明辨是非，拨乱反正，目的是增强演讲的说服力，突出演讲的论点，使听众在鲜明地对比之后，心服口服地接受演讲者的观点和主张。比如，毛泽东同志在 1945 年 6 月 11 日中国共产党第七次代表大会上做的闭幕词《愚公移山》的结尾就是采用了这种方式。

现在中国正在开着两个大会，一个是国民党的第六次代表大会，一个是共产党的第七次代表大会。两个大会有完全不同的目的：一个要消灭共产党和中国民主势力，把中国引向黑暗；一个要打倒日本帝国主义和它的走狗中国封建势力，建设一个新民主主义的中国，把中国引向光明。这两条路线在互相斗争着。我们坚决相信，中国人民将要在中国共产党的领导之下，在中国共产党第七次代表大会的路线的领导之下，得到完全的胜利，而国民党的反革命路线必然要失败。

8. 幽默诙谐式

幽默诙谐式是指演讲者在演讲结束时以幽默诙谐的手法作结，它能使听众在轻松愉快的笑声中受到深刻的教育和启发。例如，1930 年 2 月 21 日，鲁迅先生的《在上海中华艺术大学的演讲》就是采用的这种结尾方法。

以上是我近年来对于美术界观察所得的几点意见。

今天我带来了一幅中国五千年文化的结晶，请大家欣赏欣赏。

这时只见鲁迅一手伸进长袍，把一卷纸徐徐从衣襟上方伸出，打开看时，原来是一幅病态十足的时髦女郎月份牌，引得哄堂大笑。在笑声和掌声中结束了他的演讲。

9. 首尾呼应式

在你的演讲结尾时，紧密联系开场白中的内容，可以让你的演讲听上去浑然一体。最适合采用这个方法的演讲是：你在开场白中提出了问题，或者你的开场白是一则小故事。

一个教育系统的官员在对新聘教师讲话时，以自己小时候在学校的一个经历作为开场白，他是这样说的：

我在当教育局局长前，也做过 10 多年的教师。在我做教师前，也曾是一个学生。在我读初三前，成绩一直不好，调皮而又捣蛋，经常是老师体罚与批评的对象。可以说，我在老师们的负面评价中已经习惯了，我觉得我就是一个无可救药的“坏学生”。

但在我上初三时，新的班主任很少批评我了，他总是努力挖掘我好的一面，表扬我，夸赞我。即使是偶尔批坪，也是先表扬，再说“要是你能如何如何就更好了”。

在那一年里，我惊奇地发现自己原来有那么多的优点，我决定做得更好。在我努力的过程中，我赢得了班主任更多的正面评价与鼓励。在这种良性循环中，我的不良行为举止得到了纠正，并出人意料地考上了高中。三年之后，我又考上了大学。

在结尾时，他又提到了开头的故事，并把它与自己讲话的主题——“关爱与悦纳每一个学生”联系起来。

在座的每一位即将走上岗位的老师，都会碰上 30 年前的我这样的所谓差生，我希望你们不放弃、不抛弃他们，我希望你们能用发自内心的喜欢去接纳他们，用积极正面的夸赞去引导他们，而不是用无休止的批评去打击他们。我希望那些所谓的差生，都能像我当年遇到的那位班主任一样，在老师的帮助下重建自信，迈向人生的高峰！

这样首尾呼应的结束语，浑然天成，无可挑剔，让人不觉陷入沉思。

七、演讲稿的写作与修改

演讲稿的写作是指在演讲前把所思所想写出来，用文字符号将演讲内容、范围固定下来。写演讲稿可分三个阶段，即编列提纲、起草初稿和加工修改。

（一）编列提纲

编列演讲提纲，是演讲前的重要准备工作，它常常是临场发挥的重要依据。提纲编列得好坏，直接影响到演讲成功与否。所谓编列提纲，就是确定框架，以提要或图表方式列出观点、材料以及观点和材料的组合方式。

1. 演讲提纲的作用

演讲提纲在演讲中有着重要作用，这集中表现在以下几个方面。

第一，确定框架。编列提纲能把演讲的整体轮廓用文字固定、明确下来。事实上，编列提纲的过程，正是认识不断明朗化、条理化的过程。通过编列提纲，可以对论题的设想不断加以修改和补充，使构思更为周密、完善。确定了整体框架，演讲者便能心中有数，逐层展开，而不会东一句西一句，词不达意。

第二，选材组材。编列提纲的过程，也是进一步选材和组材的过程，是演讲内容逐步具体化的过程。演讲题目、结构层次、典型事例、引文材料以及其他有关资料，都要具体地在提纲中体现出来。在这个过程中，必须对材料做进一步的筛选和补充。

第三，训练思维。编写提纲的过程，正是演讲者积极思维的紧张过程。在这个过程中，演讲者必然要认真思考，分析演讲的主题、材料、层次、结构和其内在的逻辑联系，促使思维的条理化和科学化。因此，这个过程事实上正是培养和锻炼思维的过程。

第四，避免遗忘。编写提纲也是不断熟悉材料的过程，特别是在不用讲稿仅用提纲进行演讲时，提纲更是起着提示启发、避免遗忘的作用，成为临时发挥的重要依据。

根据演讲的具体目的和要求，以及演讲者对材料的掌握情况等，可把编列提纲的方法分为概要提纲法和详细提纲法。内容简单、材料易掌握，可编得粗略些；内容复杂、材料丰富，就宜编得详细些。粗略的概要提纲，要以极其简练的语言，扼要地列举出演讲的主旨、材料、层次和大意等；详细提纲则要求比较具体，基本上是讲稿的缩影。

2. 演讲提纲的内容

演讲的论点、演讲的中心论点必须清晰地列出中心论点所包含的分论点以及分论点下属的小论点，也应用简洁的语言逐层列出，应根据整理的内在逻辑关系依次排列。

演讲的材料依据。阐明主旨材料的事实材料和整理材料，也应用简明的语言或恰当的符号在相应部位列出。事实材料主要指例证、数据等；整理材料包括科学原理、科学定律、文化精神、法律条文、名言警句等。这些事实依据和理论依据能使演讲持之有据、言之成理，具有说服力和感染力，因此，必须逐一列出，不可忽视，以免遗漏。

演讲的整体结构。演讲提纲的编列要依据演讲的内在逻辑体现出演讲内容的先后次序，例如，如何开头、如何结尾、重点内容如何突出、如何过渡、结构层次如何安排等。事实上，演讲提纲就像事先构筑的语流渠道，决定着演讲语流的走向。

下面是《在马克思墓前的讲话》的两种类型的提纲，供读者参考。

A 概要提纲

1. 开场白。

2. 主体部分。

（1）马克思在理论上的重大贡献。

（2）马克思伟大的革命实践。

（3）马克思对无产阶级革命事业的卓越贡献。

3. 结束语。

B 详细提纲

1. 开场白提出中心论点。

（1）马克思逝世的时间和经过。

（2）马克思逝世是无产阶级不可估量的损失。

2. 主体部分。

（1）马克思作为“科学巨匠”在理论上的伟大贡献。

（2）马克思发现了人类历史发展的规律。

（3）马克思还发现了现代资本主义生产方式和它产生的资产阶级社会特殊的运动规律。

（4）马克思在他所研究的每一个领域（甚至在数学领域）都有独到的发现。

（5）马克思作为革命家在革命实践方面的贡献。

（6）参加打碎旧的国家机器的斗争，参加无产阶级解放事业的斗争。

（7）编辑报刊、拟定书籍和参加工人运动。

（8）马克思对无产阶级革命事业的卓越贡献。

（9）敌人对马克思的嫉恨和诬蔑。

（10）马克思对敌人的蔑视和斗争。

（11）无产阶级和劳动人民对马克思的尊敬、爱戴和悼念。

3. 结束语。"马克思的英名和事业永垂不朽!"

（二）起草初稿

起草初稿没有什么诀窍，结合一般写作规律，演讲初稿的起草有自己的原则和方法。第一，要构思好再动笔，最好一气呵成。动笔前要盘算好所有的写作步骤、条理，想清楚再动笔，写时不要考虑修改的问题。第二，要抱着正确的态度，饱含真挚的感情去写。第三，要注意不同类型演讲的特点，采取相应的写作方法。例如，写政治性演讲稿时要强调逻辑的严密、材料的可靠；写学术性演讲要力求资料翔实、论据确凿等。

（三）加工修改

演讲稿的加工修改是一项复杂的工作，每个人有每个人的修改法，但主要从以下几方面入手。

（1）深化主题。演讲者首先要看看确定的主题是否健康、正确，再看看文字是否把演讲的主题表达出来了，是不是很充分，有无片面性，是否新颖。从这方面找出来问题，就找出了修改的对象。更为重要的是，在起草时就让主题健康正确，并且充分表现出来了。如果认真修改，就会发现，在写作过程中由于全神贯注、精力集中，会在笔下出现一些作者预想之外的闪耀的思想和语言，比原来预想的还深刻、还有分量，是一种新的发现和发展。但是由于原来预想的不充分，就没有得到扩展和发挥，而修改正是弥补的机会，修改的笔墨很多都是在于这个方面。

（2）调整结构。修改时主要审视的是正文。主题有了发展、变化，结构必然需要随之改动。即使主题没有什么变化，由于起草时只按提纲或者只是一种构想写出来的，一旦落实在纸面上，就会发现一些毛病，如逻辑性不强、前后位置不当、层次不清、上下文意思重复，材料和引文用得不是地方，段落衔接不紧密、不自然等情况，这就需要重新调整和修改。总之，对于草稿的结构进行认真的审视和推敲就会发现问题，并作为修改的对象，有时"大动手术"也是经常出现的。

（3）润色语言。修改演讲草稿语言的目的，一是减少语言方面的毛病；二是保持演讲语言的特点。写出的草稿，在语言上会有一些毛病。起草的当时意念完全集中在主题的表现、事件的陈述上，对语言的运用是无暇顾及的，全凭定型的习惯信笔所致。这样就不可避免地在草稿上出现句子残缺，用词不准，丢、错、别字等，都需要修改，这是其一。其二，按平时定型的习惯写，在语言的运用上，就不乏出现书面语言的倾向，如句子太长、诗歌化、散文化等，这也需要修改，只有经过修改才能保持演讲语言的特点。

总之，对演讲稿的语言进行润色，关键就是要做到把话说得明白，把话说得有力，把话说得动听。修改演讲稿，说起来容易，做起来是颇费功力的。尤其需要演讲者在自身的思想政治、文化、语言等方面有更深层次的修养，才能得心应手，游刃有余。

第三节　命题演讲的控场技巧

所谓控场技巧，是指演讲者对演讲场面进行有效控制的办法。在演讲的过程中，由于种种原因，可能导致听众情绪不佳、注意力分散或现场秩序混乱等。演讲者为有效地调动听众情绪，集中听众的注意力，驾驭场上气氛及秩序，使其朝着有利的方向发展，就需要借助控场技巧来完成。关于控场，不同的演讲者有着不同的方法，常用的有以下几种。

1. 注重气势

气势不是刻意地让听众感受到演讲者在演讲时的凌厉，或者演讲者的高大和威风，而是感受演讲者的气质和风度、在台上的镇定自若和演讲中的自信态度，使听众感受到演讲者的思想力量。这需要从演讲内容、肢体语言等方面下功夫。手势、眼神、语气的运用起着重要作用，手势要精当，眼神要真诚坚定，语气要充满感情，有起伏变化。

2. 调动气氛

演讲者要注意观察听众的反应。一般来说，如果听众注意力集中，专注地看着演讲者，或者互动情况很好，说明演讲者能吸引听众，主导着现场气氛，演讲者的情绪也会越发高涨，越讲越好。如果演讲者自己沉浸在某一问题的陈述中，而听众却表现出不关心、没兴趣或者做小动作等，就要马上调整内容，加入生动的事例等，吸引听众的注意，调动听众的热情。气氛越活跃，演讲效果才会越好。幽默是调节现场气氛的润滑剂、缓冲剂。如胡适在一次演讲时这样开头："我今天不是来向诸君作报告的，我是来'胡说'的，因为我姓胡。"话音刚落，听众大笑。这个开场白既巧妙地介绍了自己，又体现了演讲者谦逊的修养，而且活跃了场上的气氛，沟通了讲者与听众的心理，一石三鸟，堪称一绝。

3. 控制气息

在发声的过程中，有的人声音微弱，底气不足，听众听不清楚演讲者在说什么，听得昏昏欲睡；有的人嗓门过大，嗓子很快就哑了，听众听着也觉得不舒服。因此在演讲中，领导干部一定要学会控制自己的气息，适当地学习一些发声技巧，把握发声节奏，保持气流通畅。

4. 细节处理

一是话筒问题。话筒是演讲者语言力量的输出口，是影响演讲效果的重要技术因素。要注意话筒与演讲者之间的距离。如果离得过远，传出来的声音就显得单薄，音效就不好，特别是在露天中的演讲更应注意；如果离得太近，过强的音量冲击话筒，会使声音变质。正常情况下，演讲者与话筒应该保持10厘米左右的距离。要提前试音，尽可能按照自己正常的音量去讲，并请音响工作人员予以调整。二是喝水时机。如果演讲者感觉嗓子有点干，或者不舒服，该喝水的时候就喝，不用避讳。有些人端着水杯趴到桌子底下喝，大可不必这么做。

喝的时候稍微低下头或侧下脸就行了。如果喝完水后嗓子还不舒服，就清一下嗓子，注意不要对着话筒即可。三是场上意外。会场上可能还会发生一些小的意外，这时，演讲者不要惊慌，尤其不要因此而影响自己的思路和情绪。如果话筒被别人碰倒，扶起来接着讲就是；杯子不小心被碰倒了，抓紧处理一下也没有什么影响；有人打断演讲者的话或者有人递纸条表示不同意见，也完全正常，不要因为生气而中断演讲。要自如地解决这些会场上的突发事件，保持对现场的控制力。演讲场所的气温环境如果超出自己的想象和准备，要及时采取补救措施。如果太热一直出汗，要备好纸巾；如果天气过冷，也会造成被动。笔者就曾遇到过领导干部大冷天穿得单薄冻得说不出话的情况，因此要提前做好保暖措施。妥善应对这些细节问题，保持得体的风度，也是演讲者具有较强应变能力的体现，不可等闲视之。

5. 脱稿演讲

脱稿演讲既有助于增强听众对演讲者的信服感，也有利于更好地和听众交流。

总之，演讲者控场的最高境界在于——营造一个让听众和自己完全融为一体的氛围，并确保这个氛围始终如一。演讲者熟练地把握好控场技巧，恰当使用，演讲将会游刃有余，成功在望。

【拓展阅读 3-2】

临场意外及其应对五例

例 1：有一位演讲者，当主持人宣布由他上台演讲时，听众报以热烈的掌声。他快步走向讲台，不料，在登台时突然摔倒，此时，全场听众突然哄笑起来。待他走上讲台，站定之后第一句话是："大家太热情了，我为大家的热情而倾倒，谢谢你们！"全场报以热烈的掌声。

例 2：西方一位黑人领袖在讲演时被一位牧师打断："先生有志于黑人解放，非洲黑人多，何不去非洲？"黑人领袖当即反驳说："阁下既有志于灵魂解救，地狱灵魂多，何不下地狱？"

例 3：英国首相丘吉尔一次演讲时，一位女议员打断他的话："如果我是你的妻子的话，我就在你的咖啡里放上毒药。"丘吉尔立即回答："如果我是你丈夫的话，我就把它喝下去。"

例 4：一位西方外交人士在一次会议上打断中国代表的发言，挑衅性地说："如果你们不向美国保证不用武力解决台湾问题，那么显然就没有和平解决的诚意。"中国代表义正词严地回答："台湾问题是中国内政，采取什么方式解决是中国人民自己的事，无须向他国作什么保证，请问，难道你们竞选总统也需要向我们做出保证吗？"一句反问，使这位西方外交人士哑口无言。

第四节　命题演讲欣赏

我有一个梦想

——在林肯纪念堂前的演讲

（1963 年 8 月 28 日）

马丁·路德·金

我很高兴，今天能和大家一起参加这次示威游行。它必将作为美国有史以来为争取自由所举行的最伟大的示威游行而名垂青史。

100 年前，一位伟大的美国人——我们现在正站在他的灵魂的安息处——签署了《解放宣言》。这条重要法令的颁发，在一直忍受着不义与暴虐的火焰烧灼的千百万黑人奴隶的心中，竖起了一座光明与希望的灯塔。《宣言》令人欢愉的黎明，即将结束那种族奴役的漫漫长夜。

但从那时至今，已经有100年历史了，可黑人仍无自由可言，100年后的今天，黑人的生活仍旧被悲惨的隔离的桎梏和歧视的锁链所捆缚。100年后的今天，在浩瀚的物质财富海洋之中，黑人仍旧在美国社会的一隅受苦受难，并且发现自己竟然是自己所在国土上的流放者。因此，我们今天来到这里，把这种不体面的身份戏剧性地表演一下。

就某种意义而言，我们是来首都兑现期票的。当我们共和国的“建筑师”们撰写《宪法》和《独立宣言》中的富丽堂皇的篇章时，我们是在签一张“期票”，每个美国人都是这张期票的合法继承人。这张期票是一项允诺，即所有的美国人——非但白人，还有黑人都合格拥有不容剥夺的生活的权利、享受自由的权利和追求幸福的权利。

但是现在，很显然，就有色公民而论，美国却一直拒付这张期票。美国没有承担如期兑现这张期票的神圣义务。黑人满怀期望地得到的竟是一张空头期票。这张期票被签上“资金不足”的字样。然而我们绝不相信，正义的银行会破产。我们绝不相信，在美国，储存机遇的巨大金库竟会“资金不足”!

所以，我们来兑现这张期票来了，来兑现一张将给予我们堪称最高财富——自由和正义的保障的——期票。

我们来到这个尊为神圣的地点，其又一目的是提醒美国政府，现在是最为紧迫的时刻。现在既不是享用缓和激动情绪的奢侈品的时刻，也不是服用渐进主义麻醉剂的时刻。现在是从黑暗荒凉的深渊中崛起、向阳光普照的种族平等的道路奋进的时刻。现在是把种族歧视的流沙为基础的美国重建在兄弟情谊般的坚石之上的时刻。现在是为上帝的子孙实现平等的时刻。

如果再继续无视时机的紧迫，就将导致我们国家的不幸。不实现自由与平等，黑人的完全合法的不满情绪就不会平息，令人心旷神怡的金秋就不会降临，炎炎酷暑就不会消逝。1963年不是尾声仅是序曲。

如果美国政府继续一意孤行，就会使那些幻想黑人只要发泄一个不满情绪就会满足的人猛醒。在未授予黑人以公民权之前，美国既不会安宁，也不会平静。反叛的飓风将会不断地撼动这个国家的根基，直到迎来光辉灿烂的正义的黎明。

可是我必须对站在通往正义之宫的温暖入口处的人们进一言，我们在争取合法地位的进程中，绝不能轻举妄动。我们绝不能为了满足对自由的渴望，就啜饮敌意和仇恨。我们必须永远在自尊和教规的最高水平上继续我们的抗争。我们必须不断地升华到用精神的力量来迎接暴力的高尚顶峰。

席卷黑人社会的新的奇迹般的战斗精神，不应导致我们对所有白人的不信任——因为有许多白人兄弟参加了今天这个集会。这就告诉我们，他们已经逐渐认识到他们自己的命运与我们的自由是休戚相关的。

我们不能独自前进。而当我们前进的时候，我们必须宣誓永进向前，义无反顾。有些人向我们这些热衷于获得公民权的人发问：“你们何时才会满足？”答案是明确的：只要黑人还是警察的骇人听闻的恐怖手段和野蛮行为的牺牲品，我们是不会满足的；只要我们到旅馆里歇息，而在市内的旅馆投宿却不被允许，我们就不会满足的；只要黑人的基本活动范围还是局限于从一个较小的黑人区到一个稍大的黑人区，我们就不会满足的；只要我们的孩子不是被标写着“只限白人”的牌匾剥夺人格和自尊，我们就不会满足的；只要密西西比的黑人不能参加选举，而纽约黑人的选票还无实际意义，我们就不会满足的。不会的，不会的！除非平等泻如飞瀑，除非正义涌如湍流，我们是不会满足的。

我并非没有留意到，你们之中有些人是从巨大的痛苦与磨难中来到这里的。有些人来自狭小的牢房，还有些人来自那对自由的要求竟会招致迫害的风暴接二连三的打击，竟会招致警察兽行般地反复摧残的地区。而你们却一直富于创造性地、坚忍地忍耐着。那么，就怀着一定能获得拯救的信念坚持下去吧！

回到密西西比去吧！回到阿拉巴马去吧！回到南卡罗来纳去吧！回到乔治亚去吧！回到路易安那去吧！既然知道这种境况能够而且必定改变，那么应回到我们北方城市中的陋巷和贫民窟去吧！我们绝不可以在绝望的深渊中纵乐。

今天，我对大家说，我的朋友们，纵使人们面临着今天和明天的种种艰难困苦，我们仍然有个梦想，这是一个深深植根于美国之梦的梦想。

我梦想着，有那么一天，我们这个民族将会奋起反抗，并且一直坚持实现它的信条的真谛——“我们认为所有的人生来平等是不言自明的真理”。

我梦想着，有那么一天，甚至现在仍认为不平等的灼热和压迫的高温所炙烤的密西西比，也能变为自由与平等的绿洲。

我梦想着，有那么一天，我的 4 个孩子，能够生活在一个不是以肤色，而以品性来判断他们的价值的国度里。

【演讲视频 3-10】马丁·路德·金的《我有一个梦想》
http://v.youku.com/v_show/id_XNTk0MTA2MTk2.html?tpa=dW5pb25faWQ9MTAyMjEzXzEwMDAwMl8wMV8wMQ

我梦想着，有那么一天，就在邪恶的种族主义者仍然对黑人活动横加干涉的阿拉巴马州，就在其统治者拒不取消种族歧视政策的阿拉巴马州，黑人儿童将能够与白人儿童如兄弟姐妹一般携起手来。

我梦想着，有那么一天，沟壑填满，山岭削平，崎岖地带铲为平川，坎坷地段夷为平地，上帝的灵光大放光彩，芸芸众生共睹光华！

这就是我们的希望！这是我返回南方时所怀的信念！怀着这个信念，我们就能从绝望的群山中辟出颗希望的宝石；怀着这个信念，我们就能变我们祖国的嘈杂喧嚣为一曲优美和谐的兄弟交响乐；怀着这个信念，我们就能共同工作、共同祈祷、共同斗争，甚至哪怕共同入狱。既然知道有朝一日我们终将获得自由，我们就能为争取自由共同坚持下去！

点评：马丁·路德·金（1929—1968 年），美国黑人民权运动的著名领袖，牧师。1954 年参加美国有色人种协进会。1955 年发起成立“南方基督教领袖会议”，1957 年被选为该会主席。1958 年在南方 21 个主要城市组织集会，号召黑人争取公民权利。此后多次组织集会游行，反对种族歧视，要求种族平等。1964 年荣获“诺贝尔和平奖”。1968 年 3 月途经田纳西州孟菲斯市时遇刺身亡。

《我有一个梦想》，是马丁·路德·金在 1963 年 8 月 28 日美国黑人向首都华盛顿进军并在那里举行全国性和平进军大会上的讲话。这篇演讲从由林肯纪念堂联想到的林肯签署的《解放宣言》谈起，号召黑人起来斗争。这篇演讲通篇感情充沛、气势磅礴，感召力极强，并在演讲的结尾处寄希望于梦想，呐喊出“我梦想着，有那么一天……”的心声，深情恳切地表达了对自由的渴望，给人以战斗的勇气与胜利的信心，真是演讲中的上乘之作。

在林肯诞辰 200 周年纪念活动上的讲话

巴拉克·奥巴马

我荣幸地站在这里——这是林肯为国效劳的地方，是他宣誓就职的地方，也是他所拯救的国家向他作最后告别的地方。在我们纪念我国第 16 任总统诞辰 200 周年之际，我不能说我对他的生平和业绩的了解像今天多位演讲者那样深入，但我能说我对这位伟人怀有特殊的感激之情。我个人的历程，以及整个美国的历程，在很多方面要归功于他。

我们在国会山举行这次纪念活动恰如其分。这座建筑与这位永垂不朽的总统生活的时代有千丝万缕的联系。它由能工巧匠以及移民和奴隶建成——正是在这座圆形大厅内，北方军士兵得到临时医院的救治；正是在下面的地下室里烘烤的面包，让他们获得体力；正是今天的参议院和众议院议事大厅，成为他们夜晚宿营和白天偶尔休息之地。

这些士兵当年看到的这座建筑，与我们今天看到的截然不同，因为这座建筑一直到南北战争结束时都还没有完工。建造这座圆顶大厦的劳工每天上工时不知他们明日是否还再来；不知他们所用的金属梁架，是否会被征为军用物资，熔制子弹。但时间一天天过去，没有人命令他们停工，他们一直在上工，一直在建造。

当林肯总统后来得到汇报，得知大量钢铁被用在这项工程上时，他给予了这样一个简洁明了的答复：此乃物尽其用。他认为，应当让美国人民知道，即使在战争时期，建设也要继续；即使在国家自身疑虑重重时，它的前途也正在受到保障；当很久以后的一天枪声平息时，国会大厦将巍然屹立，其顶端矗立的自由雕像，成为仍在愈合中的国家团结统一的象征。

今天令我深省的，正是这种团结意识，这种即使在我国四分五裂时，仍能展望一个共同前景的能力。尽管这位伟人的这一特殊品质——他的领袖才能的独特之处——展现在数不胜数的场合中，但我今天希望与你们共同回顾其中一个。

在南北战争结束前的几个星期，林肯总统在格兰特将军的“女王河”号（River Queen）旗舰上被问到，在李将军（General Lee）投降后，将如何处置他的南方军。当时胜利近在咫尺，林肯完全可以报仇雪恨。他可以迫使南方军为反叛付出沉重代价。但林肯却下令，尽管双方都给对方造成了惨重伤亡和巨大痛苦，南方军一并一律免受惩处。他们将被给予——用他的话说——“完全自由”的待遇。林肯只希望南方军士兵返回家乡，恢复农耕，重操旧业。他还说，他甚至愿意“让他们保留自己的马以便拉犁……他们自己的枪以便打鸟”。

林肯知道，这是让导致国家分裂的伤痕得以弥合的唯一途径，也是让国家迫切需要的愈合得以开始的唯一途径。因为林肯从未忘记，即使在南北战争期间也从未忘记，虽然我们有种种差异——北方与南方，黑人与白人——但在内心深处，我们同属一个国家，同是一国子民，我们作为美国人的共同纽带无法割断。

因此，当我们今天聚首在这里时——虽然我们的隔阂远不如林肯时代深重，但却是又一次在经历重大时代问题的辩论，而且是激烈辩论——让我们切记，我们这样做是因为我们是为同一面旗帜效劳的仆人，是同一国子民的代表，是与同一未来息息相关的人。这才是我们对杰出的亚伯拉罕·林肯最好的纪念——是我们能够为他筑造的最永恒丰碑。

谢谢大家。

点评：2009 年 2 月 12 日，美国总统奥巴马出席了林肯诞辰 200 周年纪念活动并发表讲话，以上是讲话全文。在这篇演讲中，奥巴马首先肯定了林肯做出的贡献，深情回顾了林肯坎坷而又光辉的一生。接着，奥巴马谈到了林肯非凡的宽容与团结意识。为了国家能够运作长久这一共同目标，消弭彼此的隔阂，是对林肯最好的纪念。

在金融危机的大背景下，在反恐泥潭的挣扎中，美国国内弥漫着各种论点与论调，奥巴马的讲话，正是对这些喧嚣的理性建言。

奥巴马的演讲词结构严谨，自然和谐；句式错落有致，富有变化；措辞精练，句句朴实优雅。通篇洋溢着炽烈而真挚的感情，极富感染力与鼓动性。

【演讲视频 3-11】奥巴马在林肯纪念堂前的演讲 http://www.tudou.com/programs/view/qKg_tirrLwI/?union_id=100501_100500_01_01&tpa=dW5pb25faWQ9MTAyMjEzXzEwMDAwMV8wMV8wMQ

记忆

——华中科技大学校长李培根在2010届毕业典礼上的致辞

亲爱的同学们：

你们好！

首先，为你们完成学业并即将踏上新的征途送上最美好的祝愿。

同学们，在华中科技大学的这几年里，你们一定有很多珍贵的记忆！

你们真幸运，国家的盛世如此集中相伴在你们大学的记忆中。2008年奥运留下的记忆，不仅是金牌数的第一，开幕式的华丽，更是中华文化的魅力和民族向心力的显示；六十年大庆留下的记忆，不仅是领袖的挥手，不仅是自主研制的先进武器，不仅是女兵的微笑，不仅是队伍的威武整齐，更是改革开放的历史和旗帜的威力；世博会留下的记忆，不仅是世博之夜水火相容的神奇，不仅是中国馆的宏伟，异国场馆的浪漫，更是中华的崛起、世界的惊异；你们一定记得某国总统的傲慢与无礼，你们也让他记忆了你们的不屑与蔑视；同学们，伴随着你们大学记忆的一定还有什锦八宝饭；还有一个G2的新词，它将永远成为世界新的记忆。

近几年，国家频发的灾难一定给你们留下了深刻的记忆。汶川的颤抖，没能抖落中国人民的坚强与刚毅；玉树的摇动，没能撼动汉藏人民的齐心与合力。留给你们记忆的不仅是大悲的哭泣，更是大爱的洗礼；西南的干旱或许使你们一样感受渴与饥，留给你们记忆的，不仅是大地的喘息，更是自然需要和谐、发展需要科学的道理。

在华中科大的这几年，你们会留下一生中特殊的记忆。你一定记得刚进大学的那几分稚气，父母亲人送你报到时的情景历历在目；你或许记得“考前突击而带着忐忑不安的心情走向考场时的悲壮”，你也会记得取得好成绩时的欣喜；你或许记得这所并无悠久历史的学校不断追求卓越的故事；你或许记得裘法祖院士所代表的同济传奇以及大师离去时同济校园中弥漫的悲痛与凝重气息；你或许记得人文素质讲堂的拥挤，也记得在社团中的奔放与随意；你一定记得骑车登上“绝望坡”的喘息与快意；你也许记得青年园中令你陶醉的发香和桂香，眼镜湖畔令你流连忘返的圣洁或妖娆；你或许记得“向喜欢的女孩表白被拒时内心的煎熬”，也一定记得那初吻时的如醉如痴。可是，你是否还记得强磁场和光电国家实验室的建立？是否记得创新研究院和启明学院的耸起？是否记得为你们领航的党旗？是否记得人文讲坛上精神矍铄的先生叔子？是否记得倾听你们诉说的在线的“张妈妈”？是否记得告诉你们捡起路上树枝的刘玉老师？是否记得应立新老师为你们修改过的简历，但愿它能成为你们进入职场的最初记忆。同学们，华中科大校园里，太多的人和事需要你们记忆。

请相信我，日后你们或许会改变今天的某些记忆。瑜园的梧桐，年年飞絮成“雨”，今天或许让你觉得如淫雨霏霏，使你心情烦躁、郁闷。日后，你会觉得如果没有梧桐之“雨”，瑜园将缺少滋润，若没有梧桐的遮盖，华中科大似乎缺少前辈的庇荫，更少了历史的沉积。你们一定还记得，学校的排名下降使你们生气，未来或许你会觉得“不为排名所累”更体现华中科大的自信与定力。

我知道，你们还有一些特别的记忆。你们一定记住了“俯卧撑”“躲猫猫”“喝开水”，从热闹和愚蠢中，你们记忆了正义；你们记住了“打酱油”和“妈妈喊你回家吃饭”，从麻木和好笑中，你们记忆了责任和良知；你们一定记住了姐的狂放，哥的犀利。未来有一天，或许当年的记忆会让你们问自己，曾经是姐的娱乐，还是哥的寂寞？

亲爱的同学们，你们在华中科技大学的几年给我留下了永恒的记忆。我记得你们为烈士寻亲千里，记得你们在公德长征路上的经历；我记得你们在各种社团的骄人成绩；我记得你们时而感到“无语”时而表现得焦虑，记得你们为中国的“常青藤”学校中无华中科大一席而灰心丧气；我记得某些同学为“学位门”、为光谷同济医院的选址而愤激；我记得你们刚刚对我的呼喊：“根叔，你为我们做成了什么？”——是啊，我也得时时拷问自己的良心，到底为你们做了什么？还能为华中科大学子做什么？

我记得，你们都是小青年。我记得“吉丫头”，那么平凡，却格外美丽；我记得你们中间的胡政在国际权威期刊上发表多篇高水平论文，创造了本科生参与研究的奇迹；我记得“校歌男”，记得“选修课王子”，同样是可爱的孩子。我记得沉迷于网络游戏甚至濒临退学的学生与我聊天时目光中透出的茫然与无助，他们还是华中科大的孩子，他们更成为我心中抹不去的记忆。

我记得你们的自行车和热水瓶常常被偷，记得你们为抢占座位而付出的艰辛；记得你们在寒冷的冬天手脚冰凉，记得你们在炎热的夏季彻夜难眠；记得食堂常常让你们生气，我当然更记得自己说过的话：“我们绝不赚学生一分钱”，也记得你们对此言并不满意；但愿华中科大尤其要有关于校园丑陋的记忆。只要我们共同记忆那些丑陋，总有一天，我们能将丑陋转化成美丽。

同学们，你们中的大多数人，即将背上你们的行李，甚至远离。请记住，最好不要再让你们的父母为你们送行。面对岁月的侵蚀，你们的烦恼可能会越来越多，考虑的问题也可能会越来越现实，角色的转换可能会让你们感觉到有些措手不及。也许你会选择“胶囊公寓”，或者不得不蜗居，成为蚁族之一员。没关系，成功更容易光顾磨难和艰辛，正如只有经过泥泞的道路才会留下脚印。请记住，未来你们大概不再批评上级的随意，同事之间大概也不会有如同学之间简单的关系；请记住，别太多地抱怨，成功永远不属于整天抱怨的人，抱怨也无济于事；请记住，别沉迷于世界的虚拟，还得回到社会的现实；请记住，“敢于竞争，善于转化”，这是华中科大的精神风貌，也许是你们未来成功的真谛；请记住，华中科大，你的母校。“什么是母校？就是那个你一天骂他八遍却不许别人骂的地方。”多么朴实精辟！

亲爱的同学们，也许你们难以有那么多的记忆。如果问你们关于一个字的记忆，那一定是“被”。我知道，你们不喜欢“被就业”“被坚强”，那就挺直你们的脊梁，挺起你们的胸膛，自己去就业，坚强而勇敢地到社会中去闯荡。

亲爱的同学们，也许你们难以有那么多的记忆，也许你们很快就会忘记根叔的唠叨与琐细。尽管你们不喜欢“被”，根叔还是想强加给你们一个“被”：你们的未来“被”华中科大记忆！

点评：2010 年 6 月 23 日华中科技大学举办了 2010 届本科生毕业典礼，校长李培根院士作了题为《记忆》的演说，16 分钟的演讲被掌声打断 30 次，全场 7 700 余名学子起立高喊“根叔！根叔！”很多人泪洒现场，若干武汉媒体破例全文刊登了李校长的演说词，对于一名大学校长而言，这称得上是一种殊荣。这篇“演讲词”在大学生心里留下了穿透人心的分量，引起很多人思想与情感的共鸣，引起网上热转。那么，这篇演讲词的魅力何在呢？

他贴近大学生，让人觉得亲切。在 2 000 余字的演讲词中，李培根校长把 4 年来的国家大事、学校大事、身边人物、网络热词等融合在一起。“俯卧撑”“躲猫猫”“打酱油”“妈妈喊你回家吃饭”“蜗居”“蚁族”“被就业”“被坚强”……都出现在这篇被网络媒体称为“毕业讲话串热词”中，所以毕业生们说：“没想到校长会这么亲切。”

他讲真话，用真情，让人倍受感动。李校长在日常就很贴近学生，有很好的学生缘、亲近感、影响力，被学生们自发地称为“根叔”。他的这篇讲稿是在回国的飞机上自己写的，没有套话、空话、假话、大话，不掩饰、不做作、不哗众取宠，完全体现了一位领导者对被领导者的真诚与热情。

【演讲视频 3-12】华中科技大学校长李培根在 2010 届毕业典礼上的致辞 http://my.tv.sohu.com/us/63363511/54968141.shtml

认识的人，了解的事

柴静

十年前在从拉萨飞回北京的飞机上，我的身边坐了一个50多岁的女人，她是30年前去援藏的，这是她第一次因为治病要离开拉萨。下了飞机，下着很大的雨，我把她送到了北京一个旅店里。过了一个星期我去看她，她说她的病已经确诊了，是胃癌晚期，然后她指了一下床头的一个箱子，她说："如果我回不去的话，你帮我保存这个。"这是她30年当中走遍西藏各地，和各种人——官员、汉人、喇嘛、三陪女交谈的记录。她没有任何职业身份，也知道这些东西不能发表，她只是说，一百年之后，如果有人看到的话，会知道今天的西藏发生了什么。这个人姓熊，拉萨一中的女教师。

五年前，我采访了一个人，这个人在火车上买了一瓶1.5元的水，然后他问列车员要发票，列车员乐了，说我们火车上自古就没有发票。这个人就把铁道部告上了法庭。他说人们在强大的力量面前总是选择服从，但是今天如果我们放弃了1.5元的发票，明天我们就可能被迫放弃我们的土地权、财产权和生命的安全。权利如果不用来争取的话，权利就只是一张纸。他后来赢了这场官司，我以为他会和铁道部结下"梁子"。结果他上了火车之后，在餐车要了一份饭，列车长亲自把这个饭菜端到他面前说："您是现在要发票还是吃完以后我再给您送过来？"我问他，你靠什么赢得尊重？他说我靠为我的权利所做的斗争。这个人叫郝劲松，34岁的律师。

去年我认识一个人，我们在一起吃饭，这个60多岁的男人说起丰台区一所民工小学被拆迁的事，他说所有的孩子靠在墙上哭。说到这儿的时候，他也动感情了，他从裤兜里面掏出一块皱皱巴巴的蓝布手绢，擦擦眼鼻。这个人18岁的时候当大队的出纳，后来当教授，当官员，他说他所有做这些事的目的只是为了想给农民做一点事。他在我的采访中说到，征地问题给农民的不是价格，只是补偿，这个分配机制极不合理，这个问题的根源不仅出在土地管理法，还出在1982年的宪法修正案。在审这个节目的时候，我的领导说了一句话：这个人就说得再尖锐，我们也能播。我说为什么？他说因为他特别真诚。这个人叫陈锡文，中央财经领导小组办公室主任。

【演讲视频3-13】柴静演讲：认识的人，了解的事
http://v.youku.com/v_show/id_XMzkyOTQ5MTk2.html?tpa=dW5pb25faWQ9MTAyMjEzXzEwMDAwMl8wMV8wMQ

七年前，我问过一个老人，我说你的一生已经有过很多挫折，你靠什么保持你年轻时候的情怀？他跟我讲，有一年他去河北视察，没有走当地安排的路线，在路边发现了一个老农民，旁边放着一副棺材。他下车去看。那个老农民说因为太穷了，没钱治病，就把自己的棺材板拿出来卖。这个老人就给了他500元钱拿回家。他说我讲这个故事给你听，是要告诉你，中国大地上的事情是无穷无尽的，不要在乎一时的得失，要执着。这个人叫温家宝，中华人民共和国总理。

一个国家是由一个个具体的人构成的，它由这些人创造并且决定。只有一个国家能够拥有那些寻求真理的人，能够独立思考的人，能够记录真实的人，能够不计利害为这片土地付出的人，能够捍卫自己宪法权力的人，能够知道世界并不完美，但仍然不言之力、不言放弃的人，只有一个国家拥有这样的头脑和灵魂，我们才能说我们为祖国骄傲。只有一个国家能够尊重这样的头脑和灵魂，我们才能说，我们有信心让明天更好。

点评：2009年8月29日上午，"庆祝共和国六十华诞为祖国骄傲为女性喝彩——'更香杯'首都女记协演讲大赛"在人民网演播厅举行。经过15名来自首都各个新闻单位参赛选手的激烈角逐，中央电视台记者柴静以上面这篇《认识的人，了解的事》主题演讲荣获特等奖。柴静这段5分钟的演讲，太精彩也太经典了，平淡却十分震撼，让人热血沸腾。那简单的言语里所凸显出的人文的关怀、信念的力量、对社会的思考和对未来中国的希望，让我们看到了柴静的坚韧和信仰。

阅读思考

竞选应聘演讲

竞选应聘演讲，是指在一定的组织形式中凭借聪明才智和良好的口才自荐、竞争某项职务或某项工作的一种演讲。这种演讲，可以在政府首脑机关中进行，也可以在各级组织团体中进行。在西方，这种演讲形式被使用得相当广泛而普遍。在我国，随着组织人事制度改革的不断深化，这种演讲形式也越来越多地应用于人们的政治和社会生活中。

竞选者、应聘者发表竞选应聘演讲的目的，主要不是为了教育他人，而是为了充分展示自己的特长，让听众或招聘者进一步了解自己的“施政纲领”，了解在“政纲”的勾画、阐述中显现出来的能力和素质，进而认识、认同自己。所以，那种善于阐明自己的“施政纲领”，并通过这种阐述在众人面前塑造良好的自我形象的人，比较容易获得成功。

既然是竞选、应聘，这种演讲就具有一定的对比性、挑战性和竞争性。它往往不是一个人而是多个竞争对手同台演讲，众强者竞争，优中选优。因此，每个竞选者、应聘者都面临着如何正确对待竞争对手的问题。可以说，对待竞争对手所采取的态度直接影响着最后的结果。纵观一系列竞选应聘演讲，对待竞争对手的做法主要有以下三种：

一是单纯攻击型。在演讲中，竞选者、应聘者不谈或很少谈自己如何如何，而专挑对手的毛病，指责多于赞扬，批评多于肯定，借以抬高自己。严格来说，这种演讲不是在竞选、应聘，而是在批判、声讨，这是一种极不聪明又十分危险的做法。因为每个人都有一定的识别、分析和批判能力，到底谁高明、谁平庸，大家自然心中有数，用不着竞选者、应聘者指手画脚肆意评判。就某种意义而言，竞选者、应聘者实际上都是“受审者”，而不是“审判者”。摆不正这个位置，就有可能导致他人对自己的反感、抵触和排斥。

二是抑扬结合型。竞选者、应聘者在演讲中，先是肯定对方的合理部分或某些能力和做法，继而通过对比，进一步显示自己的优势和特长。采用这种方法，关键要实事求是、慎重稳妥。也就是说，无论是肯定还是批评对方，都要做到以诚为本、有理有据、恰当有度，切忌无中生有、肆意批评。因为虚扬实抑的做法的真实目的往往不言自明，所以如果弄巧成拙，有可能使人觉得竞选者、应聘者更多了几分虚伪和奸猾，从而影响最后的成功。

三是力陈己见型。竞选者、应聘者能够做到虚心有节，礼貌待人，取人之长，补己之短，就问题谈问题，只陈述自己的计划、方案，一般很少涉及对手。能够注意这种演讲的严肃性和使命性，坚持实事求是的原则，既在演讲中明确、简洁地勾画出自己一旦当选或得到聘用将要实施的蓝图、方略，又清晰地介绍自己为实现任期目标将采取的具体措施，使听众感到可信、可行、可靠、可盼，感到放心，产生信心，振奋精神。这种做法为不少竞选者、应聘者所采用。

如有篇题为《同心协力，共创明天》的竞选演讲，在篇章结构的设计与安排，写作手法的使用，语言的运用，叙述、说理与情感的有机结合等方面，都是值得我们认真学习和借鉴的。

同学们：

晚上好！

大家一定很惊奇，生性腼腆的我怎么会有胆量站在这里参加本届班长的竞选。在此之前，我也问过自己同样的问题，但经过激烈的思想斗争后，我终于战胜了自己，鼓足勇气报了名，我庆幸自己的选择。面对大家一双双充满希望、信任的眼睛，我更有信心了。

我是一个沉默寡言的人，不擅长交际，有的同学说我清高，其实并不是这样。我很想为同学们做点什么，为班级添一份光彩，也很想缩短与大家的距离，但我却始终没有这个勇气。我很珍惜这次难得的机会，假若我当上班长，我一定全心全意地为班级服务，我衷心地希望大家给我支持和帮助。

我没有当干部的辉煌业绩，没有丰富的工作经验，没有一技之长，但我有颗为同学们服务的真心，有向同学们学习的诚心，有不断进取的信心。我想这些足以弥补我的不足，使我在工作中一帆风顺。

我们班在前几届班委会的领导下，在同学们的协助下取得了很大成绩，受到学校和老师的好评。假如我当班长，不但要保持光荣传统，还要发扬光大，争创文明优秀班，争当升旗班，使大家在一种积极上进、心情舒畅的气氛中学习、生活。具体讲，首先要加强纪律性，没有严格纪律的班级就好像一盘散沙，没有战斗力，给我们的学习也必然会带来不良后果。其次，要在班级开展一系列活动，丰富同学们的课余生活。我打算每月举办一次演讲比赛，每周办一期黑板报、开一堂阅读欣赏课。我们班还要成立兴趣小组，利用课外时间开展科技活动，培养大家广泛的兴趣和各种能力，为了祖国明天的辉煌打下坚实的基础。

这些只是我个人的初步设想，还有待于进一步与老师和同学们商量，使之完善。

我深信：凭着一颗赤诚的心，凭着一腔沸腾的血，再加上我们的共同努力，我一定能把工作做好，我们一定能把班级建设好。不信吗？那就请给我一次证实的机会吧！

谢谢大家！

竞选班长的演讲，其目的是为了打动同学，赢得同学的信任和投票。所以如何打动同学，使他们信任，是演讲时要重点考虑的内容。演讲的听众是非常熟悉的同学，因而演讲时千万不可夸夸其谈、开空头支票，要尽力做到真诚、坦率。

竞选者、应聘者要想获得成功，在演讲或交谈时必须把握好“五个度”——展示自己的水平，要体现高度；展示自己的动机，要选准角度；展示自己的真诚，要增强信度；展示自己的气质，要表现风度；展示自己的热情，要保持热度。为此，应特别注意以下三个方面的问题。

第一，要坚持实事求是的原则。在竞选应聘演讲中，唯实是根本，就是在各种条件、因素的准确把握和正确分析上，在说服他人的可信度上，要尊重实际，实事求是，不能只唱高调不顾现实，不能脱离实际可能。这就要求竞选者、应聘者在演讲中，既要考虑即时即地的效果，又要考虑长远效果，并力求做到两者的统一。要克服和杜绝头脑发热、主观臆断、口若悬河、胡乱许愿等问题。

第二，要突出自身的优势，战胜对手，赢得听众。竞选者、应聘者要对自己所演讲的内容进行精心的选择，把重点突出出来，运用恰当的方式展示自身的长处和优势，如自己已有的突出成绩，自己在知识、学历、技术、技能、年龄、精力、经历、经验等方面突出的特长，自己对形势的全面、深入的分析和对政策的准确、灵活的把握等。言之有物、言之有情、言之有理地打好这些“王牌”，用好这些“筹码”。不可眉毛胡子一把抓，眉目不清，章法混乱；不可东拼西凑、华而不实。在这方面，有两点必须高度注意，一是表达要准确。要少用一些“可能”“大概”“也许”“差不多”等词语，以免给人造成一种不可靠、没有把握、缺乏信心的感觉。二是内容要实在，展示自己的优点、特长等，要实事求是、谦虚谨慎，方法巧妙，语言得当、恰当适度。不说过头话，少用“绝对”“肯定”等词。对于自身的缺点、不足等，也要坦然相告。切忌用鉴定式的语言、大而空的套话来勾画自己；切忌不合时宜、没有限度地把展示自己变成自我吹嘘、自我炫耀；切忌只谈优点和长处而对缺点和不足避而不谈。

运用恰当的方式如实、适度地展示自身的长处和优势，是获得竞选、应聘成功的重要方法，而善于转化劣势、化被动为主动的方法往往较之前者更为有效。它包括以下两个方面。

一是正视自身的弱点并善于转化这种不足，先抑后扬，在坦言自己劣势的同时，凸显自身所具有的常人难以相比的长处和优势，同时较好地展现出自己所具有的真诚、实在、充满自信、可以信赖等品质。如某师范院校一位教师应聘一革命博物馆解说员的演讲。

各位主考，根据启事的规定，我起码有两个不利条件：一是我的年龄，启事上说招 25 岁以下的，而我已经接近 40 岁了。不过任何事物都不是绝对的，一方面，我可以通过充满青春活力的热情和幽默来弥补。再说，要不是报名册上写着 36 岁，请问在座的有哪位看得出我是 36 岁之人？另一方面，年龄大些或许正可以成为成熟、可以信赖的标志呢。而这些，好像正是解说工作所需要的吧。第二个不利是我的教师职业。启事上说不招教师，认为教师太忙，不能全身心投入解说工作。而我是师范院校历史专业的，一周就三课时，加双休日两天，时间充沛着呢。我们学校与博物馆紧紧相邻，随叫随到，十分方便。正因为我教历史，对史地知识尤其是我区历史、革命沿革，我能做到有问必答、有疑必解。况且，经过近 20 年教师工作的锻炼，我的普通话和表达能力均能胜任解说工作。

二是先肯定对方的优点和优势，并能够在联系和分析中辩证地指出其弱点和不足，先承后转，先扬后抑，进而申明自己在这方面的过人之处。如某旅行社招聘一名二十岁左右的业余导游，几轮筛选后，只剩下两名颇有实力的应聘者：23 岁的女士、30 岁的先生。招聘单位决定让二人作最后陈述以决定取舍。一般来说，年轻漂亮的小姐做导游优势明显，但这位先生却这样讲：

是的，正如这位小姐所说，她很年轻，充满青春活力，导游所需要的，正是像这位小姐这样既有人才又有口才的光彩照人的人。

可是，旅行社已有的 × 名专职导游员，全部都是女性，竟然没有一个男性。那许许多多的女游客，恐怕不会每个人都感兴趣于阴柔之美的女导游吧？

第三，要高度重视现场答辩。有时，在演讲之后或交谈之中，有些人会现场向竞选者、应聘者提出一些问题，需要当场答辩。这种答辩，事实上是一种特殊形式的即兴演讲，它与前面进行的演讲或交谈是密切相连的整体，答辩的水平和质量的高低对前面演讲或交谈的效果具有明显的强化或弱化作用，而且直接影响着竞选或应聘的结果，所以需要竞选者、应聘者认真对待。要努力通过现场答辩，进一步展示自己所具有的较高的政治和业务素质，反映出自己所具有的良好的管理和政策水平，表现自己良好的分析理解能力、判断能力、机敏能力和说服能力，进一步优化展现在听众面前的综合印象，争取竞选、应聘的成功。

因现场答辩出现问题而使竞选者、应聘者前功尽弃的例子屡见不鲜。某招聘单位对一应聘者的业务水平比较满意，但当招聘者问到“你对我们国家的‘入世’怎么看”时，那位应聘者坦言道：“我不关心这些。”结果这位应聘者被婉言谢绝、拒之门外。有两位师范院校的毕业生到一所学校应聘教师，当招聘者问“你对当教师怎么看”时，一位说：“我从心里不喜欢当教师，可是眼下进机关没路子，到企业效益差，只好不得已而为之。”而另一位的回答是：“我是师范院校毕业的，我喜欢我的专业，当老师能够充分发挥我的特长。”假如你是一个认真负责的招聘者，你会选择谁呢？

【演讲视频 3-14】竞聘演讲
http://v.youku.com/v_show/id_XMTQ2NjMyOTg2MA==.html?tpa=dW5pb25faWQ9MTAyMjEzXzEwMDAwMl8wMV8wMQ

（资料来源：史钟锋，张传洲. 演讲与口才实训[M]. 南京：东南大学出版社，2015.）

思考题：

1．竞选应聘演讲较之命题演讲有何特点？

2．如何在竞选应聘演讲中获得成功？

项目实训

一、撰写演讲稿

试利用以下材料，根据命题演讲事、情、理的结合，以“无私奉献”为主题，撰写一篇6分钟的演讲稿。

刘国江，1965年4月出生，1982年参军，1994年5月转业到长春市国家税务局。几十年来，他在工作上兢兢业业、勤勤恳恳；在社会上默默无闻、吃苦耐劳、无私奉献，得到了本单位领导和社会各界的广泛赞誉。

他刚到税务局时，负责开车并承担总务工作，每天楼上楼下要跑几十趟，还有出车勤务等。在工作之余，他经常帮助其他部门干一些力所能及的工作。有一次单位的暖气坏了，为了让同志们第二天能在温暖的办公室上班，他半夜来到局里帮助锅炉工维修暖气。虽然弄得满身是水，还因此得了感冒，大病了一场，但是他认为，能保证第二天的正常工作，值了。通过自己的努力工作，局领导和同志们给予了他很高的评价。后来发票科成立，局里把发票调拨的重要工作交给了他，他严格要求自己，工作上不怕苦和累。后来又担任发票审验、库房管理、窗口付票等工作。他工作一丝不苟、严格认真，从没出过任何差错。他热情地为纳税人服务，对业户高度负责。

有一次，某企业买了500本发票，他付完捆好后，该企业的车因故没有来。已经到了中午，急得会计不知怎么办才好。为了保证发票发放的安全性，他主动对该会计说：“你不要急，等一下，我把最后的几本发票付完，用车送你。”那位会计感动得不知说什么好。就这样，他利用中午休息的时间把发票安全地送到了该企业。该企业的会计和领导很受感动，亲自送来一面写着“人民的公仆、真诚的服务”的锦旗。通过这些，架起了纳税人与收税者之间真诚和信任的桥梁。

还有一次，老会计宋国华的发票准购证丢失了，她急得满头大汗。刘国江见状忙上前问明情况，帮助老人楼上、楼下找，后来终于在老人去办过事的临河所内找到了发票准购证。老人亲自将一面锦旗送到了局长室，以示对刘国江的深深谢意。

刘国江现在在国税申报窗口工作，他每天第一个来到单位，把办公室打扫得干干净净。刚到窗口时，他认真地向老同志学习，用了两天的时间学习了相关业务知识，第三天就可以自己操作了。他是党员先锋岗，经常延时服务，纳税人来报税都愿意到刘国江的窗口，因为纳税人都知道，国江服务态度好，热情周到，随到随办。他为全局做出了榜样，在国税系统掀起了向刘国江学习的热潮。

工作是繁忙的。但刘国江在做好本职工作的同时，还惦记着社会上的困难群体，时刻想着为他们做点什么。他常年抚养照顾一百多位孤寡老人，资助了 20 多名贫困学生。在扶助照顾老人的同时，刘国江还在社会上见义勇为、奉献爱心。他救助因汽车肇事受伤的第 108 小学的陆遥同学，把他送到医院，自己付款。2002 年 9 月，他为见义勇为而受伤的安徽籍英雄胡广胜送去了 500 元，连自己坐车回家的路费都没有留下，步行回到了单位；2003 年 2 月，他把自己刚发的 1 000 元工资拿了出来，交给第 34 中学的困难学生白桦和闫冬。他还向白血病患儿顾小青捐款 800 元；印度洋海啸发生后，向红十字会送去了 1 000 元。在去北京的火车上，当他听说北京 O 型血告急时，下车后就去血站无偿献了血；南方出现低温雨雪冰冻等特大自然灾害时，他捐了 1 000 元；当得知见义勇为的英雄狄刚受伤住院时，又带去鲜花和 200 元。“5・12”四川汶川大地震后，他先后多次捐款累计 1 350 元，而自己当月的房贷都没还上。

中央领导同志了解了刘国江的情况后，做出了“把刘国江同志作为道德建设的典范进行宣传”的批示。

（资料来源：卢海燕. 演讲与口才实训[M]. 大连：大连理工大学出版社，2013.）

训练提示

（1）选择两个以上典型材料，采用并列式结构。

（2）材料要注意细节的描述。

（3）整个结构要注意事、情、理的结合，男生侧重以理服人，女生侧重以情感人。

（4）高潮部分放在结尾之前。

（5）抒情与议论部分要注意过渡和照应。

二、命题演讲比赛训练

实训目标：培养学生了解命题演讲的准备过程，掌握演讲的基本技能；通过活动，锻炼学生团队的协作意识等其他综合能力。

实训学时：2 学时。

实训地点：教室。

实训方法：教师提前一周布置演讲比赛题目，要求以小组为单位讨论拟定大纲、撰写演讲稿；小组成员在组内进行预选赛，各组推荐 2 名选手参加班级比赛。指导教师最后讲评。

参考题目

（1）扬起青春的风帆

（2）奋斗，做生活的强者

（3）年轻，没有什么不可以

（4）是金子，总要闪光

（5）高职生自有风流在

（6）我有一个梦

（7）我的老师

（8）文明出游

（9）倡导诚信从我做起

（10）我爱我的专业

（11）我真想……

……

课后练习

一、命题演讲训练

1. 进行个人经历演讲

准备一个 2～3 分钟的个人经历（叙述性）演讲。想想你有过的幽默、有悬念或富有戏剧性的经历，选择一段你认为你的听众会喜欢听的经历。

2. 假如你参加了一个校园 3 分钟演讲比赛，比赛题目是根据现场抽签决定的。现在你抽到的论题是“中国梦”。请你用 10 分钟的时间构思。

（1）确定你演讲的主题。

（2）列出你的演讲提纲。

（3）列出你的论据材料。

（4）分析你的听众的特点。

3. 以下是曲啸同志的演讲《心底无私天地宽》中的一段话。这段话是用什么方法将材料组织起来的？

1957 年，大学毕业后 8 天，就被错划为“右派”，送去劳动教养。

1961 年 10 月，摘除“右派”帽子，解除了教养，只身来到兴安岭脚下一个新开辟的农场，成了牧马人。

由于他的身份不适合在边疆工作，又被遣送到辽宁，在一个劳改农场教小学二年级。“文革”开始，又被定为“现行反革命”，判刑 20 年。1979 年 1 月，冤案得到平反。

1981 年调到营口教育学院工作。

1982 年入党。

平反后找到妻子、孩子。一家生活状况的述说……

4. 经典演讲词模仿

本章 3.5 节中的著名演讲词欣赏，组织学生分析当时演讲的背景和演讲者的心态，体会其语言特点，并让学生进行模仿、领会，较好地从经典演讲词中感受到演讲的魅力。

5. 命题演讲中如何使用直观教具？在这方面你有什么经验？

二、演讲稿设计训练

1. 请选择以下题目撰写 1～2 篇演讲稿，也可根据你的兴趣另外选题撰写演讲稿。

青春无悔

红花需要绿叶衬

毕业断想

拒绝平庸

感恩的心

君子爱财，取之有道

学会放弃

莫当“手机控”

生活告诉我

再议“眼见为实”

一句格言的启示

别让英雄流血再流泪

人生处处是考场

“沉默是金”之我见

勤俭与发展

顺境与逆境

成熟的标志

喜欢……的n个理由

从“胯下之辱”看人生选择

君子一言，驷马难追

蚂蚁的力量

感恩的日子

书中自有黄金屋

自由与纪律

2. 为什么要重视演讲稿的结构安排？有人说比较理想的演讲稿结构应当是“凤头、猪肚、豹尾”，这种说法对吗，为什么？

3. 命题演讲续写训练

根据下列题目与开头，构思演讲的脉络，进行续写。

大学生的责任

同学们，我今天演讲的题目是《大学生的责任》。大家一定会说，这题目都让人讲滥了还怎么讲呢？以前在一个同学的笔记本上我发现了一首中英文结合的小诗，诗中写道：“人生本来当 happy！何必苦苦 study，只求考试 pass，拿到文凭 go away。既然如此 busy，何必天天 study，娶个漂亮的 lady，抱个胖胖的 baby……”读到这里，我的心在颤抖，难道说，我们跨世纪的大学生，只为考试 pass 和漂亮的 lady 吗？不，绝不！为此，我今天要认真地讲一讲大学生的责任。

4. 请分析以下演讲者在材料选择上存在的问题。

（1）讴歌一位警察——SARS 时期，父亲突发脑溢血，见到儿子来探望便动员他回到岗位上去。儿子听着生命垂危的父亲坚定有力、命令般的斥责，“咚”地一声跪下，含泪磕了三个响头，大呼：“爸，不孝儿回去了！”

（2）褒扬筑路工人——年幼的儿子问妈妈：“为什么我们到省城比爷爷和爸爸那个年代快多了？”妈妈微笑着说：“那是因为修路的叔叔本领大，让大山都低头了。”儿子表态：“长大后我也要成为能让大山低头的人！”

（3）关于“忠诚铸就卓越”的演讲——炎热的七月，正当扩容工程进行到割接的紧要关头，张秀平突然接到老家的电话：父亲病重，望她速速回家。一边是割舍不了的骨肉亲情，一边是挚爱工作的紧要关头，即便选择放弃工作也完全可以理解。但是，她还是强忍着自己的内疚，选择了留在工作岗位。当交换机的割接任务顺利完成后，她急匆匆地赶回老家，却再也没有机会见到父亲慈爱的面容！

5. 设计开场白

你的母校——某大学（学院）校庆 50 周年，你作为校友代表被邀请在校庆典礼上演讲。

请为你这次演讲分别设计3个开场白。

要求：切合现场气氛，每个开场白不超过100个字，分别讲出来并加以比较。

6. 谈谈你对以下开场白的看法。

"大家让我来讲几句，本来我不想讲，一定要讲就讲吧。"

"同学们，我没什么准备，实在说不出什么。既然让我来讲，那就随便讲点，说错了请大家原谅。"

"同学们，这几天实在太忙，始终抽不出时间，加上身体欠安，恐怕讲不好，请大家原谅。"

7. 下面是两个不同演讲的结尾，各自运用了什么手法？取得了怎样的效果？

（1）浩云《论"男子汉"》的结尾

所以，真正的男子汉，不仅须博大、精深，有理性的头脑，能开创一番事业；不仅须刚毅、坚强，有无畏的精神，敢蔑视一切困难，他也须能宽容，具善意，有爱心。正所谓"无情未必真豪杰，怜子如何不丈夫"也。但愿我们的世界，因为会有更多的男子汉的出现，而充满了男性的美，男性的力度，男性的清醒与坚定，也充满了男子汉深厚宽广的爱。

（2）徐宁《叶的事业》的结尾

伟大诗人泰戈尔有这样一段名言："花儿的事业是甜蜜的，果的事业是珍贵的，让我们干叶的事业吧，因为叶总是谦逊地垂着她的绿荫的。"幼教事业又何尝不是叶的事业呢？每一个幼儿教师，都像是一片绿叶，在党的阳光下进行光合作用，孕育着花，孕育着果，孕育着神州大地的万千桃李。

让所有年轻的爸爸、妈妈都放心把孩子交给我们吧！我要把我的爱、我的智慧和我的整个生命都奉献给他们。假如命运允许我选择一百次，我还是要选择幼教事业！

我也愿所有的年轻朋友，都尽自己的力量，干好叶的事业，花的事业、果的事业、共同为我们欣欣向荣的祖国增一分明媚的春光，添一片绚丽的色彩。

三、演讲者形象及控场训练

1. 演讲手操

为了练习演讲的手部动作，演讲专家乔宪金编练了三套手操，即领袖手操、战士手操和交心手操。请注意练习，以提高演讲时总手势的运用效果。

（1）领袖手操。领袖手操由"我行、你真棒、请进来、抓住你、给我冲"五个环节组成。

"我行"——右手放到胸口。

"你真棒"——拇指向身前伸出。

"请进来"——手掌摊开，掌心向上伸向对方。

"抓住你"——右手做强力抓握动作。

"给我冲"——右手向前平推。

这套手操是模仿领袖人物的手部动作设计的，开放、大气、大度，长期练习有助于培养领袖风范。

（2）战士手操。战士手操由"不要这样、斩断你的尾巴、砍断你的魔爪、砸烂你的狗头、给我滚"五个环节组成。

"不要这样"——右手伸开，手臂呈90度角，整个手掌由后上向前下拍打。

"斩断你的尾巴"——掌心向下，五指并拢构成砍刀状，然后在胸前快速划弧，由前上向右下方斩去。

"砍掉你的魔爪"——五指并拢，手掌作刀片状，从右上向左下快速直击，快刀斩乱麻。

"砸烂你的狗头"——右手握掌，掌心向外直击出去。

"给我滚"——右手半握，快速向前伸展，好像有东西从手里撇出去。

（3）交心手操。交心手操由"掏出来、举起来、举上去"三个环节构成。

"掏出来"——两手在腰侧翻摊，好像心都要掏出来了。

"举起来"——手在腰侧打开后向前向上摊开，给人开诚布公的视觉形象。

"举上去"——双手自肩上向眼睛的前上方摊开，表示自己勇于接受新事物，勇于面对挑战，更预示着演讲者对美好事物的追求。

2. 走上讲台，简单讲几句话，然后走下讲台。在这一过程中尝试运用环视、注视、虚视，体味其中的区别。

3. 观摩演讲或观摩电影中的演讲片段，有目的地观察别人的手势、表情，仔细研究，博采众长，并经常对镜练习、矫正。多积累，烂熟于心，形成自己的动作。

4. 怎样在演讲中给听众树立自己良好的第一印象？

5. 第一次参加演讲时你感到紧张吗？你是怎样克服紧张情绪的？

6. 应如何提升自己的演讲临场应变能力？

7. 美国前总统罗斯福在分析演讲者怯场的原因时指出："每一个新手，常常都有一种心慌病。心慌并不是胆小，乃是一种过度的精神刺激。"你认为罗斯福的分析是否正确？为什么？

8. 请阅读以下温家宝总理演讲临场意外的应对案例，然后谈谈你的想法。

2009 年温家宝在英国剑桥大学发表了题为《用发展的眼光看中国》的演讲。其间，现场突发高声骚扰。礼堂后方一名西方人模样的男子突然起身叫嚷，并向讲台投掷鞋子。该男子的行径引起全场听众的强烈不满，大家齐声高喊："可耻""滚出去"。在一片斥责声中该男子被带离现场。温家宝随后在演讲中说："这种卑鄙的伎俩，阻挡不了中英两国人民的友谊。人类的进步，世界的和谐，是历史的潮流，是任何力量阻挡不了的。"温家宝总理从容的神态和坚定的语气赢得了全场长时间热烈的掌声。

剑桥大学随后发表声明，剑桥大学发言人说："从学校的角度来讲，这是一种侵犯行为。在一位国家领导人做演讲时，剑桥大学的学生有这样的举动的确让人非常沮丧。大学是讨论、争辩和思考说理的地方，不是扔鞋子的地方。"

个别人的行为不能代表剑桥师生，温家宝总理现场的表现令人敬佩，演讲内容精彩充实，深深吸引了听众。

四、案例分析

邓小平的一次演讲

中国改革开放的总设计师邓小平于 1982 年 9 月 24 日就香港问题发表了一次著名的演讲。

我们对香港问题的基本立场是明确的，这里主要有三个问题。一个是主权问题；再一个问题，是 1997 年后中国采取什么方式来管理香港，继续保持香港繁荣；第三个问题，是中国和英国两国政府要妥善商谈如何使香港从现在到 1997 年 15 年中不出现大的波动。

关于主权问题，中国在这个问题上没有回旋的余地。坦率地讲，主权问题不是一个可以讨论的问题。现在时机已经成熟了，应该明确肯定：1997 年中国将收回香港。就是说，中国要收回的不仅是新界，而且包括香港岛、九龙。中国和英国就是在这个前提下来进行谈判，商讨解决香港问题的方式和办法。如果中国在 1997 年，也就是中华人民共和国成立 48 年后还不把香港收回，任何一个中国领导人和政府都不能向中国人民交代，甚至也不能向世界人民交代。如果不收回，就意味着中国政府是晚清政府，中国领导人是李鸿章！我们等了 33 年，再加上 15 年，就是 48 年，我们是在人民充分信赖的基础上才能如此长期等待的。如果15年后还不收回，人民就没有理由信任我们，任何中国政府都应该下野，自动退出政治舞台，没有别的选择。所以，现在，当然不是今天，但也不迟于一两年的时间，中国就要正式宣布收回香港这个决策，我们可以再等一年宣布，但肯定不能拖延更长的时间了……

思考题：

（1）请阅读这篇演讲稿，然后谈谈你的想法。

（2）观看邓小平相关演讲视频，体会其演讲的风格。

"救救我们吧"——胡志明的演讲

《救救我们吧》是越南民主共和国主席胡志明于1920年12月在法国社会党第18次代表大会上的演讲。

各位同志们，我今天来到这里本来是为了和同志们一起为世界的革命事业献出一份力量，但是，我以社会党党员的资格，带着深刻的痛苦来到这里，反对帝国主义者在我的家乡所犯下的滔天罪行。（很好！）同志们都知道，法国帝国主义入侵印度支那已经半个世纪，为了它的利益，它以刺刀征服我们的国家。从那时起，我们不仅遭受耻辱的压迫和剥削，而且还遭受凄惨的虐待和毒害。更明白地说，我们遭受了鸦片、酒精等的毒害。但在几分钟内，我不可能把这伙资本主义强盗在印度支那的暴行全都揭露出来。监狱比学校还多，任何时候都挤满了囚犯。任何本地人员只要有社会主义思想就都被捕，而且有时候不需要经过审判就被杀害。所谓印度支那的公理就是如此，在那个地方，越南人被歧视，他们没有得到像欧洲人或者欧洲国籍的人所得到的那些保障。我们没有新闻自由和言论自由，连集会和结社的自由也没有。我们没有在外国居住或到外国旅行的权利，我们要生活在黑暗蒙昧中，因为我们没有学习的自由。在印度支那，殖民主义者为毒害我们，使我们愚昧无知，千方百计地强迫我们抽鸦片和喝酒。他们已经害死和屠杀了成千越南人来维护原来并非属于自己的利益。

同志们，2 000多万越南人民，等于法国人口的半数以上，就是遭受这样的待遇。奇怪的是，他们还是得到法国保护的人呢！（掌声）社会党必须为支持被压迫的殖民地人民而进行切实的活动。（欢呼声）

思考题：

（1）这篇演讲的主题是什么？

（2）胡志明演讲的全文是怎样表达主题的？

命题演讲开场白

（1）2012年诺贝尔文学奖获得者莫言在瑞典学院以《讲故事的人》为题发表演讲。

尊敬的瑞典学院各位院士，女士们、先生们：

通过电视或者网络，我想在座的各位，对遥远的高密东北乡，已经有了或多或少的了解，你们也许看到了我90岁的老父亲，看到了我的哥哥、姐姐、我的妻子、女儿和我的一岁零四个月的外孙女。但有一个我此刻最想念的人——我的母亲，你们永远无法看到了。我获奖后，很多人分享了我的光荣，但我的母亲却无法分享了。

我母亲生于1922年，卒于1994年，她的骨灰，埋葬在村庄东边的桃园里。去年，一条铁路要从那儿穿过，我们不得不将她的坟墓迁移到距离村子更远的地方。掘开坟墓后，我们看到，棺木已经腐朽，母亲的骨骸已经与泥土混为一体。我们只好象征性地挖起一些泥土，移到新的墓穴里。也就是从那一时刻起，我感到，我的母亲是大地的一部分，我站在大地上的诉说，就是对母亲的诉说。

（2）张泉灵北京大学的演讲开场白：

各位尊敬的领导、老师、家长们，还有我的师弟、师妹们，大家下午好！

先说一说今天我站在这里的一个感受吧。一开始所有的人都在看一个关于北大、关于你们这四年生活的一个短片，然后我听到同学们欢呼和起哄，我内心一喜，我心想，这真是我熟悉的北大。因为同学们在扩招的大背景下，并没有忘了北大人的个性化表达。然后再介绍台上的诸位老师，介绍到副校长的时候，每一位副校长站起来，居然可以赢得比校长更大的掌声。然后我突然想，这真是我喜欢的北大呀。因为这说明，即便当到了副校长，他们还是上课的，所以他们拥有各自的拥趸。我后来发现在整个台上，许院士获得了最长的、经久不息、发自内心的掌声，我想这真的是我热爱的北大。也许再过十年，大家会有和我类似的感受。当许院士赢得那样的掌声的时候，我自认是一个感情控制力非常非常强的人，但是那一刻，我热泪盈眶。因为再过十年，各位一定能够体会到你们跟北大之间的感情。从今天开始，也许从四年前你们拿到通知书的那一刻开始，是一种血缘的关系。所以在今天，我想对大家说，真的要恭喜你们，因为今天绝对是你们值得自豪的一天。

思考题：

（1）以上演讲开场白各有何特点？

（2）请试着就以上精彩开场白进行模仿练习。

易中天华中师范大学演讲片段

【演讲视频 3-15】易中天演讲：中国文化与中国人
http://v.youku.com/v_show/id_XMzUxODAyOTQw.html?tpa=dW5pb25faWQ9MTAyMjEzXzEwMDAwMl8wMV8wMQ

我们今天要讲的题目是《中国文化与中国人》。我们为什么要讲这样一个题目，是因为文化和我们的建设发展是有密切关系的。这是一位校长给我出的题目，他说，你能不能到我们大学来讲一讲文化与发展。我就想文化与发展有关系吗？20年前我认为是没有关系的。20世纪70年代末我还是在武汉大学，那时我们流行一种服装叫“喇叭裤”，喇叭裤就是臀部很紧，然后在膝盖的地方开始扩张，当时这个着装是问题青年的标准着装。20世纪70年代末80年代初青年穿什么衣服呢？戴蛤蟆镜，穿T恤衫、喇叭裤，手拿收录机在街上招摇过市。逐渐的这个风就吹到校园来了，然后当时的武汉大学学生也开始穿喇叭裤，开始效仿，校方就说：“我们新时代的大学生怎么能穿得跟混混一样！”当时的团委和党委确实也真的以人为本，人性地来做这个思想工作，它没有开批斗会，没有把学生叫来训话，而是贴出一条标语：“喇叭裤能吹响向四个现代化进军的号角吗？”我们学生就在这条标语下也贴了一条小标语：“请问，什么裤能吹响？”当然结论是什么裤也吹不响。我们知道服饰它是一种文化，那么意味着服饰它与发展有关系没有呢？但十年以后我的观念就变了，因为我发现改革开放头十年最先富起来的那个地方最先穿喇叭裤，那个地方叫广东。

思考题：

（1）易中天教授在演讲中采用了什么方式表达其观念？

（2）请在网上观看易中天的演讲视频，体会其演讲风格。

白岩松在耶鲁大学的演讲

【演讲视频 3-16】白岩松在耶鲁大学演讲：我的故事及背后的中国梦
http://v.haiwainet.cn/n/2013/1008/c346115-19773305.html

演讲开头：“我要讲5个年份，第一个要讲的年份是1968年，那一年我出生了。但是那一年世界非常乱，在法国有巨大的街头骚乱，在美国也有，然后美国的总统肯尼迪遇刺了，但是，这一切的原因都与我无关。那一年，我们更应该记住的是马丁·路德·金先生遇刺，虽然那一年他倒下了，但‘我有一个梦想’这句话却真正地站了起来，不仅在美国站了起来，在全世界也站了起来。”

演讲结尾：“40年前，当马丁·路德·金先生倒下的时候，他的那句话‘我有一个梦想’传遍了全世界。但是，一定要知道，不仅仅有一个英文版的‘我有一个梦想’。在遥远的东方，在一个几千年延续下来的中国，也有一个梦想。它不是宏大的口号，并不仅仅在政府那里存在，它是属于每一个非常普通的中国人，而它用中文写成：我有一个梦想！谢谢各位！”

思考题：

（1）白岩松在耶鲁大学的演讲结尾有何特点？

（2）请观看网上白岩松的演讲视频，体会其演讲风格。

林肯演讲以巧取胜

侯兴锋曾讲过这样的故事：1863 年 7 月，美国南北战争期间，在华盛顿附近的葛底斯堡发生了一次历时三天的战斗，打得异常惨烈。虽然最终北方军队获得了胜利，但是也牺牲了无数的将士。几个北部州联合起来，在葛底斯堡建立了国家烈士公墓，用来安葬那些阵亡的将士。

公墓落成的那天，举行了一个盛大的典礼，他们邀请了前国务卿埃弗雷特到会演讲。埃弗雷特是一位非常擅长长时间演讲的口才专家，他的最长演讲曾达到 210 分钟，而且还能保证大家都爱听。恰巧那天，林肯总统就在附近的城市从事政治活动，于是埃弗雷特提示典礼的主办者把林肯请来“随便讲几句”。

谁都知道，埃弗雷特和林肯是政敌，在林肯竞选的时候，埃弗雷特曾大力阻挠过，所以这一次埃弗雷特打定主意，要让林肯在毫无准备的情况下当众出丑。于是他从多角度多方面下手，进行了一次长达两个小时的演讲，那场演讲简直是声情并茂，让在场的所有观众都鼓起掌来。对于埃弗雷特的用意，林肯心中自然有数。听了埃弗雷特的演讲之后，林肯心中立刻反应过来，这次只能以巧取胜了，因为无论是说阵亡将士的精神还是讲烈士公墓的意义，那些埃弗雷特都已经做了非常出色和成功的演讲，接着再讲只能是拾人牙慧，惹人生厌。该怎么样讲才能和听众建立良好的交融关系，并最终赢得他们的喝彩呢？

林肯决定以简洁取胜。他不慌不忙地走上演讲台，说：“我今天要告诉大家的是，通往烈士公墓的马路将在下个月铺成沥青马路，并开通专线班车。”

埃弗雷特滔滔不绝地讲了许多，但却丝毫没有提及现实生活中的事情，而林肯在之前就已经注意到通往公墓的马路还是颠簸不堪的石子路，林肯意识到这一定让所有参加典礼的人都觉得不方便，于是他把解决这个实际问题的方法和期限作为演讲的内容。

林肯的演讲前前后后只有一大句话，较之埃弗雷特的长达两个小时的空谈要实用、中肯。这一句话的演讲不仅把埃弗雷特给否定了，而且还为自己的超短演讲做了巧妙的定位，力挽狂澜，一下子就把自己的劣势反变为优势了。

结果，不仅得到了在场近万人持续 10 分钟的掌声，甚至轰动了全国。

当时的报纸这样评价说：“这是一次史无前例的超级简洁的演讲，他的演讲是有生命的，因为他站在了听众的立场上考虑最现实的事情！”就连埃弗雷特本人也忍不住在几天后给林肯写了一封表示敬佩的信：“你的智慧决定着你是一位无比优秀的总统！”

可见，在人际交往中，智慧的语言往往能取得意想不到的效果，一句可以顶一万句。

（资料来源：侯兴锋.http://www.fwsir.com/gushi/228874.html.）

思考题：

（1）林肯的演讲以巧取胜，他“巧”在何处？

（2）你如何理解演讲以“简洁”取胜？

第四章 即兴演讲

所有伟大的演说家在开始的时候都不擅长演讲。

——［美］拉尔夫·沃尔多·爱默生

演说就是讲故事，就是通过吸引人的故事来说明观点。

——［美］戴尔·卡耐基

学习目标

了解即兴演讲的特点和要求；明确即兴演讲的语言特色；把握即兴演讲的成功要素；掌握即兴演讲出错补救技巧。

案例导入

俞敏洪的一次即兴演讲

人的生活方式有两种，第一种是像草一样活着。你尽管活着，每年还在成长，但是你毕竟是一棵草；你吸收雨露阳光，但是长不大。人们可以踩过你，人们不会因为你的痛苦而产生痛苦。

人们不会因为你被踩了，而来怜悯你，因为人们本身就没看到你。所以，我们每一个人都应该像树一样成长。即使我们现在什么都不是，但是只要你有树的种子，即使被人踩到泥土中间，你依然能够吸收泥土的养分，自己成长起来。也许两年、三年你长不大，但是八年、十年、二十年，你一定能长成参天大树。当你长成参天大树以后，遥远的地方，人们就能看到你；走近你，你能给人一片绿色、一片阴凉，你能帮助别人。即使人们离开你以后，回头一看，你依然是地平线上一道美丽的风景线。树，活着是美丽的风景，死了依然是栋梁之材。活着死了都有用，这就是我们每一个同学做人的标准和成长的标准。

……

当你是地平线上的一棵小草的时候，你有什么理由要求别人在遥远的地方就看见你？即使走近你了，别人也可能会不看你，甚至会无意中一脚把你这棵草踩在脚底下。当你想要别人注意的时候，你就必须变成地平线上的一棵大树。人是可以由草变成树的，因为人的心灵就是种子。你的心灵如果是草的种子，你就永远是一棵被人践踏的小草。如果你的心灵是一棵树的种子，就算被人踩到了泥土里，只要你的心灵是一棵树的种子，你早晚有一天会长成参天大树。不管你是白杨树还是松树，人们在遥远的地方都能看见在地平线上成长的你。当人们从你身边经过的时候，你能送他们一片绿色、一片阴凉，他们能在树下休息。因此做人的要求是你自己首先要成为地平线上的一棵大树。当你是草的时候，你没有理由让别人注意到你。而如果你变成了一棵树，即使在很远的地方，别人也会看到你，并且欣赏你，远处看来你是一道风景，死后又是个栋梁。

问题：

1．这是新东方创始人及总裁俞敏洪在中央电视台《赢在中国》节目中做的即兴演讲，这篇演讲成为无数青年人的励志文章。请谈谈你的感受。

2．如何成功地进行打动听众的即兴演讲？

随着人们交际范围的日益扩大和人们演讲水平的提高，即兴演讲已经更广泛地应用于答记者问、观后感、来宾介绍、欢迎致辞、婚事贺词、丧事悼念、宴会祝酒、赛场辩论自由发言等场合。本章就与读者探讨一下即兴演讲的有关问题。

第一节　即兴演讲概述

即兴演讲是一种广义的演讲，是演讲者在无准备的情况下临场构思起来“讲几句话”，故被人称为“脱口而出的艺术”。在纷繁复杂的日常交际活动中，凡集会、讨论、访问、会谈、参观甚至致贺、作吊等，都要用到它。考察各种即兴演讲的发生，不外乎两种情况：一种是演讲者身临其境、有所见、有所感、有所想，产生强烈兴致而做的演讲，这是主动的即兴演讲；另一种是演讲者受邀请，遭“袭击”而被迫发表的演讲，这是被动的即兴演讲。

一、即兴演讲的特点

较之一般的演讲，即兴演讲有其特殊性，这主要表现在以下四个方面。

1．话题明确，针对性强

由于即兴讲话一般是对近期或眼前情况的“有感而发”，这就使话题的内容要在一定的范围内，显示出其鲜明的针对性。所以选题宜小，内容比较集中，议论求准、求精。

2．态度明朗，直陈己见

即兴演讲是在有限的时间内对现实话题所作的迅速的反应，所以一般是直截了当地表明自已的看法，褒贬分明，毫不含糊，很少山高水远地绕弯子。

3．有感染力，有说服力

即兴演讲注重临场发挥，但临场发挥并不是信口开河，要力求说在点子上，以内容的深刻精辟及其无懈可击的逻辑力量令听众信服，同时力求贴近生活实际，以饱满的热情感染听众。

4．短小精悍，生动活泼

即兴演讲常以简明扼要显其力度，并以亲切生动的表述给听众留下深刻的印象。但短小并不是空洞无物，恰恰相反，它要言之有物，信息密度大，应当实现思想性、知识性和趣味性的统一，显示出一种“磁性”。

二、即兴演讲的要求

即兴演讲要取得成功关键在于运用言语思考能力，在头脑中进行快速构思，其基本要求体现在以下方面。

1. 要有明确的目的

由于场合、气氛、主题各不相同，当站起来说话时，要紧扣主题，并尽可能与场上的气氛和谐一致。在喜庆的场合，不要说丧气话；在庄严的场合，少说玩笑话。最好围绕主题，有一说一，有二说二，切忌东拉西扯。

具体情景中，有许许多多可以供我们发挥的素材，如地点、时间、事件、景物等，只要我们善于捕捉，善于生发，做一次成功的即兴演就不是一件太难的事了。

【演讲小故事 4-1】

鲁迅成功的即兴演讲

鲁迅很善于随机应变、即兴演讲。他在厦门大学研究院任教时，校长林文庆常克扣办学经费，刁难师生。

一次，林把研究院负责人和教授找来开会，提出要将经费再减掉一半。大家听后纷纷反对，可是又说服不了林。林怪声怪调地说："关于这件事，不能听你们的，学校的经费是有钱人拿出来的，只有有钱人，才有发言权！"说完后，林洋洋得意地双手一摊。

在场的人都怔住了，面面相觑，无话反驳。突然，鲁迅"唰"地站起来，从口袋里摸出两个银币，"啪"地一声放在桌上，铿锵有力地说："我有钱，我也有发言权！"

鲁迅借林的话随机应变，冷不防地反驳使林措手不及。接着鲁迅慷慨陈词，大谈经费只能增不能减的道理，一款一项，有理有据，林文庆被驳得哑口无言。

鲁迅先生"拍钱而起"，紧扣主题，做了一次有的放矢的即兴演讲。

2. 要有敏捷的思维

对自己要讲的内容应迅速筛选，挑选与之有关的内容来讲，其他的"忍痛割爱"。对在场听众的反应也不可等闲视之，即便在讲的过程中也要通过"察言观色"体察听众的反应和场上的气氛，并对要讲的内容、语气、节奏等做出相应的调整。

【演讲小故事 4-2】

续范亭巧言"三大熔炉"

著名爱国人士续范亭先生在晋绥边区抗战学院向学生做开学演讲时，开场就说：

"我作为你们的校长，不是要你们服从我个人，不是的！而是要你们服从革命。今天礼堂门口挂着'熔炉'两个字，很好。现在中国有三个熔炉：一是延安和各个边区，八路军和新四军所在地——这是革命的熔炉；二是大后方的熔炉，有革命的，也有施行顽固教育的；三是汪精卫——日本奴才的熔炉……"

他即景生情，随手拈来，把性质不同的三种环境比作影响人、改造人的三种不同"熔炉"，加深了学员对革命熔炉的理解，反映出演讲者才思敏捷，也使听众油然而生敬意。

3. 要快速组合材料

在中心和材料确定以后，先讲什么，后讲什么，要做到心中有数。一边讲，一边也要用语言去充实，使之条理清楚、内容充实。一般来说，是先有思维，后有语言，二者之间有那么一点点间隙，反应迅速就能心到口到，使演讲一气呵成。

4. 要讲出有见地的内容

即兴演讲要求讲话人反应迅速，不论是主动演讲，还是被动应付，都能就地随时产生出思想，找到话题、资料和语言，并有机地组合起来，在口头上如声应响地表达出来。所以即兴发言者注意力高度集中，其睿智常在此时迸发，深邃敏捷的思考能给听众以极大的启迪。即兴讲话虽然没有过多时间做充分准备，但不等于说可以草率处之。其实，就是一两分钟的讲话，也应有新的见解，争取引人入胜。因此，在别人说话时要留心听，对别人的意见或观点要认真思考。到自己发言时，或补充发挥人家的观点，或另辟蹊径，提出新的观点。千万不要重复别人的讲话内容，若真那样，听者反应冷淡，自己也自讨没趣。

要做到以上几点，演讲者凡参加集会或活动之前，一是要小有准备，问问自己该讲些什么。事先打个腹稿，到时就能沉着镇定、侃侃而谈了。有时为避免发言的人把你准备好的内容“抢走”，你最好准备几个话题。二是平时注意积累各方面的知识。即兴演讲是上什么山唱什么歌，入乡随俗。没有思想，缺少知识，要想做出很漂亮的即兴演讲，一鸣惊人，是不可能的。所以，要丰富自己的知识，博闻强记，这样无论什么场合都会有话可说。

三、即兴演讲的语言特色

即兴演讲独特的时境状态和交际氛围，决定了它必然具有区别于备稿演讲的语言特色。这种语言特色主要表现在以下四个方面。

1. 符合情境

众所周知，即兴演讲是演讲者在特定场合、有感而发的演讲。因此，激起兴致的情境，就成了产生即兴演讲一个不可缺少的重要因素。这种客观情境，不仅能对演讲者的心理予以刺激，促使其说话欲望的发生和思维的进展，而且会对演讲者的语言产生影响，致使其口头表达呈现出鲜明的情境特色。例如：

同学们，我们每天看到的都是白墙黑板灰泥地，我们应该去饱览一下那透着生命活力的绿色，去欣赏一下那蓝天下的红花绿柳、赭石褐土、青山白水，去领略一下大自然的风采，去谛听一下泠泠作响的激石泉水和嘤嘤成韵的百鸟争鸣！不然，高考的硝烟快要把我们烤焦了，单调的“作息时间表”快要把我们驯化成“机器人”了。明天，就是清明，山明水秀、地清天明，让我们到水光潋滟的姥山（巢湖中的一个岛）去度过令人心醉的两天——出发！

这是一个教师在参加春游的学生整队待发时即兴演讲的一段话。演讲者置身校园这个让人感到枯燥单调的现实环境，面对充满期待的年轻人，心中禁不住涌出了一股激情。这激情拓开了广阔的精神世界，在想象的情境中，他生动地描述了春天的大自然那美丽迷人的风采。应当说，正是这一段极富情境色彩的形象化语言，一下子激发了同学们对大自然的热切向往和美好憧憬，产生了强烈的心灵感召力。

2. 口语表达

演讲是一种口语表达活动。在备稿演讲中，演讲者就不能不注重它的口语色彩。同备稿演讲比，即兴演讲更具有鲜明的口语特色。实践经验表明，演讲者只有运用通俗明快、朴实自然的口语表情达意，才能在即兴演讲中创造一种观众喜闻乐见的现场气氛。例如：

对一个人，不同的人有不同的感觉。我的下属看见我就觉得可怕。他们想到的就不是魅力，而可能是恐惧。南方有句话，叫空谈误国，实干兴邦。我每天工作到午夜，不是我勤快，是事情逼到这份儿上了。我对干部说，我一天工作十几个小时，你们干 8 小时能干好？现在讲潇洒，讲休息，我就不信这话。我说不把干部们累死我不甘心，不过这两年先别累死，还得让他们干活呢。

这是一位市长听了记者称赞他给人“感觉非常好”“很有魅力”之后的一段即兴讲话。由此可见，这位政府官员讲话既不带官腔，也不事雕琢。他善于运用浅显的词语、灵活的句式和变化的语气坦诚直言，给人以朴实亲切的感觉。正是这通俗易懂、切实感人的口语，体现了一个勤政为民的领导干部平易近人的作风和求真务实的精神。

3. 简洁鲜明

即兴演讲是在特定的场景中进行的。一个明智的演讲者，不会毫无顾忌地喋喋不休。因为这种饶舌，不仅会给人以啰唆之感，令人讨厌，而且由于准备不充分，说多了也难免出现口误。倒不如讲得少而精，多些见解，表达效果反倒会好些。例如一名医学研究生的演讲如下：

你们好！

此时，面对大家，我真的有些紧张。我在想，你们能接受我吗？

我是一名医学硕士研究生。传统观念里，人们常常把研究生和书呆子联系在一起。在这里，我要用自己的实际行动告诉大家：研究生同样有美的理想、美的追求，同样热爱美的生活。

作为一名未来的医生，我从未后悔过对救死扶伤这一崇高职业的选择；作为一名现代女性，我更珍视拥有充实多彩的人生。

在此，我要勇敢地参与，以实际行动来证明：春城的小姐都不是花瓶，而我们女硕士研究生也都不是书呆子。

这是一位女研究生在礼仪小姐决赛场上的即兴演讲。演讲者走上台来，并不奢谈本次竞赛活动的重要意义，也不畅叙本人求学成功的曲折经历。短短几句话，中心明确，层次清晰，不仅陈述了自己现场的真实心境、参赛的独特动机，而且表达了自己崇高的职业理想、远大的人生追求，给听众以强烈的感染和深刻的启发。如此精粹的即兴演讲，突出体现了语言简洁的鲜明特色。

4. 幽默风趣

幽默感，作为一种特定的审美态度，是演讲者人格魅力的生动体现。演讲心理学研究表明，在即兴演讲中，激发演讲者产生说欲的"兴"，不仅可以成为幽默语言的心理触媒，而且能够增强语言幽默的现场效应。因此，演讲者应当根据现场实际需要，善于运用多种艺术手段，表现出语言的幽默特色，使即兴演讲充满情趣性和感染力。例如：

唱爱情流行歌曲？这我倒是没有精神准备。不过，假如我唱上一段"这就是爱，稀里糊涂……"岂不是对我一辈子严肃认真执着专一爱情的亵渎吗？老伴听了，岂不要抗议吗？（掌声，笑声）假如我喊上一嗓子"悄悄蒙上我的眼睛，让我猜猜你是谁"，不得把在座的少男少女们吓趴下吗？（掌声，笑声）假如我唱上一段"让我一次爱个够，给你我所有……"，诸君岂不要将我送进疯人院吗……（掌声，笑声）对于这些爱情流行歌曲，我既无相适应的年轻与潇洒，也缺少那软绵绵、甜丝丝的嗓音儿，是不能也，亦是不为也。为此，美好的爱情歌曲，还是留给风华正茂的年轻朋友们唱吧。

这是一位老同志在某市新闻界举办的新春联欢会上即兴演讲的一段话。面对观众"欢迎老汉唱段现代'爱情'流行歌曲"的热情呼喊，他不是用生硬粗俗的语调严词拒绝，而是以幽默风趣的话语婉言谢绝，既含蓄地表达了对某些"爱情"流行歌曲的批评意向，又巧妙地避免了自己顺应要求而勉为其难的尴尬。如此富有幽默的讲话，显然强化了联欢会的喜悦气氛，突出了即兴演讲语言幽默的特色。

【演讲欣赏 4-1】

凌峰的自我介绍

在下凌峰，我和文章（台湾地区歌星）不一样，虽然我们都得过金钟奖和最佳男影星称号，但是，我是以长得难看出名的（掌声）。两年多来，我们大江南北走了一趟——拍摄《八千里路云和月》，所到之处呢，观众给予我们很大的支持，尤其是男观众对我印象特别好，因为他们觉得我的长相像中国（掌声笑声），中国 5000 年的沧桑和苦难全都写在我的脸上（掌声笑声）。一般说来女观众对我印象不太良好：有的女观众对我的长相已经到了忍无可忍的地步（笑声），他们认为我是人比黄花瘦，脸比煤球黑。但是我要特别声明：这不是本人的过错，实在是家父母的错误，当初并没有征得我的同意把我生成这个样子。但是，时代在变，潮流在变，审美的观念在变。如果你仔细归纳一下，你会发现，现在的男人基本分为三种：第一种——你看上去很漂亮，看久了也就那么回事，这一种就像我的好朋友刘文正这种；第二种——你看上去很难看，看久了以后越看越难看，这种就像我的好朋友陈佩斯这种；第三种——你看上去很难看，看久了以后你会发现，他另有一种男人的味道，这种就是在下我这种（掌声笑声）。鼓掌的都表示同意了！鼓掌的都是一些长得和我差不多的（笑），这是物以类聚啊！接下来按规矩迎接挑战，带来一首歌曲《小丑》。在我的人生观看来，我认为每个人都在扮演许多次的小丑：有的时候在爱人面前；有的时候在领导面前；有的时候在孩子面前；有的时候在父母面前。我是在鼓掌面前，给大家带来一首《小丑》——掌声有没有就无所谓啦（笑声掌声）

【演讲视频 4-1】
凌峰 1990 年春晚表演
http://tv.cntv.cn/video/C11356/9a63770b0d83414db00652b8744b0714

点评：这是台湾地区著名主持人凌峰在 1990 年春节联欢晚会上的独白。有些人在交往中，因为自身条件的缺陷，总是怕别人的轻视和拒绝，有自卑感的人往往过分自尊，为了维护自尊而表现得非常强硬，让人难以接近，在人际交往中格格不入。而凌峰敢于拿自己的缺陷开玩笑，在自嘲中自我抬举，大大增加了人格魅力。

四、即兴演讲的出错补救

即兴演讲中语言出错是一种常见现象。我认为，解决这个问题的途径是：一方面，通过长期的实践锻炼，不断提高自己即兴演讲的心理素质和表达水平，尽可能减少这种失误；另一方面，要掌握和运用一些必要的应变方法，以及时避免或消除因语言出错而可能造成的消极影响。

1. 将错就错

即兴演讲是在某种特定的现实场景中进行的，它的现场效果，要受演讲者和听众两个方面的制约。无论是主观因素还是客观条件，一旦发生干扰，就可能造成演讲者无法预料的语言差错，而使自己陷入尴尬的境地。倘若出现这种情况，不妨将错就错，来一番即兴发挥，就会消除窘困，获得意想不到的现场效果。

例如，一位节目主持人参加海南省狮子楼京剧团建团庆典，当她用充满激情的语言介绍京剧、介绍剧团、介绍来宾的时候，由于事先不了解情况，错把原本是花白头发的老汉——海南师范学院党委书记南新燕介绍成“小姐”。面对“全场哗然”的意外，她先向被介绍人真诚地道歉，然后侃侃而谈，“您的名字实在是太有诗意了。我一见这三个字，立即想起了两句古诗：‘旧时王谢堂前燕，飞入寻常百姓家。’这是一幅多么美丽的图画。今天，这里出现了类似的情景，京剧一度是流行在北方的戏曲，而现在，京剧从南到北，跨过琼州海峡，飞到了海南，而且在这里安家落户，这又是一幅多么美好的图画啊！”

这位主持人的应变能力实在让人叹服。她在表示“对不起，我是望文生义了”的歉意之后，语意一转，就即兴发挥起来，由自己的语言失误引出活动的话题，并进行了富有诗意的生动描述。这一将错就错的补救方式，赢得了全场观众异乎寻常的热烈喝彩，就是十分自然的了。

2. 巧妙辨析

实践表明，在即兴演讲中，演讲者有时会因为过于紧张或过于激动而造成一时的口误，在这种情况下，演讲者既不可能为了面子而置之不理，也不可能因为自尊而掩饰错误。“最好的办法是按正确的讲法再讲一遍”（邵守义语），也就是把错误改正过来。倘若能够根据现场的实际情况，有针对性地将正误对照起来巧做辨析，给听众的印象反而会更加深刻。

例如，一位师范学校的班主任在新生入学后的第一次班会上即兴演讲，他说：“同学们，大家好！你们从四面八方来到这所师范学校，开始了新的学习生活，我相信同学们一定会刻苦学习，不断进步。将来希望每一位同学都能成为合格的小学教师。不，应当这样说——希望将来每一个同学都能成为合格的小学教师。因为这希望是现实的，它表达的是我此刻的真实心情；而你们将来才会真正走上讲台，开始从事太阳底下最光辉的职业……”

这位老师在即兴演讲中凭敏锐的语感发觉了一句话的语序错误，并在迅速改正过来之后，进行了巧妙的辨析。这样，既表明了语言的毛病，又解释了改正的原因。不仅没有造成语言失误的尴尬，反而强化了表达的效果，实在是一种高明的补救方法。

3. 自圆其说

在即兴讲话中，演讲者一旦察觉到自己的语言错误，往往会因为心理紧张而产生思维障碍，以致无法讲下去。倘若出现这种情况，演讲者应立即针对自己的失误，进行一番合乎情理的阐释，只要能够自圆其说，也不失为一种化错为正的补救方法。

例如，在一次婚礼上，主持人热情地邀请来宾讲话，一位职业中学的教师上台即兴致辞，他说：“今天，是职业中学的夏明先生和经贸公司的叶红小姐喜结良缘的好日子……也许有人以为我说错了，夏先生和叶小姐不是同在一个公司上班吗？是的，夏明从商了，但一个月前，他还是职中的一名优秀青年教师。在我们心目中，他永远是我们的好同事。我愿借此机会，代表职中全体教职工，向一对新人表示最真挚的祝福！”

显然，这位来宾由于一时激动，把新郎现在供职的单位介绍错了。也许他从听众异样的表情上察觉了自己的口误，于是，稍稍停顿之后，巧妙地进行了阐释。听了此番入情入理的言辞，谁还会责备他语言上的差错？演讲者这一化错为正的表白，不仅可以自圆其说，而且增强了抒情的真切感，产生了独特的现场表达效果。

4. 随机应变

进行即兴演讲，有时会出现这样的情况：演讲者自己不知为什么，竟说出一句错话，而且，马上意识到了。怎么办呢？倘若遇上这种失误，演讲者不妨采用调整语意、改换语气等接续方式予以补救。只要反应敏捷，应变及时，就可以收到不露痕迹的纠错效果。

例如，一位公司经理在开业庆典上发表即兴演讲，他这样强调纪律的重要性：“公司是统一的整体，它有严格的规章制度，这是铁的纪律，每一个员工都必须自觉遵守。上班迟到、早退、闲聊、乱逛、办事推诿、拖沓、消极、懈怠，都是违反纪律的行为。我们允许这种现象的存在——就等于允许有人拆公司的台，我们能够这样做吗？”

这位经理的反应力和应变力是很强的。当他意识到自己把本来想说的“我们绝不允许这些现象的存在”一句话中的“绝不”二字漏掉之后，马上循着语言表达的逻辑思路，续补了一句揭示其后果的话，同时用一个反问句结束，增强了演讲的启发性和警示力。这样的续接补救，真可谓顺理成章、天衣无缝。

第二节　即兴演讲的成功要素

即兴演讲是事先无准备、临场现发挥的演讲，它要求演讲人既能快速构思，又能流利表达。怎样才能达到这样的境界，取得即兴演讲的成功呢？必须从以下三个方面入手。

一、储备材料

作为即兴演讲，临时构思必须有素材，现场表达必须有内容。倘若脑袋空洞无物，即使嘴皮子再灵，也免不了犯“无米之炊”之难，受“思路枯竭”之苦。可见，储备材料是关键所在。材料不是天上掉下来的，而是从平时的学习（也包括向生活学习、向社会学习）中积累起来的。一个人的知识面越宽、阅历越广，他的素材就越丰富，思路也就越开阔。当然，“积累”必须以“观察”“多思”为基础。如果看书走马观花、听广播看电视过而不留、生活现象熟视无睹、社会新闻充耳不闻，讲话构思还是免不了“搜索枯肠”。积累，就是把所察、所思储存起来。积累的东西包括方方面面，但归结起来不外乎两大类：一是典型事例，二是理性思辨。前者使我们说话有“凭据”；后者使我们分析有“道理”。需要时，可顺手拈来，使其为某一论题服务。当你用一根思想的红线把材料的珍珠穿起来时，一篇有理有据的“腹稿”就形成了。

二、构筑框架

材料有了，怎样迅速构筑起演讲的框架呢？请熟练掌握以下一些构架方式。

（一）开头部分

“好的开头往往是成功的一半。”即兴演讲一般时间都不会太长，精彩而有力的开头就显得更为重要。

下面介绍的即兴演讲开场艺术对演讲者的快速构思是大有裨益的。

（1）自我介绍。自我介绍适合于演讲者与听众初次相交，后者对前者的身份、工作和生活经历不很熟悉的情况。演讲者介绍的情况应是听众想了解的或是与会议主题内容相关的。某乡党委书记一到任就深入某村搞调研，正值村召开青年大会，进行形势教育，于是乡党委书记就作即兴讲话，他是这样开头的：

> 大家可能不是很熟悉我，因为我到这里工作的时间不长。我姓佘，当然我不希望我今天的讲话对大家是多余的。我参加工作五年，一直在农村度过，打交道的对象主要是像你们一样的农村青年。我的老家距这里只有几十华里之远，在座的大多数同志可能到过那里，因为驰名中外的屈子祠就坐落在我家的门前。

接着，他便从屈子祠讲起，转入了爱国主义教育的正题。

（2）综合归纳。综合归纳是指演讲者对其他人已经发言的内容进行综合，分析其特点，进而表明自己的观点或态度的一种演讲方法。一位领导应邀去参加一个“领导干部与市场经济”的研讨会，在听取大多数同志的发言之后，他这样开始他的讲话：

以上很多同志作了发言，有的从宏观的角度谈了领导干部怎样去适应市场经济，有的结合工作实际从微观的角度论证了领导干部在市场经济中如何去搞好服务。前者具有较强的理论性；后者具有较强的针对性和操作性。我认为都讲得很好，至少可以说明，在“领导干部与市场经济”这个新的课题中，确实有很多新问题值得我们去思考、去探讨。今天我要讲的是……

（3）提出问题。演讲者根据活动的主题思想有针对性地提出一些问题，进而进行解答。使用这种方法关键在于所提出的问题是否与主题思想相关，是否带有倾向性或争议性，解答问题时有明确的立场观点和充分的理由。在一次对大学生进行就业观教育的会议上，一位演讲者是这样发言的：

为什么一些年轻人总想着进大城市、进大机关而不愿去企业工作？为什么一些年轻人不发挥自己的一技之长去创业而甘愿闲居家中眼睁睁地盯着父母那几个血汗钱？我认为，这主要是我们的年轻人，包括一些年轻人的父母们还没有破除旧的就业观念。

（4）故事启发。演讲者首先讲了一个故事，然后从中启发性地提出问题，进而亮出自己的观点。使用这种方法应注意两个问题：一是讲的故事要短小精悍，并且具有趣味性或新闻性；二是这个故事的内容与会议主题相吻合，提出的问题应与会议的目的相吻合。在一次反腐倡廉的座谈会上，某与会者的发言是从一个古代故事讲起的。

春秋时代，孙子带着兵书去晋国见吴王，吴王看后要孙子演习他的带兵方法。于是孙子挑选若干宫女分为两队，并挑选两名吴王的宠妃为队长。演习中尽管孙子三令五申，宫女们仍不听指挥，结果孙子置吴王命令于不顾，认为“臣既已受命为将，将在外，君命有所不受”，硬是将吴王的两名宠妃杀了。之后，宫女个个乖乖听话，无人抗命……

从这个故事，便引出了其发言的主题：要取得反腐的阶段性成果关键在于不畏权势，敢于碰硬。

（5）借物寓意。借物寓意，即在事物寓于象征的意义上借“兴”而发。有的演讲者在开场白中采用以物证事的方法，借用某种具体事物，达到暗示事理的目的。在上海市“钻石表杯”业余书评授奖会上，在众人的即兴演讲中，《书讯报》主编贲伟同志的演讲独具一格，他的开场白尤为精彩。

今天，我参加“钻石表杯”业余书评授奖会，我想说的是一句话“钻石代表坚忍，手表意味着时间，时间显示效率。坚忍与效率的结合，这是一个人读书的成功所在，一个人的希望所在”。

贲伟同志的开场白超脱了恭维话的俗套，以“钻石”象征“坚忍”、“手表”象征“时间”的修辞手法，给人的是力量、启迪与深思。语义深刻、言简意赅地提示了读书求知、读书成才的道理，令人回味无穷。

（6）话题承转。话题转承，即在演讲主旨上借“兴”而发。演讲者巧借会议司仪的某个话题，转入演讲的主旨，提出自己的观点。抗日战争时期，陈毅率领抗日游击队打日寇。有一次，部队在浙江开化县华埠镇休整，有一抗日组织请陈毅讲话，司仪主持会议时说：“今天请一位将军给大家讲话。”陈毅同志这样开场：

我姓陈，耳东陈的陈；名毅，毅力的毅。称我将军，我不敢当，现在我还不是将军。但称我将军也可以，我是受全国老百姓的委托去将日本鬼子的军。这一将，一直到把他们将死为止。

话音刚落，爆发出雷鸣般的掌声。陈毅同志这段十分精彩的开场白，在演讲主旨上做了发挥，洋洋洒洒、气势磅礴，为深化演讲主旨做了铺垫，有力地鼓舞了抗日群众的斗志。

【演讲视频 4-2】1965年陈毅副总理答记者问
http://www.56.com/u42/v_NTc5Njc4MzE.html

（7）借题发挥。群众性演讲有特定的地点、特定的内容以及各不相同的气氛。演讲者即兴演讲的开头可以当场捕捉住这种特殊的气氛，借题发挥，烘托气氛。上海市新闻工作者协会主席，原《解放日报》总编辑王维同志，一次出席上海市企业报新闻工作者协会成立大会，这次会议是在上钢三厂新建的俱乐部会议厅召开的。他即兴演讲的开头说：

我来参加会议，没有想到有这么好的会场，这个会场不要说是市企业报记者协会成立大会，就是市记协成立大会也可以在这里召开。没想到有这么多的企业报的记者、编辑参加这个大会，它说明企业报的同仁是热爱自己的组织、支持这个组织的。没有想到今天摆在主席台上的杜鹃花这么美丽。鲜花盛开，这标志着企业报记者协会也会像杜鹃花一样兴旺、发达……

他的演讲激起阵阵掌声。王维同志的开场白在会场、工作人员和鲜花上做文章，把三者巧妙地联系起来，提示了企业报齐心协力即可创造雄厚的经济实力，表达了对齐心协力的美好祝愿。

（8）直入论题。演讲开头直接进入论题，亮出观点。这样的开头干净利落，醒人耳目，而且无须费时费心去找寻其他的“引子”。使用这种方法，切忌含含糊糊，要求观点明确、态度明朗。例如，列宁同志于 1918 年 8 月 23 日在阿列克谢也夫民众文化馆群众大会上的讲话是这样开头的：

今天我们党召开群众大会来谈谈这样一个题目：我们共产党人为什么而奋斗。对于这个问题，可以作一个最简短的回答，为了停止帝国主义战争，为了社会主义。

（9）借境而发。这是指演讲者利用当时当地的环境特点来渲染会议气氛、激发听众热情的一种演讲方法。这种方法灵活生动，富于情感。但描绘的环境特点必须与主题思想相吻合，切不可牵强附会，卖弄风骚。鲁迅先生曾在厦门中山中学作过一次演讲，他开头时说：

今天我能够到你们这学校来，实在很荣幸。你们的学校，名叫中山中学，顾名思义，是为了纪念孙中山。中山先生致力国民革命 40 年，结果创造了“中华民国”。但是现在军阀跋扈、民生凋敝，只有“民国”的名目，没“民国”的实际。

鲁迅先生从自然环境中的学校名称讲起，一针见血地指出了名与实之间的巨大反差，从而激发出中山学校的师生们为完成中山先生未竟事业而奋斗的革命热情。

（二）主体部分

主体部分是用来展开演讲内容，充分阐释自己观点、见解的部分。它的构架方式多种多样，最基本的有以下几种。

一是并列式。把讲话的主体分为几个部分分别阐述，这几部分的关系是并列的。例如指导教师在“儿童口才培训班”结业汇报会上的讲话就采用了这种方式。

领导的支持坚定了我们搞儿童口才培训事业的决心——向领导致意；

家长的信赖与配合给予我们无穷的精神力量——向家长致谢；

小朋友们在培训班这个集体中刻苦练习、切磋琢磨，充分展示了自己——向小朋友祝贺。

希望大家随时随地练口才，将来做一个口才棒棒的栋梁之材——喜候小朋友进步佳音。

二是连贯式。按事情的发展经过和时空顺序来安排讲话的层次，各层次间的关系是连贯的。例如以“家乡变奏曲”为题作即兴演讲就可采用这种构架方式。

昨天，这里是一片荒凉；

今天，一片新绿在眼前；

明天，从这里走向辉煌。

三是递进式。把讲话主体分为几个层次，层次与层次之间是层层深入的关系。例如对“商业贿赂”问题发表意见就可以这样构架。

“商业贿赂”的现状；

“商业贿赂”的实质与危害；

“商业贿赂”问题的根本治理。

【演讲视频 4-3】我是演说家之《为时代发声》（递进式主体）

http://www.le.com/ptv/vplay/26790260.html?ch=360_kandsp

四是正反式。主体部分是由正、反两方面的内容构成的，即一方面围绕着正面阐说；另一方面围绕着反面论述。例如论证必须给企业“放权”的问题。

企业没有自主权时，举步维艰；

企业有了自主权时，效益可观。

以上介绍的是几种最基本的组合方式，实际运用时，可综合交错使用。

（三）结尾部分

好的结尾犹如撞钟，响亮而有余音。以下几种方式可根据需要选择。

一是祈愿式。表达（可用借境、作比等方法）良好的祝愿。如：“祝中、尼（尼泊尔）两国人民的友谊像联结我们两国的喜马拉雅山那样巍峨永存。”

二是感召式。或抒发真挚、激越的情感，或展望光明美好的前景，或发出鼓动性的号召。如：“让我们用创造性的劳动去迎接新世纪的到来吧！”

三是理喻式。用寓意深刻的道理（可引用哲言警句等）启发听众去深思、探索。如：“‘世有伯乐，然后有千里马’。人才辈出的时代首先应该是‘伯乐’辈出的时代。”

四是总结式。用简洁的语句总结全篇、点明题意。如“说一千道一万，归根结底还是这句话：扭转社会风气，要人人从我做起。”

切忌“泄劲”式的结尾。如：“我讲得不好，耽误大家时间了，请原谅。”

三、完美展说

对即兴演讲来说，选材料、立框架，这一切都是在瞬间完成的，因而只是以一些片断的、轮廓式的、提纲大意的内部语言形式储存在头脑里。要把这样的内部语言转化为连贯的、具体的、有血有肉的外部语言，演讲者还必须具备一种“展说”能力，即把提纲大意“展说”成一篇内容具体、前后连贯的演讲词的能力。那么，怎样来“展说”呢？

首先，要把“框架”中的每一个层次，都看作是一个“意核”或一个“中心句”，心中把握住几个“意核”的顺序及内在联系。然后，不慌不忙先从第一个“意核”开始，围绕着它，或举例、引用，或回忆、联想，或比兴、引申，或补充、发挥……把“意核”这个“中心句”扩展为“句群”。待这个“意核”充分发挥后，再进入第二个“意核”，也把它扩展为句群。

这样仿效“扩展”下去，一篇内容具体、逻辑严密的即兴演讲就顺理成章地完成了。如果某个“意核”的含量太大，还可以把它分解为几个“小意核”，按顺序把它们逐个展开。这种“扩句成群”的“展说”能力是即兴演讲的必备能力。很多人在心中已打好了“腹稿”的前提下，说出来却吭吭哧哧，前言搭不上后语，就是因为缺乏这种“展说”能力。没有或缺乏这种能力，内部语言就很难顺利、迅速地转化为外部语言。因而，我们平时就应有意培养这种“展说”能力。

其次，要善于选用例子阐明自己的观点。郎小洁在其《即兴演讲不妨以“例”服人》(应用写作，2006 年第 10 期）一文中进行了总结：一是可以选用名人之例，让你的演讲更有可信力；二是用亲身之例，让你的演讲更有亲和力；三是用感人之例，让你的演讲更有感染力；四是用典型之例，让你的演讲更有震撼力；五是用哲理之例，让你的演讲更有启发力。

就拿演讲者用典型之例，让演讲更有震撼力来说，演讲者引用典型之例，都是用来证明自己的观点的，所以运用的事例，都要有代表性、说服性，要能确实击中问题要害才好。这样一个好例子，往往会给听众带来震撼，令听众信服。例如，某单位组织大家讨论树立正确荣辱观的重要性和迫切性。为了能“抛砖引玉”，一位负责人作了这样的即兴演讲：

不久前，曾看到一条新华社的消息，标题是“有多少人拥有腐败的‘领地’”。这条消息报道的是江门市新会区人民医院，在这个不足 200 人的医院里，竟然有 140 多人陷入了“回扣陷阱”。正副院长带头搞腐败，各科室主任组织搞腐败，医生护士积极搞腐败，药房更是专心搞腐败。而其他人呢，也是“各显其能”，司机在增耗上搞腐败，厨师在减量上搞腐败，就连只是操作电脑的打字员，靠“卖单子”给药商，一年也会受贿 10 多万元。这简直就是耸人听闻，可更令人不可接受的是这些人畸形的荣辱观：谁搞腐败谁光荣，谁不腐败谁可耻。他们竟认为受贿不是贪，而是“多劳多得”。这是多么可怕的荣辱观啊！可以说，正是由于荣辱观的缺失和错位才导致了上述现象的发生。所以，树立正确的荣辱观真的是迫在眉睫啊！

听到这样一个让人触目惊心的事例，大家会感到不可思议和震惊，但它却真实地存在于我们的生活中。应该说，这样典型的事例对听众无疑是极有震撼力的。

以上三个方面，第一步储备材料和第二步构筑框架立足于“快速构思”，第三步完美展说着眼于“流利表达”。既能快速构思，又能流利表达，你就是一位成功的演讲家了。

第三节　即兴演讲欣赏

在美国度圣诞节的即兴演讲

（1944 年 12 月）

丘吉尔

各位为自由而奋斗的劳动者和将士：

我的朋友，伟大而卓越的罗斯福总统刚才已经发表过圣诞前夕的演说，已经向全美国的家庭致友爱的献词。我现在能追随骥尾讲几句话，内心感觉无限的荣幸。

我今天虽然远离家庭和祖国，在这里过节，但我一点也没有异乡的感觉。我不知道，这是由于本人的母系血统和你们相同；抑或由于本人多年来在此地所得的友谊；抑或由于这两个文字相同、信仰相同、理想相同的国家，在共同奋斗中所产生出来的同志感觉；抑或由于上述三种关系的综合。总之我在美国的政治中心地——华盛顿过节，完全不感到自己是一个异乡之客。我和各位之间，本来就是手足之情，再加上各位欢迎的盛意，我觉得很应该和各位共坐炉边，同享这圣诞之乐。

但今年的圣诞前夕，却是一个奇怪的圣诞前夕。因为整个世界都卷入一种生死的搏斗中，正在使用科学所能设计的恐怖武器来互相屠杀。假若我们不是深信自己对于别国领土和财富没有贪图的恶念，没有攫取物资的野心，没有卑鄙的念头，那么我们在今年的圣诞节中，一定很难过。

战争的狂潮虽然在各地奔腾，使我们心惊胆战，但在今天，一个个家庭都在宁静的肃穆的气氛里过节。今天晚上，我们可以暂时把恐惧和忧虑的心情抛开、忘记，而为那些可爱的孩子们布置一个快乐的晚会。全世界说英语的家庭，今晚都应该变成光明的和平小天地，使孩子们尽量享受这种良宵，他们因为得到父母的礼物而高兴，同时使我们自己也能享受这种无牵无挂的乐趣，然后我们担起明年艰苦的任务，以各种的代价，使我们孩子所应继承的产业，不致被人掠夺；使他们在文明的世界中所应有的自由生活，不致被人破坏。因此，在上帝庇佑之下，我谨祝各位圣诞快乐。

点评：丘吉尔（1874—1965年），英国著名政治家、文学家，就读于桑赫斯特军事学院。他多才多艺，生活经历十分丰富，历任政府要职，曾两度出任英国首相。第二次世界大战期间，他领导英国对德作战，做出卓越贡献。他因撰写《第二次世界大战回忆录》等著述而获诺贝尔文学奖。丘吉尔也是一位极负盛名的演讲大师。1944年12月，他在美国欢度圣诞节时，即兴发表演讲，当即轰动一时，并且成为历史的一个注脚。在演讲中，他成功地把政治议论与节日祝愿融为一体，既表现出对侵略战争的谴责及对和平的关注，又尽量避免冲淡节日气氛，而又能做到语言优美、意旨深远，真是演讲的典范之作。

在哈工大的即兴演讲（节选）

白岩松

有这么一对儿夫妇，吃完饭就坐那里看电视，看完了，就洗漱一下睡觉，日复一日、年复一年，就这么过着。也许有的同学会说：太枯燥了吧，该离了吧？但真正的生活就是这样，就是这样平常，生活如此，创业如此，大学生们走入社会之后注定要花大部分时间做平平常常的事。那对夫妻在老年的那一天会彼此含着热泪感谢对方与自己携手相伴一生、彼此温暖一生，而同学们也会在平平常常的生活中等来生命中只占5%的激情与辉煌时刻！（掌声）因此，同学们要做好准备，毕业后准备好迎接平淡。

同学们在大学里一定要做梦，甚至可以梦游，（笑声）比如现在一谈爱情，我脑子里只会闪现我爱人的照片，而你们则可以设想一千位俊男靓女的样子……这就叫作虚位以待。我年少时看了三毛的书，也想周游列国，没准还能碰上个女荷西。（笑声）但是所有这些梦想都属于你们这个年龄段的，我现在没有资格做这样的梦了，我现在所处的是人生的舍弃阶段。而你们所处的是人生的选择阶段，不要放弃做梦！（长时间的掌声）更别忘了替这个社会、替这个国家做梦，能全身心地做这种梦，一个人一生中没有几次这样的机会，等你人到中年、上有老下有小时，想做梦你也力不从心了，因此趁现在抓紧做梦！

有人说现在大学生找不到工作。怎么会呢？我有时候就想不通，真的如此，那我国岂不是比美国更发达了……因为我们的大学生都在待业呀！（如雷的掌声）其实大学生不是找不到工作，而是找不到一步到位的最满意的工作！实际上你就是一个骑手，毕业后你就应该先骑上一匹马，只要你优秀，你就能找到更棒的马！（长时间的掌声）

季羡林先生的一席话给我印象很深，采访他时，他说："我已经如此老了，但我的道路前方仍有百合花的影子。人生的前方要永远有希望、有温暖才行。”再举个例子：狗赛跑怎么比？怎么让狗跑起来、跑得快？每个狗嘴前边都吊着个骨头！我们每个人也要给自己放块骨头，（笑声）精神的骨头！（热烈的掌声）

点评：央视名嘴白岩松曾应邀到哈尔滨工业大学做了一场即兴演讲，在台上白岩松即兴发挥，妙语连珠，赢得了大学生们的阵阵掌声。

作为央视名嘴的白岩松，在哈尔滨工业大学这个大学校园里，面对着莘莘学子一双双充满渴望的眼睛，并没有大谈特谈自己奋斗与成功的过程，而是从大学生们要树立正确的人生观与理想观这个角度入手，分别从“要学会过平淡生活”“要多做梦”“要有正确的就业态度”“人要有精神”这四个小题分而论之。这些小观点的提出，与学生们的实际生活息息相关，因此，引起了大学生们的关注与共鸣。

在演讲中，白岩松运用了其特有的幽默感，博得了同学们的阵阵掌声，同时也表达了自己对青年问题的独到见解，和语言中透着强烈的责任感。针对青年学生不甘于平淡的普遍心理，白岩松并没有呆板的说教，他先是从一对夫妇的平淡生活讲起，以家庭中普遍存在的现象为例，巧妙地过渡到青年学生的生活态度问题上，朴实的话语，简单的道理使人一听即明。谈起青年人的理想问题，白岩松没有用艰深的术语予以阐述，而是实实在在地用“做梦”代替了“理想”这一主题，二者的置换反映出了白岩松对演讲主题的匠心。在选例时，他由己及人，用对比的手法突出了“青年人要有理想”这个主题。这种“做梦”的说法，比起课堂上的正面说教，更让学生们容易接受。接下来，白岩松谈到广大学生最关心的话题——就业。他把找工作比喻为“找马”，另辟蹊径。“骑马找马”具体地概括了大学生们应有的择业观念，易于学生理解，因此也更能起到说服的作用。最后，白岩松引用了季羡林老先生的一段话旨在告诉大学生们，虽然前路荆棘满地，但只要有一点点希望，就要不惜一切，勇往直前，直到理想的彼岸。人总是要有精神的，生命不息，奋斗不止。在阐述这一道理时，他用了一个极其生动的比喻——“狗赛跑”，意在启发青年朋友要有精神，要有目标，如此生动而形象的比喻怎能不受学生们的欢迎呢？

【演讲视频 4-4】
白岩松在哈工大演讲
http://v.youku.com/v_show/id_XNjQ4ODM5MTI4.html?tpa=dW5pb25faWQ9MTAyMjEzXzEwMDAwMl8wMV8wMQ

在语言的运用上，白岩松时而张扬，时而含蓄，时而激越，时而温婉，真是收放自如，张弛有度。在篇幅不长的演讲中多次获得了学生们的掌声。

白岩松的即兴演讲，真正达到了锦心绣口、妙语连珠的至善至美境界，他善于从现场中捕捉话题，取之有道而又用之有术，加上自身的幽默感，使现场始终洋溢着轻松、活泼的气氛。这场演讲展现了白岩松个人的语言及人格魅力，可称作即兴演讲的典范。（郑蔚萍点评，载《演讲与口才》（2004 年第六期）

在女儿婚礼上的讲话

贾平凹

我 27 岁有了女儿，多少个艰辛和忙乱的日子里，总盼望着孩子长大，她就是长不大，但突然间长大了，有了漂亮、有了健康、有了知识，今天又做了幸福的新娘！我的前半生，写下了百十余部作品，而让我最温暖的也最牵肠挂肚和最有压力的作品就是贾浅。她诞生于爱，成长于爱中，是我的淘气，是我的贴心小棉袄，也是我的朋友。我没有男孩，一直把她当男孩看，贾氏家族也一直把她当作希望之花。我是从困苦境域里一步步走过来的，我发誓不让我的孩子像我过去那样贫穷和坎坷，但要在“长安居大不易”，我要求她自强不息，又必须善良、宽容。二十多年里，我或许对她粗暴呵斥，或许对她无为而治，贾浅无疑是做到了这一点。当年我的父亲为我而欣慰过，今天，贾浅也让我有了做父亲的欣慰。因此，我祝福我的孩子，也感谢我的孩子。

女大当嫁，这几年里，随着孩子年龄的增长，我和她的母亲对孩子越发感情复杂，一方面是她将要离开我们；另一方面迎接她的又是怎样的一个未来。我们祈祷着她能受到爱神的光顾，觅寻到她的意中人，获得她应该有的幸福。终于，在今天，她寻到了，也是我们把她交给了一个优秀的俊郎贾少龙！我们两家大人都是从乡下来到城里，虽然一个原籍在陕北，一个原籍在陕南，偏偏都姓贾，这就是神的旨意，是天定的良缘。两个孩子虽生活在富裕的年代，但他们没有染上浮华习气，成长于社会变形时期，他们依然纯真清明，他们是阳光的、进步的青年，他们的结合，以后日子会快乐、灿烂！

在这庄严而热烈的婚礼上，作为父母，我们向两个孩子说三句话。第一句话，是一副老对联：一等人忠臣孝子，两件事读书耕田。做对国家有用的人，做对家庭有责任的人。好读书能受用一生，好好工作就一辈子有饭吃。第二句话，仍是一句老话："浴不必江海，要之去垢；马不必骐骥，要之善走。"做普通人，干正经事，可以爱小零钱，但必须有大胸怀。第三句话，还是老话："心系一处。"在往后的岁月里，要创造、培养、磨合、建设、维护、完善你们自己的婚姻。

今天，我万分感激着爱神的来临。它在天空星界，在江河大地，也在这大厅里，我祈求它永远地关照着这两个孩子！我也万分感激着从四面八方赶来参加婚礼的各行各业的亲戚朋友，在十几年、几十年的岁月中，你们曾经关心、支持、帮助过我的写作、身体和生活，你们是我最尊重和铭记的人，我也希望你们在以后的岁月里关照、爱护、提携两个孩子，我拜托大家，向大家鞠躬！

点评：这篇演讲词，语言鲜活而规范，精粹而深刻，散发着泥土的芬芳，闪烁着智慧的光芒。他形容爱女，全然没有什么"宝贝""公主""掌上明珠"之类的陈词俗套，而把女儿比作"最牵肠挂肚和最有压力的作品""我的淘气，我的贴心小棉袄""希望之花"，这些新鲜的比喻，让人耳目一新。他祝福女儿、女婿新婚之喜，全然没有那些"心心相印""百年好合""白头偕老"之类的空话套话，而是祝福他们"创造、培养、磨合、建设、维护、完善你们自己的婚姻"，连用六个动词，把一位慈父的美好祝愿表达得多么完美、高雅！全文读起来音韵和谐、朗朗上口、雅俗共赏。贾平凹不愧为大手笔，不愧为语言高手！

男大当婚，女大当嫁。女儿要出嫁了，贾平凹的心情是非常复杂的。一方面，他为女儿寻觅到了幸福的爱情而喜悦；另一方面，他又为女儿即将离开自己而依依不舍，还有对女儿开始一种崭新生活的期盼和担忧。贾平凹把这种复杂的感情表达得淋漓尽致。无论是对女儿成长历程的回顾，还是对女儿女婿未来的祝福和勉励，以及对参加婚礼者的感谢，都让人感受到一位父亲那颗温暖、善良、诚挚、关爱的心，字里行间，蕴含着慈父对女儿炽热的爱，洋溢着纯真的情感。

（美）迈克尔·乔丹：奥林匹克生涯已经结束

朋友们：我经常强调说，一旦我失去动力或不需要再证明什么了，我就应该退役。现在是我离开的时候了，这并不是我不爱这项运动，我只是觉得我已经达到了自己事业的顶峰，我没有什么可再证明的了。

我不知是否会复出，退役的意思就是从今天开始我想干什么，就可以干什么。如果这意味着今后要复出，我也许会的。我不把这扇门关死。如果公牛队还需要我，我也许会重归赛场。如果我日后复出，也不会效力于另一支球队，因为我的心已经属于它了。

我的奥林匹克生涯已经结束了。

我第一次得 NBA 总冠军后，我父亲就劝我退役。我们当时的看法有很多不同，因为我认为，作为球员我还有许多东西要去证明。第三次夺得总冠军后，我们又谈了一次，我被你们说服了。

我时刻在承受着新闻媒介所带来的压力，我不会因为他们而离开球场的，这是我自己的抉择。即使我父亲没有去世，我也会做出同样的决定。父亲的去世使我看到了自己的未来，但痛苦会一天天地淡漠下去的。是他的不幸提醒了我，人的一生是何等短暂，该如何珍惜。我不能太自私，要用更多的时间去陪我的亲人，包括我的妻子、孩子，我需要过一种正常的生活。

我退役以后，很多朋友对公牛队的实力表示怀疑，但我并不担心，这好像父亲送儿子上大学。当然，我不是他们的父亲，我告诉他们要相信自己。我认为我们有很多获胜的机会。我也坚信，肯定会有更多的球星诞生的。

我需要一件工作吗？我从来没有考虑过，现在也不想要，我现在要看一看小草是如何成长的，然后再把它们割掉，我当然要经常去看公牛队的比赛，可我不会告诉伙伴们我什么时候去看。我想，我不会完全过一种正常的生活，只不过公众的关注比以往少一些，我会怀念篮球比赛的，我会怀念夺取冠军辉煌的时刻，会怀念每年与队友们待在一起的八个月的美好时光。

【演讲视频 4-5】迈克尔·乔丹退役演说 http://www.56.com/u61/v_MTE0NzA1MTQ2.html

点评：这是美国著名的篮球运动员迈克尔·乔丹，在宣布退出篮球运动生涯时发表的即席电视告别演说，它是一篇典型的即兴演讲。迈克尔·乔丹在即兴演讲之前并未拟草稿，也没有经过深思熟虑，只是急于把自己的主要意思和此时此刻的激动心情告诉给电视观众：应该退役——倘若公牛队需要也许会复出——退役的思考过程及退役的深层原因——坚信公牛队的实力——今后自己要好好生活，但仍关心公牛队，怀念篮球比赛。告别演说具有临场性的特点，迈克尔·乔丹语言流畅，饱含深情，深深地感染着每一位观众。（李元授）

阅读思考

乔布斯演讲的 16 个秘诀

凡是知道乔布斯的人都知道他抠门、强权、刻薄、蛮横，但还是有一大批人疯狂地崇拜着他，不仅仅是苹果的员工，还有成千上万的苹果“粉丝”。只要乔布斯出现在演讲台上，场下就会疯狂——尖叫声、鼓掌声充斥整个会场。乔布斯的演讲有着惊人的魔力，深深吸引着听众。他能让每个听众都赞同他。他在台上公开诋毁竞争对手，他们尖叫着应和；他邀请竞争对手到台上演讲，听众也会在乔布斯的“魔力”下，静静地倾听甚至能够在演讲后给予掌声。乔布斯就是有这样的“魔力”，让人们像虔诚的教徒一样围绕在他周围。

乔布斯是一位大师级的演员，总是在雕琢自己的演技。每一个动作，每一次现场演示，每一幅图片和每一张幻灯片都是同步的。他看起来惬意、自信并且轻松自如。至少看起来是这样。他的演讲秘诀是排练很长时间，确切地说，是排练很多个小时，持续很多天。

数十年来，乔布斯已经把产品演示变成了艺术，美国沟通问题专家卡尔米·加洛研究他的演讲艺术，发现了 16 个秘诀，它们是：

1. 模拟电影的策划

乔布斯的演讲具有大片的所有元素——英雄和反派、配角、震撼的视觉效果。并且和电影导演一样，他用图板来串连情节。

当你走向电脑，打开幻灯片，进行头脑风暴、速记或写白板之前，请记住：你是讲故事的主角，幻灯片是辅助。

2. 聚焦利益点

听众们会问自己："我为什么要关注？"乔布斯非常清楚要销售的是隐藏在每个新产品或特性后面的利益点。为什么要买 iPhone 的 3G？因为"它一半的价格两倍的速度"。"时光胶囊"的伟大之处在哪里？你所有无可替代的照片、视频、文档如果曾丢失，也会被自动保护且易被检索。苹果的网站也保持对利益点的聚焦，例如"爱在 Mac 的十大理由"。

没人关心你的产品或服务，他们只关心你的产品或服务如何改善他们的生活。

3. 销售梦想而非产品

乔布斯不卖电脑，他销售世界更美好的前景。真正的福音是以救世主的热忱去创造新体验。2001 年，乔布斯推出 iPod 时说："用我们自己的微小方式，让世界变得更美好。"大部分人把 iPod 当成一个音乐播放器的时候，乔布斯却把它视为丰富人们生活的工具。当然，有伟大的产品很重要，但是激情、热情、目标感比实际的产品更能让你和你的公司脱颖而出。

4. 简短友好的标题

你能用 140 个字节描述您的产品或服务吗？乔布斯为每个产品设计的标题或描述可以简洁到发在 Twitter 微博上。例如 2008 年 1 月，乔布斯推出苹果笔记本电脑时，就简单地描述为"世界上最薄的笔记本"——掷地有声！在演示中或在苹果网站上充满细节描述，但是给每个产品定位都只用一句话！

5. 树立反派

经典故事中，英雄都会激战反派。乔布斯就善于这么做，1984 年苹果眼中的反派就是"蓝色巨人"IBM。在他向销售团队介绍 1984 年那则著名的电视广告前，他说 IBM 决意统治整个行业，苹果就是唯一的拦路虎，这让团队群情激昂。品牌专家马丁·林德斯特姆说，伟大的品牌和宗教有共通之处：征服共同敌人的梦想。

6. 提纲挈领

每次演示开始，乔布斯都会介绍演讲提纲。2009 年 9 月 9 日音乐盛典上，他告诉观众他主要介绍三款产品：iPhone、iTunes 和 iPod。整个过程，他会做出口头引导，如"iPhone 是我今天介绍的第一款产品，现在我们把目光投向第二个 iTunes"，以帮助听众跟上节奏。

7. 简洁的视觉化幻灯片

苹果的产品简单易用，因为他们删除了繁琐之处。乔布斯的每次演讲也应用同样的设计理念。他的演讲没有要点，取而代之的是照片或图片。当平均每页幻灯片有 40 个单词时，在乔布斯的 10 页幻灯片中找到 7 个词都很难。文字和图片结合会更容易唤起对信息的回忆，乔布斯的技巧就是基于这样的理念。乔布斯发布 Mac Air 超薄笔记本电脑的时候，他用一个牛皮纸信封装电脑的幻灯片来展现，真是一图胜万言！

简洁就是终极的复杂，乔布斯说。越复杂的越要保持简洁。

8. 10 分钟规则

神经学家发现任何演讲经过 10 分钟，大脑都会疲劳。换言之，无论演讲者如何富有吸引力，大约 10 分钟后观众往往会开小差。乔布斯的演讲会持续 1.5 个小时，可每 10～15 分钟他会插入视频、示范、客户发言，从而不会让观众变得厌烦。

9. 挖掘数据的意义

每次苹果的演讲，都会大量运用数据。2009 年 9 月 9 日，苹果副总裁菲尔·席勒说 iPod 已经卖了 2.2 亿台，这意味着 73%的市场份额，他进一步说这个给了对手一个猛击，甚至将微软的股价拉下 1%。

席勒得到了乔布斯的真传：用大量数据连接观众。

10. 活泼生动的语言

乔布斯谈到新的 3G 版 iPhone 的速度的用词是："敏捷得惊人！"当多数商务演讲人用词过于技术、模糊、混乱时，他的语言则非常简单，他几乎不用广为演讲者使用的诸如"最佳产品""协同作用"的术语，就算有也不多，他的语言简单、清晰、直接。GE 传奇 CEO 杰克·韦尔奇曾说："不自信的管理者制造复杂。"语言简单彰显自信。

11. 分享舞台

乔布斯几乎就是苹果的代名词，可是他的演讲很少是独角戏。他乐于和商业伙伴、音乐家、员工一起分享舞台。2008 年 10 月乔布斯和库克一起邀请苹果首席设计大师乔纳森·艾维给观众展示苹果如何给计算机制作铝制框架。乔布斯可以自己传送信息，但他也给独特的角色和观点提供舞台。

12. 使用道具

除了吸引人的视觉背景（他的幻灯片）之外，乔布斯带来了展示和演讲道具。介绍新产品或功能时，他会坐在电脑前或拿起 iPhone 来展示它是如何工作的。这些演示很简单，但往往非常引人注目。1984 年，乔布斯推出 Mac 电脑时，他走到一个黑暗的舞台中央，慢慢从黑包内拿出电脑，从口袋里掏出一张软盘插入后走开了，仿佛这台电脑已经走入他的生活。

13. 策划高潮

乔布斯的每次演讲都有一个高潮时刻，成为演讲最为人津津乐道的部分，这些精彩时刻都是事先设计好的。例如，乔布斯推出 Mac Air 电脑时，他从一个办公室的信封中取出电脑，以此来展示它是多么纤薄。这是 2008 年 Mac 大会，每个人都不能忘记的时刻。

策划一个演讲高潮吧！

14. 反复演练

演讲的每个方面，乔布斯都花时间反复演练。每张幻灯片都仔细撰写，每次演讲舞台都有剧场般体验。乔布斯做演讲看上去毫不费力，但是娴熟的表演来自舞台下一次又一次不懈的演练。我不相信乔布斯是天生的演讲者，如果你看他 20 年前的演讲视频，将会发现每个 10 年他都取得了巨大的进步。1984 年的乔布斯有非凡的号召力，但 1997 年的他已经是一个非常完美的演讲者，2007 年展示 iPhone 的时候就更棒了！

15. 穿着得体

乔布斯可以穿黑色圆领衫、蓝色牛仔裤、跑鞋，很简单，这是因为他已经赢得了穿着随心的权利。对大多数演讲者来说最好穿得比观众更正式点。先别急着把套装扔了！

16. 充满乐趣

乔布斯让每一个主题都充满乐趣。2007 年元月，Macworld 大会主题演讲时，助手点击幻灯片出了问题，他毫不慌乱，停下来讲了一个当年他和苹果联合创始人沃兹做了个电视干扰设备，在加州大学伯克利分校沃兹涅克宿舍搞乱电视信号的乐事，幻灯片一修好，他就继续，仿佛计划好的一样。他微笑着，看上去是真正在享受在舞台上的时刻。

【演讲视频 4-6】乔布斯演讲如何改变世界
http://v.youku.com/v_show/id_XNTY3NjgxOTg0.html?tpa=dW5pb25faWQ9MTAyMjEzXzEwMDAwMl8wMV8wMQ

（资料来源：http://www.aiweibang.com/yuedu/37774698.html，略有删改.）

思考题：

1. 乔布斯演讲的最大魅力在哪里？请结合网上乔布斯的一段演讲视频进行分析。

2. 请观看网易公开课“魅力乔布斯之演讲技巧”（http://open.163.com/movie/2013/8/B/A/M955LEP6S_M955M7HBA.html），深刻领会乔布斯的演讲魅力。

项目实训

一、散点连缀法训练

【训练方法】

以小组为单位，每人在三张小纸条上各写一个词，然后混在一起。练习时，每个人任意抽三张，然后将这三个近乎毫无关联的词用几句话连缀起来，组成一段有意思的话。开始阶段可以多给准备时间，以后则应逐步减少时间，达到拿到题目就要讲的地步。

在训练达到一定程度后，将全班的小纸条集中起来，请每位同学任意抽取三张，在全班进行演讲。

【示例 1】三个词是“校友会、咖啡、遭遇”。有人这么说：

一次校友会后，几个老同学在某个同学家里碰头儿，主人问我们喝什么饮料，我说来杯咖啡吧。咖啡，加点儿方糖，甜中有苦，苦中有甜，二者混杂在一起，有一股令人难忘的味道，我想，它正好与我们这一代人的遭遇相似，与我们对人生的回味相同。

【示例 2】三个词是“春天、衣服破了、环境保护”。有人这么说：

人的衣服破了可以补，也可以处理掉，换新衣服。地球母亲的衣服是臭氧层，现在也破了一个大洞。这件衣服补起来很难，更无法处理掉再换新。所以我们必须注意环境保护。不然再让臭氧层破坏下去，地球必然受到严重的伤害，地球上将永远没有春天。

（资料来源：赵京立.演讲与沟通实训[M].北京：高等教育出版社，2010.）

二、续龙接句训练

【训练方法】以小组为单位，先由组长确立中心话题，由一人开始说第一句，下面一个接一个地围绕中心话题接着说。开始练习时，间隔的时间可长些，但不可以用笔准备，否则就失去了训练的意义。遇到特别难的地方，可适当允许请其他人出面解围。

在训练达到一定程度后，可征集一些较难的中心话题在全班练习。

【示例】中心话题："天将降大任于斯人也，必先苦其心志，劳其筋骨，饿其体肤，空乏其身，行拂乱其所为也。"

学生甲：许多有成就的人，不仅有着学习中的艰苦，而且受着贫穷生活的折磨。

学生乙：但他们没有像一般人那样被压垮，苦难越多，反而进取心越强，他们在逆境中奋斗。

学生丙：我国六朝时期的南齐，有个叫江泌的人，家里很穷，只能白天谋生，夜里学习，因无钱买灯油，只好炎夏、寒冬都借月光读书。

学生丁：宋代的范仲淹以"先天下之忧而忧，后天下之乐而乐"的名句闻名天下。可他年轻时只能寄宿在和尚庙里，靠每天两顿粥来奋发读书。

学生戊：俄国的高尔基也是饱尝艰辛、受尽苦难，在社会大学里奋斗不止，顽强地学习，从而成为一代文豪。

学生已：可见，磨难可以使人消沉，也可以催人奋发向上。意志顽强的人可以迎着困难顺着风浪前行，在逆境中磨炼意志，增长才干攀登高峰，直至辉煌的顶点。

（资料来源：张瑞，万里.教师口语训练手册[M].北京：北京师范大学出版社，1994.）

三、即兴演讲比赛训练

实训目标：培养学生掌握即兴演讲的基本技巧，锻炼提高快速思维、准确表达与临场应变等能力。

实训学时：2 学时。

实训地点：教室。

实训方法：教师拟定若干个即兴演讲话题（最好每生一题）或准备多种有象征意义的实物，比赛前采用抽签形式确定每位学生的演讲话题或实物，要求学生进行 2 分钟左右的话题演讲或观物演讲，同时要求每个小组推荐 2 名主持人，在比赛过程中按小组顺序轮流主持。比赛结束后指导教师最后讲评。

参考话题

（1）对考场作弊说"不"

（2）我看中国人过洋节

（3）同学，我想对你说

（4）我最喜欢的一句格言

（5）永远不要说放弃

（6）我爱家乡美

（7）雾霾治理之我见

（8）我想创业

（9）我的勤工俭学经历

……

四、演讲综合训练

1. 克服口头禅

有些人在初次上台，甚至是多次上台之后，仍然会使用口头禅，从而影响到演讲的效果，可以采用如下三种方法进行克服演练。

记住演讲稿，一字不差，形成语言定势；

在语音停顿处用空白去代替口头禅的出现；

用录音机录下演讲内容，反复听，一出现口头禅就给自己一个刺激，让自己对口头禅充满厌恶感。

2. “卡壳”的处理

人在紧张的时候脑子会空白，什么都想不起来。演讲过程中出现“卡壳”应该怎么办？可以从以下五个方面减少“卡壳”的负面影响，进而引导演讲的顺利进行。

假装倒水、喝水；

让听众休息；

把刚才的内容再做重复；

稍作停顿；

提问并回答。

3. 辅助媒体的使用

在现代演讲中，要学会使用媒体，如何制作演讲媒体、幻灯片演示（PPT），如何正确使用辅助媒体，则是一门专门的技巧。紧扣以下方面进行使用演练。

要让所有的观众都能看到，特别是前边两侧和后边的观众；

站立时不要挡住屏幕和白板；

进行演示，要先打出幻灯片再进行演讲；

演讲内容和媒体展示内容要一致；

写板书时人要站在一边。

课后练习

一、即兴演讲训练

（1）根据以下材料或生活场景作两到三分钟的即兴演讲。

在大学校园里“60 分万岁”的思想经久不衰，一届传给一届，玩世不恭者说：“若是不考试，一切皆可抛。”有的振振有词：“60 分足矣，多一分浪费，少一分犯罪。”“不是我们不想好好学习，也不是不想取得好成绩，问题在于学得再好，分数再高，也没用，到毕业工作时知识又老化了。”对诸如此类的观点论调，你是怎样看的？

人对人要尊重，人对自然也要尊重。尊重表现在各个层面——同学之间、朋友之间、同事之间、亲人之间，都有一个互相尊重的问题。就是国与国之间也是如此。就拿日本来说吧，日本侵华多少年，中国人对这段历史是不会忘记的。如今，促进中日关系的友好发展，我们是诚心诚意的。但是，既要尊重历史，又要面对现实。如果日本违反国际准则，肆意篡改历史，伤害中国人民以及其他亚洲国家人民的情感，我们则是坚决不答应的。请以“尊重”为话题，发表即兴演讲。

在社会生活中，人人都扮演着不同的角色。有的是编剧，有的是导演；有的是主角，有的是配角。你扮演的是什么角色？是主角，还是配角？是生活的主人，还是附庸？你的亲人、朋友，又是怎样的角色？请以“角色”为话题进行即兴演讲。

曾经有某杂志在中学生中进行过一次问卷调查，题目是“谁是你最崇拜的男子汉”。答卷统计结果最崇拜的前10位男子汉分别是：周恩来、毛泽东、爸爸、周杰伦、自己、秦始皇、诸葛亮、李嘉诚、成龙、李连杰。你的看法呢？请以“我心目中的男子汉”为话题作即兴演讲。

3月15日是消费者权益日。每年的这一天都很热闹：电视台在播放“3·15”晚会，商场在让利销售，有关部门在街头巷尾摆出了咨询台，消费者可以现场投诉，工伤、税务、消协……各部门忙得不亦乐乎……面对此情此景，请你以“3·15”与“365”为话题作即兴演讲。

慕名已久的李老师将要来做你们的辅导员，在李老师到来的欢迎班会上，请你代表全班同学致欢迎词。

做了你们辅导员的刘老师因为工作关系，即将离开学校，请你在欢送会上代表全班同学向刘老师致欢送词。

你的同学举办18岁的生日派对，请你结合他本人的特点，发表简短的讲话，表示祝贺。

你的老师举行60岁生日酒会，即将退休。请你在会上发表讲话，为老师祝寿。

新学期开学不久，班上举行班干部竞选会。你参加了某班干部职位的角逐，请你发表简短的竞选演说。

即将告别熟悉的校园、亲爱的老师和朝夕相处的同学，在班级举行的毕业聚餐会上，请你发表感言。

（资料来源：屈海英.新编演讲与口才[M].杭州：浙江大学出版社，2011.）

（2）夏夜的星空是那么美、那么遥远。触景生情，我们会产生种种思索。请你展开联想，以“遥远的星空”为题作即兴演讲。

（3）假如你的企业作为东道主组织以下活动，你作为企业代表作即兴讲话，你想讲些什么？

- 洽谈会。
- 记者招待会。
- 客户联欢会。
- 开业典礼。
- 宴会。

（4）经典即兴演讲模仿

根据本章中提供的“即兴演讲赏析”，分析当时演讲的背景和演讲者的心态，体会演讲者的语言特点，并进行模仿、领会，较好地从这些精彩的即兴演讲词中感受到演讲的魅力。

二、案例分析

美国著名演讲家的即兴演讲“四步曲”

即兴演讲通常是在一定的场合下，演讲者事先未作准备，只是根据需要而作的临时发言。因此，即兴演讲在思维的敏捷性、语言的逻辑性和口头表达的雄辩性方面都有更高的要求。如何做好即兴演讲，避免因措手不及而陷入难堪的境地呢？美国演讲专家理查德总结了一个即兴演讲的“四步曲”，这四步是：

（1）喂，喂！

（2）为什么要浪费这个口舌？

（3）举例。

（4）怎么办？

第一步“喂，喂！”提示我们必须首先唤起听众的兴趣。理查德说，“不要平铺直叙地开始演讲：‘今天，我要讲的内容是保障行人生命安全……’你最好这样开头：‘在上星期四，特购的450具晶莹闪亮的棺材已运到了我们的城市……’”理查德设计的这一开头语虽然不符合我们中国人的忌讳心理，但它无疑具有一种先声夺人的气势，它能激听众之疑，使他们很想弄清事情的究竟。

“为什么要费这个口舌”是第二步。理查德说，接下去你应向听众讲明为什么应当听你演讲。若谈交通安全问题，可这样讲：“不讲交通安全，那订购的450具棺材也许在等待着我，等待着你，等待着我们的亲人。”理查德所讲述的“为什么”既联系着“我”（演讲者），又联系着“你”（听讲者），还联系着场外与你我有关系的千千万万的“亲人”，这就使所有的与会者不知不觉地成了他的“俘虏”，在心理上与他产生了共鸣。

紧接着的第三步为“举例”。理查德指出，比如谈交通安全问题，你若用活生生的事例来说明那些会使人们送命的潜在因素，远比只讲那些干巴巴的条文要好得多。事实上，演讲的传播媒介主要是口语，辅之以体态语。与书面语相比，口语和体态语在传达事例方面比传达条文更具有优势。特别是即兴演讲，我们更要注意在这方面扬长避短。

“怎么办”是最后一步。理查德要求演讲者注意的是，这一步一定要告诉听众你谈了老半天是想让人家做些什么，最好能讲得生动一点、具体一点、实际一点。从根本上说，“怎么办”是演讲者的目的所在，如果演讲者忘记了这一步，或者这一步处理不好，就会给听众留下无的放矢或不知所云的感觉。

理查德还认为，“为什么”和“举例”这两部分如同馅饼里的馅，味道全在这里面。但是，这两部分要与引人注意的“喂，喂”和结尾的“怎么办”相呼应。掌握理查德的“四步曲”，能使我们在大庭广众之中泰然自若、有条不紊地陈述自己的观点，而不会陷入张口结舌、东扯西拉的窘境。

思考题：

（1）美国演讲专家理查德总结的即兴演讲的“四步曲”对你有什么帮助？

（2）请按照此方法进行一次即兴演讲。

林语堂的即兴演讲

林语堂是我国现代著名的语言学家，也是著名的幽默大师。有一次，他到一所大学去参观。参观后校长请他到餐厅和学生们共进午餐。校长认为这是一次难得的机会，就临时请他和学生讲几句话。林语堂很为难，无奈之下，就讲了一个笑话。

林语堂说，罗马时代，皇帝残害人民，时常把人投到斗兽场中，给猛兽吃掉。这实在是一件惨不忍睹的事！可是，有一次皇帝又把一个人丢进斗兽场里，让狮子去吃。这个人胆子很大，看到狮子并不怎么害怕，径直走到狮子身旁，在狮子耳边讲了几句话，那狮子掉头就走，不吃他了。皇帝觉得很奇怪，狮子为什么不吃他呢？于是又让一个人放了一只老虎进去，那人还是毫无惧色，又走到老虎身旁，也和它耳语一番。说也奇怪，老虎也悄悄地走了，同样没有吃他。皇帝诧异极了！怎么回事？便把那个人叫出来，盘问道：“你究竟向狮子和老虎说了些什么，竟使它们不吃你呢？”那人答道：“陛下，很简单，我只是提醒它们，吃我很容易，可吃了以后，你们得演讲一番！”林语堂说罢就坐下了，

"哗"，顿时全场雷动，林语堂的故事得了一个满堂彩，校长啼笑皆非。

思考题：

（1）林语堂的演讲为什么能使全场雷动？

（2）本事例对你有何启示？

婚礼上的即兴演讲

我们见识过婚礼上的热烈场面，领略过婚礼上精彩的即兴演讲。这里转载的是来自解放军的李本钱的《在婚礼上的即兴演讲》（见《演讲与口才》杂志，2008（9）.）。

各位首长、各位来宾：

寒霜已至枫叶红，铁树总有开花时。在伟大的人民空军成立57周年这个光辉的节日里，我终于也算光荣地结束了单身生活，在44岁的年龄，第一次勇敢地走向了婚姻的殿堂。请允许我和我的新娘陈素华，向各位首长、各位战友，向长期关心我的婚姻大事的地方领导和朋友们致以节日的问候，欢迎大家的光临！

此时此刻，我思绪万千，感慨多多。在通向婚姻的道路上，我苦苦追寻了20多年，20多年的平凡生活中，我的感情生活极不平静。有阳光下嫩草出土的快意，也有冷风中头撞南墙的失意；有赤膊上阵的莽撞，也有草草收场的悲凉。总之，有泪流，有伤心。但是，我始终抱着铁树总能开花的信念，发扬人民空军创建时期"马拉飞机"的伟大精神，乐观向上，顽强搏击，于是，今天终于站在了婚姻的门槛上。

没有父母的养育之恩，没有哥哥姐姐的精心呵护，没有在座的各位首长和朋友们的鼎力扶持，关键是没有新娘的"献身精神"，铁树开不了花，我也结不了婚。因此，请让我深情地说一句：感谢父母，感谢首长，感谢大家，感谢新娘！

生活美好，爱情甜蜜。婚后，我还要向已婚的兄弟姐妹们学习，争取把损失的时间补回来。争取从明天起，向朋友们发出"珍爱家庭，远离酒桌"的倡议，广泛深入地开展"百日无滴酒"活动，争取在我自己制订的第一个五年计划内，与新娘一道加倍努力，勤奋工作，让祖国的百花园里也有属于我们的一朵。

各位嘉宾：爱情诚可贵，友情价更高。各位对我们的厚爱，我将永远铭记。再一次感谢你们。

人说婚姻是围墙，我说墙内有花香。永别了，我的单身生活；永别了，我的铁树总不开花的日子。祝愿未婚的兄弟姐妹们早觅知音，共度爱河；祝愿已婚的每个家庭花团锦簇，一路芬芳！

伟大的亲情、友情、爱情万岁！

伟大的铁树开花精神万岁！

谢谢大家。

思考题：

（1）这篇即兴演讲有何特点？

（2）请介绍一下你在婚礼上见到的精彩即兴演讲。

竞选学生会主席的三分钟演讲

林显沃

同学们：

大家好！

我的演讲，将会使今天晚上，成为值得你们回忆的一个美好的晚上！

我，就是林显沃，一个待人真诚、敢说敢做、认真踏实的人。不要问我站在这里干什么，既然是火山，就要爆发；既然是战士，就要勇猛抗敌；既然是林显沃，我就要竞选学生会主席！既然是主席，我就要创造我们学院学生工作的奇迹！

学生会主席，不简单，必须具有较高的组织、协调能力和开拓创新的精神，并能与同学们和谐、亲密地相处……还有很多很多条件，而我也许就是符合这些条件的最突出的一个！

林显沃，一切皆有可能！

我不去想是否能够成功

既然选择了远方

便只顾风雨兼程

我，林显沃。有13年当班长的经验，被评为广东省优秀学生，一年前光荣地加入了中国共产党。这些只是我辉煌的过去！现在，坚持“每天前进一步，永远真诚服务”的宗旨，心中激荡着“一切为了同学，为了一切同学，为了同学一切”的誓言，我一定能够构建务实、诚信、高效、创新，永远真诚服务的新一届学生会班子；一定能够打造团结、活跃、睿智、出名，一切皆有可能的数计学院学生会强势品牌！

我不去想身后会不会袭来寒风冷雨

既然目标是伟岸的大山

留给世界的就只能是认真踏实的足迹

如果我当选为主席，我一定会兑现我的承诺：第一，多多为同学们办实事，使学生会成为全院同学可以依靠的、温馨的家园；第二，积极争取校内重大活动的参与权、举办权，把数计学院的学生活动做大、做活、做强；第三，通过申请、拉赞助等方式大力筹措经费，保证比上年经费增加50%以上，使学生会能为大家办更多的好事！因为“大家好，才是真的好”！

我不去想未来是平坦还是泥泞

只要心中充满执著和热爱

一切，都在意料之中

今晚，我想起了中国申奥代表团所说的一句话：“你们所做的任何决定都将改变历史，但是只有一种选择可以创造辉煌的未来。”你们选我林显沃当学生会主席，就是选择了辉煌的未来！各位同学，你们所期望的主席，不正是像我这样敢想敢说敢做的人吗？给我一分信任吧，我将回报你们二十分的满意！

记住我的口号：森林明显肥沃，让我们一起去开拓！

谢谢大家！

思考题：

（1）这篇林显沃在中山大学珠海校区数计学院竞选学生会主席大会上的演讲的成功之处何在？

（2）在全班模拟演练这篇演讲。

小洛克菲勒的即兴演讲

1915年，科罗拉多州煤铁公司的矿工为了要求改善待遇，进行了罢工，因为公司方面处置不善，这次罢工又演变成了流血的惨剧，劳资双方都走向了极端。这次罢工，持续了两年之久，成为美国工业史上一次有名的大罢工。那时管理矿务的人，就是美国石油大王洛克菲勒的儿子。这位小洛克菲勒，最初使用高压手段，请出军队来镇压，闹成了流血惨剧，不仅没有解决问题，反而使罢工的时间延长下去，使他的财产受到了更大的损失。

后来，小洛克菲勒改变方法，用了柔和的手段，把罢工的事情暂时放之不谈，特地去和工人为友，到各个工人的家中去慰问，对罢工运动代表们做了一次十分中肯的现场即兴演讲。他说："在我的有生之年，今天恐怕要算是一个最值得纪念的日子。我十分荣幸，因为我能够和诸位认识，如果我们今天的聚会是在两个星期之前，那么，我站在这里就会是一个陌生人了；因为我对于诸位面孔的认识还只是极少数。我有机会到南煤家庭，会见了诸位的妻儿老幼，大家对我都十分客气，完全把我看做自己人一般。所以，今天我们在这里相见，我们已经不是陌生人而是朋友了。现在，我们不妨本着相互的友谊，共同来讨论一下我们大家的利益，这是使人感到十分高兴的。参加这个会的，是厂方的职员和工人的代表，现在蒙诸位的厚爱，我才能在这里和诸位相见并努力化除一切矛盾，彼此成为好友，这种伟大的友谊，我是终身不会忘掉的。我们大家的事业和前途，从此更是展开了无限的光明。在我个人，今天虽然是代表着公司方面的董事会，可是，我和诸位并不站在对立的地位，我觉得我们大家都是有着密切的关系和友谊的。和我们彼此有关的生活问题，现在我很愿意提出来和大家讨论一下，让我们一起从长计议，获得一个双方都能兼顾到的圆满的解决办法，因为这是对大家有利的事……"

小洛克菲勒的讲话，虽然没有华丽的辞藻，但话语中肯，引起了矿工广泛的共鸣，很快摆脱了困境。

思考题：

（1）小洛克菲勒的演讲经历说明了什么？

（2）本事例对你有何启示？

第五章　交际口才

交谈比生活中任何其他举动更为美妙。

——[法]蒙田《随笔集》

你能面对多少人，未来就能有多大成就。

——[英]丘吉尔

学习目标

掌握寒暄的原则、功能和方式；掌握交谈的语言艺术；掌握赞美的作用和语言技巧；掌握表扬下属的技巧；掌握说服的语言艺术；掌握拒绝的语言艺术。

案例导入

经理室的对话

小王是一家科教设备公司的推销员，他希望通过勤奋的工作来创造良好的业绩。一天他急匆匆地走进一家公司，找到经理室，于是就有了如下的一段对话。

小王：您好，李先生。我叫王乾，是科教设备公司的推销员。

经理：哦，对不起，这里没有李先生。

小王：你是这家公司的经理吧？我找的就是你。

经理：我姓于，不姓李。

小王：对不起，我没听清你的秘书说你是姓李还是姓于，我想向你介绍一下我们公司的彩色复印机……

经理：我们现在还用不着彩色复印机。

小王：噢，是这样。不过，我们还有别的型号的复印机，这是产品目录，请过目。（接着，掏出香烟和打火机）你来一支。

经理：我不吸烟，我讨厌烟味，而且，我们公司是无烟区。

小王：……

问题：

1．小王与经理的对话存在什么问题？

2．交际口才为什么重要？请举例说明。

第一节　寒暄

日常交流中，我们经常用到寒暄语。寒暄语是人们用来营造某种气氛或保持社会联系的语言，而不是为了交流信息或观点。寒暄功能是语言的一项基本功能。打招呼、告别、闲谈以及对天气的评论都属于此类功能的运用。寒暄表示一种分享感情或营造友好气氛的语言方式，是一种广泛用来传达关心和友爱的社交方式。

一、寒暄语的社会功能

首先让我们看一个寒暄的实例：

邓小平与英国女王及丈夫爱丁堡公爵会谈前是这样寒暄的：

邓小平说："见到你很高兴，请接受一位中国老人对你的欢迎与敬意。这几天北京的天气很好，这也是对贵宾的欢迎。当然，北京的天气比较干燥，要是能'借'一点伦敦的雾就更好了。我小时候就听说伦敦有雾。在巴黎时，听说登上巴黎铁塔，就可以望见伦敦的雾。我曾经登上过两次，可是很遗憾，天气都不好，没能看到伦敦的雾。"

爱丁堡公爵则回答说："伦敦的雾是工业革命的产物，现在没有了。"

邓小平又风趣地说："那么，'借'你们的雾就更困难了。"

爱丁堡公爵说："可以借点雨给你们，雨比雾好，你们可以借点阳光给我们。"

寒暄语与社会心理学有着密切的关系，因此人们利用它来实现某些社交功能①。

1. 为了营造和保持友好的氛围

寒暄语是一种人们用来保持相互间联系的语言。其主要目的不是为了交换信息和观点，而是为了分享感情或建立友好的关系。在这种情况下，谈话的内容并不重要，关键在于双方都参与了谈话。即使谈话的内容是含混不清的，甚至是毫无意义的，它的作用也绝不能忽视。这种作用就是要营造和保持一种友好的社交氛围。

2. 为了掩饰沉默所带来的生疏和不快

人们有一种直觉认为有些话的重点并不在于具体内容，而在于说话这个行为。例如，在汽车站向陌生人说"天气真好"就侧重于传递友好的态度而非针对天气要作什么评论。另外，完全不同的谈话内容也会起到相同的作用，如"汽车又晚点了"。两者都着重于交流感情而并非为了传递信息。这就可以看出"说了"要比"说了什么"重要得多。如果听者对说话者毫无回应，后果将会很严重。我们可能认识到保持沉默会破坏和谐的关系，因为保持沉默不仅是中性的反应，它更容易被理解为有敌意的表示。实际上，我们可以把寒暄语视为一种避免沉默的适当做法，尤其是在聚会和会议这样的社交场合。在这种场合下，交往双方会尽量持续他们的谈话；否则一方会感觉另一方可能要打破他们之间的关系。

3. 为了满足交谈双方的心理要求

生态学家德斯蒙德·莫斯 Desmond Morris 在他的一本名为 *The Naked Ape* 书中提到人类的寒暄语类似于动物世界中的某些情景，像猴子梳理同伴的习惯。人类的这种语言与猴子的

① 李翠娟. 语言的寒暄功能[J]. 郑州工业高等专科学校学报，2004（3）.

梳理行为很相似，因为这都是社会成员之间需要互相配合的重要行为。社会心理学家艾瑞克·伯恩（Eric Berne）在他的一本名为 *Games People Play*（1966）的书中对寒暄语有不同的解释。他说寒暄语是抚摩的替代行为。他说婴儿在其成长过程中需要大量的关爱和抚摩。即使成人以后，他们依然有被抚摩的需求。但是成人靠语言交流来满足自己。因此，寒暄语是人们抚摩的形式。这种形式下，谈话双方的愉悦感是保持平衡的。

二、寒暄的原则

对于交际者来说，寒暄的行为应遵循以下几个基本原则。

1. 亲疏原则

寒暄的行为是否发生与交际各方的人际关系亲疏相关联，关系亲密的人之间不太需要寒暄，关系较一般的则需要寒暄，以满足礼节上的要求。从这一意义上可以说，寒暄标志着不是特别亲密的人际关系。

2. 合作原则

寒暄的参与者遵循特殊的合作原则，对语义内容的质和量均无明确的或最大的要求，即使是虚假的命题或不真实的信息也予以默认，对方说什么都可以附和。

3. 直白原则

在说话的风格上，一般采用直接、明确的表达方式，不用晦涩的语言，说话不拐弯抹角。不排除幽默，但仅限于无功利性暗示意义。因为寒暄的内容不那么重要，所以说的话也应该很容易让人明白。寒暄作为一种礼节性的行为，在一定意义上也可以说是没话找话。这种情况下，相应的言语策略的规定性不强，可选择的余地也比较大，往往是说什么都可以，因此也就使得交际者有时反而不好确定选择什么策略，造成不知说什么好的情况。

4. 坦诚原则

寒暄虽然与交际目的不一定有直接联系，其内容也未必与后面的正式交谈相关，仅仅是交际活动的“起点”，是言语交际的“开场白”，但仍需要我们出言坦诚、问候真诚，切不可虚情假意、口是心非。

5. 礼貌原则

礼貌是指言语动作谦虚恭敬，这种谦虚恭敬应该是自然得体的，若是过分了反而显得不真实，也会使对方不自在。

三、寒暄的常用方式

袁红兰在其主编的《演讲与口才》（北京：航空工业出版社，2014）、徐卫卫在其所编著的《大学生交际口语》（杭州：杭州大学出版社，2007）一书中，总结了诸多寒暄方式，现归纳为以下六种。

1. 问候式

问候式寒暄是直接向交际对象表示问候或招呼。例如：

您（你）好！

出去吗？

最近忙吗？

读几年级了？

你的钢琴练得怎么样了？

又有大作发表了吧！

家里人都好吧？（对已婚者）

爸爸妈妈都挺好吧？（对未婚者）

2. 触景生情式

触景生情式是针对具体的交谈场景临时产生的问候语，比如对方刚做完什么事、正在做什么事以及将做什么，都可以作为寒暄的话题。如早晨在家门口或路上问："早晨好，上班吗？"在食堂里问："吃过了吗？"在图书馆或教室问："这么用功，还在读书啊。"这种寒暄，随口而来，自然得体。

3. 称赞式

通过对交际对象（或与交际对象有关的人与事）加以称赞或进行评议，来表达对交际对象的认可与问候。例如：

哇，你这件毛衣在哪儿买的，真漂亮！

哇，你们家好干净啊！

您可越活越年轻了！（对中老年人）

你的气色真好！（对初愈的病人）

这孩子真可爱！（对朋友或同事的孩子）

你是×××小学的吧，你们学校办学水平很高哇！（对初次见面者）

4. 攀认式

攀认式问候是抓住双方共同的亲近点，并以此为契机进行发挥性问候，以达到与对方顺利接近的目的。人际交往中，只要留心，就不难发现自己与对方有着这样或那样的共同点，像"同乡""自己喜欢的地方""自己向往的地方""自己认为的人间好去处"等就是与对方攀认的契机。例如：

"大家是广州人，我母亲出生在广州，说起来，我们算是半个老乡了。"

"大家都是昆明人，我也算是昆明人。我在昆明读了四年书，昆明可以说是我的第二故乡了。"

俗语说："山不转路转。"在人际交往中，只要彼此留意，就不难发现双方有着这样那样的"亲""友"关系，如"同乡""同事""同学"甚至远亲等沾亲带故的关系。在初次见面时，寒暄攀认某种关系，一见如故，立即转化为建立、发展友谊的契机。例如，三国时，鲁肃见诸葛亮的第一句话是："我，子瑜友也。"这短短的一句话，就奠定了鲁肃和诸葛亮之间的情谊。在现实生活中这种攀认型的事例比比皆是，例如：

"我出生在武汉，咱可算得上同乡啦。"

"噢，您是中科大毕业的，说起来咱们还是校友呢。"

这些事例，说明在交际过程中，要善于寻找契合面，发掘双方的共同点，从感情上靠拢对方。

5. 敬慕式

这是对初次见面者尊重、仰慕、热情有礼的表现，如"久仰大名""早就听说过您"等。

6. 描述式

描述式寒暄是通过对交际语境有一定关联的一些因素进行极为简洁的“描述”，来表达问候之意。例如：

呦，大妈今天买了这么多的好菜，又是鸡又是鸭的啊！

您老一身运动装又要去打门球啦！

今天天气真不错！

东北天气很冷吧。

四、寒暄的注意事项

1. 区分对象

交往对象不同，寒暄的选择也应当有所差别。在这一点上要具体考虑以下几种因素①。

（1）年龄差别。一般来说，如果交往双方在年龄上有明显的差别，那么在寒暄的过程中，年轻者要表示敬重，而老年者要表现出热情谦虚。

（2）亲疏的界限。交往双方如果是已经非常熟悉的人，那么不妨在寒暄时更加随意轻松一些；反之若初次见面，就应该显得庄重一些。

（3）性别不同。男性与女性在交往时，寒暄应该特别注意，不适合于女性的语言一定要避免使用。例如，过去人们在见面时，常喜欢用“你又长胖了”的话作为恭维或寒暄，但这用在女性的身上是不适合的。另外，同女性寒暄时虽然不一定要故作严肃，但是谈论轻松、幽默的话题时要注意格调高雅，掌握分寸。

（4）文化背景的差异。语言具有民族性，这不仅表现在语音、语调上，还体现在语言使用的习惯和表达的文化内涵上。不同民族、不同国家在寒暄这一语言环节上也有着明显的差异。如中国人在寒暄时喜欢以关切的语调询问对方的饮食起居、生活状况、工资收入、家庭情况等，但在西方国家这些内容却是彼此交谈的禁忌。同样，在中国文化环境中不适合的寒暄则可能在其他一些文化环境中得到认可或普遍使用。

2. 见机行事

寒暄同样有个语境问题，寒暄时机的把握、寒暄时间的长短、寒暄内容的选择、话语的“冷热度”、体态语的配合，等等，都得由“境”而定。

3. 积极主动

必要时要积极主动与对方先搭话，发起寒暄，这样不但会给对方留下你有诚意的好印象，也会使对方感受到你对他的热情和尊重。

4. 尽力顺从

如对方先主动与你寒暄，说明他很重视你的存在，并愿意同你建立或保持友好关系。你应努力顺从、应对，切不可对方问一句你答一句，更不应等沉默之后才找话说，这样很易造成尴尬局面。

5. 顺其自然

寒暄本身不存在是非曲直，你没必要针对某句话刨根问底，即使明知对方在说假话，你

① 金常德. 大学生社交口才实践教程[M]. 北京：北京大学出版社，2013.

也大可不必介意，只要寒暄能在和谐、友好的气氛中进行就行。

6. 把握适度

要根据具体情况、场合来调适寒暄的时间及内容。比如你有正事欲与对方谈，就不应东拉西扯地寒暄个没完，这样会误事，还会使对方产生厌倦之感。

第二节 交谈

美国前哈佛大学校长伊立特（Elite）曾说：“在造就一个有修养的人的教育中，有一种训练必不可少，那就是优美、高雅的谈吐。”交谈是交流思想和表达感情最直接、最快捷的途径。在人际交往中，因为不注意交谈的礼仪规范，或用错了一个词，或多说了一句话，或不注意词语的色彩，或选错话题等而导致交往失败或影响人际关系的事，时有发生。因此，在交谈中必须遵从一定的礼仪规范，才能达到双方交流信息、沟通思想的目的。

一、符合基本要求

语言作为人类的主要交际工具，是沟通不同个体心理的桥梁。交谈语言的基本要求包括以下几个方面。

1. 准确流畅

在交谈时如果词不达意、前言不搭后语，很容易被人误解，达不到交际的目的。因此在表达思想感情时，应做到口音标准、吐字清晰，说出的语句应符合规范，避免使用似是而非的语言。应去掉过多的口头语，以免语句割断；语句停顿要准确，思路要清晰，谈话要缓急有度，从而使交流活动畅通无阻。语言准确流畅还表现在须让人听懂，因此言谈时尽量不用书面语或专业术语，因为这样的谈吐会让人感到太正规、受拘束或是理解困难。

古时有一笑话说的是有一书生，突然被蝎子蜇了，便对其妻子喊道：“贤妻，速燃银烛，你夫为虫所袭!”他的妻子没有听明白，书生更着急了：“身如琵琶，尾似钢锥，叫声贤妻，打个亮来，看看是什么东西!”其妻仍然没有领会他的意思，书生疼痛难熬，不得不大声吼道：“快点灯，我被蝎子蜇了!”[①]这真是自作自受。

2. 委婉表达

交谈是一种复杂的心理交往，人的微妙心理、自尊心往往在里面起重要的控制作用，触及它，就有可能产生不愉快。因此，对一些只可意会不可言传的事情、人们回避忌讳的事情、可能引起对方不愉快的事情，不能直接陈述，只能用委婉、含蓄、动听的话去说。常见的委婉说话方式如下。

避免使用主观武断的词语，如“只有”“一定”“唯一”“就要”等不带余地的词语，要尽量采用与人商量的口气。

先肯定后否定，学会使用“是的……但是……”这个句式。把批评的话语放在表扬之后，

① http://www.loveliyi.com/society/goutong/goutongyishu.html.2009-07-27.

就显得委婉一些。

间接地提醒他人的错误或拒绝他人。

3. 掌握分寸

谈话要有放有抑有收，不过头，不嘲弄，把握“度”；谈话时不要唱“独角戏”，夸夸其谈，忘乎所以，不让别人有说话的机会；说话要察言观色，注意对方情绪，对方不爱听的话少讲，一时接受不了的话不急于讲。开玩笑要看对象、性格、心情、场合，一般来讲，不随便开女性、长辈、领导的玩笑，一般不与性格内向、多疑、敏感的人开玩笑，当对方情绪低落、心情不快时不开玩笑，在严肃的场合、用餐时不开玩笑。

4. 幽默风趣

交谈本身就是一个寻求一致的过程，在这个过程中常常会出现不和谐的地方并产生争论或分歧。这就需要交谈者随机应变，凭借机智抛开或消除障碍；幽默可以化解尴尬局面或增强语言的感染力。它建立在说话者所具有的高尚的情趣、较深的涵养、丰富的想象、乐观的心境、对自我智慧和能力自信的基础上，它不是耍小聪明或“卖嘴皮子”，它应使语言表达既诙谐，又入情入理，应体现一定的修养和素质。

有一次，梁实秋的幼女文蔷自美返台探望父亲，他们便邀请了几位亲友，到“鱼家庄”饭店欢宴。酒菜齐全，唯独白米饭久等不来。经一催二催之后，仍不见白米饭踪影。梁实秋无奈，待服务小姐入室上菜之际，戏问曰：“怎么饭还不来，是不是稻子还没收割？”服务小姐眼都没眨一下，答称：“还没插秧呢!”本是一个不愉快的场面，经服务小姐这一妙答，举座大乐。

二、使用礼貌用语

使用礼貌用语，是人类文明的标志，也是全世界共同的心声。使用礼貌用语不仅会得到人们的尊重，提高自身的信誉和形象，而且还会对自己的事业起到良好的辅助作用。在我国，政府有关部门向市民普及文明礼貌用语，基本内容为十个字：“请”“谢谢”“你好”“对不起”“再见”。在实际的社会交往中，日常礼貌用语远不止这十个字。归结起来，主要可划分为如下几个大类。

1. 问候语

人们在交际中，根据交际对象、时间等的不同，常采用不同的问候语。比如在中国实行计划经济的年代，由于经济发展水平不高，人们面临的首要问题是温饱问题，因而人们见面的问候语是：“你吃了吗？”今天，在不发达的中国农村，这句问候语仍然比较普遍，而经济比较发达的农村和城市，这句问候语已经很少听到了。人们见面时的问候语是“您好”“您早”等。在英国、美国等说英语的国家，人们见面的问候语根据见面的时间、场合、次数等不同而有所区别。如双方是第一次见面，可以说“How do you do”（您好），如果双方第二次见面，可以说“How are you”（您好），如在早上见面可以说“Good morning”（早上好），中午可以说“Good noon”（中午好、午安），下午可以说“Good afternoon”（下午好），晚上可以说“Good evening”（晚上好）或“Good night”（晚安）等。在美国非正式场合人们见面时，常用“Hi”“Hello”等表示问候。在信仰伊斯兰教的国家，人们见面时常用的问候语是“真主保佑”；在信奉佛教的国家，人们见面时常用的问候语是“菩萨保佑”或“阿弥陀佛”。

2. 欢迎语

交际双方一般在问候之后常用欢迎语。世界各国的欢迎语大都相同。如“欢迎您”(Welcome you)、“见到您很高兴!”(Nice to meet you)、“再次见到您很愉快”(It is nice to see you again)。

3. 回敬语

在社会交往中，人们常常在接受对方的问候、欢迎或鼓励、祝贺之后，使用回敬语以表示感谢。由此，回敬语又可称为致谢语。回敬语的使用频率较高，使用范围较广。俗话说礼多人不怪，通常情况下，只要你受到了对方的热情帮助、鼓励、尊重、赏识、关心、服务等都可使用回敬语。在我国使用频率最高的回敬语是“谢谢”“多谢”“非常感谢”“麻烦您了”“让你费心了”等。在西方国家回敬语的使用要比中国更为广泛而频繁。在公共交往中，凡是得到别人提供的服务，在中国人认为没有必要或是不值得向人道谢的情况下，也要说声谢谢，否则是失礼的行为。

4. 致歉语

在社会交往过程中，常常会出现由于组织的原因或是个人的失误，给交际对象带来了麻烦、损失，或是未能满足对方的要求和需求的情况，此时应使用致歉语。常用的致歉语有：“抱歉”或“对不起”(Sorry)、“很抱歉”(Very sorry，so sorry)、“请原谅”(Pardon)、“打扰您了，先生”(Sorry to have bothered you，sir)、“真抱歉，让您久等了”(So sorry to keep you waiting so long)等。

真诚的道歉犹如和平的使者，不仅能使交际双方彼此谅解、信任，而且有时还能化干戈为玉帛。道歉也有艺术，在人际交往中，有些人有时放不下架子或碍于面子，不愿直接道歉，这也是人之常情。其实，道歉的方式很多，道歉时可采用委婉的手法。比如：今天的交际对象是你以前曾经冒犯过的人，那么你可以说：“真是不打不相识啊，俗话说得好，不是冤家不聚头，来让我们从头开始!”道歉并非降低你的人格，及时得体的道歉也充分反映出你所具有的宽广胸襟、真诚情感和敢于承担责任的勇气。

有些时候，如果由于组织的原因或个人原因给交际对象造成一定的物质上、精神上的损失或增加了心理上的负担，在道歉的同时还可赠送一些纪念品、慰问品以示诚心道歉。

5. 祝贺语

在交际过程中，如果你想与交际对象建立并保持友好的关系，你应该时刻关注着交际对象，并与他们保持经常性联系。比如：当你的交际对象过生日、加薪、晋升或结婚、生子、寿诞时，或是你的客户开业庆典、周年纪念、有新产品问世或获得大奖时，你都可以以各种方式表示祝贺，共同分享快乐。

祝贺用语很多，可根据实际情况的需要进行选择。如节日祝贺语：“祝您节日愉快”(Happy the festival)、“祝您圣诞快乐”(Merry Christmas to you)；生日祝贺语：“祝您生日快乐”(Happy birthday)；当得知交际对象取得事业成功或晋升、加薪等，可向他表示祝贺：“祝贺你”(Congratulation)。常用的祝贺语还有：“恭喜恭喜”“祝您成功”“祝您福如东海，寿比南山”“祝您新婚幸福、白头偕老”“祝您好运”“祝您健康”等。

此外还可通过贺信，在新闻媒介刊登广告等形式祝贺。如：“庆祝大连国际服装节隆重开幕!”“××公司恭贺全国人民新春快乐!”等。总之，在当今社会，适时使用祝贺用语，对交际来说有百益而无一害。

6. 道别语

交际双方交谈过后，在分手时，人们常常使用道别语。最常用的道别语是“再见”（Goodbye），若是根据事先约好的时间可说“回头见”（See you later）、“明天见”（See you tomorrow）。中国人道别时的用语很多，如“走好”“慢走”“再来”“保重”等。英美等国家的道别语有时比较委婉，常常有祝贺的性质，如“祝你做个好梦”“晚安”等。

7. 请托语

在日常用语中，人们出于礼貌，常常用请托语，以示对交际对象的尊重。在我国，最常用的是“请”；其次，人们还常常使用“拜托”“劳驾”“借光”等。在英美等国家，人们在使用请托语时，大多带有征询的口气，如英语中最常用的“Will you please...？”“Can I help you？”（需要帮忙吗？）、“Could I be of service？”（能为您做点什么？）以及在打扰对方时常使用“Excuse me”，也有征求意见之意。在日本常见的请托语是“请多关照”。

三、慎重选择话题

所谓话题，是指人们在交谈中所涉及的题目范围和谈资内容。换言之，话题是一些由相对集中的同类知识、信息构成的谈话资料及其相应的语体方式、表述语汇和语气风格的总和。在人际交往中，学会选择话题，就能使谈话有个良好的开端。交谈中宜选的话题主要有这样几种：一是既定的话题，即交谈双方业已约定，或者一方先期准备好的话题，如征求意见、传递信息、研究工作等；二是内容文明、格调高雅的话题。如文学、艺术、哲学、历史、地理、建筑等，这类话题适合各类交谈，但忌不懂装懂；三是轻松的话题。这类话题令人轻松愉快、身心放松，适用于非正式交谈，允许各抒己见，任意发挥。主要包括文艺演出、流行、时装、美容美发、体育比赛、电影电视、休闲娱乐、旅游观光、名胜古迹、风土人情、名人逸事、烹饪小吃、天气状况等；四是时尚的话题，即以此时此刻正在流行的事物作为谈论的中心，这类话题变化较快，不太好把握；五是自己擅长的话题。尤其是交谈对象有研究、有兴趣的话题。比如，青年人对于足球、通俗歌曲、电影电视的话题较为关注，而老年人对于健身运动、饮食文化之类的话题较为熟悉；公职人员关注的多是时事政治、国家大事，而普通市民则更关注家庭生活、个人收入等；男人多关心事业、个人的专业，而妇女对家庭、物价、孩子、化妆、衣料、编织等更容易津津乐道。

在交谈时要注意交谈的话题有所忌讳。在交谈中，若双方是初交，则有关对方年龄、收入、婚恋、家庭、健康、经历这一类涉及个人隐私的话题，切勿加以谈论。

由于人们的经历、职业、兴趣、学习状况不同，每个人所掌握的话题状况各不相同，都有一定的局限性，因此必须尽量扩大话题储备。为此，要有知识储备。对于掌握话题广度影响最大的是自身的学习状况和进取精神。一个人如果有理想、有追求、思想境界高，而且肯下功夫学习，爱阅读，并关注社会现实生活，有较多的朋友，把看到、听到的东西，有意识地加以记忆和积累，就会变得学识渊博，时事政策、天文地理、政治外交、文艺体育、花鸟鱼虫、音乐美术几乎无所不知，由于视野开阔，谈资和知识面自然会比别人宽得多。

四、善于耐心倾听

【口才小故事 5-1】

最有效的口才是倾听

陈亦权讲过这样一个故事：有一位叫麦克的小伙子在大学毕业后，与几位同学一起来到一家公司做推销员。麦克的那些同学们都具有非凡的语言表达能力，麦克性格内向，和别人讲话就会面红耳赤，说几句话也是结结巴巴的。不过他对公司每一种产品的特征和性质都了如指掌，而且还能说出公司产品与市场同类产品相比较的优胜处在哪。他们的销售主管只看好麦克的那些同学们，至于麦克，主管觉得他的表达能力太欠缺，觉得他不会在这个职业里取得什么成就，于是很善意地叫他赶紧另外找个工作算了。虽然麦克坚持说自己一定行，但主管为了不让他拖自己后腿，就把麦克推给了负责另外一片区域的销售团队。麦克的同学们都非常努力，但尽管发挥了好口才，销售业绩一直没有提上去。

转眼过了大半年，总公司的销售主管因为有事离开了公司，空下一个岗位，群龙不能无首，临时招聘又不一定能立刻走马上任。分管经理与总部商量后，决定在这些业务员当中选出一位最适合的人来担任销售主管。不久，新的销售主管出现在大家面前，让所有人没有想到的是，新任命的销售主管就是麦克。原来，麦克在意识到自己的缺陷后，并没有去刻意提高自己的口才，只是在对产品特征了解的前提下，如实地说出他所知道的。面对客户时，他从来不会用主动攻击的方式，而是先问客户："您现在使用的产品有什么地方让您觉得满意？又有什么地方让您觉得不满意？您希望买到什么产品？"在客户回答后，麦克只需根据客户的需求推荐相应的产品就可以了，而且他的"不善言辞"反而在顾客心中形成了一个稳重、诚实和可靠的印象！老总曾无数次收到一些企业和顾客对他的赞赏和夸奖！

"所有的产品都有相应的详尽的介绍资料，作为一个销售人员，我们必须要清楚一个真理，那就是顾客所需要的永远都是产品，而不是你高超的口才！在很多时候，倾听更能使我们的推荐一步到位，而夸夸其谈不着边际的口才，实际上是一道无形的销售障碍！"在上任第一天的早会上，麦克这样说道。

这位名叫麦克的小伙子，就是如今被誉为"世界上最伟大的100位推销员之一"的麦克·贝柯，他的"倾听销售法"也被美国推销大师弗兰克·贝特洛写进了那本被誉为是"推销员必读"的《最成功的销售术》经典职场著作中。

书中对麦克的"倾听推销法"有这样一段启示性总结：无论是营销场合还是人际场合都是一样，无论你的口才是多么好，但是假如并不知道对方对什么话题感兴趣，那么过多的口才发挥只能导致这一次沟通以失败告终。

【演讲视频 5-1】我是演说家之熊浩《倾听的力量》
http://tv.cntv.cn/video/VSET100205289136/fe475821b9ff41edb9ad5ca95d587d8f

有一句老话"人长着一张嘴巴，两只耳朵，就是为了少说多听"，是很有道理的。与人交谈不但要善于表达自己的意思，而且还要善于聆听对方的说话，这在社会交往活动中是个不容忽视的问题。认真听取他人讲话可以获得更多的信息，抓住机会向别人学习，可以避免和减少说话的失误，使谈话简而精，同时也是对对方的尊重。

听和说是谈话交流的两个方面，倾听是语言表达的前提，善于耐心倾听主要表现在以下几个方面：

1. 表示得当

眼睛是心灵的窗户，在倾听时应该与说话的人交流目光，让你的眼神和表情表示出你在专心听，你的态度是认真的，一定要聚精会神地注视对方，传递出你"很欣赏、有同感"的信息。但注意，不要自始至终死盯着对方的眼睛。

倾听时适当发出“哦”“嗯”等应答声，表示自己在很注意地倾听，也进一步激起对方进一步讲话的兴趣，否则，对方会产生“唱独角戏”的感觉，并怀疑你是否心不在焉。即使你感到有点不耐烦，也不要急于插话或打断对方的话，要等到对方讲话有了停顿，告一段落的时候，再表明自己的想法。

倾听时，认真专心的姿态并不等于一言不发、一声不响，更不是对他人的每一句话都随声附和，不说一个“不”字。人云亦云，从不表达自己的真实意见，会被视为毫无主见或者滑头的人，这样，他人是不会敞开心扉、畅所欲言的。在专心倾听的同时，得体地向对方表达自己的观点和意见，不但不会得罪人，反而会受到对方的欢迎。

交谈中，有相当一部分是没有绝对是非标准的，诚恳地表达自己的意见，对方不但会通情达理地予以接受，而且会进一步激发思考，拓展思路，使谈话处于波峰状态。

2. 抓住要领

当对方讲到要点的时候，表示赞同，点一点头实质是在发出一个信号，让对方知道你在赞许他，这时候他会有兴致地继续讲下去。有的人在听讲话的时候会轻微地摇头，尽管这个动作是无意的，但常常会引起对方的误解，使他们以为你并不以为然，或者认为他说的不对。

对谈话中的要点，你可以要求对方谈得再详细一些，这说明你对交谈的话题很重视，需要有进一步的了解，引导他做更深入地工作和更进一步地阐述，便于你获取更多的信息。

对谈话没有听清楚或没有听明白的时候，要等到对方讲完以后再询问，不要在中途随意打断对方的话语，否则对方会因为思路或兴致被中断而不悦。

对方的话我们听得越明白，就越可能理解对方。每个人都有一定的思想感情，让别人不好理解，如果被别人所理解，对自己来说就是莫大的喜悦和幸福。

3. 适时提问

通过提问，暗示你的确对他的谈话感兴趣，同时启发对方引出你感兴趣的话题。我们应当知道并不是人人都一见如故，都会向你畅所欲言，交谈也有冷场的时候。沉默和尴尬往往使谈话不顺利，这时你可以寻找话题，及时提问。再好的话题也有说完的时候。当交谈者的兴趣减弱的时候，只重复一些没有新意的问题是枯燥无味的，这时就应该提出一些新的话题。

对于众所周知的道理，一般定论是事物和所见略同的问题不必老调重弹，你可以选择新角度，开发新层次和联系新事例，提出自己的观点和看法，引导对方乐于与你进行更多更广泛地交谈，这样有利于你主动掌握话题，更深入地倾听和了解对方。

认真倾听，往往会取得事半功倍的效果。如果你通过倾听真正了解了对方，那么你就成了对方的知音，到一定的时候，人生与事业会有意想不到的惊喜。

据社会学家兰金（Rankin）研究，在人际交往中，一个人说的时间应占全部社交时间的30%，而听的时间占 50%。这说明“听”在人们的交往中居于非常重要的地位，能静听别人意见的人，必是一个富于思想、有缜密见地、有谦虚性格的人。学会倾听吧，因为它是获取公众信息的关键！

【口才小故事 5-2】

倾听的魅力

经朋友介绍，重型汽车推销员乔治去拜访一位曾经买过他们公司汽车的商人。见面时，乔治照例先递上自己的名片："您好，我是重型汽车公司的推销员，我叫……"

才说了不到几个字，该顾客就以十分严厉的口气打断了乔治的话，开始抱怨当初买车时的种种不快，例如，服务态度不好、报价不实、内装设备不对、交接车的时间等待得过长……

顾客在喋喋不休地数落着乔治的公司及当初提供汽车的推销员，乔治只好静静地站在一旁，认真地听着，一句话也不敢说。

终于，那位顾客把以前所有的怨气都一股脑地发泄了。当他稍微喘息一下时，方才发现，眼前的这个推销员好像很陌生。于是，他便有点不好意思地对乔治说："小伙子，你贵姓呀，现在有没有一些好一点的车种，拿一份目录来给我看看，给我介绍介绍吧。"

当乔治离开时，已经兴奋得几乎跳起来，因为他的手上拿着两台重型汽车的订单。

从乔治拿出产品目录到那位顾客决定购买，整个过程中，乔治说的话加起来都不超过10句。重型汽车交易拍板的关键，由那位顾客道出来了，他说："我是看到你非常实在、有诚意又很尊重我，所以我才向你买车的。"

只是几分钟的倾听，就做成了一笔业务，这就是倾听的魅力。

五、避免冷场发生

与人交谈，一个话题谈完了，如果两个人不善言谈，而另一个话题又没接上，就有可能出现"冷场"的尴尬局面，别人会显出局促不安的神态，你也会无所适从。那么，应该怎么办呢？一般来说，冷场分为两种情况：一种是单向交流，听的人毫无兴趣，注意力分散；另一种是双向交流，听者毫无反应，或仅以"嗯""噢"之类应付。不管是哪种情况出现的冷场，根本原因都在于听者不愿听说话人所说的话，听者仅仅出于纪律的约束或处世的礼貌而扮演一个"接受"的角色。发言者既要发言，必须实施控制，避免冷场的发生。避免和控制的办法如下。

1. 发言简短

单向交流中那种应景式讲话，越短越好。如某商场举行开业仪式，邀请了市内各方面的人士参加。总经理只说了两句话，即"女士们，先生们！热忱欢迎各位光临！现在我宣布：××商场正式开业！"

双向交流中，任何一方都不要滔滔不绝地"包场"，要有意识地给对方留出发言的时间和机会。自己一轮讲不完，应待对方有所反应后再讲，不要一轮就讲得很长。

2. 交换话题

单向交流的话题变换是暂时的，所变换的话题是为了吸引听者的注意力，调动他们的兴趣。这一目的达到后，仍要回到原有话题的轨道。比如，教师在讲课过程中发现学生精力分散、东张西望、打瞌睡、窃窃私语、在桌上乱画时可以暂停讲授，穿插几句应景、时髦、诙谐的话；或者简短地讲个与教学多少相关的典故、趣闻，学生的精力便会一下集中起来，之后，再继续教学。双向交流的话题变换是不定的，根据现场情况随时进行。比如你与别人谈今日凌晨看的一场世界杯足球赛电视直播，可别人并不喜欢足球，也没有在半夜爬起来观看，对你所议显得毫无兴趣，出现冷场，这时，你就应及时将话题转到其他方面去。

3. 中止交谈

任何人在交谈时都不希望听者不愿接受。但若这种情况出现后，自己又采取了诸如简短发言、变换话题等控制手段，仍然不能扭转冷场的局面，那就应中止交谈。没有人接受的交谈是无意义的，既白白消耗自己的精力，又无端浪费别人的时间。

【案例欣赏 5-1】

家长和老师的交谈

家长：老师，我可以进来和您谈谈吗？

老师：欢迎！请坐到这儿吧。（微笑着用手势示意家长坐下）

家长：你们老师真是辛苦，每天要带那么多孩子，真是不简单啊！

老师：（一边给家长倒茶）是呀。孩子小，自控能力差，而家长的期望值又那么高，我们的压力真是不小！

家长：（接过茶杯）谢谢！是啊，现在的孩子都是独生子女，每个家庭都对孩子宠爱有加。

老师：是的。独生子女存在的问题确实比较多，孩子不仅生活自理能力差，各种习惯也差。家长一边宠爱孩子，一边又对孩子寄予高期望。哎，可怜天下父母心哪！（摇头，很无奈的样子）哦，我忘了，你是不是有什么话要对我讲？（笑）

家长：（微笑着）是的。我家馨馨最近对跳舞的兴趣特别浓厚，每天嚷着要跳舞给我和她爸爸看，她爸爸看她这么感兴趣就特地给她买了一面大镜子，她对着镜子跳舞可开心了。

老师：哦？可是，在幼儿园我问她是不是不想跳舞，她告诉我说“是”。

家长：会不会馨馨在幼儿园跳舞跟不上同伴，不够自信？

老师：说实在的，馨馨对舞蹈的感受力和表现力确实一般。考虑到她最近腿脚不方便，我就让她坐在旁边看。

家长：谢谢您为馨馨想得那么多。我和她爸爸看她在家里那么喜欢跳舞，实在不忍心让她只看着小朋友跳舞了。我们猜想她内心还是喜欢跳舞的，您说是不是？

老师：看来是的。

家长：我想，馨馨可能因为腿不好，怕在老师和同伴面前丢脸才说不想跳舞的，她说的可能并不是心里话。

老师：可能是吧。馨馨在幼儿园表现欲得不到满足，就想在家里得到满足，有这种“补偿”心理是很正常的。是我太大意了，我应该考虑到这一点的。对不起，馨馨妈妈，从明天起我就让馨馨“归队”。

家长：（起身）谢谢了！再见！

第三节　赞美

赞美，就是用言语或行为针对他人的优点做肯定或积极的反应。赞美能有效缩短人与人之间的心理距离，实现双方情感交流和心灵沟通的良性发展。美国管理学家玛丽·凯（Mary Kay）说：“赞美是一种有效而且不可思议的力量。”的确如此，在社会交往中，绝大多数人都期望别人欣赏、赞美自己，希望自身的价值得到社会的肯定。恰当地运用赞美的方式，会激发人们的积极性，产生巨大的精神力量。

一、赞美的作用

赞美是一种学问、一门艺术。主动地、恰当地赞美别人，是一种促进关系友好的催化剂。具体来说，赞美有以下作用。

1. 赞美给人向上的力量

赞美是对他人的肯定和赏识，适时恰当的赞美能让对方产生积极的态度，产生一种行动的力量，激励人不断进步。心理学研究表明：爱听赞美是人们出于自尊的需要，是渴求上进，寻求理解、支持与鼓励的表现，是一种正常的心理需求。当一个人具有某些长处或取得某些成就，他还需要得到社会的承认。如果我们能以诚挚的敬意和赞美的语言满足其心理需求，他就会变得更加令人愉快、通情达理和乐于合作。

美国一位著名社会活动家曾推出一条原则："给人一个好名声，让他们去达到它。"事实上，被赞美的人为了不负众望，往往会做出惊人的努力，取得显著的成绩。因此，赞美成为管理者用得最多又最易得到对方认同的一种激励措施。

【案例欣赏 5-2】

有这样一位妈妈

第一次参加家长会，幼儿园的老师说："你的儿子有多动症，在板凳上连三分钟都坐不了，你最好带他去医院看一看。"

回家的路上，儿子问她老师都说了些什么，她鼻子一酸，差点流下泪来。因为全班 30 位小朋友，唯有他表现最差；唯有对他，老师表现出不屑。

然而她，还是告诉她的儿子："老师表扬你了，说宝宝原来在板凳上坐不了一分钟，现在能坐三分钟。其他妈妈都非常羡慕妈妈，因为全班只有宝宝进步了。"那天晚上，她儿子破天荒吃了两碗米饭，并且没让她喂。

儿子上小学了。家长会上，老师说："这次数学考试，全班 50 名同学，你儿子排第 40 名，我们怀疑他智力上有些障碍，您最好能带他去医院查一查。"

回去的路上，她流下了泪。然而，当她回到家里，却对坐在桌前的儿子说："老师对你充满信心。他说了，你并不是个笨孩子，只要能细心些，会超过你的同桌，这次你的同桌排在第 21 名。"

说这话时，她发现儿子黯淡的眼神一下子充满了光，沮丧的脸也一下子舒展开来。她甚至发现，儿子温顺得让她吃惊，好像长大了许多。第二天上学，去得比平时都要早。

孩子上了初中，又一次家长会。她，坐在儿子的座位上，等着老师点她儿子的名字，因为每次家长会，她儿子的名字在差生的行列中总是被点到。然而，这次却出乎她的预料——直到结束，都没有听到。

她，有些不习惯，临别去问老师，老师告诉她："按你儿子现在的成绩，考重点高中有点危险。"

她怀着惊喜的心情走出校门，此时她发现儿子在等她。路上她扶着儿子的肩膀，心里有一种说不出的甜蜜，她告诉儿子："班主任对你非常满意，他说了，只要你努力，很有希望考上重点高中。"

高中毕业了。第一批大学录取通知书下达时，学校打电话让她儿子到学校去一趟。她有一种预感，她儿子被清华录取了，因为在报考时，她给儿子说过，她相信他能考取这所大学。

她儿子从学校回来，把一封印有清华大学招生办公室的特快专递交到她的手里，突然转身跑到自己的房间里大哭起来，边哭边说："妈妈，我知道我不是个聪明的孩子，可是，这个世界上只有你能欣赏我……”

这时，她悲喜交加，再也按捺不住十几年来凝聚在心中的泪水，任它打在手中的信封上……

2. 赞美能融洽人际关系

赞美能使双方在情感上产生一种“互悦性”，沟通人与人之间的感情，消除人与人之间的怨恨，进而能够有效地融洽人际关系。精通赞美的艺术，可以“予人玫瑰，手有余香”。这符合人际交往中的酬赏原则，即“我给你好话，你给我好感”。也正因为如此，有人才把它称为“人生的润滑剂”。

【口才小故事 5-3】

难缠的老板

刘先生因业务需要和某老板打交道，很多人都觉得这个老板很难缠，刘先生的下属也批评该老板。刘先生承诺下属，用一个星期的时间来改变这种情况。刘先生与老板开始做游戏，开始刘先生不断地讲一句话：“老板，与你合作是我这辈子最快乐的事情。”在吃饭、握手的过程中，刘先生不断地重复说：“与你合作是我这辈子最快乐的事情。”接下来的第三天、第四天，刘先生一直在重复这句话，最后一直坚持了七天，讲了几百次。等到老板要离开的那天，老板握着刘先生的手说：“小刘，与你合作是我这辈子最快乐的事情。”

（资料来源：http://3y.uu456.com/bp_50xim0855j3blzb1bsxg_3.html.）

3. 赞美让赞美者心境开阔

赞美不仅能娱乐别人，和谐人际关系，经常赞美别人也能使赞美者本人心情愉快，从而对人生抱有一种乐观、欣赏的态度，别人也都愿意与之交往。

【口才小故事 5-4】

善赞美的戴尔·卡耐基

有一次，我在无线电城里，向一名柜台服务生询问亨利·苏凡尼的办公室在几楼。那人穿着一身整齐硬挺的制服，对于他回答问题的方式很自豪。“亨利·苏凡尼吗？（停顿）18 楼。（停顿）16 号房。”他的声调清晰，语气简短有力。

我走向电梯，继而一想，又走了回来，说：“你回答问题的方法很精彩，我很佩服，真是既清楚又恰当，就像一位艺术家，实在不简单呀。”

他脸上露出愉快的光芒，还告诉我为什么在答谢时要停顿和只说几个字。我很少的几句话使他把他的领带略为拉高；我迅速地上了 18 层楼的时候，我得到了一种感觉，觉得那天下午我使得人类幸福的问题又增加了一点。

二、赞美的语言艺术

一般来说赞美是一种能引起对方好感的交往方式。赞同我们的人与不赞同我们的人相比，我们更喜爱前者，这符合人际交往的酬赏理论。

但令人遗憾的是：不少人把赞美当作取悦他人的简单公式，不分时间、地点、条件对他人一味地加以赞美，实际上，这一作法是很不足取的。因为我们知道：人借助语言进行交往，语言具有影响对方的心理反应，进而影响双方人际关系的效能，任何一种语言材料、语言风格、交往方式对人际关系产生何种影响，常因人、因时、因地而异。赞美这一交往方式也不例外，它的效能也具有相对性和条件性。

美国心理学家阿伦森（Elliot Aronson）曾举例说：假设工程师南希（Nancy）出色地设计了一套图纸，上司说“南希，干得好”，毋庸置疑，听了这话，南希一定会增加对上司的好感。但如果南希草率地设计了一套图纸（她自己也知道图纸没设计好），这时，上司走过来用同样的声调说出同一句话，这句话还能使她产生好感吗？南希可能得出上司挖苦人、戏弄人、不诚实、不懂得好坏、勾引异性等结论，其中任何一项都使南希对上司的喜爱有所减少。

因此，赞美的效果要受各种条件制约。能引起好感的赞美要借助以下条件。

1. 热情真诚的赞美

每个人都珍视真心诚意，它是人际交往中最重要的尺度。能引起好感的赞美首先必须是发自内心、热情洋溢的，否则那就是恭维。赞美和恭维到底有什么区别呢？“很简单，一个是真诚的，另一个是不真诚的；一个出自内心，另一个出自牙缝；一个为天下人所欣赏，另一个为天下人所不齿。”（卡耐基语（Dale Carnegie））大音乐家勃拉姆斯（Johannes Brahms）是个农民的儿子，生于汉堡的贫民窟，享受不到受教育的机会，更无从系统学习音乐，所以，对自己未来能否在音乐事业上取得成功缺乏信心。然而，在他第一次敲开舒曼（Robert Schumann）家大门的时候，根本没有想到他一生的命运在这一刻决定了。当他取出他最早创作的一首 C 大调钢琴奏鸣曲草稿，手指无比灵巧地在琴键上滑动，弹完一曲站起来时，舒曼热情地张开双臂抱了他，兴奋地喊着：“天才啊！年轻人，天才……”正是这出自内心的由衷赞美，使勃拉姆斯的自卑消失得无影无踪，也赋予了他从事音乐艺术生涯的坚定信心。从那以后，他便如同换了一个人，不断地把心底里的才智和激情流泻到五线谱上，成为了音乐史上一位卓越的艺术家。正是这一句真诚的赞美，创造了一位音乐大师。

2. 令人愉悦的赞美

赞美的言语应该是对方喜欢听的言语，能达到使人愉悦的目的，我们称它为愉悦性原则。在交际活动中，遵守愉悦性原则，就是要多说对方喜欢听的话语，不说对方讨厌的言词。这样，往往能收到较好的表达效果。

朱元璋有两个过去一块儿长大的穷朋友。朱元璋后来做了皇帝，这两位朋友仍过着苦日子。一天，一位朋友从乡下赶到南京，拜见了朱元璋。他对朱元璋说：“我主万岁！当年微臣随驾扫荡芦州府，打破罐州城，汤元帅在逃，拿住豆将军，红孩儿当关，多亏菜将军。”朱元璋听到他讲得很动听，十分高兴，也隐约记起他所说的一些事情，立刻封他做了御林军总管。事情一传出，另外一个朋友也去了南京，拜见朱元璋，也说了那件事：“我主万岁！从前，你我都替人家看牛。一天我们在芦苇荡里，把偷来的豆子放在瓦罐里煮着，还没煮熟，大家就抢着吃，把罐子打破了，撒了一地豆子，汤都泼在泥地里。你只顾从地下满把地抓豆子吃，却不小心连红草叶也送进嘴去。叶子梗在喉咙口，苦得你哭笑不得。还是我出的主意，叫你用青菜叶子带下肚子里去了……”朱元璋见他不顾体面，没等他说完，就命令：“推出斩了！”从上例可见，第一位朋友将放牛娃偷吃豆子的趣事，赞美为叱咤疆场的赫赫战绩，巧妙比喻，高雅别致，说得动听，使人愉悦。第二位朋友明话直说，粗俗低劣，讲得不爱听，有伤皇帝尊严，自然当斩。

3. 具体明确的赞美

空泛、含混的赞美因没有明确的评价原因，常使人觉得不可接受，并怀疑你的辨别力和鉴赏力，甚至怀疑你的动机、意图，所以具体明确的赞美才能引起人们的好感。对他人总以“你工作得很好”“你是一个出色的领导”来赞美，只能引起人家反感。

【口才小故事 5-5】

女大学生得到赞美

一位酒店管理专业的女大学生曾经这样谈她在酒店见习服务员的一次经历：见习的第一天，她端了一天的盘子，很是辛苦，筋疲力尽，托盘在手中仿佛越来越重，没吃过苦的她真想扔下托盘，找一个角落好好地睡一觉。可是，当她好不容易为一桌顾客开完繁琐的菜单，可这家顾客的孩子三番两次要求换菜，她感到无限委屈，真想把菜单一丢，一走了之。恰好这时，这家人的老父亲站起来，十分郑重地对她说："服务员小姐，谢谢你，你那么耐心细致，对我们的照顾真是太周到了。"接着他认真地看了一眼女大学生胸前的校徽，赞美道："看来，你们学校一定是所很值得自豪的学校。"突然间，这位女大学生浑身的疲惫和厌烦消失得无影无踪。她露出了笑容，挺直了身子，迈着轻盈的步伐走了出去。

点评：这就是赞美的魔力。一句真诚的赞美把一切都改变了，这位长者能体谅别人，他的赞美是真诚的、发自内心的、具体明确的。他还采用了直接赞美与间接赞美相结合的方法，借赞美对方的学校来间接赞美这位女大学生，效果甚佳。

（资料来源：杨利平，艾艳红.实用口才训练教程[M].长沙：湖南人民出版社，2013.）

4. 符合实际的赞美

在赞美别人时，应尽量符合实际，虽然有时可以略微夸张一些，但是应注意不可太过分。如某个人对某领域或某个方面提出了一些很好的意见，或者有了一点成果。你可以说"你在这方面可真有研究"，甚至可以说"你是这方面的专家"，可如果你说"你真不愧是个著名的专家""你真是这方面的泰斗"等，对方如果是个正派人就会感到不舒服，旁观者就会觉得你是在阿谀奉承，另有企图。

5. 让听者无意的赞美

赞美者不是有意说给被赞美者听的赞美叫无意的赞美。这种赞美会被人认为是出自内心，不带私人动机的。如《红楼梦》中一次贾宝玉针对史湘云、薛宝钗劝他要做官为宦，仕途经济的话，对史湘云和袭人赞美黛玉道："林姑娘从来说过这些混账话不曾？要是他说这些混账话，我早和他生分了。"凑巧这时黛玉正好来到窗外，无意中听见这些话，使她"不觉又惊又喜，又悲又叹"。结果宝黛二人推心置腹，感情大增。

6. 雪中送炭的赞美

最有实效的赞美不是"锦上添花"，而是"雪中送炭"。在他人最需要的时候送上赞美，往往比那些平时说出的赞美更能受到重视。赞美要选好时机。在独特的情景下表达出来的赞美和赏识更让人怦然心动，也能换来对方的倾心相报。

宋太祖被后人称为"仁义皇帝"，他对士兵从来都不忘赞美和奖赏，经常以恩典来感化他们，让他们为皇帝的赏赐而感动，心甘情愿地为朝廷建功立业。

公元 964 年，宋朝兵分两路攻打后蜀，战事进行得较为顺利。有一天，京城开封下起了鹅毛大雪，宋太祖在讲武殿处理军事。由于天气寒冷，殿中置设毡帷，宋太祖戴着紫貂裘帽。宋太祖即景生情，对左右侍者说："我穿戴得这样厚实，身体还觉得寒冷，那么西征将帅士卒顶着霜雪，处境一定相当得难。"说完，即解一裘帽，派人送到战争前线赐给统帅王全斌。王全斌拜赐感泣，决心率西征将士全力以赴，消灭后蜀以报答皇上的赏赐之恩。

攻打北汉时，宋军将太原城重重围住，无奈太原城十分坚固，以致久攻不下。宋太祖的侍卫亲军看到皇帝为这座孤城整日愁眉不展，自告奋勇要求充当攻城先锋。指挥使李怀忠率众攻城，不想失利而归，且身中流失，差点丢了性命。宋太祖得知后深表惋惜，于是，当殿前都虞侯赵廷翰率各班卫士再次叩头请战时，宋太祖对这些侍卫们说："你们都是天下兵中的精中之精，无不以一当百，好像是我的爪牙。我宁肯不得太原，也不会让你们冒着生命危险，踏入必死之地。"说罢，下令班师退兵。

宋太祖的这番话令左右侍卫们感激涕零，众人感动得热泪盈眶，叩头齐呼"万岁"。

【口才小故事 5-6】

第一时间送上的赞美

有些赞美是有时效的，过了时间，你再去赞美，赞美将失去意义。清朝末年著名学者俞樾在他著的《一笑》书中讲过这样一个故事：有个京城的官吏，要去地方赴任，临行前到做宰相的恩师处辞行。

恩师问："地方官员不好相处，你有什么准备没有？"

京官答："学生才疏学浅，没什么见识，只是见到世人都爱听奉承话，所以预备了一百顶高帽子，见人就送他一顶，不至于有什么麻烦。"

恩师一听这话，很生气地说："枉我教导你一场，做人要正直，你怎么能这样？你应该怀着高尚的德行去和别人交往才对。"

京官诚惶诚恐地说："恩师，息怒！恩师，所言极是。只是所有的官员若都像恩师您一样品行高洁，那么学生也就不必准备什么高帽子了。"

京官的话刚说完，他的恩师就得意地点了点头："你说的倒也是。"

京官从恩师家出来，回到家，妻子问他辞行的事情如何。京官答："我准备的一百顶高帽子，现在只剩下九十九顶了。"

7. 不断增加的赞美

阿伦森研究表明：人们喜欢那些对自己的赞美显得不断增加的人，并且对自始至终都赞美自己的人与最初贬低逐渐发展到赞美的人，人们会尤其喜欢后者。因为相对来说，前者容易使人产生他可能是个对谁都说好的"和事佬"的感觉；但人们对开始持否定态度的后者会留下这样一种印象：说我不好，一定是经过考虑、分析的，可能有他一定的道理。从而认为对方可能更有判断力，进而更喜欢他。

8. 出人意料的赞美

若赞美的内容出乎对方意料，易引起好感。卡耐基在《人性的优点》中讲过他曾经历的一件事：一天，他去邮局寄挂号信，从事着年复一年的单调工作的邮局办事员显得很不耐烦，服务质量很差。当他给卡耐基的信件称重时，卡耐基对他称赞到："真希望我也有你这样的头发。"闻听此言，办事员惊讶地看着卡耐基，接着脸上泛出微笑，热情周到地为卡耐基服务。显然这是因为他接受了出乎意料之外的赞美的缘故。

9. 运用第三者的赞美

在绝大多数人们的观念中，"第三者"所说的话既实在，又公正，因此，以"第三者"的口吻赞美对方，更能赢得赞美对象的好感与认同。

三国时，貂蝉就是利用它来达到自己的目的的。三国时的美女貂蝉，之所以能接近吕布，制造矛盾，挑拨吕布与董卓的关系，使用的不仅仅是美人计，还有她不动声色的赞美之功。

貂蝉对吕布说："妾虽在深闺，但久闻将军大名。本以为在这世上就将军一人有如此本领，但听到别人闲言，说将军受他人之制，如今想来，着实可惜。"边说边泪如雨下。吕布听了很惭愧，满怀心事地回身抱住貂蝉，安慰她。

貂蝉借助别人的传说把吕布称赞得世间无人能及，挑起吕布的虚荣心，再巧妙地挑拨他受董卓之制。身为一个热血男儿，又怎能受得了如此之羞辱呢。这些片言只语，正是以后董卓与吕布之间矛盾的导火线。

10. 比较之下的赞美

在众多的赞美方式中，比较总是有着独特的感染力，因为它能通过强烈的对比与反差，给人留下深刻的印象。比较赞美也有很多技巧。据金禹良总结，比较赞美时要注意以下几点①。

（1）如果是拿自己与对方做比较，要适当地抑己褒人。比较的对象可以是他人之间的比较，也可以是自己与他人的比较。如果拿自己与他人比较，切忌过分地夸张和抬高自己，而是要巧妙地将赞美的重心落在他人的身上，自己只是铺垫。

韩信就善于用抑己褒人的方法来赞美他人。

有一次，汉高祖刘邦与韩信谈论诸将才能的高下。

刘邦问道："你看我能指挥多少兵马？"

韩信回答："陛下至多指挥 10 万兵马。"

刘邦又问："那你能指挥多少兵马？"

韩信自豪地回答："臣多多益善耳。"

刘邦不悦道："既然你带兵的本领比我大，为什么被我控制呢？"

韩信坦率地说："陛下不善于指挥兵，但善于驾驭将，这就是我被陛下控制的原因。"

刘邦听了，不怒反笑，心情也高兴起来。

韩信的比较赞美巧妙地隐藏在话锋中，随着对话的层层深入才表现出来。韩信先是如实地说出自己带兵能力很强的事实，然后以"指挥士兵"和"指挥大将"的区别来作比较，突出了刘邦的帅才。对于一个君主来说，帅才当然更为重要。所以，刘邦在听后就非常高兴了。

（2）尽量用自己熟悉的事物去作比较。人们总是对自己熟悉的事物更了解，也更容易抓住可以比较的特征。如果用自己熟悉的事物去类比自己外行的事物，这样的比较就会更真实和贴切。

有一位农妇本来对绘画一点儿都不懂，但她却很会夸奖别人的画。

一次，她见到一位画家画的一幅小鸡闹食的画，不由惊叹道："哎哟！瞧这些画出来的鸡，比俺家养的那些鸡还调皮！"一句话把画家逗得哈哈大笑，高兴之余，把这幅作品赠给农妇留念。

如果农妇不是用比较赞美的方法，而是直接从构图、线条、色彩等方面去赞美，那么很有可能贻笑大方。这个聪明的农妇将这些画中的鸡与现实生活中的鸡作比较，既表达了对画家画技的赞美，又自然贴切。

（3）作比较的时候，可以将个人与整体联系起来比较。

王文勇和赵诚两人的成绩一直都不错，但是在一次考试中，两人的数学成绩却都只得了 60 分。因为老师出的试题很难，所以全班的分数都不高。两人回家之后，分别用了不同的方法汇报自己的成绩。

王文勇回到家。

爸爸问："这次数学考试答多少分？"

"60 分。"

① 金禹良．怎样赞美人[M]．北京：地震出版社，2009.

"啪!"爸爸一记耳光打了过来，怒吼道："说了平时不准玩游戏，你偏不信，以为自己成绩好就骄傲。这下好了吧，才及格！亏得你妈和我两人起早贪黑地赚钱供你上学。你这个不争气的!"

赵诚回到家。

爸爸问："这次数学考试得多少分？"

"这次数学考试好难哦，大部分的同学都没有及格，班上最高成绩也只有70分。"

"那你呢？"

"刚好及格，60分。"

"那你还得要加油呀，要把基础打扎实，成绩就自然能稳住。"

王文勇和赵诚两个人的数学考分完全相当。为什么两个人的回答却得到双方父亲的不同对待呢？原因就是赵诚用了"比较"的回答方法。赵诚将自己在全班中的位置比较了出来，父亲认为赵诚虽然分数较低，但是却仍然是全班的上等分数，所以就没有责备他。而王文勇却没有运用比较的方法，直接告诉父亲自己的分数，父亲就直接与他平时的学习成绩联系起来，马上想到了他的不努力，于是感到愤怒了。

用比较的方式表达，听者得到的感受会与直接表达不同。

（4）作比较的时候，要拿两种有很强的可比性的事物来比较。比较的对象之间的相似性越鲜明，听者就越能感受到比较所带来的对比效果。所以，在挑选比较的事物时，要尽量相似或相对，以形成鲜明的对比效果。

20世纪30年代初，中央警卫团刚划归为中央军委领导，由叶剑英分管。警卫团的同志大多是由战斗部队抽调来的，从炮火纷飞的火线调下来，都普遍不安心，总觉得重返前线，直接和敌人厮杀够味儿。

叶剑英了解到情况后，召开了全团大会。会上，他提高嗓门大声说："中央警卫团应该改名，不叫警卫团，叫钢盔团。"这话把大家弄懵了。接着，叶剑英缓缓解释道："钢盔是干什么的？钢盔是保护脑袋的，中央警卫团是保护党的脑袋——党中央的，所以应该叫它钢盔团，你们说对不对？"

大家恍然大悟，齐声说："对!"

"人没脑袋行不行？"叶剑英追问。

"不行!"

"你们都是英雄好汉，到前方去可以杀千百个敌人，但没有党中央领导能不能把敌人打出去呢？"

"不能!"

只几句话，说得警卫团的战士心里亮堂堂的。

叶剑英将"警卫团"的作用与"钢盔"作比较，就是把警卫团的职能与战士们熟悉的事物联系起来。钢盔是保护脑袋的重要工具，士兵们非常重视，而警卫团的作用如同钢盔，战士们也就能理解它的重要性了。如果叶剑英不是用巧妙的比较来说服战士，而是一遍又一遍地重复理论教育，那么可能要花费更多的时间和精力，更起不到这么好的效果。

总之，赞美是人的一种心理需要，是对他人尊重的表现，是一剂理想的黏合剂，它给人以舒适感，使我们拥有更多的朋友。但"赞美引起好感"并不是绝对的、无条件的，它要受赞美动机、事实根据、交往环境诸因素的制约和影响。因此在与公众相处时，必须记住——"一味地赞美不足取"。

三、表扬下属的技巧

表扬下属，即对下属的行为、举止及工作给予正面评价。其目的是传达肯定的信息，激励下属更加自信和努力地工作。身为领导者，在重视物质和金钱奖励的同时，应该努力发现下属的优点、进步及成绩，并及时送上自己真诚的赞美。心理学家杰斯莱尔说："表扬就像温暖人们心灵的阳光，我们的成长离不开它。但是绝大多数人都太轻易地对别人吹去寒风似的批评意见，而不情愿给同伴一点阳光般温暖的表扬。"

毕业已有三年的小钟最近神采飞扬，情绪颇佳。谈到新公司的老板，更是赞赏不已。他说公司在创业的时候工资不高，但老板却有神奇的本领，他平易近人，没有一点架子，最会夸奖人，令属下员工心情舒畅，自信心大增，积极性高涨，甘效犬马之劳。

作为一种沟通技巧，表扬部下不是随意说几句好听的话就可以奏效的。事实上，表扬部下也要掌握一些技巧，具体如下。

【演讲视频 5-2】如何赞美别人（节选）
http://v.youku.com/v_show/id_XMzc5NTIxMDk2.html?tpa=dW5pb25faWQ9MTAyMjEzXzEwMDAwMl8wMV8wMQ

1. 态度真诚

赞美之词应发自内心，真心实意，且以事实为依据。当我们毫无根据、虚情假意、夸大其词地去赞美一个人时，不仅会使对方感到莫名其妙，还会给人留下油腔滑调、言不由衷的印象，甚至令对方误解为讽刺挖苦。所以在赞美下属时，必须确认对方有此优点或长处，并且要有充分的理由去赞美他。

2. 内容具体

表扬下属最好就事论事，有明确的指代和理由，避免使用空洞的、公式化的夸奖语，如"你干得不错！""你很棒！""你表现很好！"等。只有依据具体事实予以正面评价，才能引起对方感情上的共鸣。例如："你的调查报告中关于技术服务人员提升服务品质的建议，是一个能解决目前问题的好方法，谢谢你提出对公司这么有用的办法。""你今天在会议上提出的维护宾馆声誉的意见很有见地。"

3. 注意场合

当众表扬部下要特别慎重，因为"枪打出头鸟"，在众人面前特别赞美个别下属，容易打破其他下属心理上的平衡，引发不满情绪，激起不必要的矛盾。因此，要慎选公开表扬的对象和时机。确须进行公开褒奖的，最好是有被大家一致认同的突出事迹。例如：在业务竞赛中名列前茅者、对公司做出重大贡献者、在公司服务 25 年以上的资深员工，等等。这些行为都是在公平公开的竞争下产生的，早已得到公司员工认同，一般不会产生异议。

4. 善于发现

一个集体里最需要表扬的员工，往往不只是那些能力与业绩均十分突出的人，而是从不引人注目，甚至略有自卑感的人。他们平时难得听到表扬，一旦由于某些特殊原因被当众赞美，就能唤起强烈的自尊心和自信心，从而精神焕发，更加努力地工作。因而，身为上司，一定要善于发现蕴藏在下属身上的、暂时还鲜为人知的优点，并及时进行赞美，以满足对方夸大自我的心理需求，使赞美收到独特的效果。

5. 间接表扬

间接表扬有两种方式，一种是借用第三者的话来表扬对方。这样往往比直接表扬对方的效果要好，因为第三者的话总是比较客观可信的。比如："前两天我和刘总经理谈起你，他很欣赏你接待客户的方法，你对客户的热心与细致值得大家学习。好好努力，别辜负他对你的期望。"一种是在当事人不在场的时候表扬。这种方式更能让被赞美者感到自己的诚意，因而更能加强赞美的效果。

某公司一位职员一次和同事聊天儿，同事说："咱们老板真不错，他教给我们不少东西，我打心眼儿里佩服他。"后来老板找这位职员谈话，无意中他把同事的话说出来了，老板当时就问他对方是在什么时候、在什么地点说的，问得很细。

在后来的几天中这位职员发现，老板对他的这位同事有点另眼相看，经常和他谈话。同事也觉得很奇怪，跑过来问他为什么，这位职员告诉他："就是因为你在背后说了老板的好话。"这位同事才恍然大悟：原来就是那么一句话呀！

拓展资料

经常使用的赞美的话语如表 5-1 所示。

表 5-1 赞美的话语

语　意	常用口头语
表示一般性赞美	好！（竖起大拇指） 好极了！（太好了！实在太好了。真是有史以来最好的。） 好主意！（很不错！太棒了！了不起！太奇妙了！你的点子真妙。） 做得好！（做得非常好！你做得漂亮极了。） 真可爱！（你真是太可爱了。） 我很喜欢你。 恭喜你！（你走对路了。这正是我说的好事。） 你还记得呢。（你记性真好呢！） 你真是乐于助人。 你真让我们大家开心。（有你在，真的让我们感到快活。） 我们为你今天所取得的成绩而骄傲。 做得漂亮！做得好极了！真让我吃惊！
评价合作情况	就照你说的办。 时间真快，我们已经是亲密战友了。 你真是我的最佳搭档。（我真高兴有你这样的伙伴。你真是好帮手，我们一起努力。） 这是我们合作得最好的一次。（今天大家配合得比平常好。）
评价努力情况	继续试试看。（继续加油努力。再努一把力就快做到了。继续努力，你会越来越成熟。） 这是像你那样做的。（你下次会做得更好。） 你一定练习了很久了。（你正尽力地做好它。） 你真的在不断进步。（你学习进步得真快。你每个月都有很大进步。） 你已经有很好的开始。（现在你可以一路顺风了。） 你这么快就领悟了精髓。（看到你这段时间的进步，使我觉得很欣慰。） 你马上就要做到了。（你快要成功了。你一定可以办到的。） 你很快就做上路了。（你很快就办得到了。）
评价当前状态或表现	继续保持。 哇！看你的了。 你做得很顺手。（我们都做得很好。） 那就是了！（那就对了！对了，就是这样做。你做得很对。） 你今天做得很认真。（你今天做了不少事。你今天确实做得很好。） 真高兴你如此表现。（你今天有极佳的表现。你表现很突出。你今天的状态特别好。） 你的选择是正确的。（这正是你该做的。） 你做到了。（我就知道你能做到。） 我以你为荣。（你真是团队的宝贝。） 你没有任何错嘛。

语　意	常用口头语
评价个人能力	没有人是十全十美的。 你很能干。（你几乎像个高级领导人了。） 我很喜欢你那样做。 你已经懂很多了。（你已经有把握了。） 你现在比刚加入时好多了。 你真学到了不少东西。
表示感谢	万分感激你。 真让我感激！（真的谢谢你。） 我很感激你的帮忙。
表示效果	这样好多了！（进行得很顺利嘛。） 简直不可思议。 这件事简直是太完美了。（这件事你做得真好。） 那真是一件温馨的事。

（资料来源：袁红兰. 演讲与口才[M]. 北京：航空工业出版社，2014.）

第四节　批评

从字面意思看，批评有两种含义：一是广义的批评，即指出优点和缺点；二是狭义的批评，专指对缺点和错误提出意见。口语中的批评，侧重于后者。

一、批评的基本原则

无论如何，从本质上没有人喜欢受到批评，所以，批评别人一定要讲究原则。金常德认为批评的基本原则主要表现为如下方面。

1. 唯实的原则

批评他人的最基本前提是事实的准确与否，有无出入，即必须做到实事求是。如果事先调查不够，事实真相与得到的情况有差异，那么被批评者就难以接受。如果是根据道听途说、捕风捉影的“小道”消息而进行批评，就更加难以服人。所以批评他人时必须做到事实要准确、责任要分清、原因要查明，这样的批评才能有理有据，既不夸大，又不失察，才会让被批评者信服。

2. 唯事原则

正确的批评应该是对事不对人，因为要解决的是问题，目的是为了今后把事情办好，只要错误得到了改正，问题得到了解决，批评就是成功的。如果直接对人，当事人就可能无法接受。当然澄清了事实也并不等于解决了思想问题，所以批评他人必须力求既解决了问题，又团结了人。唯事原则就是在感情上对批评者来说是委婉的，在问题上则是直接的、本质的。

3. 因人原则

由于经历、知识、性格等的不同，不同的人接受批评的心理承受能力和接受方式也会有很大区别，在交际中我们应根据不同的对象采取不同的批评方式。对于性格比较温顺的人，要向他慢慢讲道理，逐步加以引导，态度一定要温和。对于惰性较突出的人宜用“触动式的批评”，通过语言的强刺激或用“情”来触动他，使其醒悟，但也要防止引起对抗情绪。对于自尊心强、主观见解难以改变的员工，适宜“渐进式批评”，即批评要有层次，逐步深入，不要把所有的问题一下子都说出来。对于反应敏捷、脾气暴躁的人，宜用“商讨式批评”，以商讨的态度，平心静气地把批评信息传递给他。对于疑心较重的人，适宜用“提醒式批评”，主要以暗示的方式，用提醒、启发的语言帮助他认识问题。对于性格内向、善于思考的人，宜用“发问式批评”，即以提问为主，把问题点出来，就可以达到批评的目的。

4. 适度原则

适度原则主要从质和量两个方面来把握。从质的方面来说，批评大都本着“团结—团结”的原则进行，批评的目的是要把问题谈透，而不是把人批臭；但批评毕竟不是褒奖，如果批评的语言没有分量，也就失去了批评的意义。从量的方面来说，同样是犯错误，轻重可能不同，批评的语言也要随机应变，该轻则轻，该重则重。批评适度就是要将质的把握和量的限制力求有机统一。

二、批评的注意事项

批评是人际交往中不可缺少的重要方法之一。要取得预期的批评效果除了要有良好的出发点外，关键还要注意以下方面。

1. 实施批评要慎重

部属在单位中一旦受到批评或指责，对其本人的心理影响很大，不仅关系到他今后将以怎样的心态对待工作，同时也关系到他在这个单位中的地位、威信以及单位成员对他的评价问题。如果批评合理，教育适宜，方法得当，就能起到教育本人、启发他人的作用。这就需要领导干部对犯错误同志的问题实质有个清楚的认识，能够做出符合实际的准确判断和分析，而后选择适当的方式、时机，诚恳、坦诚地进行教育引导。

2. 批评态度要诚恳

批评不如表扬听起来顺耳，虽然“良药苦口利于病，忠言逆耳利于行”，但听到批评总是不那么舒服，因此，批评人时的态度诚恳与否就显得尤为重要。领导干部要对批评对象抱着帮助和团结的愿望进行批评，要让其感到领导批评自己是出于对自己的关心，而不是与自己过不去。这样，部属才更容易接受。

3. 批评语言要恰当

要使部属心悦诚服，愉快地接受批评、改正错误，应尽量使良药不苦口、忠言不逆耳。首先，批评要言之有理。就是要摆事实、讲道理、以理服人，不捕风捉影、道听途说，更不能歪曲、夸大事实真相，搞无限上纲。其次，批评要言之有度。批评的内容、定性要准确适度，不要过了、偏了，让当事人受委屈，不能把一般问题说成严重问题，把认识问题说成政治原则问题，把偶然的、个别的错误说成一贯错误，不要在小是小非上纠缠不休，也不能用偏激的语言刺激批评对象。

4. “批”“评”并重多引导

批评批评，“批”之后要有“评”。“批”是指出缺点和错误，“评”是点评，也即指出改正的意见。无论什么人，出错后都希望别人能为自己指点迷津，而不是指手画脚、抱怨指责，因此，只有在指错的同时告诉被批评者需要做些什么和应该怎样做，才能取得良好的效果。

5. 声势和场合宁小勿大

美国著名汽车大王李·亚科卡有一句名言："表扬可以形成文件，而批评打个电话就行了。"从这个意义上讲，能个别批评的就不要当众批评，能私下批评的就不要公开点名批评，以有利于存在缺点、错误者更好地认识、改正缺点和错误。

6. 注意运用得体的措辞、口气和表情

在指出下属错误时，尽可能不用"从来""总之""根本"之类的有偏见字眼。如老板对秘书说："这封信打得错字满篇，你好像根本不在乎交出去的东西是好是坏。"这种以偏概全的判断只会使下属产生抵触情绪。也不能用威胁或责备的语言，更不可包含讥讽或敌意，切不可做出瞪眼、皱眉等发怒的表情，要避免用"我告诉过你应如何如何"这种口气，它对改变对方毫无作用。在提出修正意见时，应多用请求，尽可能不用要求。因为，当你要求时，你使别人扮演了奴隶的角色，而你自己成了监管奴隶的人；而当你请求时，你是把他放在你的协作成员的角色中。"请你做一些修改好吗？"一定比"重做！这一次无论如何要做好！"的效果更好。

7. 不同错误区别对待

领导者实施批评时，坚持"一把钥匙开一把锁"，对类型不同、性质各异的错误区别对待，开展针对性批评，才能增强批评的科学性和有效性，达到教育部属、促进工作的目的。蔡霞认为开展针对性批评应从以下方面着手。

（1）批评重复性错误——小题大做。在面对部属这种重复性错误的时候，领导者就不能仅仅根据错误的性质、严重程度来采取对等的批评方法，而应适当放大错误，小题大做，通过对错误的放大处理给部属留下深刻的印象，增加部属对同类错误的敏感性，切实让部属记住教训，达到"吃一堑，长一智"的目的。比如在对错误可能产生的后果的评估上，要进行适当放大，让部属充分认识到"小错不小"的道理；在实施批评的场合上，不局限在面对一人、处理一事上，可以把同种错误的不同事件联系起来评判，把个人错误放在工作全局中来认识，以帮助部属认清重复性错误的极大危害性；在开展批评的手段上，要把个别说教、群众帮助、集体谈心等方法综合起来运用，以在犯错误部属的心里留下深刻的印记，使其时刻保持对重复性错误的警觉性。

（2）批评偶然性错误——重话轻说。在处理部属的偶然性错误时，领导者可能会陷入两难的境地：批评太重，怕受批评的同志会觉得委屈，认为领导者言过其实，从而产生抵触情绪;批评太轻，又担心不足以引起部属的重视，长此以往，偶然性错误便会演变为重复性错误。面对这种情况时，把握好批评的度，进行恰当、有效的批评，对于领导者来说就显得尤为重要。具体来说，领导者要在两个方面下功夫：一方面，分析错误时，定性要"重"。在对犯错误部属进行个别批评时，要认真帮助其分析错误原因，准确指出其应当吸取的教训，明确提出下一步改正的方法和措施，该定性为什么错误就定性为什么错误，对单位产生了什么影响就要说明什么影响，在对错误的分析、判断上，一丝一毫都不能含糊，让犯错误的部属深刻认识到错误的危害性。另一方面，在开展批评时，话要"轻"说。在指出错误、教育大家引以为戒的同时，要客观公正地评价犯错误部属的功与过，承认犯错误部属在工作中所做出的努力，特别是要对其提出工作期望，重点帮助他们树立战胜困难、改正错误的信心。

（3）批评群体性错误——以点代面。领导者在处理群体性错误时，有两种现象需要克服：一种是批评的力度不够。受“法不责众”思想的影响，一些领导者在对群体性错误开展批评时，担心批评重了会把自己置于群众的对立面，会影响单位的凝聚力，于是批评时轻描淡写，以至于把大错定性为小错，甚至视为没有错误。另一种是批评的力度平均。对犯错误的部属，不区分主要、次要错误，不论错误行为的轻重程度，对犯错误群体中的每个部属都同样定性，进行相同的处理，“板子”打不到主要人身上。应当看到，这两种现象都是很极端的处理方式，既不利于单位的建设，又不利于犯错误的部属改正错误、健康成长，必须加以克服。有鉴于此，领导者在处理群体性错误时，必须认真调查情况，搞清楚事件的来龙去脉、前因后果，准确界定每个部属在事件中所起的作用，严格地划分每个部属应当承担的责任，按照主要错误、次要错误、轻微错误等类型进行分类，对错误的主要责任人要进行严肃批评，对一般的从属者进行适当教育，突出重点、区别对待，达到惩戒个人、教育群众的目的。

（4）批评客观性错误——名贬实褒。所谓客观性错误，就是指部属在开展工作的过程中，由于受客观条件的制约，虽然个人倾其才、尽其能，但依然出现了差错，并且造成了一定的负面影响。在处理这类错误时，批评只是一种手段，表扬才是真正的目的。因此，在处理客观性错误时，领导者一定要保持客观、公正的心态，眼睛不能只盯在错误事实这个工作结果上，而要把关注点放在部属的工作过程上，充分肯定他们付出的辛勤劳动，认可他们对工作所做的前期铺垫和努力，表扬他们的工作态度、工作能力和阶段性工作成效，增强他们直面困难的信心，激发他们的工作热情。事实证明，在处理客观性错误时，只要领导者能保持宽容的心态，以爱护部属、激励部属、培养部属为出发点，多表扬鼓励，少训斥责难，就一定能引起部属的共鸣，使其产生“士为知己者死”的工作热情；反之，如果把客观性错误等同于主观性错误，动不动就上纲上线，简单地批评处理，只会伤了部属的心，对工作毫无益处。

三、批评的技巧

在管理学中有个木桶原理，说的是一个由很多块木板组成的木桶，决定其容积大小的不是最长的那块，而是最短的那块木板。单位或部门也是如此，员工就是那些组成木桶的木板，团队竞争力就是木桶的容积。从这个角度来看，在灵活运用激励制度的同时，管理者更应站在客观的立场，认真把握批评的尺度和方式，才能提携后进，保证团队的整体竞争力。

通常，人们总是用“忠言逆耳”“良药苦口”告诫被批评者要虚心接受批评意见，不应计较批评的方法。作为批评者，要使自己的批评被对方顺利接受，做到忠言不逆耳，是需要讲究批评艺术的。

1. 欲抑先扬

卡耐基说过：“矫正对方错误的第一个方法——批评前先赞美对方。”的确，在批评之前先就对方的长处给予真诚的赞美，就能化解被批评者的对立情绪，使批评在和谐的氛围中进行，从而达到预想效果。这种方法尤其适用于脾气倔强或敏感自尊的下属。

20世纪20年代的美国总统柯立芝批评女秘书时，是这样说的：“你今天穿的这件衣服真漂亮，你是一位迷人的年轻小姐。”然后接着说：“你很高兴，是吗？我说的是真话。不过，另一方面，我希望你以后对标点符号稍加注意，让你打的文件跟你的衣服一样漂亮。”结果女秘书非常愉快地接受了他的批评。

2. 选择时机

时机的选择和把握，是批评能否收到良好效果的重要一环。一般来说，双方情绪比较平静，交谈气氛较为融洽，或者没有第三者在场的时候，都是开展批评的恰当时机。要尽量避免在大庭广众之下指名道姓地批评下属，必要时可采用模糊词语，如："最近一段时间，有些员工纪律松懈，上班有迟到、早退现象。个别员工还在上班时间聊天、上网、煲电话粥等，这些都是公司明令禁止的，希望各位严格自律。"

3. 间接批评

间接提出别人的错失，要比直接说出口来得平和，且不会引起别人的反感。

例如，戴尔·卡耐基讲过这样一件事：一天，查尔斯·史考伯经过自己的钢铁厂的时候，撞见几个工人正围在一起抽烟。他们显然忘记了公司禁止吸烟的明文规定，或者像很多犯错误的人一样存在侥幸心理。史考伯先生应该把他们揪出来，然后狠狠地批评他们吗？或者把那块"禁止吸烟"的牌子指给他们看？这都只会让对方感到难堪，并且对史考伯感到怨恨。只见他不动声色地走上前，发给他们每人一支雪茄，并对他们说："我们到外面抽。"这些工人当然不会跟着史考伯一起出去抽烟，而是对他说："啊，我们忘记公司禁止吸烟的规定了。请你原谅。"然后赶快回到他们的工作岗位上去了。当然，我们能够体会针对他们心思的那种复杂的感受，既为犯了错误而感到自责，又为没有受到惩罚或指责而感到庆幸，同时对史考伯越发尊敬。他们以后一定不会犯同样的错误了。

【口才小故事 5-7】

汉武帝接受批评

汉武帝的奶妈在皇宫里住了几十年了，仍不愿离开皇宫去外面生活。起初汉武帝倒没有撵奶妈走的意思，但奶妈年纪越来越大了，谈话便有些啰唆，还好管闲事。汉武帝有些烦奶妈了，一怒之下便责令奶妈迁出宫去。奶妈无可奈何时找到了汉武帝的贴身红人东方朔，请东方朔帮忙说句话。东方朔想了想说："当你向皇上辞行时，只要回首看皇上两次，我就有措施了。"

这天，奶妈叩别汉武帝，热泪盈眶，边走边回头看汉武帝。东方朔伺机大声说："奶妈，你快走吧！皇上已用不着你喂奶了，还担心什么呀？"汉武帝见奶妈对他流连忘返的样子，心里原来就有些难受，此时听了东方朔的话，登时如雷轰顶，不禁得回想起小时候伏在奶妈胸前吃奶的情景。汉武帝想，奶妈又没犯什么大错，自己这样做确实是有些过火了。于是汉武帝立即收回了成命，留奶妈继续住在宫里。

点评：东方朔明里是在劝奶妈不要担忧天子，私下却是在批驳皇帝忘恩负义。而东方朔仅仅说了一句话，便使出言如山且心坚意决的汉武帝转变了主张。由此可见，间接批评确有"四两拨千斤"之妙。

（资料来源：http://www.yiqig.cn/jtys/baby/201103/20544.html.）

4. 就事论事

批评他人通常是件比较严肃的事情，所以一定要客观具体，就事论事。要始终围绕对方所做的错事，不转移话题，不随意联想。批评的话要简洁明了，适可而止。如果多次批评都不见效，就须变换批评的思路和方式了。

批评应以员工特定的行为为对象，而不应以员工本身为对象，即不要把工作上的失误归结为人格的缺陷。如果以员工本身为批评对象即构成人身攻击，员工自然而然会采取敌意的防御措施。例如：如果你的秘书工作起来情绪不稳定，你可以告诉他在工作中要如何如何，而不要说"你就是因为失恋才心不在焉的"。技巧性的批评强调一个人的功劳及可改善之处，而不是从问题中挑出个性上的缺陷。从激励的角度来看，一个人如果觉得他的失败归因于本身无法改变的缺陷，必然会因绝望而停止尝试。

5. 不作比较

俗话说，尺有所短，寸有所长。每个人身上都有自己的优缺点，我们不能拿一个人的短处与他人的长处相比，也不能将一个人做错的事与别人做对的事相比，否则就会有失公允，得出的结论也无法让人信服。在批评下属的时候，尤其不能拿其他“优秀员工”作横向比较，以免挫伤被批评者的自尊心。

6. 故事感染

故事通俗易懂，老少皆宜。用故事来说明某个道理，既形象生动，又富有感染力，能很好地达到批评教育的效果。

某公司为加强干部管理，严肃考核制度，在考勤等一些方面制定了一系列的规章制度，并实施一定的奖惩手段，决定由一位曾在企业从事多年管理工作、刚来公司做传达员的老同志负责考勤。但这位同志不太情愿，说过去因为办事认真，得罪人不少，正努力吸取“教训”，克服“缺点”。公司领导听后没有直接批评他的错误认知，而是讲了一个故事：某导演为拍好一部片子，到处寻找片中合适的演员。后来发现了一个合适人选，便通知他准备试镜。这个人非常高兴，理了发，换了新衣，对着镜子左照右照，总感到自己的两颗犬牙不好看，于是到医院将牙拔了。等他兴致勃勃地去报到时，导演见到他，失望地说：“对不起，你身上最珍贵的东西，被你自己当作缺陷给毁了，影片已经不需要你了。”故事讲完后，这位老同志懂得了“坚持原则，办事认真”正是他自己最珍贵的东西，于是愉快地接受了工作。

7. 适当责备一下自己

心理学研究证明，在批评对方以前，先谈论自己的错误，对方就不会有不光彩、“掉价”、羞辱的感受，如果领导者在批评下属时也承担一部分责任，下属就会因为保住自己的面子而对领导者有友好的反应，同时他也用不着再找借口拼命解释。

例如，戴尔·卡耐基曾讲过这样一件事：食品店店员约瑟芬，在一次运货时由于马虎而导致食品店损失了两箱果酱。为此，老板是这样批评他的：“约瑟芬，你犯了个错，但上帝知道，我犯过比你更糟的许多错误。你不可能天生就什么事都能做好，这个也算是一次经验教训。而且，你在这方面比我强得多，我还曾做过那么多蠢事，所以，我不想批评任何人，但难道你不认为，如果换一种做法，事情不是更好一点吗？”约瑟芬很愉快地接受了老板的批评，从此做事认真多了。

8. 幽默式批评

一般来说，批评对象经常会处于紧张、压抑的心理状态，特别是在受到上级批评或长辈批评的时候，他们或焦虑、恐惧，或对立、抗拒，或沮丧、泄气。这些负面的心理状态会构成双方交流思想的障碍，从而大幅度降低批评的效果。而幽默式批评能有效缓解批评对象的紧张、压抑情绪，它以轻松不刺激的方式点到批评对象的要害之处，启发批评对象好好思考，从而增进相互的情感交流，使批评在轻松愉快的氛围中达到教育对方的目的。

拿破仑是个小个子。有一次一名比他高了一头的军官犯了很严重的错误，他非常气愤地对他说：“如果你再犯类似的错误我将取消我们之间的区别。”利用身高的差别，把“砍掉对方的脑袋”说成“取消我们之间的区别”，真是幽默到家了。可见，有时最严厉的批评也可能融进幽默的语言当中。

【口才小故事 5-8】

东方朔智谏汉武帝

传说汉武帝晚年时，很希望自己长生不老。一天，他对侍臣说："相书上说，一个人鼻子下面的'人中'越长，命越长。'人中'长一寸就能活百岁。不知是真是假？"东方朔感到皇帝的长生不老梦十分可笑。皇上见东方朔似有讥讽之意，面有不悦，喝道："你怎么敢笑话我？"东方朔脱下帽子，恭恭敬敬地说："我怎么敢笑皇上呢？我是笑彭祖的脸太难看了。"汉武帝问："你为什么笑彭祖呢？"东方朔说："据说彭祖活了八百岁，如果真像皇上刚才说的，'人中'就有八寸长，那么，他的脸不是有丈把长吗？"汉武帝听了也大笑起来。东方朔批评汉武帝的愚昧，讽刺汉武帝的荒唐，是通过这种幽默的方式来完成的。

9. 友好结束

正面的批评，或多或少都会给对方造成一定压力。如果一次批评不欢而散，对方可能会增加精神负担，产生消极情绪，甚至对抗情绪，会为以后的沟通带来障碍。所以，每次批评都应尽量在友好的气氛中结束。在批评结束时，不以"今后不许再犯"这样的话作为警告，而应以鼓励性的语言提出希望，比如"我想你会做得更好"或"我相信你"，并报以微笑，让下属把这次沟通当成是鼓励而不是一次意外的打击。这样有助于对方打消顾虑，增强改正错误、做好工作的信心。

【演讲视频 5-3】许吉如《为时代发声》
http://www.lc.com/ptv/vplay/26790285.html?ch=360_kandsp

【拓展阅读 5-1】

批评"八忌"

一忌无凭无据，捕风捉影；

二忌大发雷霆，恶语伤人；

三忌吹毛求疵，过于挑剔；

四忌清算总账，揭人老底；

五忌当面不说，背后乱说；

六忌夸大事实，无限升级；

七忌威胁逼迫，以势压人；

八忌一批了之，弃之不管。

第五节 说服

一、说服的基本条件

说服就是改变或者强化态度、信念或行为的过程。说服是以求得对方的理解和行为为目的的谈话活动，是使自己的想法变成他人的行动的过程。说服的过程是思想、观点的交锋，也是沟通的重要方面。说服是以人为对象，进而达到共同的认识。人们常说："人生，就是从不间断地说服。”尤其是在商务领域，那里聚集着各种性格的人，为了达到共同的目标，大家必须同心协力，因此说服的场面更是俯拾皆是。所以如果说工作就是不间断地说服，也并不过分。只有善于说服的人才能够获得他人的尊重和信赖。要想取得良好的说服效果，必须首先具备如下条件。

1. 说服者具有较高的信誉

说服进行的基础，是取得对方的信任。而信任，来自于说服者的信誉。信誉包括两大因素：可信度与吸引力。可信度高、吸引力强的人，说服效果明显超过可信度低、吸引力弱的人。可信度由说服者的权威性、可靠性以及动机的纯正性组成，是说服者内在品格的体现。吸引力主要指说服者外在形象的塑造。说服者的年龄、职业、文化程度、专业技能、社会资历、社会背景等构成的权力、地位、声望就是权威性。俗话说：“人微言轻，人贵言重。”一般来说，一个人的权威性越大，对别人的影响力也就越大。如果说服者在被说服者心目中形成了某种权威性形象，那么他说服别人转变态度的可能性也就越大。要提高说服者的信誉，首先要提高说服者自身各方面的素质，使之具有合理的智能结构，具有高尚的道德修养，具备权威性和可靠性，说服才有分量、有威信，才能赢得听者的尊重和信赖。此外，还需重视外在形象的整饰，一个外貌、气质、穿着、打扮能给人好感的人，才具有吸引力；一个言谈、举止、口音等方面能与对方体现出共性的人，才具有吸引力。一个恰当的印象，会产生“首因效应”，帮助说服者成功说服他人。

2. 对说服对象有相当的了解

“知己知彼，百战不殆”。在说服他人之前，必须了解说服对象，捕捉对方思想、态度方面流露出的点滴信息，摸清对方思想问题的症结所在，了解对方的心理需求，根据不同情况区别对待，因人而异，有针对性地开启对方的心扉，才能真正实现感情和心灵的共鸣，避免或减少盲目说服造成的错位反应。

首先，要了解对方的性格。苏洵在《谏论》中举了一个有趣的例子。

有三个人，一个勇敢，一个胆量中等，一个胆小。将这三个人带到深沟边，对他们说：“跳过去便称得上勇敢，否则就是胆小鬼。”那个勇敢的必定毫不犹豫地一跃而过，另外两个则不会跳。如果你对他们说，跳过去就奖给两千两黄金，这时那个胆量中等的就敢跳了，而那个胆小的人却仍然不能跳。突然来了一头猛虎，咆哮着猛扑过来，这时不待你给他们任何许诺，他们三个人都会先你一步腾身而起，就像跨过平地一样。

从这个例子中我们可以看出，不同性格的人，接受他人意见的方式和敏感程度也是不一样的，因此有针对性地采取不同的方法去说服对方，则更容易达到目的。

其次，要了解对方的优点或爱好。有经验的推销员，一进入顾客家中，总会立刻找到客户感兴趣的话题进行交谈。例如，看到地毯，马上会说：“好漂亮的地毯，我也很喜欢这种样式……”通过各种话题创造进入主题的契机。因为从对方的长处或最感兴趣的事物入手，一方面，能让对方比较容易接受你的观点；另一方面，在对方所擅长的领域里更容易说服他。

最后，要了解对方的看法和态度。有一位歌星特别爱摆架子，一次要参加一个大型义演的现场节目，时间是晚上九点。可是到了七点，这歌星忽然打电话给唱片公司的总监，说她今天身体不舒服，喉咙很痛，要临时取消当天的演出。唱片公司的总监没有破口大骂，而用惋惜的口吻说：“唉！真可惜，这次演出最大牌的歌星才有机会亮相，如果你现在取消，公司里还有很多小牌歌星挤破头在等哩！可是如果换了人，电视台一定会不满。有那么多后起之秀想取而代之，你这样做恐怕不妥吧。”歌星听后小声地说：“那好吧！要不你八点来接我，我想那时我身体应该会好一点吧。”这位唱片公司的总监很清楚这位歌星，根本就没什么毛病，只是喜欢摆摆架子，找准了对方拒绝的真实原因，进而有针对性地进行说服。

3. 能够把握住说服的最佳时机

说服还要能够抓住最佳时机。同样一番道理，彼时说可能不如此时说，现在说不如以后说。时机把握得好，对方才会愿意听，才会用心听，才能听得进。否则，说服过早，会被对方认为神经过敏或无中生有；说服过迟，已时过境迁，对方认为你是“事后诸葛亮”，你即便有再好的口才，再好的意见，都不可能收到预期的效果。掌握时机，要将说服对象与时、境、理联系起来考虑，配合起来运用。可利用特定场合，造成境、理相衬，进行深入说服；可利用景中道情，情中说理，进行委婉说服；还可借助眼前实物，进行暗示说服等。

例如，童童有点儿害羞，爷爷却偏偏喜欢在人面前“展示”孙子。可是一旦遇到孙子没有按自己的意愿和别人打招呼或者背唐诗，就又很生气地数落孙子。结果导致小童童更加害羞和怕见生人。童童妈妈几次看见这样的场景，一直想找个机会告诉公公，如果不勉强童童，让他在旁边看一会儿的话，孩子反而会主动地和别人打招呼。

一次爷爷多年未见的老战友来访，爷爷太兴奋了，只顾得和战友聊天，忘记“展示”孙子了。童童呢，则在熟悉了客人和现场气氛后，主动地拿起一个大苹果送到客人手里，还跟客人有问有答。客人一再夸童童有礼貌，童童很兴奋，爷爷也觉得格外有面子。等送走了客人，趁着爷爷还处在高兴状态的时候，童童妈妈赶紧把早想说的话和公公沟通了一番，并且以刚才的情况做了实证。爷爷欣然接受了童童妈妈的建议①。

4. 必须营造良好的说服氛围

说服，总是在一定的语言环境中进行的，环境制约了语言，因此，说服效果的好坏，一定程度上也取决于环境。一个宽松、温和、优雅的环境较之肃穆、压抑、逼人的环境，其说服的效果自然会好得多；在一个自己熟悉的地点环境中施行说服，较之于陌生的环境，自然也会有利得多。营造一个恰当的说服氛围，不仅是必要的，而且是必需的。

如某啤酒生产厂得罪了一家餐馆的经理，对方就改换销售另一品牌。在直接和负责人谈判无效的情况下，销售人员天天晚上去这家餐馆里帮忙搬运货物，甚至包括竞争对手生产的啤酒。他总是说：“你是我的老顾客了，我要为你服务，即使你不销售我们公司生产的啤酒。”他的诚意终于打动了经理，最后争取到了独家销售权。可见充分体验对方的感受，会营造出融洽的感情，在此基础上再委婉地提出自己的观点，怎么可能不赢得对方的赞许呢？

二、说服的语言技巧

1. 换位思考，晓以利害

要站在对方的立场考虑问题，理解并同情对方的思想感情，从对方的角度说明问题，体验你的思想感情，进而使他改变自己的看法，达到理想的说服效果。

1977年8月，克罗地亚人劫持了美国环球公司从纽约拉瓜得亚机场到芝加哥奥赫本的一架班机，

① http://qoofan.com/read/5lv5LLNjnW.html.

在劫持者与机组人员僵持不下之时，飞机兜了一个大圈，越过蒙特利尔、纽芬兰、沙浓、伦敦，最终降落在巴黎市郊的戴高乐机场。在这里，法国警察打瘪了飞机轮胎。

飞机停了3天，劫机者同警方僵持不下，法国警方向劫机者发出最后通牒："喂，伙计们！你们能够做你们想做的任何事情，但美国警察已到了。如果你们放下武器同他们一块儿回美国去，你们将会被判处不超过2～4年徒刑，这也可能意味着你们也许在10个月左右释放。"

法国警察停顿片刻，目的是让劫机者将这些话听进去。接着又喊："但是，如果我们不得不逮捕你们，按我们的法律，你们将被判死刑。那么你们愿意走哪条路呢？"劫机者被迫投降了。

这里法国警察在劝说中帮助劫机者冷静地分析了客观形势，明确地向对方指出了两条道路：投降或者顽抗，投降的结果是10个月左右的徒刑，而顽抗的结果只可能是死刑。面对这两条迥异的道路，早已心慌意乱的劫机者识相地选择了弃械投降，从而做出了符合自己利益的正确选择。

2. 稳定情绪，再行说服

在生活中，有些人受到种种因素的刺激，往往容易感情用事，不经过慎重周全的考虑就莽撞地采取行动。鉴于这种情况，我们应该先设法让对方的情绪稳定下来，然后提出比贸然行事更合理、更有利的举措，这样就能使对方冷静地斟酌、衡量，从而为了更大限度地维护自身利益而抛弃原来的草率决定。俄国十月革命以后，农民得到了解放，成千上万的农民来到莫斯科，由于他们对沙皇的仇恨很深，因此坚决要求烧掉沙皇住过的房子。有人把这件事向列宁汇报了，列宁指示干部们对农民进行说服教育。第一次劝告，农民不听；第二次、第三次，仍然劝说无效。最后列宁决定亲自和农民谈话。

列宁对农民说："烧房子可以。在烧房以前，让我讲几句，行不行？"

农民们说："请列宁同志讲。"

列宁问道："沙皇的房子是谁用血汗造的？"

农民说："是我们自己造的。"

列宁又问："我们自己造的房子，不让沙皇住，让我们农民代表住，好不好？"

农民说："好！"

列宁再问："那要不要烧掉呀？"

农民觉得列宁讲得道理很对，再也不坚持烧掉沙皇住过的房子了。

这里，对沙皇的仇恨激发了农民焚烧皇宫的强烈愿望，在数次劝说无效的时候，列宁通过与农民对话使他们的情绪稍稍平定，然后提出让农民代表住沙皇的房子的建议。农民认识到这个方案不仅能发泄愤怒，而且可以给自己带来实际的好处，于是很快表示赞同，"烧房子"的决定也因此而"搁浅"。

3. 位置互换，改变角色

让对方改变位置，变化角色进行说服是一种十分有效的方法。

在美国，频繁的车祸使交通部门很感头痛。他们用罚款和其他法律手段来劝肇事者注意安全，但收效甚微。后来，交通部门在专家们的建议下，采纳了一个新的办法。他们让那些违章司机换个"位置"——换上护士服，到医院去照料那些因交通事故住院的受害者，体验他们的痛苦。结果收到奇效，那些违章司机从医院出来判若两人，他们不仅成为遵守驾驶规章的模范，而且成了交通法规的积极宣传者。

在进行说服谈话中，利用这种方法也能收到奇效。

4. 讲究方式，引起关注

在说服时，要选择能够引起对方关注和兴趣的方式表达意见，要运用富有吸引力的内容支撑你的观点，从而引导说服对象关注设定的话题，让对方充分了解说服的内容。

第二次世界大战期间，国际金融家萨克斯想使罗斯福政府批准试制原子弹。第一次他使用了很多罗斯福听不懂的专业术语，全面介绍了原子弹可能产生的影响。但是罗斯福被冗长的谈话弄得很疲倦，他的反应是想推掉这件事。萨克斯第二次面对罗斯福时，改变了说话的方式，他对罗斯福说："我想向您讲一段历史。早在拿破仑当权的时候，法国正准备对英国发动进攻，一个年轻的美国发明家富尔顿来到了这位法国皇帝面前，他建议建立一支由蒸汽机舰艇组成的舰队，拿破仑可以利用这支舰队无论在什么天气的情况下都能在英国登陆。军舰没有帆能航行吗？这对于那个伟大的科西嘉人来说，简直是不可思议的。他把富尔顿赶了出去。根据英国历史学家阿克顿爵士的研究，正是由于拿破仑缺乏见识而使英国幸免一次灾难。如果当时拿破仑稍稍多动一些脑筋，再慎重考虑一下，那么 19 世纪的历史进程也许会完全是另一个样子。"罗斯福听完萨克斯的话后，立即同意采取行动。

由此可见，选择了能引起说服对象关注的内容和方式，就会取得不同的效果。

【口才小故事 5-9】

冯玉祥"搭鸟窝"

1938 年秋，冯玉祥将军到湖南益阳县城，向几万人发表演讲，鼓励他们抗日。冯玉祥将军出场时，只见他左手握着一株小树，将一个草编的鸟窝放在枝丫间，鸟窝里有几个鸟蛋。下边的人都愣了，不知他这是要干什么。这时，冯玉祥将军开口说话了，他说："大家知道，先有国家，然后才有小家，才有个人的生命的保障。""我们的祖国遭到了日本帝国主义的侵略，我们都要用自己的双手保卫她，那就是起来抗日。如果不抗日——"说到这里，他手一松，树倒了，窝摔了，蛋破了……

在这里，冯玉祥将军用小树比作国家，用鸟窝比作家庭，用鸟蛋比作个人，用握着小树的那只手比作捍卫国家的人，以实物展示，真实生动，增强了说服力。

5. 入情入理，以理服人

在表达某种意见时，用诚挚而令人感动的语气说出来，别人的心就容易被征服。要说服别人，有时激起对方的情感比激起对方的理性思考更为有效。有些孩子做错了事，往往任何斥责都听不入耳，但母亲动人肺腑的痛哭，反而会使其泯灭的良心复苏。如果在说服他人的时候，仅仅着眼于主题突出、例证充足、声音动听、姿态优美，而说出的话却冷冰冰，那么肯定不能奏效。要想感动别人，就得先感动自己。要将真诚通过自己的情感、声音输入听者的心底。说服还要摆事实、讲道理来使人相信，使人赞同你的观点和主张。

唐太宗为了扩大兵源，想把不在征调之列的中年男子都招入军中。丞相魏徵知道后对他说："把水淘干了，不是得不到鱼，但明年恐怕就不会有鱼了；把森林烧光了，不是猎不到野兽，但明年恐怕就无兽可猎了。如果中年男子都招入军中，生产怎么办？赋税哪里征？兵员不在多，关键在于是否训练有素、指挥有方，何必求多呢？"太宗无言以对，只好收回了成命。

魏徵借用两件与主要事件相类似的事例作比，既形象又深刻地阐明了不能把中年男子都调入军中的道理，入情入理的说服，让太宗心服口服。

6. 循循善诱，攻心为上

说服的过程是说服者对被说服者攻心的过程，也是被说服者心理渐变的过程。有步骤地诱导说服是指在总体设计的基础上，实施分步计划，每一步怎样诱导，怎样发问，谈话前都要经过深思熟虑，胸有成“话”。这样，环环紧扣，步步深入，最后矛盾凸显，诱使对方在无法解决的矛盾面前自我否定。运用循循善诱、层渐递进的说服技巧，从理论上讲，符合心理学的基律，从实践中看，只要运用得恰当巧妙，就能取得理想的说服效果。

某饭店服务员小刘捡到顾客遗失在店内的手机，想悄悄据为己有，被领班童大姐发现了，让她上交，可小刘说：“手机是我捡的，又不是偷的，更不是抢的，不上交也不犯法。”董大姐说：“小刘，你知道什么叫做‘不劳而获吗’？”“不知道！”小刘嘟着嘴回答。董大姐：“你看，不劳而获是不经过劳动而占有劳动果实。说得确切点是占有别人的劳动果实！”“你什么时候学会咬文嚼字？”小刘有点不耐烦了。董大姐耐心地问：“你说，抢别人的东西是不是‘不劳而获’？”“是的。”“你说，偷别人的东西是不是‘不劳而获’？”“当然是。”“那么，捡到别人的东西据为己有是不是‘不劳而获’？”“这……”小刘顿时语塞。董大姐顺势教育道：“拾到别人的东西据为己有，和偷、抢得来的东西，在‘不劳而获’这一点上是相通的，除了国家法律，我们还应该有一定的社会公德。再说店里也有工作守则，拾到顾客遗失的物品要交还，你可不能犯糊涂啊！”经过董大姐的教育，小刘终于认识自己行为上的错误，把手机交了出来。

在这里，董大姐避开小刘振振有词的歪理，而是有意和她弄清楚一个看似与论题无关的“不劳而获”的意义，再诱导她由大及小、从面到点，步步推进，最后才切入实质性问题：拾到东西据为己有，同偷、抢一样是“不劳而获”，是同样可耻的行为。一席话使小刘受到了教育。

【拓展阅读 5-2】

卡耐基：获得别人赞同的十二条原则

第一条原则：获得辩论最大利益的唯一方法，就是避免辩论。

第二条原则：尊重别人的意见，永远别说“你错了”。

第三条原则：如果你错了，要迅速而真诚地承认。

第四条原则：以温和友善的态度开始。

第五条原则：首先让对方说“是”。

第六条原则：让对方多说话。

第七条原则：使对方认为主意是他的。

第八条原则：真诚地站在对方的立场上看事情。

第九条原则：同情对方的欲望及想法。

第十条原则：诉诸于高尚的动机。

第十一条原则：把你的想法戏剧化地表现出来。

第十二条原则：提出挑战。

第六节　拒绝

拒绝，是对他人意愿、行为的一种直接或间接的否定。实际上拒绝就是不接受，包括不接受对方希望你接受的观点（意见）、礼物和要（请）求等。工作和生活中人们总是互有所求，而且要求方往往是被要求方的亲朋好友，甚至是恩人、领导。俗话说，“上山擒虎易，开口求人难”，设身处地，应当尽量地接受别人提出的各种要求。但是，也有许多要求是不能接受的。如果不能拒绝那些不能接受的要求，就一定会给自己（也终将给对方）带来无尽的烦恼。生活反复地证明“当断不断，必受其乱”，我们必须学会拒绝。面对对方提出的问题，如果很直接地说：“这种事情恕难照办”“我实在没有钱借给你”“我们每天都一样地工作，凭什么要我来帮你的忙”……可以想象对方一定会恼羞成怒。因此，我们必须学会根据不同情况运用不同的拒绝艺术。

一、拒绝的基本要求

1. 认真听

认真倾听对方的请求，并简短地复述对方的要求，以表示确实了解了对方的需求。拒绝的话不要脱口而出，即使当对方说了一半，我们已明白此事非拒绝不可，也必须凝神听完他的话，这样可以让对方了解到我们的拒绝不是草率做出的，是在认真考虑之后才不得已而为之的。尤其要避免在对方刚开口就断然拒绝，不容分辩地拒绝最易引起对方的反感。

2. 看情势

拒绝同其他交际一样，要审时度势，要看是否有拒绝的必要和可能。从必要角度来看，自己的道德准则不能接受的，没有能力接受的，接受后会给自己带来不愿承受或无法承受的损失的，接受后可能给对方带来麻烦或损失的，应当拒绝；如不至于如此，或对对方有利而自己受一些能够承受的损失，则应当接受。从可能的角度来看，要考虑自己拒绝的能力，如无理拒绝，或拒绝后会带来更严重的后果，则只好接受。

3. 下决心

如情势需要拒绝又可能拒绝，就应当下定拒绝的决心，着力克服三大心理障碍：一是抹不开情面，碍于对方的面子，总觉得不好意思拒绝；二是怕对方怪罪，怕因为对方怪罪而影响双方今后的交往，甚至影响自己的利益（如不能得到对方的帮助等）；三是怕旁人议论，怕别人说自己不够朋友、不够意思等。如果必须拒绝，这些考虑都是不必要的和有害的。

4. 态度好

不要在他人刚开口时就予以断然地拒绝，不要对他人的请求流露出不快的神色，更不要蔑视和忽略对方，这些都会让对方觉得你的拒绝是对他没有诚意的表现，从而对你的拒绝产生逆反心理。无论是听对方陈述要求和理由，还是拒绝对方并说明缘由，都要始终保持和蔼亲切的态度，让对方了解自己的拒绝实在是在认真考虑后不得已而为之的。

5. 措辞柔

感谢对方在需要帮助时想到你，并略表歉意。对于他人的请求，表现出无能为力，或迫于情势而不得不拒绝时，一定要记得加上“真对不起”“实在抱歉”“不好意思”“请多包涵”“请您原谅”等致歉语，这样一来，便能不同程度地减轻对方因遭拒绝而受的打击，并舒缓对方的挫折感和对立情绪。但是不要过分的歉意，这样会造成不诚实的印象，因为如果你真的感到非常抱歉，就应该接受对方的请求。

6. 直言“不”

对于明显不能办到的事，应该明白直接地说出“不”字。“说得多不如说得少”，言简意赅，要言不繁是最有效的方法。模棱两可的说法易使对方抱有幻想，引发误解，当最终无法实现时，对方会觉得受了欺骗，由此引起的不满和对立情绪往往更加强烈。“当断不断”，其结果只能是害人又害己。

7. 理由明

不要只用一个“不”就让对方“打道回府”，而应给“不”加上合情合理的注解，让对方明白，自己的拒绝不是毫无来由，更不是找借口搪塞，而是确有无可奈何的原因或难以诉说的苦衷，讲明自己的处境，最好具体地说出理由及原委，那么，在将心比心中，对方自然就能体谅你的言行了。说明理由是为了让对方明白拒绝是确有难以说出的苦衷。当你说明理由后，对方试图反驳，你千万不可与之争辩，只要重申拒绝就行了。不过，如果你觉得拒绝的理由不充分，也可以直接拒绝不说明理由，或者只用一些“哎呀，这咋办呢？”“真伤脑筋”之类的话给予回答，但是千万不可编造理由，因为谎言终究会被揭穿。

8. 择他途

在拒绝对方某一方面要求的同时，如果能够尽量满足其他方面的合理要求来作为补偿，或是积极地替他出谋划策，建议他选择或寻求更好的途径和办法，这样可减缓对方因我们的拒绝而产生的瞬时不快情绪，缓解对方的被动局面，也可以表明我们的诚意，让对方体会到你的火热心肠、殷切期待，则更易得到他人的谅解、友谊与好感。例如：“要是明天，我大概可以去一趟”“真对不起，这件事我实在爱莫能助，不过我可以帮你做另一件事”“我只能借给你 1000 元，但我知道小李有一笔不少的活动奖金，也许你可以去找他”等。

【口才小故事 5-10】

宋弘的拒绝

东汉初年，光武帝刘秀的姐姐湖阳公主丧夫，一直郁郁寡欢。于是刘秀打算给她找一个中意的丈夫。湖阳公主相中了才识俱佳、一表人才的宋弘，刘秀连连点头。

这天，刘秀召见宋弘，先谈了一些别的事情，然后婉转地问道：“有一句俗话说，贵易友富易妻，这不是人之常情吗？”

宋弘早听说湖阳公主对自己有意，听刘秀这样一问，已经猜出下面要谈什么事了。他略一思索，回答说，“臣也听说过这样的话：贫贱之交不能忘，糟糠之妻不下堂。这难道不也是人之常情吗？”

刘秀听了以后很佩服宋弘的为人。湖阳公主听君臣二人打了一番哑谜，明白了宋弘的意思，虽然感到有些遗憾，但也无可奈何。

（资料来源：http://www.docin.com/p-828475638.html.）

二、拒绝的语言艺术

在社交场合中，同样表达一个拒绝的意思，有不同的说法。陈秀泉在其主编的《实用情境口才——口才与沟通训练》（科学出版社，2007 年）中指出从语言技巧上说，拒绝有直接拒绝、婉言拒绝、诱导拒绝、幽默拒绝、回避拒绝、委婉拒绝、附加条件拒绝和沉默拒绝等方法。具体如下：

1. 直接拒绝

直接拒绝就是将拒绝之意当场明讲。采取此法时，重要的是应当避免态度生硬，并需要把拒绝的原因讲明白，有时还可以向对方致歉。例如，“对不起，谢谢，这样做对我不合适”

"对不起，这次我真的无法帮忙"。

【口才小故事 5-11】

我却只借不还

《三国演义》中，刘备借东吴荆州不还，东吴派诸葛瑾（诸葛亮的兄长）来游说讨还。诸葛亮主动假意哭请刘备还荆州，刘备决意不听，而又不肯背着言而无信的名声，于是假意把关羽所辖的"三郡"还给东吴。当诸葛瑾向关羽讨地时，关羽道："荆州本大汉疆土，岂得妄以尺寸与人？将在外，君命有所不受。虽吾兄有书来，我却只不还。"断然加以拒绝。这里，诸葛亮巧借刘备拒绝，刘备又巧借关羽来说"不"，真是巧妙之极。

2. 婉言拒绝

婉言拒绝就是运用委婉的语言，暗示对方无法完成请求。

比如，有一位朋友不请自到，而此时你正忙于工作无法接待，可以在见面之初，一面真诚地对其表示欢迎，一面婉言相告："我本来要去参加公司的例会，可您这位稀客驾到，我岂敢怠慢。所以专门告假 5 分钟，特来跟您叙一叙。"这句话的"话外音"就是暗示对方"只能谈 5 分钟时间"。

3. 诱导拒绝

诱导拒绝就是采用诱引的方法，让对方自己感悟到或者直接说出拒绝的理由。

例如，1945 年富兰克林·罗斯福第四次连任美国总统。《先锋论坛》报的一位记者采访他，请他谈谈这次连任的感想。罗斯福没有回答，而是很客气地请这位记者吃一块"三明治"（夹馅面包）。记者觉得这是殊荣，便十分高兴地吃了下去。总统微笑着又请他吃第二块"三明治"。他觉得是总统的恩赐，情不可却，又吃了下去。不料总统又请他吃第三块。他简直受宠若惊，虽然肚子里已不再需要了，但还是勉强吃了下去。哪知道罗斯福在他吃完之后又说："请再吃一块吧。"记者一听啼笑皆非，因为他实在吃不下去了。罗斯福微笑着说："现在，你不需要再问我对于这四次连任的感想了吧，因为你自己已经感觉到了。"

4. 幽默拒绝

幽默拒绝就是用幽默的语言表达拒绝的意思。

比如在 1990 年的一次外交部新闻发布会上，一位西方记者问发言人李肇星："请问邓小平先生目前健康状况如何？"李肇星答："他健康状况良好。"另一位记者穷追不舍："邓小平先生是在医院里还是在家里拥有良好的健康状况？"李肇星答："我不知是你有这样的嗜好，还是贵国有这种习惯，在身体健康的时候住在医院里，身体不好时反而待在家里。"李肇星以轻松幽默的方式回答这一问题，令对方相形见绌，同时又达到了不伤害对方感情的目的。

【演讲视频 5-4】黄渤：谁会拒绝一个幽默的人
http://v.ku6.com/show/q4MV_clDV99hMmqlYGDVJQ.html

5. 回避拒绝

回避拒绝就是答非所问，就是表面上看在回答问题，但实际上说的都是空话，没有任何实质信息。当遇上他人过分的要求或难答的问题时，可使用这种方法。

比如有人问你，在 ××× 问题上，你支持老王还是老李？你回答："谁正确我就支持谁。"对方又问："那谁是正确的一方？"答："谁坚持真理谁就是正确的一方。"到底支持谁？你并没有进行正面地回答。2002 年 11 月，江泽民同志访美时，一名学生问他："中国对熊猫保护采取了哪些步骤？"江泽民回答说："我是搞电机的，我跟你们一样非常喜欢熊猫，但对熊猫很少研究。"台下一阵大笑。这也是一种"说不"的方式。

6. 委婉拒绝

委婉拒绝就是不直接拒绝，而是通过与对方请求相关的话题表明自己的态度。

钱钟书先生是我国著名作家，他的作品《围城》享誉海内外。有一位英国女士特别喜欢钱锺书。当这位女士来到中国后，就给钱钟书先生打电话，说想拜见他。钱钟书先生在电话中说："假如你吃了一个鸡蛋觉得不错，又何必要亲自去看那只下蛋的母鸡呢？"钱钟书用生动的比喻做了模糊的回答，委婉地拒绝了英国女士见面的要求。

7. 附加条件拒绝

附加条件拒绝就是先顺承对方的意思，然后附加一个事实上不可能的或主观上无法达到的条件。

有一次，意大利音乐家帕格尼尼为了赶到一家大剧院演出，急急忙忙跨上一辆马车，他一边催车夫快点，一边向车夫问价。"先生，你要付我10法郎。"马车夫知道他是大名鼎鼎的音乐家，便有意讹诈他。"你这是开玩笑吧？"帕格尼尼吃惊地问道。"我想不是。今天人们去听你一根琴弦拉琴，你可是每人收10法郎啊！我这个价格不算多。""那好吧，我付你10法郎，不过你得用一个轮子把我送到剧院。"

音乐家帕格尼尼要求车夫用一个轮子把他送到剧院，这是根本不可能做到的，因此在客观上便起到了拒绝勒索的作用。

8. 沉默拒绝

有些难以言明的拒绝不必用有声语言，可用一些体态语来表示拒绝之意。如用身体欠佳、疲劳、倦怠、上厕所、打哈欠的举止使对方感到不安；或中止"发言"、微笑、心不在焉、目光老向别处看等，暗示对他人的要求不感兴趣；或者用摆手、摇头、耸肩、皱眉、转身等身体语言来表示自己拒绝的态度等。

明朝有一个叫周新的人，官至按察使，权力很大，他上任不久，就有不少人给他送礼，他都一概拒绝了。一天，又有人来看望他，还带来了一只黄澄澄、肥嫩嫩的烤鹅。来人唯恐他不收，一边说"请大人尝个鲜，不成敬意"，一边拔腿就走了，对此事，周新确实很犯愁。怎么办呢？不收吧，东西已经留下来了；收吧，以后那就没法收拾了。他灵机一动，叫手下把烤鹅挂在屋子后。一天，两天，那只鲜嫩的烤鹅变得又干又硬，又沾满了灰尘，再有人来送礼，周新就领他去看那只挂着的烤鹅。那些人看到送礼只能落得如此的结局，也就不再送了。

拒绝对方的方法还有很多，如让步拒绝法、预言拒绝法、提问拒绝法等。其实不论选择什么拒绝方法，关键要表明态度，同时做到不伤害对方感情，保护自身形象就可以了。

【电影赏析】

从《在云端》学交际口才

《在云端》是由贾森·雷特曼执导，乔治·克鲁尼等出演的剧情电影。在影片中乔治·克鲁尼饰演的是一名叫瑞恩·宾厄姆的公司裁员专家，他的工作是飞来飞去为各地公司解决麻烦。开场中一个小片段，展现的就是瑞恩和那些被"炒鱿鱼"的人沟通的场景。

"这就是我最后所能拿到的？妈的！我为这个公司工作了30年！"

"他们想告诉我，我现在没有工作了吗？"

“他们应该告诉我，没有工作的是你不是我！”

“您还真有勇气到我们这些让你赚钱的人的面前来，之后您就可以大摇大摆回家，带着您挣的一大笔钱，而最后身无分文的是我，去死吧！”

“你们到底是谁？你凭什么来开除我？”

充满敌意的语言、因愤怒而扭曲的脸、声嘶力竭的哭叫，也许还有拍过来的烟缸……

《在云端》中的这段描绘正是瑞恩工作天天需要面对的场景。很刺激，对吗？

可如果你就是瑞恩，你就是那个坐在桌子后面，要去和那些“愤怒”的人士交流的人；如果你的工作就是去解雇那些人，而那些人并没有与你共事过哪怕一天或是有任何纠葛，你也能有勇气去面对他们吗？你有没有足够的沟通技巧去处理这样的“麻烦”呢？

瑞恩有，他不仅有，他还能将这种沟通的技能传递给他的同事。

【电影欣赏】《在云端》
http://www.iqiyi.com/dianying/20130703/2d7b3aa96e5e6c57.html

阅读思考

补救失言的意义与方法

交际活动中的主体无意之间说出了错话、蠢话，得罪或伤害了交际对象这一类语言现象，叫做失言。失言会造成人际关系的恶化，形成危机。一旦发生失言要注意及时、巧妙地补救，以挽回危机，改善人际关系。

一、补救失言的意义

失言并不可怕，可怕的是失言了自己并不知道，且没有采取补救措施。在语言交际过程中，尽管我们对可能的失言采取了预防对策，在某些特定的场合偶尔失言还是难免的。失言之后，我们要及时果断地加以补救以挽回影响，决不能听之任之。从某种意义上说，失言就是失礼，而在社会交际中是不容许失礼的。失言要补救，失礼则更要补救，这是文明交际的需要。失言之后，进行机智而真诚地补救，是所有处于语言交际状态之中的人的社会责任感和高尚道德的真实体现。补救失言对改善和优化语言交际有着重要的意义，能维持和促进语言交际的功效和目的。

第一，补救失言能使双方之间的语言交流照常地进行下去，它可以掩饰失言，疏通言路，使在场的公众感到好像从未发生什么事情似的，不漏一点痕迹，能控制交际现场的形势，不至于出现尴尬局面。

第二，补救失言能使受到伤害的公众得以及时安慰，不至于酿成交际障碍，对双方的密切交往起到有百利而无一害的作用。

第三，失言补救在某种程度上是一种危机管理，处理好了可以展示在紧迫关头善于处置失误、随机应变的能力，令交际对象或现场公众刮目相看，扩大自己或自己组织在社交圈的影响，为更顺利地开展公关交际活动打下新的基础。

二、补救失言的方法

失言的补救方法很多，关键在于我们的机敏和诚心。宽宏大量只能用于律己，不能以之要求对方。我们在遇到他人失言时，要求根据对方的职业特点、心理品质、文化素养、失言性质、现场状态、交际动机等采取不同的应对态度。如果自己处于主体地位，对方失言后已有道歉，则可以给予谅解的宽容。现在介绍几种失言的补救方法。

1. 现场改口来补救失言

在语言交际过程中，由于当今市场经济越来越发达，人们对事物的理解比较多而杂，有时在现场由于数字模糊或计算不准而开口失言，特别是在一些涉及经济的商务活动中表现得比较明显，比如在谈价格、签协议、许承诺等，稍有不慎就会给自己挖了陷阱。通过现场改口来补救失言，能够让对方理解并说服对方，最终达成一致，实现合作目标。

报价失言

甲乙双方在频繁的商务谈判中，讨价还价往往是中心话题，双方都想尽最大努力，争得最大利益。由于有的人连对自己产品的价格都不熟，导致当面承诺了对方的贬抑性报价。如果自己觉察出来的，可以这样补救，说："刚才同意的报价，我们是没有计算入关税税额的，要是在你的报价上加入这一笔税额，我们就可以成交了。"如果当时自己没有觉察出失口承诺这一问题，而伙伴已经觉察，就从旁纠正说："经理，您承诺的报价，还要加上本产品今年头八个月涨价的比率，您记起来了吗？"这样一唱一和，就可以把误诺换为变量，请对方重新考虑。同时，还需要向对方作一些成本上升、需要变动价格的说明，以取得对方的理解。还可以另补充说："我们产品的价格在同类产品中，一直是偏低的，此次成交，对贵方来说，仍然是一笔赚钱的生意，这就是为什么我们的客户群不断扩大的原因了。"

2. 用错来改错进行补救

将错就错就是指一个人说了错话，在场的另外一个人则利用错误的性质说出一句相反的错话，求得前后错话的平衡而消除不良影响，可以立即收到现场应急补救的奇妙效果。

歌唱演员的失误

有一位歌唱演员到某市演出，在台上讲话，竟把某市长说成了某县长，引起观众嬉笑、议论。这时主持人上台来了面对观众说："女士们，先生们，朋友们，今天我们有幸来到某省演出……"怎么一个人说"县"一个人又说"省"？这话把观众给弄迷糊了，主持人解释说："刚才我们的一位演员把某市说成某县，给降了一级，我现在把某市说成某省，给提了一级，这不就平啦？"他这几句话，立马引得观众哄堂大笑。

3. 切断当前话题转换进行补救

此法是指我们在说话时，突然感悟到某句话的剩余部分不能说出来，便急速中断下来，然后神不知鬼不觉地偷换成另外的话题，掩饰几乎要发生的失言。在多种交际场合我们都可能出现这种需要急断偷换言辞的情况，只要出现这种情况，我们应该当机立断，急断急换，以免因失言而伤人，因伤人而失和气。

万某的机智

万某在街上骑着自行车慢慢走着，不料被后面急驶而来的一辆自行车撞倒。万某爬了起来，满脸怒气张嘴就想骂："你——"抬头一看原来撞倒他的是一个熟人，于是，就一个"急刹车"，连忙改口说："你——是小张啊，看你这车技，真叫我佩服得五体投地！"万某的随机应变、改弦更张，把"你瞎了”不知不觉偷换成了“你是小张啊”，而且幽默地把“撞倒在地”改成了“五体投地”，这样一来，不仅没有失和气伤感情，还维护了双方的友谊。

4. 就势转接法

在蠢话全部说出，已经引起非议、对抗的情况下，我们可以顺着个别或者部分听众的心理反应趋势把话题转到另外一个，加以掩饰，消灭已经发生的失言后果。像这类失言可进行如下现场补救。

（1）运用相关联想，妙言突出。由于场面热烈，精神亢奋，有时也会出现带有喜剧色彩的失言，同样不可一笑了之听之伤之。人们更忌讳在喜庆场合失言，所以，失言以后要立即展开联想，寻找补救语言。

（2）顺水推舟，进行侧面认错。万一蠢话全部说出来了，遭致公众气愤、责难，由同行的伙伴进行侧面认错，也可收到亡羊补牢的效果。

狄更斯的失言和补救

有一次，英国作家狄更斯正在钓鱼，一个陌生人走到他跟前问道：“怎么，你在钓鱼？”狄更斯不假思索地说：“是啊！今天真倒霉，钓了半天，一条也没钓到。可昨天也是在这个地方，就钓到 15 条鱼哩！”

陌生人说：“是吗？你昨天钓得很多啊！”接着他又说：“那你知道我是谁吗？我是这个地方的管理员。这段江上是禁止钓鱼的！”说着，他拿出票簿，要给狄更斯开票罚款。

狄更斯看到这情景，连忙反问：“那么，你知道我是谁吗？”陌生人被这一反问搞得摸不着头脑。此时，狄更斯对他说：“我是作家狄更斯，你不能罚我款，因为虚构故事是我的职业。”陌生人没有办法，只好让狄更斯大摇大摆地走了。

5. 变贬为褒的补救

怎样才能变贬为褒呢？把直言否定的贬变成了模糊肯定进行搪塞，造成错答不为奇的现场心理反应，取得听众的理解和同情。再把被贬者的优点与所产生的错答联系起来，使其顺承得以衔接，从而平服尴尬然后迅速解脱。同时又把模糊肯定和隐含否定结合起来，让人们知道真正值得肯定的还是被贬者的优点，以免造成信息错觉。变贬为褒的方法既可以是被贬者自己进行力挽狂澜，也可以是自己的伙伴进行赞扬、保护，进行双向求圆，内外掩饰等。

老企业家的尴尬

某综艺节目每期都有猜答节目，一次，在放映一段录像的时候，荧屏上出现了一个庞大的外国建筑物镜头，之后节目主持人问一位嘉宾：“外面的长廊同里面的音乐厅有没有关系？”嘉宾立即说：“有关系，起扩音作用。”这时节目主持人十分爽快地否定说：“不对！没关系，只是一种装饰。”这位嘉宾本是一位很有影响的企业家，但此时他那种叱咤风云、充满自信的豪迈气概顿时便化为乌有，随之而来的是难堪、焦急、手足无措。应当肯定，从其语言反映的真实性来看，这位节目主持人的评判无可挑剔，体现了她的直率和实事求是，然而，她的直言因其对象的特殊身份和场景的临时需要而变成了一句置人于尴尬境地的蠢话，这样回答所起到的实际效果是很不好的。当时另外一位节目主持人见状，立即采取了应急补救措施，把那位已经陷入窘境的企业家解脱出来。她说：“现代的建筑构思复杂，有许多问题值得研究，这位企业家的思路广阔……”然后转向企业家，接着说：“这大约就是你成功的原因吧。你勇于回答的精神真是值得佩服，让我们以热烈的掌声表示欢迎！”

6. 转移注意进行补救

现场交际活动的参与者，在某类场合因被失言刺激而精神状态呈现反常时，可以运用转移注意力的方法，救人于窘。转移法是由此及彼，换位思维，把当事人的心理趋势引向其他方面，扭转需求偏向，排除人的消极情绪。这种方法在其他失言的补救方法中也有配合使用的价值。

转移话题

两个青年去拜访老师，在谈话中问道："老师，听说您的夫人是教英语的，我们想请她指教，行吗？"

老师为难地沉默了片刻，说："那是我以前的爱人，前不久分手了。"

"哦，对不起，老师……"

"没什么，喝点水吧。"

"老师，您的书什么时候出版？快了吧？……"

这样转移话题，特别是提出对方很愿意谈的话题，就会使谈话很快恢复正常，气氛活跃起来。

7. 运用迂回进行致歉补救

失言就是失礼，失礼以后，应该诚恳地向有关人致歉，这是毫无疑义的，但致歉也要讲究方法。在公关交际活动中也常常发生这样的事情，如果直接赔礼，反而可能引出新的矛盾，不如易时易地或者利用现场条件，抓住谈话的主题、气氛和有利机遇，运用类比暗示的方法，间接向有关被伤者致歉，以消除人际隔阂，改善交际，使公关活动同其他一切交际保持互爱互尊的最佳状态，这就是迂回致歉。迂回致歉有以下优点：一可以避免心理伤害重复；二可以作致歉引申，加强致歉的信度；三可以表现我们的交际能力。

孙女的致歉

一位正在某校读书的女生星期天与奶奶一同游玩，恰好迎面碰到一位穿着入时的老太太，孙女脱口便说出："人都老了，还穿这么漂亮干什么？"正好这天她的奶奶也穿得比较讲究，老人听后暗暗伤心起来，遂借口身子不适提前回家了。等孙女反应过来后连忙返回，见奶奶又重新穿上了那套常用的旧衣服，而且神情沮丧，于是便说："奶奶，您怎么又穿上了这套旧衣服，新衣服您总舍不得穿，穿烂了有啥关系？我叫妈给您再缝一套！"稍停片刻，又加上一句："奶奶，我现在没钱孝敬您，等我日后上班拿了工资，我一定给您多做新衣服，让您天天都穿得漂亮！"孙女根本没提在公园的那件不愉快的事，回避了刚才的失言，奶奶听了这热情洋溢的话也说出了自己的内心，说："在家里穿新衣服，别人也看不出你们的孝心啊。"

8. 运用全面观照法进行补救

此法是指对这一个人或这一部分人讲话时，一定要注意自己的语言对另一个人或另一部分人的作用，避免产生语言交际的负效应，这就叫做全面观照法。全面观照法并不等于从不失言，关键问题是失言以后要立刻应急补救，使某一个人或某一部分人同现场其他公众一样保持愉悦、积极的心理状态。

主持人的失言补救

某年中央电视台春节文艺晚会后，安徽一位盲人要求见一见一位小品演员。于是，中央电视台在重播部分得奖节目的时候，便把这位盲人请到了现场，满足了他的愿望。盲人献词以后，现场节目主持人非常激动地说："亲爱的观众……"主持人为什么停下来了呢？这是因为在瞬间她已悟出了自己的失言，那么，应当怎样说才包括正站在台上的这位盲人和电视机前的许多盲人呢？片刻之后，她忽然加上“亲爱的听众……”场下顿时反应活跃，热烈鼓掌。如果只提“观众”的话，就将引起这位盲人或其他盲人尴尬、让他们难受。加了“听众”以后，所有能看能听、不能看只能听的观众和听众便都包括在内，都于亲爱之声中共度良宵。虽然节目主持人补加上去的“亲爱的听众”是一句平常而又平常话，但在这个时刻、这个场景中表达出来，就成了一句机智的妙言。

（资料来源：孟婷婷.交际语言技巧[M].北京：中国林业出版社，2009.）

项目实训

一、寒暄情境模拟演练

请分角色扮演模拟演练与体验下列的寒暄情境。

演练 1：在路上与自己的任课老师相遇，并与之寒暄。请设计寒暄语并演示。

演练 2：在图书馆与自己的一名异性同学相遇，并与之寒暄。请设计寒暄语并演示。

演练 3：一天你逛商场时发现一位营业员好像是你的高中校友，她好像也觉得你面熟，你如何主动和她打招呼？

演练 4：你去拜访一位名人，进屋之后发现主人家养了一只小猫。请以此为话题，设计寒暄语并演示。

演练 5：放暑假了，你坐火车回家，旁边坐着几位年龄、身份、性别不同的陌生人，为消除路途寂寞，你先和他们寒暄几句，使大家都有谈兴。请设计寒暄语并演示。

演练 6：西方的年轻女性在第一次听到别人用“你看上去很迷人”“你真是太美了”之类的语言寒暄时，她们往往会很兴奋，并且很有礼貌地作答。但是在中国的年轻姑娘面前使用这样的寒暄语会怎样呢？请模拟演练并体验。

（资料来源：金常德. 学生社交口才实践教程[M]. 北京：北京大学出版社，2013.）

二、交谈演练

学生 A 扮演××电视机专营商场的营销科长，学生 B 扮演××电视机厂的推销员。两人素不相识，两个单位也从未有过业务往来。当电视机市场上供大于求时，B 到 A 处了解情况并推销 B 方的产品，而且希望今后建立长期业务往来关系。

要求：运用所学的社交语言艺术技巧，灵活巧妙地与对方交谈，并尽可能地寻求最佳的社交效果。

三、赞美、批评情境演练

1. 赞美情境演练

请分角色模拟演练以下赞美情境。

（1）你的一位同学参加某项大学生竞赛活动获得了好成绩，你如何赞美他（她）？

（2）你的口才训练老师的课程非常受学生们的欢迎，你将如何赞美他（她）？

（3）你的同学穿了一套新衣服，你如何赞美他（她）？

2. 批评情境演练

请分角色模拟演练下列的批评情境。

（1）假设你同寝室的一位室友总是不经过人家的允许而乱动他人的东西。你要如何对他提出批评？

（2）假设你是一名老师。最近有同学向你反映班长小张的问题，说他在班上发“元旦歌舞晚会”门票时，领的 15 张票只发了 10 张，其余 5 张据为己有，送给自己的女朋友和铁哥们儿了，经过核实情况属实。现在你要找小张谈话，你将如何批评他？

（3）假设你是上司，你的一名员工上班迟到了，理由是堵车了。你如何对他提出批评？

（4）假设你是某宾馆服务员，恰巧看到一位客人用枕巾擦皮鞋。你如何对他提出批评？

（5）一名病人在和医生约定时间后准时到达，可等了 15 分钟后医生才到。他进入医生办公室后，先用手指了指手表说：“现在是 2 点 15 分。”医生似乎没有明白他的意图，敷衍说：“是吗？”医生的回答激怒了病人，他说：“现在是两点一刻。”尽管他内心非常愤怒，可脸上仍保持平静。他在克制自己，试图用暗示让医生明白自己的意思。可医生仍装糊涂：“两点一刻又怎么样？”假设你是这位病人，接下来你会怎么做？

（6）在公交车上，你看见一位抱小孩儿的妇女上车后，主动给她让座，她却连谢一声都不说，就心安理得地坐下了。你有点儿生气，但怎么“批评”才能达到最佳效果呢？

（资料来源：全常德.学生社交口才实践教程[M].北京：北京大学出版社，2013.）

四、说服、拒绝训练

【任务目标】

1. 能够了解说服与拒绝在沟通中的重要性。
2. 能够在沟通中准确把握说服与拒绝素养，提高人际沟通能力。
3. 能够正确运用说服与拒绝的技巧。
4. 能够形成良好的说服与拒绝素养，提高人际沟通能力。

【建议学时】

3 学时。

【任务实施过程】

1. 任务导入。观看小品《卖拐》并进行模拟表演，谈谈小品中的主人公是如何进行游说的。

2. 说服技巧训练

（1）热身准备。分析以下两个案例中主人公运用了怎样的说服技巧。

【案例 1】

卡耐基是美国著名演说家、教育家。他常租用某家大旅馆的礼堂，定期举办社交培训班。

一次，卡耐基突然接到这家旅馆增加租金的通知。更改日期和地点已经不可能了，他决定亲自出面与旅馆经理交涉，下面是二人对话的内容。

卡耐基：“我接到你们的通知时有点震惊。不过，这不怪你，假如我处在你的地位，或许也会做出同样的决定。作为这家旅馆的经理，你的责任是让你的旅馆尽可能多地盈利。你不这么做，你的经理职位就难以保住，对吗？”

经理：“是的。”

卡耐基："假如你坚持要增加租金，那么让我们来合计合计，看这样对你有利还是不利。先讲有利的一面，大礼堂不租给我们讲课，而出租给别人办舞会、晚会，那么你获利就可以更多，因为举行这类活动时间不会太长，他们能一次付出很高的租金，比我们的租金当然要高很多，租给我们你显然感到吃亏了。现在我们再分析一下不利的一面，你增加我的租金从长远看，你其实降低了收入，因为你实际上是把我撵跑了，我付不起你要的租金，势必再找别的地方办训练班。还有，这个训练班将要吸引成千的中上层管理人员到你的旅馆来听课，对你来说，这难道不是起到了不花钱的活广告作用吗？事实上，你花5000元钱在报纸上做广告，也不可能邀请来这么多人到你旅馆来参观，可我的训练课却给你邀请来了，这难道不是划算吗？"

经理："的确如此，不过……"

卡耐基："请仔细考虑后再回答我好吗？"

结果经理最终同意不加租金。

【案例2】

据说著名作家李准有"三句话叫人掉泪"的本领，电影艺术家谢添有点不太相信。在著名豫剧表演艺术家常香玉的"舞台生活50周年庆祝会"上，谢添与李准不期而遇，谢添抓住机会想证实一下。

"李准，我想当众考考你。你说几句话，能叫常香玉哭一场，我才服你。要不，你签字认输也行。"

李准皱皱眉，摊摊手，对常香玉说："你看看老谢，今天是你的大喜日子，他偏要让你哭。这不是为难人吗？"

常香玉痛快地说："你今天能让我掉泪，算你真有本事。"把李准的退路给堵死了。

面对着宴会上喜庆的气氛，李准款款道来："香玉，咱们能有今天真是不容易啊。你还是我的救命恩人呢。我10岁那年，跟着逃荒的难民群到了西安，眼看人们都要饿死了，忽听有人喊'常香玉放饭了，河南人都去吧。'哗——人们一下子都拥出去了。我捧着粥，泪往心里流。心想日后见了这个救命恩人，我得给他叩个头。哪里想到，'文化大革命'中，你被押在大卡车上游街。我站在一边，心里又在落泪——我真想喊一声：让我替她吧，她是俺的救命恩人啊。""老李，你别说了。"常香玉捂着脸转过身，满眼泪水滚了下来。整个大厅没一点气息，人们都沉浸在一种伤感的情绪中，就连谢添也轻轻地吸了吸鼻子，他的表情说明他已经忘记了这是和李准打赌——分明是信服了。

（2）实地大演练。将全班同学分成若干组，每组10人左右。教师出示情境材料，学生根据教师所提供的情境分组进行说服技巧演练。各组在全班进行表演，其他同学进行点评，教师做出小结，针对学生表演的优缺点给予指导。

3. 拒绝技巧训练

（1）热身准备。每人讲一件印象深刻的关于拒绝的典型事例，成功的或失败的均可，然后互相点评。

（2）实地大演练。将全班分成若干组，每组10人左右。教师出示情境模拟材料，学生根据教师所提供的情境分组进行拒绝技巧演练。各组在全班进行表演，其他同学进行点评，教师做出小结，针对学生表演的优缺点给予指导。

【任务完成】

1. 评出最佳说服者、最佳拒绝者各一名。

2. 针对某些同学上网成瘾的现象进行说服。

（资料来源：赵京立.演讲与沟通实训[M].北京：高等教育出版社，2010.）

课后练习

一、寒暄练习

请阅读以下材料，根据你对寒暄的理解，谈谈看法。

1. 周恩来寒暄实录

下面是中美建交在北京秘密谈判期间，周恩来总理接待基辛格一行见面时的寒暄实录。

时间：1971年7月9日30分。

地点：钓鱼台国宾馆六号楼客厅门口。

背景：基辛格秘密访华，接待现场严肃拘谨，气氛冷峻，连握手也是例行公事的礼貌性的。这是两国相隔二十多年后第一次高层见面。

周恩来总理还没走到基辛格的面前，基辛格就特意把手伸了出去，动作有点僵硬。周恩来总理立刻会意地微笑了，伸出那只不能伸直而有点弯曲的右手和基辛格握手，寒暄开始了。

周恩来总理友好地说："这是中、美两国高级官员二十年来第一次握手。"

基辛格立刻说："遗憾的是这还是一次不能马上公开的握手。要不然，全世界都要震惊。"

随后，基辛格介绍随员。

基辛格先介绍第一个大个子："约翰·霍尔德里奇。"

周恩来总理握着他的手说："我知道，你会讲北京话，还会讲广东话，广东话连我都讲不好，你是在香港学的吧？"（周恩来总理曾经在广东担任黄埔军校政治部主任，这是他在广东住的最长一段时间。约翰霍尔德里奇曾在第二次世界大战中在中国香港任职。）

——"理查德·斯迈泽。"

——"我读过你在《外交季刊》上发表的关于日本的论文，希望你也写一篇关于中国的哟。"

——"温斯顿·落德"，落德没等基辛格开口就自报姓名。

——周恩来总理握着落德的手摇晃着："小伙子，好年轻，我们该是半个亲戚，我知道你的妻子是个中国人，在写小说吧，我愿意读到她的书，欢迎她回来访问。"

——"雷迪和麦克劳德。"（美国特工人员）

——"你们可要小心哟，我们的茅台酒会醉人的，你们喝醉了是不是要回去受处分呀？"

2. 小吴的寒暄

小吴有一次到财务处去转款，人很多，新来的年轻女出纳忙个不停。

小吴一见到这位漂亮的女出纳，就禁不住心生爱慕，心想：这女孩真美，如何跟她搭上话，让他记住我呢。经过观察，小吴发现了她的优点。轮到他填转款单据时，他边写字边寒暄道："你的字写得真好看。"女出纳吃惊地抬起头，脸红红地说："哪有哇，还差得远呢。"小吴说："真的啊，跟咱们一样的年轻人，多半都是大学生的学历文凭，小学生的写字水平，能写得这么一手好字，确实不多见。"之后他又诚恳地说："真的很好，你大概练过字贴吧。"女出纳说："是的。""我的字写得一塌糊涂的，能把你用过的字贴借给我练练么？"女出纳爽快地答应了，并跟小吴约好小吴到办公室来取。渐渐的，两个人有了感情，并最终结成良缘。

3. 寒暄之中露底细

日本松下电器公司创始人松下幸之助先生刚"出道"的时候，就曾被对手以寒暄的形式探测到底细，因而使自己产品的销售大受损失。

当松下幸之助第一次到东京找批发商谈判时，刚一见面，批发商就友善地对他寒暄说："我们是第一次打交道吧？以前我好像没见过您。"批发商一向用寒暄的托词，来探测对手究竟是生意场上的老手还是新手。松下先生缺乏经验，恭敬地回答："我是第一次来东京，什么都不懂，请多多关照。"正是这番极为平常的寒暄答复却使批发商获得了重要的信息：对方原来只是一个新手。批发商接着问："你打算以什么价格卖出你的产品？"松下又如实地告知对方："我的产品每件成本是20元，我准备卖25元。"

批发商了解到松下幸之助在东京人地两生，又暴露出急于要为产品打开销路的愿望，因此趁机杀价："你首次来东京做生意，刚开张应该卖得更便宜些，每件 20 元如何？"没有经验的松下先生在这次交易中吃了亏。究其原因，是那位老练的批发商通过表面上的寒暄探测到对方的虚实，在谈判中赢得了主动。而松下先生由于在寒暄之中暴露了自身的底细，从而导致了被动与失利。因此，在双方寒暄之时要避免无意之间自身关键信息的泄露。

4. 寒暄引来生意

被美国人誉为"销售权威"的霍依拉先生，一次要去梅依百货公司拉广告，他事先了解到这个公司的总经理会驾驭飞机。于是，他在和这位总经理见面互做介绍后，便随意说一句："您在哪儿学会开飞机的？"一句话，触发了总经理的谈兴，他滔滔不绝地讲起来，谈判气氛显得轻松愉快。结果不但广告有了着落，霍伊拉还被邀请去乘了总经理的自用飞机，和他交上朋友。

（资料来源：全常德.学生社交口才实践教程[M].北京：北京大学出版社，2013.）

5. 1980 年 8 月 1 日，意大利著名记者法拉奇采访邓小平。一开始，她就向邓小平表示生日祝贺，说 8 月 22 日是邓小平的生日。邓小平表示自己不记得，法拉奇说是从他的传记中知道的。邓小平说："既然你这样说就算是吧！我从来不知道什么时候是我的生日。就算明天是我的生日，你也不应祝贺呵！我已经 76 岁了，76 岁是衰退的年龄了！"法拉奇说："邓小平先生，我父亲也是 76 岁，如果我对他说是一个衰退的年龄，他会给我一巴掌呢！"

二、交谈练习

1. 假如你是一个企业的新职工，经常与工人们在一起，了解了企业的许多情况。一天，经理在和你聊天时，突然问："你是新来的，没有什么偏见，经过这一段时间，你觉得我这个人怎么样？""很好，经理。"但经理却固执地说："你一定要讲真话，我只想听听你的意见，或者从你这里听到别人对我的意见，你不必担心什么。"而这个经理确实也有一些不足和毛病，工人也有所议论。这时，你怎样与经理继续聊下去？

2. 将来，你在事业上取得了一定成就，在老同学聚会上，你怎样谈自己的成功？别人赞扬你，你怎样表现谦虚的风度？

3. 你的一位同学做错了事，你告诉了老师，这位同学因怀恨而再不搭理你。请和他交谈，恢复你们的友情。

4. 有位秘书对经理说："经理，今天有个人找您，是位女同志，说有点事要商量。穿着一件漂亮的淡青色风衣，背着一个棕色的精致小包，30 多岁，她说她在家等您，说你们事先说好的，可能您忘了。她姓张。"这段话有什么毛病，请指出来。

5. 模仿好的讲话：在生活中找一位口语表达能力强的人，请他讲几段最精彩的话，录下来，供你进行模仿。你也可以把你喜欢的又适合你的播音员、演员的声音录下来，然后进行模仿。

三、赞美口才练习

1. 为什么说一味地赞美不足取？应怎样对公众进行赞美？

2. 设想你到一个新的环境，面对初次见面的同事，请找出同事的三点不同点加以赞美。

3. 分析下列事例中赞美的失误点[①]。

（1）小陈去拜见某教授。小陈一见面就说："久闻您老的大名，您老真是才高八斗、学富五车。"教授笑眯眯地反问："你说说看，我有哪八斗才，哪五车学？"小陈闹了个大红脸。

（2）小刘在出席一位青年作家作品研讨会时，出于对作家妻子甘当"贤内助"的由衷佩服，不禁赞美说："你俩真像诸葛亮夫妻一样，男的才华横溢，女的相夫教子，天生的一对啊！"丈夫听后倒没什么，夫人却是一脸的尴尬。

（3）一天，小王在散步时碰到了李副局长的妻子和另一个女士带着孩子也在散步。小王连忙夸奖李副局长的小孩是如何聪明，又是逗他玩，又给他买玩具，对另一个孩子却不理睬。过了几天，小王才了解到，和李副局长的妻子一块散步的女士竟然是新来的郭局长的妻子。几天后，小王看到郭局长的妻子带着孩子单独散步，忙上前夸奖孩子是如何的可爱，不料，郭局长的妻子冷冷地对小王说："不用你费心夸奖他，他一点儿也不可爱。"说完，拉着小孩就走了，让小王碰了一鼻子灰。

（4）阅读以下材料，根据你对"赞美"的理解，谈谈你的看法。

真诚的赞美：洛克菲勒的交际秘诀

美国"石油大王"约翰·洛克菲勒在人际交往中善于运用真诚的语言来赞美他人，以此来维系良好的人际关系，这是他的交际秘诀。

一次，洛克菲勒的一个合伙人爱德华·贝德福特，在南美的一次生意中处置失当，使公司损失了上百万美元。贝德福特垂头丧气地来见洛克菲勒，洛克菲勒本可以指责他的过失，但他并没有这样做，他知道贝德福特已经尽了他最大的努力，不能把他的功劳全部抹杀。

于是，洛克菲勒另外寻找一些话题来称赞贝德福特。约翰·洛克菲勒把贝德福特叫到办公室，真诚地对他说："干得太棒了，您不仅保全了60%的投资金融，而且也为我们敲响了一次警钟。我们一直都在努力，并且取得了几乎所有的成功，还没有尝到失败的滋味。像这样也好，我们可以更好地发现自己的错误和缺点，争取更大的胜利。更何况，我们也并不能总是处在事业的巅峰时期。"

几句赞美的话语，把贝德福特夸得心里暖呼呼的，也深深地打动了他，两人结为至交。后来，在洛克菲勒的创业中，贝德福特做出了很多重大的贡献。

唐太宗赞美魏徵

魏徵怕仅凭进谏参政议政招来事端，想借目疾为由辞职休养。唐太宗为挽留这位千载难逢的良臣，极力赞扬魏徵的敢于进谏，表达自己的赏识之情，道："您没有见山中的金矿石吗？当它为矿石时，一点也不珍贵，只有被能工巧匠冶炼成器物后，才被人视为珍宝。我就好比金矿石，把您当做能工巧匠，您虽有眼疾，但并未衰老，怎么能辞职呢？"魏徵见唐太宗如此诚恳，也就铁了心跟着唐太宗干一辈子了。

两个人没想到

陈粟大军在孟良崮战役中消灭了张灵甫的王牌师后，名声大振，受到了广泛的赞誉。毛泽东见到粟裕时，幽默地说："孟良崮战役打得好，打得很突然，有两个人没想到，你猜猜是谁？"粟裕先猜了

① 卢海燕．演讲与口才实训[M]．大连：大连理工大学出版社，2009.

一个说："蒋介石。"毛泽东说："对了！另一个呢？"粟裕又猜是何应钦、张灵甫，毛泽东都说不是，粟裕丈二和尚摸不着头脑。毛泽东望着他大惑不解的样子，笑着说："另一个就是我呀！"

四、批评口才练习

阅读以下材料，根据你对"批评"的理解，谈谈你的看法。

1. 贾可布太太请了几位建筑工人加盖房间。刚开始几天，每次她回家的时候，总发现院子里乱七八糟，到处是木头屑。由于他们的技术较好，贾可布太太不想让他人反感，便想了一个解决的办法。她等工人们离去之后，便和孩子把木屑清理干净，堆到园子的角落里。第二天早上，她把领工叫到一旁，对他说："我很满意昨天你们把前院清理得那么干净，没有惹得邻居们说坏话。"从此以后，工人们每天完工之后，都把木屑堆到园子角落，领工也每天检查前院有没有维持整洁。

2. 几年以前，我的侄女约瑟芬·卡耐基，离开她在堪萨斯市的老家，到纽约来担任我的秘书。她那时19岁，高中毕业已经三年，做事经验几乎等于零。而今天，她已是西半球最完美的秘书之一。在刚刚开始的时候，她十分敏感脆弱。有一天，我正想开始批评她，但转念又想："等一等，戴尔·卡耐基，等一等。你的年纪比约瑟芬大了一倍。你的生活经验几乎有她的一万倍多。你怎么可能希望她有你的观点、你的判断力、你的冲劲——虽然这些都是很平凡的？还有，等一等，戴尔，你19岁时又在干什么呢，可还记得你那些愚蠢的错误和举动？可还记得？……"经过诚实而公正地把这些事情仔细想过一遍之后，我获得结论，约瑟芬19岁的行为比我当年好多了——而且，我发现自己并没有经常称赞约瑟芬。从那次以后，当卡耐基想指出约瑟芬的错误时，总是说："约瑟芬，你犯了一个错误，但上帝知道，我所犯的许多错误比你更糟糕。你当然不能天生就万事精通，成功只有从经验中才能获得，而且你比我年轻时强多了。我自己曾做过那么多的愚蠢傻事，所以我根本不想批评你或任何人。但难道你不认为，如果你这样做的话，不是比较聪明一点吗？"假如一个人一开始就谦虚地承认，他也可能犯错误，并不是无懈可击的，那么别人再听他评断自己的过失，也许就不会难以入耳了。

3. 一位餐厅服务员利索地完成了上菜的工作，客人很满意，最后上西瓜时，脚下一滑，连人带盘子摔在地上，偌大的餐厅霎时鸦雀无声。此时，值班经理走过来，扶起这位吓坏了的服务员，亲切地说："今天客人多，你累坏了。前面的菜上得很顺利，快去休息吧。"转身向客人们道歉，然后从容地给客人补上西瓜，将西瓜盘子的碎片清扫干净。服务员感动得流下了眼泪，客人们也为之鼓掌喝彩。

4. 有一次，松下幸之助（日本著名的企业家）让一名失态的员工罚站，他本人则一边拿着火钳叮叮当当地敲击，一边对那位员工严加训斥。过后，他拿起火钳给那位员工看，说："我这么专心骂人，火钳都敲弯了。赶快帮我修好吧。"等那员工修好后，他笑容满面地说："嗯，你的手艺不错嘛！"那位员工回家后，太太为他准备了一桌酒菜，一问才知道，是松下打电话给她说："今天你先生回家时，心情可能会不好，你备点酒菜。"

5. 育才小学校长陶行知在校园看到学生王友用泥块砸自己班上的同学，陶行知当即喝止了他，并令他放学后到校长室去。无疑，陶行知是要好好教育这个"顽皮"的学生。那么他是如何教育的呢？

放学后，陶行知来到校长室，王友已经等在门口准备挨训了。可一见面，陶行知却掏出一块糖果送给王友，并说："这是奖给你的，因为你按时来到这里。"王友惊疑地接过糖果。

随后，陶行知又掏出第二块糖果，放到他手里说："这第二块糖果也是奖给你的，因为当我不让你再打人时，你立即就住手了，这说明你很尊重我，我应该奖你。"王友更惊疑了，他眼睛睁得大大的。

陶行知又掏出第三块糖果塞到王友手里，说："我调查过了，你用泥块砸那些男生，是因为他们不守游戏规则，欺负女生。你砸他们，说明你很正直善良，且有批评不良行为的勇气，应该奖励你啊！"王友感动极了，他流着眼泪后悔地喊道："陶……陶校长。你打我两下吧，我砸的不是坏人，而是自己班上的同学啊……"

陶行知满意地笑了。他随即掏出第四块糖果递给王友，说："为你正确地认识错误，我再奖给你一块糖果，只可惜我只有这一块糖果了。我的糖果没有了，我看我们的谈话也该结束了吧！"说完，就走出了校长室。

五、说服口才练习

1. 与你的同桌（2人一组），自拟情境进行说服训练。

2. 想象自己遇到下列情景时，该如何说服。

- 当你与某人讲理时，他恼羞成怒，向你举起拳头威胁，你怎么说服他放下拳头？
- 几个朋友在你的家里喝酒猜拳，夜深了，邻居都要休息，你怎么劝说这些正在兴头上的朋友散席回家？
- 一些孩子在禁火区玩火，你怎么劝说他们停止呢？
- 单位让你去请一位专家来作专题报告，且要付报酬，你如何去请他大驾光临呢？
- 某人不止一次向你复述同一件事或同一个笑话，而且讲一次要花很长时间。这次他又开始讲了，你如何说服他别讲了？
- 某部队文工团的一位女演员，在第一次登台演出时，由于缺乏经验而产生怯场心理，任别人怎么劝说也不敢上台。若你是领导，此时该如何说服她上台？
- 学生宿舍内有的学生在睡午觉，可有一个学生却唱着歌大步走进来。你若在场，怎么办？劝他不要唱了？
- 大家正在排队买火车票，这时，有一个人挤到窗口要插队买票，大家很不满意。若你在场，怎么说服他到后边排队买票？
- 小王到大学同学大刘家去玩，正赶上大刘夫妻俩"内战"。大刘两口子争相请他评理，小王无言以对。两口子越战越酣。你认为小王应该如何说服他俩握手言和？
- 高三学生高永学习成绩一直不错，可他对自己信心不足，因此不想参加高考，只打算考技校。你若是他的班主任，怎么说服他考大学？
- 如果你的班级有一名同学考入大学后，完全放松自己，整天上网游戏、吃喝玩乐不学习，你作为他的好朋友，如何说服他抓紧时间好好学习呢？

（资料来源：袁红兰.演讲与口才[M].北京：航空工业出版社，2014.）

3. 请根据你读"说服"的理解分析以下材料：

（1）我有一个妹妹，她是一个很开朗的女孩子，但是她自从上了高中之后，不知道为什么变了好多。有一次放暑假，她和我谈心的时候说，她不想上高中了，想去上中专，找一个管得比较严的学校，那样就能学得进去，现在在这个高中里面上什么都学不进去，什么都不想学，只是想玩，一点学习的心思都没有了，问我的意见。

我听后对她说："如果你的心态真的改变了，只要是你想学，不管在什么样的环境下，你都可以学得进去。其实换个环境只是你想离开这个学校的借口，并不一定说，你换了环境就一定能学得进去。关键在于你的心，你心里真正的想法是什么，不一定就是你和我说的这个想法。只要你真的想明白了，想学习了，再换学校也是可以的。不是说如果你换一个管得比较严的学校你就一定能学得进去，也不是说那个学校里面就没有和你一样想法的人，所以，关键在于自己的心，况且你现在年龄还很小，一个人出去还不能让家长放心。等你高中毕业了再想这些问题也不晚。”从那之后，知道是她真的认真想过我和她说的话了，让她明白自己是怎么想的了，我感觉我是成功了。

（2）当她在一所大学里做兼职的银行出纳员时，一个漂亮的小伙子几乎每天都到她的窗口来。小伙子不是存款就是取钱。直到把一张纸条连同银行存折一起交给她时，她才明白小伙子是为了她才这样做的：“亲爱的吉：我一直在储蓄这个想法，期望能得到利息。如果星期五有空，你能把自己存在电影院里我边上的那个座位上吗？我把你可能另有约会的猜测记在账上了。如果真是这样，我将取出我的要求，把它安排在星期六。不论贴现率如何，做你的伴侣是十分愉快的。我想你不会认为这个要求太过分吧？以后再同你核对。真诚的彼。”她无法抵制这诱人、新颖的接近方法。

（3）1999 年 5 月 10 日晚，出租车女司机韩晶经过火车站时遇一男青年打车。韩晶把他送到指定地点，对方拿出一张百元钞票交车费。就在韩找钱时，对方掏出尖刀逼韩晶把钱都交出来。韩晶装出害怕的样子交给歹徒 300 元钱说：“今天就挣这么点儿，要嫌少就把零钱也给你吧。”说完又拿出找零用的 20 元钱。见韩晶如此爽快，歹徒有些发愣。韩晶趁机说：“你家在哪儿住，我送你回去吧。这么晚了，家里人该等着急了。”见韩晶是个女子又不坏，歹徒便把刀收了起来，让韩晶把他送到火车站。见气氛缓和，韩晶不失时机地启发歹徒：“我家里原来也非常困难，咱又没啥技术，后来就跟人学开车，干起这一行来。虽然挣钱不算多，可日子过得也不错。何况自食其力，穷点儿谁还能笑话我呢？”见歹徒沉默不语，韩晶继续说，“唉，男子汉四肢健全，干点啥差不了，走上这条路一辈子就毁了。”火车站到了，见歹徒要上火车，韩晶又说：“我的钱就算借给你的，用着干点正事，以后别再干这种见不得人的事了。”一直不说话的歹徒听罢突然哭了，把 300 多元钱往韩晶手里一塞说：“大姐，我以后饿死也不干这事了。”说完低着头走了。

（4）基辛格退休后，接受记者的采访是要收费的。一次，中央电视台节目主持人水均益去采访他。一见面，水均益说：“我们的节目有 10 分钟长，是中央电视台黄金时段的节目，收看我们节目的观众有 4 亿。”接着又说：“基辛格博士是中国人民的老朋友，很多中国观众都非常想了解博士的近况。”结果，基辛格愉快地接受了他的采访。

六、拒绝口才练习

1. 面对以下情景，应该怎样拒绝[①]？

情景 1：罗斯福任海军要职的时候，一名记者问他关于在加勒比小岛上建立潜艇基地计划的问题。罗斯福本可以正面拒绝，因为这是军事秘密，然而正面拒绝就会使交际过程呆板而无趣，所以罗斯福没有正面拒绝。请你说一说罗斯福是怎么回答记者的。

情景 2：一位记者问罗斯福第四次连任总统的感受。罗斯福总统不便回答，他会如何拒答呢？

情景 3：吴经理与王经理是大学的同窗好友，有着十几年的友情，关系非常亲密，经常在一起打球，生意上也有合作。一天，王经理来到吴经理办公室，兴致勃勃地说要好好聊聊，正好吴经理已预约陪同台商汪先生去打保龄球，这使吴经理很为难。请演示吴经理拒绝王经理的情景。

① 傅春丹．演讲与口才案例教程[M]．北京：中国水利电力出版社，2011.

2. 与你的同桌（2人一组），自拟情境进行拒绝训练。

3. 试比较分析以下三份不录用通知书①

（1）此次本公司招聘职员，承蒙应征，非常感谢！经慎重审议，结果非常遗憾，决定无法录用，特此通知。

（2）此次本公司招聘考试，你成绩不及格。特此通知。

（3）此次本公司招聘职员，您立即前往应征，非常感谢！您的考试成绩相当好，不过本次暂不予录用，觉得很可惜，他日可能还有机会。务请谅解。

七、案例分析

赞美如良药

在南部非洲的巴贝姆巴族中，至今依然保持着许多优秀的生活礼仪和处事方式。譬如当族里的某个人因为行为有失检点而犯了错误的时候，族人便会让犯错误的人站在村落的中央，公开亮相，以示惩戒。每当这个时候，整个部落的人都会不由自主地放下手中的工作，从四面八方赶来。

围上来的人们会自动分出长幼，然后从最年长的人开始发言，依次告诫这个犯错误的人，他曾经为整个部落做过哪些善事、哪些好事。每个族人都必须将犯错误的人的优点和善行，用真诚的语言叙述一遍。叙述时既不能夸大事实，也不允许出言不逊。对前面已经有人提及的优点和善行，后面的人不能再重复叙说。总之，每个人在叙说时，都要有新的褒扬。整个“赞美”的仪式，要持续到所有的族人都将正面的评语说完为止。

“赞美”的仪式结束以后，紧接着要举行一场盛大的庆典。庆典在老族长的主持下进行，部族中的男女老少都要参加。人们要载歌载舞，用一种隆重而热烈的仪式，庆贺犯错误的人脱胎换骨，改过自新，重新开始一种新的生活。

思考题：

（1）这是一个别开生面的感人至深的赞美故事，请结合这一故事谈谈赞美的力量。

（2）请谈谈你对“赞美如良药”这句话的看法。

对话

一位新校长到任后，发现师生对食堂的意见很大，意见的核心是吃冷饭冷菜。这位校长来到食堂，一边跟班作业，一边和伙食科长商量解决办法：“×科长，你看我们有没有办法再缩短开饭时间，让学生尽可能地吃到热饭热菜？”

“我想再增加一些饭菜的窗口，或者可以提早一些时间。”

“是个办法。可新增的窗口开在什么地方呢？”

“我看食堂西头至少可以开四五个，南面的窗口显得松，如果堵起来重新开窗，还能再增加几个。”

“这办法好。假如我们采取这个办法，你看要多少时间才能把窗口开好？”

“最快也要一天！”

“那这一天学生吃饭将有问题了。有没有两全其美的办法呢？”

“分两批开也可以。先开西边的窗口，此时用南面的窗口开饭；再修南边的窗口，此是用西边的窗口开饭；待两边的窗口都开好了，就两边同时开饭。”

“这个办法很好。你看总共需要多少时间？”

“大约两天就行！

① 屈海英. 新编演讲与口才[M]. 杭州：浙江大学出版社，2011.

“这事就委托你办吧。有什么困难吗？”

“没有。”

两天后，窗口修好了。

思考题：

（1）这位新校长处理问题的谈话妙在何处？

（2）本实例对你有何启示？

李燕杰的一连串发问

一天晚上，演讲大师李燕杰教授回家，有位青年从他后面跟上来要和他谈心。李燕杰一看这个青年，身穿大红衬衫，肩上挂着西装背带，胸前吊着个耶稣像十字架，心里已对这个青年的思想现状明白了七八分。于是，李燕杰的一连串发问开始了。

李燕杰：“你为什么要带这个十字架啊？”

青年：“我觉得带上它好看，就带了。”

李燕杰：“你挂十字架，会念祈祷词吗？”

青年：“不就是阿门吗？”

李燕杰：“不对。”（背了一段祈祷词）“你读过圣经吗？你知道圣经里都写些什么？”

青年：“没读过，不知道。”

李燕杰：（李燕杰讲了《旧约全书》《新约全书》的主要内容，转而又谈到“美”的含义）“比如有个小姑娘，身材长相都不错，她有一对水汪汪的大眼睛，笑起来还有两个小酒窝，表面看，还挺美。可是有人告诉你，她就是爱在火车上干这个（做扒手动作），你还认为她美吗？”

青年：“内外不一致，不美。”

李燕杰：“有这么一幅油画，一个修女外表打扮得很肃穆，内心对耶稣很虔诚，胸前挂着十字架，你觉得她美吗？”

青年：“内外相和谐，对基督教徒来说，还是美的。”

李燕杰：“那么，阁下，既不懂圣经，又不信耶稣教，胸前挂个十字架，你是美在哪儿呢？”

青年：“李燕杰老师，我以后保证不戴了。”

思考题：

（1）李燕杰的一连串发问为何能收到了理想的效果？

（2）本实例对你有何启示？

周杰伦妙答记者提问

周杰伦是许多青年朋友非常喜爱的一位华语歌手，拥有众多的“粉丝”。其实，周杰伦不但歌唱得好，他的口才也是数一数二的。

有一次，记者问到周杰伦和某女明星是否有恋爱关系时，周杰伦立即以四句改编诗歌回答道：“绯闻诚可贵，八卦价更高。若为音乐故，两者皆可抛。”周杰伦幽默的话语，顿时引得现场响起一阵阵笑声和掌声。

另外，2008 年 10 月 13 日，周杰伦的国语大碟《魔杰座》全亚洲发片记者会在台北举行。记者会上，周杰伦抢先让大家欣赏了他刚刚完成最后剪辑工作的另一个新专辑主打歌曲《时光机》。演唱完后，主持人在台上问他如果时光能倒转，他最希望回到过去挽回什么？主持人期待周杰伦可以谈到是否可以挽留什么感情，聪明的周杰伦没有掉进圈套，他出其不意地回答道：“我是看未来的人，即使有时光机我也不希望回到过去，我希望前往未来，看看到时候自己的音乐是否存在。”

思考题：

（1）周杰伦对记者的应答高在何处？

（2）本实例对你有何启示？

富兰克林的说服

美国的《独立宣言》脍炙人口，广为流传，它与独立战争一样，有着重大的历史意义，永载史册。这篇文章出于起草负责人富兰克林的密友——才华横溢的杰弗逊之手。

杰费逊对自己的文笔颇为自负，认为自己写出来的东西无可挑剔，妄动一个字就像割掉他身上的一块肉一样。富兰克林深知此人的性情，一方面觉得《独立宣言》草稿必须修改，一方面又怕惹起杰费逊的不愉快。为了说服费杰逊，富兰克林冥思苦想，终于想到了一个合适的方法，于是他巧妙地想向杰费逊讲述了一个故事：

有一个青年人开了一家帽店，他拟了一块招牌，上写“约翰·汤姆森帽店，制作和现金出售各式礼帽”，还在招牌下面画了一顶帽子。他觉得这块招牌很醒目，洋洋得意地等着朋友们的赞赏。

但是他的朋友却不以为然，一个人说“帽店”一词与后面的“出售各种礼帽”语义重复，可以删去。

另一个朋友认为“制作”一词可以省略，因为顾客要帽子式样称心，价格公道，质量上乘，至于是谁制作的，他们并不关心。再说约翰并非久负盛名的制帽匠，人们更不会注意。

有一个朋友认为：“现金”两字纯属多余，一般到商店购物都是用现金购物的。

这个青年人觉得朋友们说的话有道理，经过几次修改，招牌只剩下“约翰·汤姆森，出售各式礼帽”的字样和那顶礼帽的图案了。

尽管这样，还有一个朋友不满意，他认为帽子决不会白送，“出售”二字可以删去，还有“各式礼帽”与图案也重复了，可以不要。经过删改，最后牌子上只剩下“约翰·汤姆森”的名字和帽子的图案。

几经修改，招牌变得十分简洁明了，因而也就更加醒目。年轻的帽店店主非常感激朋友们的宝贵意见。

杰费逊听了这个故事，明白了富兰克林的良苦用心，明白了好稿子是修改出来的，因此广泛听取公众的建议，把《独立宣言》修改得好上加好。

18 世纪 70 年代初，北美的 13 个殖民地的代表聚集一堂，通过了这个《独立宣言》，一场伟大的独立战争开始了……

在这个案例中，杰费逊是个才华横溢而又十分自信的人，说服他并不是一件容易的事。但起草《独立宣言》是那么重大的事，必须臻于完美，起到振聋发聩的效果，所以非得说服杰费逊反复修改草稿不可。试想，如果说服的方式生硬，不仅不能说服得了对方，还可能会适得其反。而富兰克林采取讲故事的方式，娓娓道来，圆满地说服了对方。从这层意义上说，《独立宣言》是杰费逊的杰作，更是富兰克林的成果。

思考题：

（1）富兰克林的说服方法妙在何处？

（2）本实例对你有何启示？

小芹的拒绝之道

一天，小芹的好友小芳打电话来求助——

小芳：小芹，有个事儿要拜托你。

小芹：什么事啊？

小芳：哎，我男朋友要给日本客户做批东西，但说明书全是日文，正巧你是学日文的，你帮他看看呀。

小芹：小芳，你想让我给你男朋友翻译日文说明书，是吗?

小芳：嗯，小芹，你能帮帮他吗?

小芹很清楚，专业说明书的翻译不是个简单的活儿，更何况这阵子手头工作很多，于是考虑了一会，非常客气地说："并不是我不愿意帮忙，你知道，产品说明书这种东西很专业，我在大学学的不是专业翻译，这些年又没接触过，那点知识早还给老师了，凭现在这水平恐难胜任啊。"

小芳：别谦虚了，你在大学的时候可是我们班最优秀的，我对你很有信心。

小芹：可我对自己没信心啊，要是搁平时还好点儿，这段时间公司经常加班，为了做一个策划书，我可是奋战了三天三夜啦，忙得一塌糊涂，现在一看文件就头疼。我想你男朋友的文件一定非常重要吧，为了不耽搁事儿，建议他还是找翻译公司比较合适。

小芳想了想说：嗯，也是，专业翻译的确是件棘手的事，那就让他交给翻译公司做好了。你啊，别太累了，要注意休息，保重身体!

思考题：

（1）小芹是怎样一步步拒绝小芳的?

（2）本实例对你有何启示?

第六章　面试口才

推销自己是一种才华，是一种艺术。有了这种才华，你就能安身立命，使自己处于不败之地。你一旦学会了推销自己，你就可以推销任何值得拥有的东西。

——［美］戴尔·卡耐基

天生我材必有用。

——李白

学习目标

明确面试应做的准备；掌握面试口才的原则；掌握面试中自我介绍的方法；掌握回答面试问题的技巧。

案例导入

小林成功应聘

应届毕业生小林到一家外资公司应聘，他顺利地通过了笔试和前两轮面试，这一天是最后一轮面试了。小林前面已经有 5 名面试者，他们先后沮丧地走出面试室，从他们的面部表情可以得知，面试情况不大理想。

小林进入面试室前敲了敲门，得到允许进门后坐在人事经理老邓对面。老邓不动声色地问了几个问题，突然，他将小林的简历递过来说："你的专业与所申请的职位不对口。"

小林一愣，招聘启事上明明写了"专业不限"，而且自己的简历也通过了筛选。他接过简历，认真地望着老邓的眼睛，回答说："公司有很多专业人员，如果进入公司，我会学得很快。同时，21 世纪最抢手的就是复合型人才，而外行的灵感也许能超过内行，因为他们没有思维定势，没有条条框框。"

老邓的眉头拧紧了，紧接着他一连指出小林身上好几个不足，如工作经验不够丰富、性格内向、不善于与人沟通。老邓的说法相当准确，他几乎一眼看穿了小林。面对老邓表示面试就此结束的冷漠表情，小林不卑不亢地说："您说得很对，我身上有很多缺点，但也有很多优点。我相信，即便不能得到这份工作，在以后的日子里，我也会在发扬自己优点的同时，努力去弥补自己的不足！当然，我还是非常期待能在贵公司谋得一个职位。"

说完，小林准备起身离开，不料老邓却热情地伸出了手："恭喜你，年轻人，你用你的自信通过了我们最关键的一次面试。"原来老邓的步步紧逼是他面试的一种方式。前面 5 名应聘者就是因为禁不住接二连三的否定，情绪陷入低落沮丧而被淘汰。

问题：

（1）老邓为什么要采用这样咄咄逼人的面试方式？他的目的是什么？

（2）小林为什么能应聘成功？他成功的关键因素是什么？

（3）本案例给你哪些启示？

第一节　面试口才概述

无论是刚从学校毕业的新人，还是等待谋求新职的人，都必须面临求职面试这一关。每一个求职的人，都希望在面试时留给主考官一个好印象，从而增大录取的可能性。所以，强化面试口才是非常重要的。可以说，这是求职者迈向成功的第一步。

一、面试口才的原则

1. 尊重对方

求职面谈时，首先，要尊重对方，不能因为招聘者的学历、职称、年龄或资历不如你优越，你就轻视对方。尊重对方、赏识对方，可以使招聘者增加对你的好感；其次，要善解人意，无论对方提出什么问题，你都应该从积极的角度去理解，而不是一味地产生对立情绪，认为是故意刁难你。如某科学院一名博士生毕业时向北京一所高校发出了求职信，并接到了面试的通知书。这位博士生读博士前就已被评为讲师，只是家属工作单位在外地。面谈前，高校的人事干部做了大量的工作，疏通了各种渠道，初步办好了接收工作。可是见面交谈时，这位博士发现坐在自己面前的是一位不足 30 岁的年轻小伙子，于是他不仅流露出不尊重对方的神情，而且还刨根问底地询问对方，处处显示出优于对方、待价而沽的情绪，引起了对方的反感，结果毁了一桩好事。这位博士抱着“此处不养爷，自有留爷处”的自信转了十几个单位，可是，不是因为名额已满，就是因为不能解决夫妻两地分居的问题而告吹。当这位博士再次找到这所高校时，对方已录用了一名硕士毕业生，他只好收拾行李回到老家。其实那位和他面谈的年轻人正是录用他的关键人物，虽然看上去年轻，却已是留美博士生，并且是某个国家重点项目的负责人。人事部门有意安排他来负责招聘，主要是从将来开展博士后研究的角度着想的。事后，这个年轻人说：“这位求职者不仅仅是外语水平不符合要求，关键是妄自尊大，目空一切，好像不是他在求职，反倒是我在求职，这种人即使在国外也很难找到合适的工作。而我们现在录用的这个研究生，家也在外地，不但专业水平和外语水平较高，关键是人很谦虚，很有发展前途。”

2. 充满自信

求职时既要自知，更要自信。求职过程中的自信表现，就是在自大与自卑之间选择合适的一个度，既不过分张扬，也不过分卑下，是指围绕着求职、面试的主题，进行自我介绍并回答面试考官的问题，也是指在适当的时候，可借题发挥，进一步展示自己本身的能力与才华。如果在自信的基础上加以训练，就一定能够使求职者在真正的面试舞台上，超水平发挥。

【面试小故事 6-1】

自信的回答

2016 年宁波某房地产公司面试有这样的问题：“请你给我 10 个进入本公司的理由。”多数应聘者都硬着头皮搜肠刮肚给理由，有的给不到 10 个，有的一个理由重复好几遍，有的支支吾吾下不来台。只有一个应聘者回答：“不好意思，我实在没有 10 个理由，我只有一个进入贵公司的理由。”问：“说来听听。”回答：“我的理由就是，我自信我能够胜任贵公司网站编辑一职。”然后，该应聘者从自己的专业及特长展开讲述，来支持她这个唯一的理由。毫无疑问，她充满自信，聪明的、合时宜的“主动”，赢得了面试官的“青睐”，获得了想要的职位。

3. 双向交流

富兰克林在其自传中讲道：“说话和事业的发展有很大的关系，你出言不慎，将不可能获得别人的同情、别人的合作、别人的帮助。”在求职过程中，正确使用语言进行表达，无论是描述自己的情况、成绩或意向，还是回答面试考官的问题，都是非常重要的。同样，通过求职交流，也会使求职者获得招聘公司的相关信息。只会答、不会问的求职者正在慢慢被淘汰，因为无法发问、无法进行双向的交流就意味着一名求职者失去了自我思考的能力，而无法达到面试考官的要求。

【面试小故事 6-2】

李小姐的求职兵法

在一次面试过程中，总经理对已打算淘汰掉的求职者李小姐说：“李小姐，你的各方面素质都不错，只是你已成家有孩子，这点公司还要考虑一下。”

李小姐：“我认为总经理的意见有一定的道理。如果我是总经理，可能也会这样想。”

总经理听了这句不卑不亢的回答，有点意外，也心生些许好感，微笑着点点头。

李小姐立即顺水推舟地说：“公司的任务重，工作忙，谁都希望职工能够轻松上阵，而不是拖儿带女，东牵西挂地来上班。”总经理听到这开始哈哈大笑，有一种被理解和被认同的好感，又有一种心底里的想法被识破的尴尬。他本来想照顾求职者的面子，找一个托词委婉地拒绝求职者，没想到对方不但没有半点怨言，反而是理解的认同，多了一份体谅之情。

李小姐看到考官的表情，赶紧乘胜追击话锋一转，说：“但是，我想事情还有另外一方面，也许我的想法不一定对，不过，我还是想说出来请总经理指正。因为对公司来说，最重要的是职工有责任心。但是，不当家不知柴米贵，不养儿不知父母恩，在生活中没有经过责任心训练的人，工作能有很强的责任心吗？我想，一个母亲与一位未婚女子对生活、工作责任心的理解是不会相同的，况且，我家里有老人照料家务，我决不会因家庭琐事而影响工作，这一点我想请总经理放心。”听到这里，总经理不禁为之动容，连连微笑颌首。

这微笑中，既有被折服的愉悦，也有对求职者才思敏捷、口齿伶俐的赞赏。于是便当即拍板，决定录用。

点评：在这次面试过程中，求职者就是通过她精彩的求职口才化被动为主动，由一个淘汰候选人一跃成为求职成功者。在这一案例中，良好的求职口才就是这位李小姐应聘成功的重要法宝。

二、面试的语言技巧

1. 仔细倾听

面试的实质就是与主试者进行信息交流从而获得全面评价的过程，形式上充分体现在“说”和“听”上。因此，倾听是面试中的重要环节。应试者注意听，不仅显示对主试者的尊重，而且要回答主试者的问题首先必须注意听，只有通过专心致志地听，才能抓住问题的实质，否则，就可能不得要领，答非所问。因此，在面试中应注意以下几点：一是目光要专注，要有礼貌地注视主试者，并且要不时地与主试者进行眼神交流，视线范围大致在鼻子以下胸口以上，千万不要东张西望；二是尽量微笑，适时爽朗的笑声可以使气氛活跃，但绝不可开怀大笑；三是用点头对主试者的谈话做出反应，并适时说些简短而肯定对方的话语；四是身体要稍稍向前倾斜，手脚不要有太多的姿势。

【拓展阅读 6-1】

应聘者怎样观察主试者

首先，应密切注意主试者的面部表情。如对方听了你的介绍，双眉上扬，双目上张，则是惊奇、惊讶的表现。可能表明，你就是他们理想的人选，有相识恨晚的感觉。这时你可能成功一半，一定要锲而不舍。如果对方听了你的介绍后，皱眉，则表示不高兴或遇到麻烦无能为力等；也可能表明你不是他们的意中人，你则可以采取其他途径进一步努力。

其次，要密切注意观察主试者的目光。对方听你自我介绍时，双目直视前方，旁若无人，则他的眼睛无声地告诉你：他是一个高傲的人、“了不起的人”，那么你说话时就要力争满足他的自尊心理。如果对方的眼睛眨个不停，则他的眼睛告诉你：他在表示怀疑，那么你就要力争把问题解释清楚。如果对方眯着眼看你，则表示他比较高兴，那么你的介绍可能打动了对方，再继续下去，就可能成功。如果对方白了你一眼，则表示他对你或你的某句话反感，这时你就要特别注意。总之，只要你认真观察，就会通过心灵的窗户——眼睛，把握对方的内心世界，力争主动权。

最后，注意主试者的反应所传达出的信息。如果听者心不在焉，可能表示他对自己这段话没有兴趣，你得设法转移话题；侧耳倾听，可能说明你说话声音过小，使对方难于听清；摆头可能表示自己言语有不当之处。根据对方的这些反应，就要适时地调整自己的语言、语调、语气、音量、修辞，包括陈述内容。这样才能取得很好的面试效果。

2. 谦虚诚恳

在面谈中，应聘者如果能谦虚诚恳，则可立于不败之地，从而成功地叩响就业之门。因此，在求职过程中，求职者的真实与诚恳是成功应聘的首要条件。在真实诚恳的基础上，还要力求使自己的就业意向与应聘行业的职业要求相一致，在面谈中尽量回避对自己不利的话题。

某设计院是国家甲级设计院，任务多、待遇高，不少应聘者竞相涉足，企求获得一职之位。其中，一名毕业于该市三流大学的毕业生前来应聘。他先自报所学的是机械制造专业，然后非常认真地询问对方有什么样的要求。设计院的一位老工程师告诉他主要是绘图工作。这位青年马上说：“这是我最拿手的，我课余就帮人家绘图，三天一份，您可以当场测试。”老工程师露出了笑容。因为绘图虽然容易但也并非易事，这种工作单调、枯燥、乏味，年轻人如果肯干，看来不是个眼高手低者。老工程师又问：“你搞过设计吗？”

“搞过四个设计，都获得了优秀，还有一个被实习工厂看中了。”他拿出了证书和获奖图纸。

老工程师饶有兴趣地边看边聊：“搞设计要下现场，有时‘连轴转’，你行吗？”小伙子拍着厚实的胸脯说：“没问题，让干什么就干什么，只是希望有机会再读个本科。”

“没问题！”这回是老工程师拍着胸脯了。

这位非名牌大学的毕业生之所以能顺利进入名牌设计院，关键在于他语言朴实但又不过分谦虚，表现出诚实稳重的品质。他当然知道自己应聘行业的职业要求是要擅长绘图、能吃苦耐劳，于是就对自己在绘图方面的经验、成果，以及身体强壮、不怕辛苦等优势加以强调，至于自己是来自三流院校，甚至专业并不对口的事实就避而不谈了。

3. 毛遂自荐

在求职过程中，如何在众多的竞争对手中脱颖而出很重要，哪怕只是引起招聘者的注意。

当我们在运用求职语言艺术时，“单刀直入、毛遂自荐”也不失为一种方式。我们可以开门见山，对招聘者直截了当地表明自己的选择意向。如果对方针对你的能力或学历提出任何异议的时候，别担心，这恰恰是给你一个说明和展示的机会。

在某市的大学生供需见面会上，市公安局某研究所的招聘桌前，围满了前来求职的大学生，大部分是男性公民。一位年轻的女学生硬是挤到招聘桌前，向招聘人员表明自己渴望从事刑事检验分析研究的工作。

招聘人员面露难色，因为这个研究所从来没有女工作人员，有的只是清一色的男性公民。可是，面对姑娘恳求的目光，招聘人员决定破例给这位姑娘一个机会。他说：“工作人员需要下案件现场，遇到的尽是血淋淋的场面，姑娘家哪敢去呢？”

“我就敢去！”这个姑娘快言直陈，毫不含糊。“让我抬死人，我也不怕。”

“你可别说大话，干这行没黑夜没白天，得随叫随到。”

“嘿，我假期打工就是给人家开车，跑起路来没点胆儿行吗？”说着她掏出了驾驶证。人事干部与研究所的干部当场拍板，并与之签订了聘用合同。

这个例子中的女大学生就是借用对方的“发难”，适时地用行动和语言展示了自己的优点和长处，反败为胜。

【面试小故事 6-3】

自我推销

文秘专业毕业的大学生聂品，去谋求某电器公司销售经理助理，专业不对口，用人单位不满意，但她的“自我推销”很有新意。

“我叫聂品，三只耳朵三张口，就是没有三个头。”主持招聘的副总一听，饶有兴致地点头，示意她继续讲下去。她接着说：“从事营销工作，重要的是具备收集信息的能力和沟通能力。假如贵公司要我发挥智慧的话，我虽然做起工作来没有三头六臂，但我一定会有‘三只耳朵’——倾听、收集八方市场信息；一定会有‘三张嘴巴’——用伶牙俐齿说服客户，靠巧舌如簧与客户谈判……”

副总经理见她自报家门的方式独具创意，便断定她是一个思维敏捷，有良好口语表达能力的人，而这正是他们公司渴求的人才，便破格录用了她。

4. 巧用反问

在面试过程中，有些招聘者会针对你的薄弱环节进行发问，其目的有两点：一是确实发现你有不足之处，想得到你的解释；二是想看看你的应变能力和回答技巧。这时，应聘者一定要沉着冷静，迎难而上，用反问的形式巧妙地回答问题。反问句是语言中的“盐”，它能比较强烈地表达自己的心声和感情，面试中恰当运用，也能使语言出彩。

小丁到一家轿车维修中心求职，论学历，该中心要求大学本科毕业，而小丁只是个职业中专毕业生；论技术，该中心要求会维修桑塔纳轿车，而小丁只修过摩托车，并且是业余的，可他却凭着自己出彩的语言，打动了经理，获得了成功。在面试中，经理最后对小丁还有些不放心，又提出了一个问题：“那你学会修轿车以后，是不是又要‘跳槽’呢？”小丁一听，灵机一动，答道：“咱们这个企业效益这么好，我为什么要‘跳槽’呢？我去哪里不是为了生活？我没有过高的奢望，只要出师后，能维持一个普通人的生活就行了。当然，如果有一天，咱们的企业也像我原先所在的单位，连每月 300 元的工资都发不下来，经理，您到时候会让我永远在这儿待下去吗？我希望咱们的企业能永远兴旺发达，对这一点，您不是也在苦苦追求吗？”一席话，彻底把经理打动了。

在这里，小丁用第一个反问句，变被动为主动，非常巧妙地讲明了自己“跳槽”实属无奈之举，并非“朝秦暮楚”。接着又用第二个反问句，既充分地表达了对经理领导能力的信任，又表明了自己“心系企业”的心情，入情入理，亲切感人。

5. 少用“我”字

由于面试的过程是一个对“我”进行考察的过程，因此，无论是在自我介绍还是在面试谈话过程中，求职者的语言和意识往往会以“我”为中心。诸如“我”的学历、“我”的理想、“我”的才华，以及“我”的要求……殊不知，这样做对方会认为你“以自我为中心”“自我标榜”“自以为是”“自我推销”……尽管事实并非如此。

例如，袁女士，35 岁，应聘某公司的机械检验员。招聘者问她：“这个工作经常要出差，到湖南、湖北、四川等地，条件会比较艰苦，你行吗？”袁女士答道：“我是不是看上去比较娇气了一点？我从前在矿山做机械工的时候，可是常在管道里面爬上爬下的，而且我还在装配车间做过检查工作，我想工作再苦都没问题。别看我是女的，我在装配车间干过一年，在铆焊车间干过半年，我在试验场还做过现场施工。当时我在甘肃，现在想起来我真的不想回去，因为机械管道里的味儿很难闻，100 米长的管道，我就在里面爬上爬下……”

要不是被招聘者及时打断，袁女士还不知要说出多少个“我”字来。在这个案例中，袁女士的回答本来就不够简洁，再加上“我”字不离口，有强迫性的自我推销之嫌，使得招聘者顿生反感，面试结果可想而知。

6. 灵活应变

最后一条原则，就是“没规则”，不要有那么多的条条框框，记住：在任何情况下，招聘单位都会垂青那些有较强角色意识和应变能力的人。而这种能力多半是书上没有的，要在实践中不断地锻炼，这就是为何有些招聘单位很看重工作经验的原因。

国外一家旅馆老板测试三名应聘侍者的男子。

问：“假如你无意中推开房门，看见女房客正在淋浴，而她也看见你了，这时你该怎么办？”

甲答：“说声‘对不起’，然后关门退出。”

乙答：“说声‘对不起，小姐’，然后关门退出。”

丙答：“说声‘对不起，先生’，然后关门退出。”

结果，丙被录用了。

为什么呢？因为他的这种故意误会的说法，维护了女房客的尊严，他用非常得体的语言表现出一名侍者应该具备的职业素质。

【面试小故事 6-4】

冯玉祥的提问

有一位大学生到冯玉祥那里应聘秘书。他满怀信心地走进冯玉祥的办公室，准备把自己的论文及证件交给冯玉祥，并回答冯玉祥各种有关秘书方面的提问。可他万万没有想到冯玉祥提出了一个他料所不及的问题。

“你刚才所上的楼梯共有多少台阶？”冯玉祥问。

大学生一时瞠目结舌。可他情急生智，果断地反问道：“您能一准说出‘冯玉祥’三个字的笔画吗？”

冯玉祥高兴地哈哈大笑，决定聘用这位大学生为他的秘书。

冯玉祥看中的正是这位大学生富于挑战性的勇气和随机应变的超常反应能力。

7．另辟蹊径

求职中遭到拒绝是常有的事，但如果找到新的突破口，也许会柳暗花明又一村。当然这里最重要的条件是：你能在与对方的交谈中，得到潜在的人才需求信息。也就是把求职的过程同时作为收集信息的过程，看看对方还有哪些岗位有空缺，这样就可以此路不通，另辟蹊径。如果还有另外的岗位适合你，你就把自己再推销一次，如果理由充足，对方重新考虑、录用你是完全可能的。善于应变、有勇气、有胆量，就可能找到新的机会。

师大政治系毕业的小叶，去一所重点中学求职。教务主任翻开他的简历：大学里担任学生会主席，成绩很不错，多次获得奖学金。教务主任告诉他："你的条件很优秀，但我们学校现在不缺政治老师，以后有机会一定重点考虑你。"虽然肯定了他的优秀，只因专业不对口被拒绝了。

小叶并不气馁，他灵机一动，便巧妙地向教务主任询问师资配置情况。交谈中得知现在学校正缺历史老师，于是提出自己在历史方面也有所专长，愿意改教历史。教务主任让他找主管人事的副校长谈谈。

小叶又找到人事副校长，副校长明确地告诉他专业不对口。小叶说："政史不分家，我自幼偏爱历史，虽然不是历史系毕业的，但自学和选修了许多历史专业的课程，而且还有一定的研究，在校报上还发表过历史方面的论文。我相信我能胜任贵校的历史老师，需要的话我还可以兼任政治课老师。您只聘一名老师，却能教两门课，不是很划算吗？"

于是副校长答应让他试讲，结果顺利通过。

8．将错就错

面试时难免出现差错、疏漏，造成尴尬、遗憾，这时要想方设法打圆场，引出相关的对自己有利的话题，使失误得到有效的补偿，化劣势为优势。

一位刚毕业的大学生去某合资公司求职，负责接待的先生递给他名片。大学生神情紧张，匆匆一瞥，赞扬道："滕野木石先生，您身为日本人，抛家别舍，来华创业，令人佩服。"那人微微一笑："我姓滕，名野柘，地道的中国人。"大学生面红耳赤，无地自容。

片刻后，他诚恳地说道："对不起，您的名字使我想起了鲁迅先生的日本老师——藤野先生。他教给鲁迅许多治学的道理，让鲁迅受益终生。今天我在这里也学到了难忘的一课，那就是'凡事认真'，希望滕先生日后也能时常指教我。"滕先生面带惊奇，点头微笑，最终录用了他。

这位大学生将错就错，即兴发挥，不但扭转了一时大意给招聘者留下的不良印象，而且打造了虚心好学的形象。

【面试小故事6-5】

善于反驳的求职者

有一个初出茅庐的女孩子去应聘，顺利地通过了初试和复试，在决定能否被聘用的面试中，招聘方总经理当面告知她未被聘用，理由是她的形象不适合她所应聘的公关业务。原来，该女孩那天穿了一身平常的衣服，素面朝天，相貌平平。听到这样的话，女孩只能转身离去，但又觉得很伤自尊、很憋气。本来那扇门已经在她身后关闭了，她却头脑一热，突然转身又推开了那扇门，对主持面试的总经理说："主动权掌握在您手里，我没有讨价还价的资格。本来，您不需要任何理由就可以决定淘汰我，但您给了，而且给我的理由恰恰是一个不能让我接受的理由。我可以用一分钟换一套衣服，用两分钟换一种发型，但我的学识和内涵才是真正可贵的，我头脑冷静、随机应变的特质，才是公关职位真正需要的东西，而这是我多年来磨炼的结果，是无法用服装、发型等外在因素改变的。"

本来，这个女孩想，既然已被宣布落聘，何不放下一切顾虑去反驳一下，直抒胸臆，出出气呢？结果，第二天，公司与女孩联系，告诉她被录用了。

点评：在这个真实的故事中，女孩很不同意公司总经理关于公关职位只注重外表形象而不注重内在素质的观点，但在不便反驳的情况下，她已经落聘。由于不服气，她可谓另辟蹊径，杀了个回马枪，直抒胸臆，进行反驳，用精彩的语言，打动了总经理。

这个女孩面试语言的出彩之处表现在两个方面：一是敢于反驳，勇气可嘉。在面试中，一般情况下，求职者总是说话谨慎，尽量藏起锋芒，顺着考官说的话，不敢反驳。而考官的理由和观点也非全部正确可行，那么在这种情况下，你敢不敢反驳呢？尽管这个女孩是在无所顾忌的情况下进行了反驳，但这也是一种勇敢的表现，也非一般人所能做到的。二是她反驳的理由正确。确实一个人的外表可以在短时间内修饰、弥补和改变，但更主要的起关键作用的还是长期修炼提升的内在素质。这也是利用反驳使面试语言出彩的关键一点，否则，她是不能通过反驳赢得面试成功的。此外，这个女孩的反驳所引起的效果，在心理学上叫做“凝离效果”，即在司空见惯中出现的一种反常效应。女孩反驳产生的反常效应也有利于她脱颖而出。

第二节　面试中的自我介绍

【面试小故事 6-6】

自我求职策划

王某到一家公司找工作。他对经理说：“你们需要有本事的推销员吗？“不需要。”“那么采购员呢？”“不需要。”“那么工人呢？”“我们现在什么人都不缺！”“那么，你们可能需要这个东西。”王某从提包中拿出一块精制的牌子，上面写着：“本公司人员已满，暂不招聘。”经理看了牌子，不由自主地笑起来，他打电话叫来人力资源部主任吩咐说：“把他安排到公关部上班吧！”幽默的言词，诚恳的求职，精心地推销自我，使他求职成功。“策划”应是他最合适的岗位，因为他成功地为自己的求职进行了一次策划。

（资料来源：http://www.docin.com/p-984778125-f11.html.）

求职者自我介绍的根本目的，是让面试考官对自己有个初步的、大概的了解，并且尽可能留下好的印象以便使面试能够深入进行下去，最终赢得面试的成功。求职面试时的自我介绍必须讲究技巧，成功的自我介绍往往会给面试考官留下深刻的印象，这样求职就成功了一半。在人的思想意识中，往往存在这样的误区，认为最了解自己的人一定是自己，把介绍自己当成是一件很容易的事。其实不然，说人易，说己难。在求职面试中，介绍自己是最难的部分，要成功地进行自我介绍，要从以下四个方面着手：

1. 礼貌的问候

在进行自我介绍之前，求职者首先要跟面试主考官打个招呼，道声谢，这是最起码的礼貌。比如，“经理，您好，谢谢您给我这个机会，现在，我向您做个简单的自我介绍……”介绍完毕以后，要注意向面试主考官致谢，并且还要向在场的其他面试人员致谢。

2. 主题要鲜明

求职面试中的自我介绍一般包括这些基本要素：姓名、年龄、籍贯、学历、学业情况、性格、特长、爱好、工作能力和工作经验等。因此，不必面面俱全，而是一定要做到主题鲜明、直截了当、切入正题、不要拖泥带水，对于材料的组织要合理，做到详略得当、重点突出。一般来说应按招聘方的要求来组织介绍材料，围绕中心说话。假如招聘单位对应聘人的工作能力和工作经验很重视，那么，求职者就得从自己的工作能力及经验出发做详细的叙述，而且整个介绍都要以这个重点为中心。下面是某家工艺品总公司招聘业务员的一则对话。

面试考官：我公司主要是经营有地方特色或民族特色的工艺品，如北京的景泰蓝、景德镇的陶瓷和湖州的抽纱等。这次招聘的对象主要是能开拓海内外业务的湖州抽纱的业务员。现在，请你介绍一下自己的情况。

求职者：我叫李伟，今年24岁，是湖州市人。今年毕业于湖州市商业学校，读市场营销专业。我一直生活在湖州，小时候就经常帮妈妈和奶奶做抽纱活，对于传统的抽纱工艺可以说是比较了解的。在商校学习的两年中，我掌握了营销方面的专业知识，这是我将来搞好业务的资本。我的口才较好，曾参加省属中专学校的求职口才竞赛，得了二等奖，并且还具备一定的英语口语能力。我这个人的特点是头脑灵活、反应快，平时喜欢看报纸，对国内外的经济发展动态很感兴趣，喜欢从事具有挑战性的工作。

应聘的求职者一般应从最高学历讲起，只要面试考官不问，完全没有必要谈及小学、中学甚至是大学。谈所学的专业、课程，不必要说明成绩。谈求职的经历，不要漫无边际，东拉西扯，最好在1～3分钟之内完成自我介绍，简洁、明快、干脆、有力。

3. 让事实说话

在面试时，有的人为了能给面试考官留下深刻的印象，往往喜欢对自己进行过多的夸奖，动辄就“我的业务水平是很高的”“我的成绩是全年级最好的”，其实，这样反倒会给面试考官留下不好的印象。现在的用人单位往往更注重应聘者的真本事。“事实胜于雄辩”，虽然面试的时间很有限，不可能完全展示求职者的才能，但是，求职者可以通过实际的事例来证明你的能力，把你的才华展示给面试考官。

某大学中文系学生小刘，毕业后到报社应聘记者，面对着上百个新闻专业出身的应聘者，可以说小刘并没有什么优势。但小刘对此早有准备，她对面试考官介绍自己时是这样说的：“我叫刘晓明，山西人，毕业于××大学中文系。虽然我不是新闻专业的，但我对记者这个行业却十分感兴趣。在大学期间我是学校校报的记者。4年间，进行了许多次较为重大的校内、外采访，积累了一定的采访经验，再加上我的中文功底，我相信我可以胜任贵报的工作。这是我在大学期间发表过的报道稿，请各位编辑领导批评指正。”

面试考官们看过小刘的报道材料后，觉得眼光独到、语言深刻，都很满意。结果小刘击败了众多的竞争者，不久就收到了录用通知。

4. 给自己留条退路

面试中的自我介绍既要坦诚，又要有所保留；既要介绍自己的能力，也不要把自己搞成事事皆能，使自己进退维谷。在自我介绍中，求职者要尽可能客观地显示自己的实力，但同时应尽可能地避免使用保证式或绝对式的语言，如“我非常熟悉这项业务”“我保证让部门改变面貌”。这些话往往没有具体内容，反倒会引起面试考官的反感。如果遇到较为平和、内敛的面试考官，也许不会为难你，但是如果遇到个性较强的面试考官进行追问时，求职者会因无法回答而张口结舌、尴尬万分。

小赵去面试一家国际旅行社的导游。他自我介绍说："我这个人喜欢旅游，熟悉各处的名胜古迹，全国的风景名胜几乎都去过。"面试考官很感兴趣，就问："那你去过云南大理吗？"因为面试考官就是大理人，对自己的家乡再熟悉不过了。可惜小赵根本就没去过大理，心想若说没去过这么有名的地方，刚才的话，不就成了吹牛了吗？于是硬着头皮说："去过。"面试考官又问："你住的哪家宾馆？"小张再也回答不上来，只好说："那时我是住在一个朋友家的。"面试考官又问："你的这位朋友家在大理的什么地方啊？"小赵这下没词儿了，东拉西扯答非所问，结果自然是可想而知的。

【拓展阅读 6-2】

成功的自我介绍范例

各位老师

早上好！

我叫×××，是×××大学新闻专业的应届毕业生，今天来应聘记者。

我十分喜爱记者这个职业。在我眼中，记者肩负着神圣的使命，它是联系普通百姓和各级政府的桥梁纽带；是宣传真理、引导舆论、激励群众的"喉舌"；是把五光十色的世界展现在世人面前的信使。所以，我怀着强烈的社会责任感希望当一名记者，参与社会舆论工作。

我认为自己胜任记者一职的理由有以下四点。

第一，我有较强的口语表达能力，曾在大学和中学的校级演讲比赛中两次荣获一等奖。

第二，我有很强的写作能力，在读书期间就曾三次在省级作文比赛中获奖；上大学后经常给一些报刊投稿，已有两篇稿件被省级报纸采用。

第三，我有做记者的实际工作经验，曾在我校学生会主办的《菁菁校园》报当了两年的记者。

第四，我性格外向，交际能力强，在与人交往中能够运用公共关系技巧，并持有中级公关员职业资格证书。

谢谢各位老师！

（资料来源：周俊.如何做好面试中的自我介绍[J].现代交际，2014（1）.）

第三节　面试的问答技巧

在求职面试的过程中，如何与面试官进行良性的双向沟通，是求职者能否求职成功的重要保证。因此，在面试过程中，要注意以答为基础，以问为辅助的沟通技巧。尽管不同的公司面试的程序和模式有所不同，面试考官的风格各异，但是有些问题是面试考官们比较喜欢问的。应聘者一定要对这些问题有所准备，知已知彼才能百战不殆。那么面试考官究竟喜欢问哪些问题，又有哪些回答问题的技巧呢？

一般来说，招聘方提出的问题可分为两类：一类是规定性提问，也就是招聘方事先准备好的，对每一位招聘者都要发问的问题；另一类是自由性提问，亦即招聘方随意穿插的问题，这些问题往往是千变万化，涵盖宽泛，招聘方可以从应聘者不经意的对答中发现其闪光点或缺点。无论是哪类问题，应聘者在回答时都应当掌握以下基本技巧：① 不要遗漏表现自己才能的重要资料；② 保持高度敏锐和技巧灵活的思维状态；③ 回答既要表现出自己的个性气质，又要表现出对招聘方的尊重与服从；④ 认真倾听对方的提问，并注意对方的反应，以便及时调整自己不恰当的回答；⑤ 避免提到“倒霉”“晦气”“不幸”“疾病”之类可能招致对方忌讳的字眼。王晶在其主编的《口才训练实用教程》（北京：清华大学出版社，2014 年）中归纳了各类常见面试问题的回答技巧。

一、动机类问题的回答技巧

1. 出题原因

这通常是面试官最先问到的问题。求职动机类问题能够考察面试者的求职动机与拟任职位的匹配性，内容会涉及面试者的价值取向和生活态度等多个方面，意在从面试者的回答来评估新工作是否合适。

2. 常见问法

“你为什么选择我们公司？”或“你为何想离开原工作单位，到我们公司来呢？”

3. 答题思路

建议从行业、企业和岗位三个角度来回答。对于社会新人，由于之前没有工作经验，所以建议可以坦诚地说出自己的动机，不过还是要思考一下用语。求职者必须充分地了解这个部门、这家企业是干什么的，提供的职位应达到的工作目标是什么，这样才能有针对性地回答求职动机和志愿，即把个人的人生追求与用人单位及职位联系起来。多谈积极性的求职动机，比如“我喜欢有挑战性的工作”“可以更好地锻炼自己，实现人生进取的目标”“我本人不喜欢轻闲的工作，越是带创意的事业我越爱干”“我十分看好贵公司所在的行业，我认为贵公司十分重视人才，而且这项工作很适合我，相信自己一定能做好”之类。少淡、不谈消极性的求职动机，比如“我来求职是因为在家里待着没意思”“失业了，没个事干，让人家瞧不起”等。

二、个人爱好、特长类问题的回答技巧

1. 出题原因

业余爱好和特长在一定程度上能反映面试者的性格、观念、心态，这是招聘单位喜欢问该问题的主要原因。

2. 常见问法

“你有什么业余爱好？”或“你有什么特长吗？”

3. 答题思路

不要说自己没有业余爱好或特长，不要说自己有庸俗的、令人感觉不好的爱好和特长，也不要说自己仅限于读书、听音乐、上网等爱好，否则可能令面试官怀疑面试者性格孤僻；最好能有一些户外的业余爱好，如爬山、游泳等来“点缀”你的形象。要尽量突出自己的长处，但也要注意适可而止，不要给对方以浮夸、吹嘘的印象。答问的重心仍要放在对申报的新职位有利的特点、长处上，否则考官不会对你感兴趣，最好以事实为证。

三、实践经验性问题的回答技巧

1. 出题原因

如果招聘单位对应届毕业生提出这个问题，说明招聘单位并不真正在乎“经验”，关键看面试者怎样回答。

2. 常见问法

“你是应届毕业生，缺乏经验，如何能胜任这项工作？”或“请谈谈你的工作经验。”

3. 答题思路

对这类问题的回答要体现出面试者的诚恳、机智、果敢。要注意关于工作经验的问题是不能编造的，必须如实汇报，否则会给对方以不诚实的印象。语气既要肯定又要谦虚，应尽量渲染以前的经验如何对这份工作有利。如：“作为应届毕业生，在工作经验方面的确会有所欠缺，因此在学校期间我一直利用各种机会在这个行业里做兼职。我也发现，实际工作远比书本知识丰富、复杂。但我有较强的责任心、适应能力和学习能力，而且比较勤奋，所以在兼职中均能圆满完成各项工作，从中获取的经验也令我受益匪浅。请贵公司放心，学校所学及兼职的工作经验使我一定能胜任这个职位。”

四、知识性问题的回答技巧

1. 出题原因

知识性问题能考察面试者对所要从事的工作必须具备的一般性知识和专业性知识的了解和掌握程度。

2. 常见问法

知识性问题包括常识性的知识和专业性的知识。常识性的知识是指从事该工作的人都应具有的一些常识。例如，文秘人员应了解一些必要的秘书实务，人事工作者应了解必要的劳动人事制度和法规。专业知识指专业领域的相关知识，例如对网络维护人员的面试来说，就可能会提出下列专业问题：什么是计算机病毒？如何更好地预防计算机病毒入侵？

3. 答题思路

对于此类问题的回答并没有什么窍门，只有靠面试者自己平时的积累和扎实的基础。

五、智力性问题的回答技巧

1. 出题原因

智力性问题能够考察面试者的反应能力、逻辑分析能力和判断能力等。

2. 常见问法

选择一些智力题，考察面试者的综合分析能力。在微软的面试中，有这样一道面试题：假如你在飞机上遇到一位高尔夫球的生产商，向你询问中国每年消耗的高尔夫球的数量，你怎样回答？

3. 答题思路

这类问题一般不是要面试者发表专业性的观点，也不是对观点本身正确与否做评价，而主要是看面试者是否能够言之有理。怎样回答，对于在现实生活中见都没见过高尔夫球的人来说无疑是一头雾水。其实对于这种不可能回答的问题，只要找到它的解决办法就可以了。因为连面试官自己也不知道问题的答案。面试者可以这样回答："首先，统计中国高尔夫球场的数目。然后，统计平均每天有多少位客人。再次，统计每位客人平均每天消耗的高尔夫球的数量。最后，我们把 3 个数相乘，再乘以一年的营业天数，就可以知道中国每年消耗的高尔夫球的数量。"

六、情境性问题的回答技巧

1. 出题原因

此类试题能够考察应试者的应变、计划、协调能力和情绪稳定性，是目前面试中广泛使用的一种提问方式。

2. 常见问题

设计一种假设性的情境，考察面试者将会怎么做。此类试题的基本假设是，一个人说他会做什么，与他在类似的情境中会做什么是有联系的。如："当你的客户很明显在刁难你的时候，你如何应付？"

3. 答题思路

对于此类试题，面试者首先要理解自己的角色，把自己放到情境中去，然后提出比较全面的行为对策。如："首先要以公司的利益为重，尽可能让客户明白，公司的宗旨是全心全意地服务于客户。很多时候我相信客户对于我的刁难也是出于对我公司办事能力的一种考验，我一定会竭尽全力使客户相信公司。""相信我，不过，如果客户提出一些很过分甚至违背人性的要求，我不会妥协，我相信公司也一定不会让员工在外受到人格上的侮辱。"

七、压力性问题的回答技巧

1. 出题原因

这种问题通常是故意给面试者施加一定压力，看看其在压力下的反应，以此考察面试者的应变能力和忍耐性。

2. 常见问题

有时候考官可能提出真真假假的"题外题"。如某电视台招聘记者，小郑前去应聘。面试中，考官指出："你说你爱好写作，可是我看了你填的报考表，在自我评价栏中居然出现了三处语法错误，现在既没有多余的表格，也不准涂改，你该怎么办？"

3. 答题思路

对于此类问题，面试者不要简单地就题答题，要多一个心眼，想得全面一些，让答案更完整圆满，首尾相顾，不致顾此失彼，留下缝隙，授人以柄。比如对于上面提出的问题，小郑听罢吃了一惊，心想填表时自己是字斟句酌的，怎么会有三处错误呢？但时间不允许他多想，他当机立断，回答说："为了弥补失误，我可以在表后附一张更正说明，上面写上'某某地方出现了三处语法错误实属填表人粗心，在此更正，并向各位致歉'。不过……"他停顿了一下说："在发这份更正说明之前，我想知道是哪些错误，是因为不能无的放矢，错误地发出一份更正说明，我不愿再犯这种错误。”他的机智应对令考官们笑了，其实他的报表并没有错误，这不过是考官设的一个圈套，用以考察他的自信心和反应能力。从表达角度看，他的得分主要在于后半部分的补充说明。这一段内容的表达十分完满，滴水不漏，印证了他机敏全面、认真仔细、一丝不苟的品格，赢得了好评。

八、薪酬类问题的回答技巧

1．出题原因

薪酬问题是敏感问题。面试官在初步接触某位面试者时才会提出薪资问题，同时提问的另一个目的，是观察应试者对工资的态度。如果对工资持无所谓的态度，那就试着给你一份低工资，看你能否接受。有的小公司往往在薪酬问题上讨价还价，能少给就不多给，目的是减少行政开支和降低经营成本。

2．常见问题

“你希望挣多少钱？”或“如果你被聘用，你有那些要求？例如：工资、待遇。”

3．答题思路

至关紧要的是事先了解这份工作大约应该得到多少薪酬，这个行业的一般薪酬是多少，心里有一个“参照点”。建议应试者利用网络查询薪资定位的相关资料，配合个人的价值观、经验、能力等条件，得出最基本的薪资底线。建议无工作经验者采取保守的态度，以客观资料为主要考虑重点，如果说得低了，会失去一个本来可以得到较高薪酬的机会，还会让用人单位以为你没有什么真本事；如果说得过高，人家会认为你这个人是“狮子大张口”，“价码”太高，我们“买不起”，或者认为你不是来工作的，只为挣大钱，进而把你淘汰掉。如果真的不知道要多少薪酬，也不能说“您看着给就是了”，这不是要求对方给赏钱。应试者可以技巧性地回答：“我要回去打听一下，薪酬问题好商量”，或者“我不好一下子说定，贵公司真有意聘我，我再跟各位讲”。在回答薪酬问题时，别忘了问对方的奖金是多少，有没有住房津贴，有没有医疗保险、交通补贴，一年有多少特别假期，有没有年终分红等。这就是一个人的“整体价”“总收入”。因为有的单位的确是工资不高但福利特别好，所以要看“整体价”。

【拓展阅读 6-3】

求职面试中的语言禁忌

1．忌问“你们要不要外地人？”“你们要不要女性？”“你们要招聘多少人？”“你们对学历的要求有没有余地？”等。

2．忌说“我与××相熟”“我与你们单位的××认识”“我和××是同学，关系很不错”，等。

3．忌急问“你们的待遇怎么样？”

4．忌直说“我不同意”“我不赞成”。

5．忌直说“我适合……，不适合……”如“我适合做管理人员，而不适合去一线工作”。

6．忌怕说“我不懂”“我不知道”。诚恳坦率地承认自己的不足之处，反倒会赢得面试官的信任和好感。

7．忌不敢说“您问的是不是这样一个问题？”将问题复述一遍，确认其内容，才会有的放矢，不致南辕北辙、答非所问。

8．忌说“我从没失败过”“我可以胜任一切”。这种说法是自诩，令人生厌。

【电影赏析】《当幸福来敲门》
http://vip.iqiyi.com/20110729/5e4687c83affa36e.html?vfm=f_191_360y&fv=p_09_01

【电影赏析】

从《当幸福来敲门》学面试技巧

《当幸福来敲门》是由加布里尔·穆奇诺执导，威尔·史密斯等主演的美国电影。影片取材真实故事，主角是美国黑人投资专家克里斯·加德纳。克里斯创造直接面对考官的机会，经过重重考验、种种艰辛，赢得了面试机会。

在面试对话中，处处体现了克里斯对一切事物透过表面的一种深刻思考，并完全驾驭了事物的本质，他最终获得了实习的机会，为他成为投资家迈出了坚实的一步。

阅读思考

面试的准备

良好面试口才的发挥是建立在充分的面试准备基础上的。正所谓："有备无患。"求职面试要取得成功，做好相应准备必不可少。

一、心理准备

中国有句古话："知己知彼，百战不殆。"面试就如同一场试探性的战斗，战斗的双方就是面试单位的主考官和参加面试的你。面试时要先做好如下心理准备。

1. 研究主考官

应聘者"研究主考官"，这里所说的"研究"是要试想一下主考官会从哪些方面来考察、评价应试者。综合起来，有以下几个方面：主考官可能会先评价一个应聘者的衣着、外表、仪态和行为举止；主考官会对应聘者的专业知识、口才、谈话技巧做整体的考核；主考官可能会从面谈中了解应聘者的性格和人际关系，并从谈话过程中了解应聘者的情绪状况以及人格成熟的程度；主考官会在面试时，观察应聘者对工作的热情程度和责任心，了解应聘者的人生理想、抱负和上进心。

为了检验应聘者的实际工作能力，主考官在面试中往往设制"情景"试题，以测试应聘者的个性特征、办事效率和应变能力。

【面试小故事 6-7】

应聘的智慧

有一家公司招聘管理人员，考题是：使用发给你的一支气压计，测出一幢 30 层摩天大楼的高度。形形色色的应聘者，绞尽脑汁想出了种种办法：有的楼上楼下来回跑，气喘吁吁地量气压，利用物理知识繁琐地计算着；有的爬上屋顶，将气压表系上长长的绳子忙乱地量着；有的则在资料堆中埋头翻阅，希望找到一个更好的方法或公式……但有一个应聘者却不慌不忙、轻而易举地赢得了胜利：他拿着气压计来到大楼管理处，对一位老者说："大爷，这支气压计送给您。只是请您告诉我这大楼的高度。"说一声大楼的高度对管理员来说不过是"张口之劳"，何况还有小费，何乐而不为呢？结果，这个聪明的人入选了。这样的录取结果其实并非偶然，因为这家公司不是招聘物理学家，而是招聘头脑灵活的管理人才。

2. 研究自己

研究自己包括以下几个方面：认识自己，了解自己的长处、兴趣、人生目标、就业倾向等。许多学校都会为毕业生就业求职开设一些辅导课，帮助毕业生分析个人的专业和志向，作为毕业生的你，可以充分利用这个渠道，为求职预先做好准备。听取家人和有社会经验的亲友的意见和建议，修正个人的志愿，也是很有必要的。搜集招聘公司的相关资料，了解该公司目前的经营状况、企业文化、未来的发展等情况，这项工作可以使你更能把握现有情况，增强面试时的信心。事前的演练可以帮你发现问题，放松紧张的精神。参加面试一定要抱着谨慎的态度，不浪费每一次机会，并把每一次面试当作宝贵的经验积累起来，千万不要有随便或侥幸的心理。人与人的作用是相互的，你若是郑重其事，对方自然会重视你。了解并演练一下必要的面试礼仪。在平时，你可能是一个非常自由、无拘无束的人，对任何繁文缛节都不屑一顾，但在面试之前，你多少要了解一些面试的礼仪，它对你争取那个职位会有很大帮助。在面试之前演练一下你并不熟悉的礼仪，会让你在面试中表现得轻松自如。准备一套适合面试的服装。对于一个大学毕业生来说，毕业工作意味着社会角色的转变，求职是参加工作的第一步，你的穿着一定要符合你新的社会角色。对男士来讲，拥有一套合身、穿着舒服但不必很昂贵的西装是非常有必要的；对女士来讲，暂时把时装收起来，身着职业套装会平添几分成熟和风韵。

二、撰写简历

简历主要是针对应聘的工作，将相关经验、业绩、能力、性格等简要地列举出来，以达到推荐自己的目的。由于毕业生就业推荐表栏目和篇幅的限制，多数毕业生更希望有一份个性突出、设计精美、能给用人单位留下深刻印象的简历。

1. 简历的设计原则

真实、简明、无错是简历设计的三个原则。真实原则就是指简历从内容上讲必须真实，比如，选了什么课，就写什么课；如果没有选，就不要写。兼职工作更是如此，做了什么，就写什么。不要做了一，却写了三或四。因为在面试时，你的简历就是面试官的靶子，他会就简历上的任何问题提出疑问。如果你学了或做了，你就能答上来，否则你和考官都会很尴尬，你在其眼里的信誉也就没有了，这是很不利的。讲真话，不要言过其实，相信自己的判断力是十分重要的。

如果你没有参加任何兼职工作，你可以不写，因为主考官知道你是刚刚毕业的学生，而学生的本职工作就是学习。或许你就是重点地学了本专业，没有顾上其他；或许你在学习本专业的同时选择了第二专业或辅修专业；或许你虽然没有在校外兼职，但在校内系里或班里做了大量社会工作。总之，你会有自己的选择，也会珍惜自己的选择，并为自己的选择骄傲。这样你就没有必要为没有兼职工作而苦恼或凭空捏造。请记住，主考官都是从学生过来的，他们会尊重你的选择。

简历最好简单明了。这是简历原则的又一重要原则。如果简历内容过多，又缺乏层次感，会给人以琐碎的感觉。必要信息如姓名、性别、出生年月、联系电话和地址等一定要写上。

相比之下，体重、血型、父母甚至兄弟姐妹做什么工作并不是非常重要的，这些内容纯属辅助信息，可要可不要，至少不应占据重要位置。可以将自己认为重要的信息全部浓缩到第一页上，然后把认为次要的信息，诸如每学期成绩单、获奖证书复印件等信息都当作附件。这样的简历主考官只看一页就清楚了，主次分明，非常有效，主考官如果感兴趣，可以继续看附件里的文件。

无错原则是指简历应该没有错误，尽可能在寄出简历之前，一个字一个字地检查一遍，标点符号也不能落下。否则会被认为是一个粗心的人，在激烈的竞争中就可能被淘汰。

2. 简历的内容

简历并没有固定格式，对于社会经历较少的大学毕业生，一般包括个人基本资料、学历、社会工作及课外活动、兴趣爱好等，其内容大体包括以下几方面。

（1）个人基本材料。主要是指姓名、性别、出生年月、家庭住址、政治面貌、身高和视力等，一般写在简历的最前面。

（2）学历。用人单位主要通过学历情况了解应聘者的智力及专业能力水平，一般应写在前面。习惯上书写学历的顺序是按时间的先后，但实际上用人单位更重视现在的学历，最好从现在开始往回写，写到中学即可。学习成绩优秀、获得奖学金或其他荣誉称号是学习生活中的闪光点，可一一列出，以加重份量。

（3）生产实习、科研成果和毕业论文及发表的文章。这些材料能够反映你的工作经验，展示你的专业能力和学术水平，将是简历中一个有力的参考内容。

（4）社会工作。近几年来，越来越多的用人单位渴望招聘到具有一定应变能力、能够从事各种不同性质工作的大学毕业生。学生干部和具备一定实际工作能力、管理能力的毕业生颇受青睐。社会工作对于仍在求学的毕业生来说，主要包括社会实践活动和课外活动，是应聘时相当重要的。

（5）勤工助学经历。即使勤工助学的经历与应聘职业无直接关系，但是勤工助学能够显示你的意志，并给人留下能吃苦、勤奋、负责、积极的好印象。

（6）特长、兴趣爱好与性格。是指你拥有的技能，特别是指中文写作、外语及计算机能力。兴趣爱好与性格特点能够展示你的品德、修养、社交能力及团队精神，它与工作性质关系密切，所以用词要贴切。

（7）联系方式。联系地址、电话、邮政编码千万不要忘记写，以免用人单位因联系不到你而失去择业机会。

项目实训

一、职业岗位信息分析

通过各种渠道搜集、分析、整理、汇总职业岗位信息，并针对自己的实际情况进行分析、比照，这是面试前必须做的一项准备工作。它要求填写下面两张表格（表 6-1 和表 6-2）。

表 6-1 职业岗位信息汇总表

岗位名称	专业知识要求	专业技能要求	性格素养要求	特别说明

说明：可根据具体需要增加表格的行数。

表 6-2 情况比照表

目标岗位名称	职位能力要求	自身能力比照	职位素养要求	自身素养比照
（首选）		已具备：		已具备：
		尚需努力：		尚需努力：
（次选）		已具备：		已具备：
		尚需努力：		尚需努力：

说明：可根据具体需要增加表格的行数

（资料来源：张珺.实用口才[M].南京：南京大学出版社，2013.）

二、面试中问题的应对训练

1．常规问题的应对

【训练目标】

（1）掌握应对常规问题的技巧，并能够从容应对。

（2）在面试过程中举止自然得体。

【建议学时】

1 学时。

【实施过程】

（1）任务导入

请分析如下应试者的回答，哪些地方表达得体？哪些地方措辞欠妥？

问：你最不能容忍的缺点是什么？

答：明天的饭今天吃，现在的事明天做。

问：你来美国是什么身份？现在干什么工作？

答：我是自费留学的，现为美国某跨国公司的经理助理，主要干的是帮助公司降低成本、提高竞争能力的工作。因为公司只有我一人在做这份工作，因此压力大，责任重——不过，我喜欢富有挑战性的工作——只是为了照顾妻子的缘故我才来贵公司的。

问：如果聘用，你想得到怎样的待遇和好处？

答：除了应得的报酬以外，公司能否给我更大的发展空间呢？比如提高自身的修养、挖掘潜在的能力，还有提升的机会等。

问：在没有天平的情况下，你怎样称出一架飞机的质量？

答：曹冲在没有天平的情况下还能称出大象哩，不过那办法没有效率；所以，还是让我们先造一架能称这飞机的天平吧——如果您出奖金的话，我愿竭诚奉献自己的绵薄之力。

（2）常规问题应对的训练

请学生浏览招聘信息，根据所学专业选择意向单位，根据意向单位的招聘要求，对应聘职位做应聘的方案设计，此项训练需提前一周布置。

【训练方法】

组建一个招聘组，5~6人一组，确定招聘单位的名称、招聘职位、要求等，每位同学轮流做应聘者，准备相应的材料及常规问题的答词。

每位同学都要设计方案，包括准备个人简历，得体的仪容仪表，准备面试时的自我介绍等。常规问题通常有：你的求职动机和意向是什么？你的学习成绩如何？喜欢什么科目？你有工作经验吗？你有什么特点和专长吗？你的家庭背景怎么样？你对本行业当前形势有什么看法？你想得到多少薪酬？

师生对各组进行点评，评出几个最佳表演者。

【任务完成】

课下将训练内容整理成书面形式，上交组长，各组推荐一份最佳作业，上交任课老师，任课老师将其放在网上，供学生观摩学习。

2. 突发问题的应对

【训练目标】

（1）掌握应对突发问题的技巧，并能够从容应对。

（2）在面试过程中举止自然得体。

【实施过程】

（1）任务导入

有些人因为害怕在面试中出丑，往往出现“面谈恐惧症”，请回答以下问题进行自查，看看自己是否是患此病症的人。

①明明更费力也更费钱，但你还是情愿发短信而不是打电话吗？

②发电子邮件和打电话相比，你更愿意写邮件吗？

③迷路后你情愿查地图也不愿意问别人吗？

④有了疑问你更愿意上网查，而不是问肯定知道答案的同事或同学吗？

⑤你更愿意网上购物而不是商场选购吗？

⑥像面试这样比较重要的交谈前，你会不会频繁上厕所？

⑦和陌生人讲话会使你浑身不自在吗？

⑧你经常因为不说话而遭人误解吗？

（你的回答若有6个以上是肯定的，那你可能患上“面谈恐惧症”。）

（2）放松训练

面试之前，有些人因为情绪紧张而错失良机，一套放松操，也许会释放你的压力。

请全体同学起立，把胳膊伸向前方，手腕放松，用力抖动手腕，直到有些累的感觉为止，可反复多次；双手手指交叉，反掌向天举过头顶，尽量伸展，挺腰，然后向前、后、左、右倾斜，直到肩、背肌肉完全放松；头部轻轻按顺时针方向做相同次数的转动，在放松头部肌肉的同时放松心情；回到座位，坐正，两肩尽量向后拉，然后深深地、缓缓地呼吸，反复多次，呼吸越慢越好。

（3）小组讨论

【案例】张先生去应聘，一切进行得很顺利，甚至商谈到了什么时候开始正式工作。这时面试的考官站起来倒杯水轻松地问:“你喜欢玩游戏吗?”求职者误以为换了一个轻松的话题，随口答道:“通常工作疲倦后玩游戏放松。”招聘人员的脸色马上阴沉下来说:“工作时间玩游戏，这样的工作人员我们不能要。”

讨论题目：求职过程中，可能会碰到各种各样的突发性提问，什么样的心理素质才能以不变应万变?

（4）实地大演练

活动：现场招聘。

组织程序及要求：组建招聘团若干，三组为一团（5~6 人为一组）。第一组为招聘单位人员，任务是发布招聘信息并且准备面试提问。第二组为应聘人员，任务是回答面试问题。第三组为评审团，任务是对现场招聘情况从面试提问、应答及相关礼仪角度进行点评。

【任务完成】

教师对训练情况进行总结，让学生对求职和面试有一个完整的认识。

（资料来源：赵京立.演讲与沟通实训[M].北京：高等教育出版社，2010.）

三、面试技巧分析训练

观看美国电影 The Pursuit of Happyness（《当幸福来敲门》），然后对影片主人公成功求职的面试技巧进行分析。

The Pursuit of Happyness 是一部震撼人心、用真实故事改编而成的励志片。值得注意的有如下两点。

一是片名中的“happyness”一词的拼写。“happy”是“幸福的”的意思，而“happiness”才是“幸福的”名词形式。在影片最开始，敏感的主人公克里斯送他的儿子去幼儿园，便发现了墙壁上“happiness”的拼写错误，他就说了“It’s a I in happiness, not Y(why)in happiness”。电影片名应该采用哪个?“happiness”还是“happyness”?在这部电影里，我们不能单纯从英文的语法上去分析这两个词。“happiness”与“happyness”这是一个隐喻，它体现了电影主人公克里斯的座右铭。影片中他一直强调拼搏，他坚信即便追逐幸福的过程不幸运，也是他追求幸福的一部分。甚至当其他人都觉得克里斯已经成功了，他还坚持认为，这不是他追逐的全部。因为在他的人生字典里，幸福是由执著的梦想、不断寻找的机遇和不懈坚持的拼搏组成的，它们缺一不可。“It’s a I in happiness，not Y（why）in happiness”这句对白，看似纠正错误，而实际上所要表达的意思是：别问为什么幸福不在身边，幸福其实一直在身边，就在奋斗的过程里。所以，片中的幸福拼成“happyness”是意味深长的。

二是电影的中文译名为《当幸福来敲门》还是《追逐幸福》更好?这部电影取材于美国著名黑人投资专家克里斯·加德纳（Chris Gardner）的真实人生经历：克里斯·加德纳曾经只是一个推销员，他将人生最大的赌注下到一种昂贵到很难为任何医院所接受的手提式骨质密度扫描仪上。他每天的生活就是提着这个 40 磅重的机器去各大医院推销，希望能得到梦想中的幸福。但生活却总是波澜起伏，他在经历了妻子不辞而别，自己被驱逐、被收审，一个人孤独地带着小孩住厕所、住收容所，甚至卖血之后，终于得到了他仿佛已期待了一生的那个答案：他被公司录用了。从此，他并不是一个普通的股票经纪人，而是一个坚持梦想、坚守信念，无论面对什么打击都能从容面对的英雄。

这样一段催人泪下的经历，这样一个励志的故事，如果将 *The Pursuit of Happyness* 这部电影译为《当幸福来敲门》，是否给没有深入了解该电影的人一个错觉：只要在家里等待就可以了，幸福自然会来敲门的？请仔细赏析这部催人奋进的电影，你知道主人公克里斯在这部117 分钟的影片中，一共奔跑了多少次，又奔跑了多久吗？当你全身心地投入到影片中，与克里斯一起分享生活及工作带给你的各种体会时，你就会注意到主人公克里斯在117分钟的影片中，一共奔跑了14次，时间长达9分钟。他在这部影片中，一直在与命运赛跑，一直在追逐幸福！

以下是克里斯的面试过程回顾。

1. 去分公司申请

克里斯要去求职的公司是证券界的大亨——迪安·维特公司。迪安·维特公司成立于1924年，在当时还只是一家股票经纪人公司。到了 1997 年，迪安·维特一举成功收购了大家熟悉的成立于 1935年的摩根斯坦利公司，从而声名大振。不难想象，要想获得像迪安·维特这样著名的大公司的面试机会是非常困难的。事实上，克里斯获得迪安·维特公司的面试机会也是一波三折。克里斯是一个背景并不出色的人，他没有证券业要求的相关工作经验，没有名牌大学的学历，也没有丰富的人脉资源，更没有扎实的后台支撑，像他这样的人，如果按常规的方式投递简历，也许一辈子都等不到一个面试的机会，因此，克里斯采取了主动出击的方式。

克里斯提着自己要推销的机器，来到了迪安·维特公司，他发现公司门口挂着“经纪人实习培训，现在接受申请”的牌子，他很想进去打听一下是什么情况。

意识到自己提着一个不相关的机器，可能会造成不必要的麻烦，克里斯准备找一个人帮他照看一下机器。他发现了在公司门口卖唱的嬉皮女孩：“能帮个忙吗，小姐？”“帮我看下这个行吗？就 5 分钟。”“这不是什么重要的东西，我在里面的办公室有个会，带这个进去看上去很不正式。”“我先给你 1 元钱，一会我出来再多给你点。好吗？这玩意不值钱。”

从这个小小的片段我们可以看出，克里斯对自己形象的重视。虽然那个机器对他很重要，那个机器的价值意味着他一个月的房租，但他也知道，在去一个新公司前，不能附带过多的不相关信息。虽然他也担心他所托付的这个嬉皮女会带走他的设备，但多年来的职场经验还是让他觉得应该冒一次险。

克里斯来到公司人力资源部，如愿以偿见到了负责简历发放的咨询人员：“您好，我是克里斯，我想申请实习生身份。”“这样啊，我看看能不能帮你找份实习申请。”咨询人员递给克里斯一张表格，对他解释：“我们这里是分公司，总部的托斯特尔先生是全面负责人事工作的。我的意思是，我只负责在这里收集资料，你看，已经有一大堆人申请了……所以……”克里斯发现窗外那个嬉皮女孩提着他的设备准备离开，他急忙起身：“非常感谢，我得走了，我……我……我会把这个交过来的，谢谢！”克里斯冲出办公室全力去追赶那个嬉皮女孩，虽用尽全力还是没能追上。

所幸的是，他从那个咨询者那里知道了，如果想在迪安·维特公司做一名股票经纪人，他该找谁。

2. 去公司总部推销自己

想到就要做到，他带着填好的表格直接来到了迪安·维特公司的总部。

克里斯为自己精心地打扮了一番。他在公司门口等着托斯特尔先生。他自言自语：“我在等迪安·维特公司人事部主管托斯特尔先生，他的名字听起来很可爱，就好像他会给我份工作，外加一个拥抱。而我所要做的，就是让他知道，我精通数字，而且懂得待人之道。”

“早上好，托斯特尔先生。”克里斯在公司门口堵住托斯特尔先生。

“早上好。”

"托斯特尔先生，我是克里斯·加德纳。"托斯特尔先生行色匆匆。

"我想在您进办公室之前亲手把这个交给您，并和您认识一下。非常希望有机会能和您坐下聊聊我申请表上看起来比较薄弱的几点。"托斯特尔并没有停下自己的脚步。"好的，我们要先看下你的申请表，克里斯，如果需要面试的话会通知你的。""感谢您，先生，祝您愉快。""你也是。"托斯特尔走进办公室。

一个月后，克里斯刻意来到股票公司门口，希望能再次遇到托斯特尔先生。他的耐心和守候再次没有让他失望。

克里斯看见托斯特尔先生从办公楼里匆匆走出，正准备拦的士。克里斯立即迎了上去："您好，托斯特尔先生。我是克里斯。""你好，请问有什么事？""我一个月前交了份实习申请表，一直想找机会和您坐下来简单谈谈……""听着，克里斯，我正要赶去诺亚谷，下次再说吧，克里斯，你保重。"

眼看着即将失去这个和托斯特尔先生当面交流的机会，克里斯急中生智，"托斯特尔先生，我正好也要去诺亚谷，我搭个车怎么样？""好吧，上车吧。"

上车后，克里斯马上摆出了一副销售的架势，准备利用这个机会好好说说："谢谢您，托斯特尔先生。我在海军服役时为一个医生工作，他很喜欢高尔夫，每天都要花很多时间在那上面。我还得替他处理医疗事务，当他不在的时候。我习惯于做出抉择，而且……"

"托斯特尔先生，听我说，这很重要。"克里斯滔滔不绝，急于展现自己的优势。而托斯特尔先生却好像对手上的魔方更感兴趣。他一直在摆弄着魔方，希望能拼出全部图案。"对不起，对不起，这东西不可能拼出来的。"托斯特尔先生冲克里斯扬了扬手中的魔方。

"我可以。""你不行，没人可以的。不可能的。""我确定我能行的。"克里斯坚持道。"让我看看，给我。哦，你真是拼得一团糟啊。"克里斯接过托斯特尔手中的魔方，开始玩起来。

克里斯一边摆弄着魔方，一边说："这个东西看起来这些是围绕一个轴心转动，中间的这部分保持不动，所以说如果中间那片是黄色这面就应该是黄色的。如果中间那片是红色，那么这面就应该是红色的。"他一边说着，一边飞快地旋转魔方，魔方在他手中好似也越来越多面变得一致起来。"司机，请开慢点吧。""开慢点，我们可以就这么一直开下去，我就不信你能拼出来。"托斯特尔先生笑道。"我可以的。""你不行，没人可以的。"

"看到没？我就只能到这一步了。"克里斯好像也和托斯特尔先生一样，碰到了瓶颈。但他依旧很有耐心、飞快地旋转着魔方。魔方在他手中越来越整齐，越来越多面的颜色一致了。"那面快拼出来了。哦，你拼出来了。哦，那面也快拼出来了。"托斯特尔先生兴奋地叫道。他有点不相信眼前发生的这些。他很吃惊地注视着克里斯，而克里斯依旧专注地摆弄着魔方，向着最后的成功冲刺。"我能全拼出来的。""真厉害啊，快好了。"

当出租车抵达目的地时，克里斯手中的魔方也终于将所有的颜色都拼齐了。"我到了，你拼得不错。"托斯特尔先生接过克里斯递过来的魔方，赞赏地看着克里斯，若有所思。"再见，克里斯。""再见。"

3. 参加正式面试并获得成功

因为不能如期交纳房租，克里斯不得不干起了替房东粉刷房子的工作。干得正欢的他，被警察带走并因迟交汽车罚款而拘留在警察局。第二天，当他终于从警察局出来的时候，离迪安·维特公司约定的面试只有45分钟了。是选择回去换衣服还是不换衣服去面试场地？克里斯再次做出了智慧的选择，他一路疾跑，冲到了迪安·维特公司。

来到迪安·维特公司，克里斯的内心是不安的。一贯西装领带、注重形象的他在这个他渴望已久的面试的大日子里，却穿着粉刷房子的衣服。在走过公司办公室区域的时候，在到处都是穿着整齐的人的办公室环境中，他感到了不自在，而周围的人们也对他投来了异样的目光。在20个面试者当中，克里斯的形象显得那么突兀。

等候时的克里斯一直在思考，一直在掩饰内心的不安。终于轮到他了，他硬着头皮走进面试办公室。

克里斯走进面试办公室，他不顾托斯特尔一脸诧异的表情，主动走上前打招呼："我叫克里斯·加德纳，早晨好！"边说边依次主动地向面试官伸出手，并向每一个人都介绍一次："我叫克里斯·加德纳，很高兴见到您。"

"我叫克里斯·加德纳，见到您是我的荣幸。"此时，他已经走到了四位面试官的对面，显然，他已经感受到了四位面试官对他服装的迷惑。

克里斯隔着桌子开始叙述："我在门口等面试的时候，坐了半个小时，就是想应该讲出一个什么故事，来解释面试我居然穿成这个样子。我想这样的故事应该能够体现一个人的素质，我推测你们一定会尊重这样的素质（此时，他主动坐在了应聘者应该坐的那个位子上），比如，执著、刻苦或者团队合作这样类似的优秀品质。遗憾的是，我想不到任何这样的故事，事实就是事实，我因为没有交汽车罚款单而被拘留一夜……"

"停车罚款单？"面试官之一重复着他的话，并笑出声，表示有一点滑稽。克里斯接着说："今天早晨，我从波克警察局一路跑来的……"此时，主面试官发话："在被拘留前，你正在干什么呢？"

克里斯：我在为房间刷漆。

主面试官：那么，它们现在干了吗？

克里斯：应该是吧。

主面试官：杰森说你非常有决心和毅力。

杰森插话：他拎着一个重40磅的什么新鲜发明在我们办公楼前徘徊了一个多月呢。

主面试官：他还说你很聪明。

克里斯：我同意他的判断。

主面试官：你真的想学学这个行业？

克里斯：没错，先生，我想学学这个行业！

主面试官：你已经开始自学了吗？

克里斯：绝对的，已经开始了。

此时，主面试官转向杰森问道：杰森，你见过克里斯几次？

杰森：不记得了，不过肯定不止一次呀。

主面试官：他穿成过这个样子吗？

杰森：没有过，一直都是西服、领带，整整齐齐的。

主面试官转回克里斯，一边翻阅眼前的简历，一边问道：在班级里是第一名？中学也是，高中也是？

克里斯：是的，先生。

主面试官：班上有多少个学生？克里斯：12个。接着补充了一句，那是一个小城。

主面试官将手里的纸张放下，失望地嘟囔道："原来是这样。"

克里斯抢先一句："不过，在海军雷达兵我也是第一，那个班有20个人呢。"

主面试官手里拿着铅笔在眼前的纸上随意涂鸦，心不在焉，也没有正眼看克里斯。

克里斯：我能说一点我的想法吗？我是这样一种人，如果你问的问题我不知道答案，我会诚实地说不知道，但我发誓的是，我肯定知道如何找到答案，并且，最终我确定肯定会找到答案。这样的人您满意吗？

此时，主面试官抬起头，皱着眉，提高音调问："克里斯，如果有一个应聘者连正经的衬衣都没有穿，而我却录取了他，你会怎么解释呀？"

克里斯稍微沉思，迅速回答："那他肯定是穿了绝对优雅的裤子！"

他的这个回答引发了主面试官以及另外三个面试官的笑声，是一种自发的、仿佛听到了机智的笑话一样的笑声。

（资料来源：王旭. 看电影学礼仪[M]. 广州：南方日报出版社，2012.）

四、"怎样才是一个合格的应聘者"自测

怎样在应聘中战胜对手？根据许多人的实际经验设计的这套自测题，将会帮助你更好地把握求职应聘的一些小"窍门"。

（1）面对考官你将穿什么衣服？（　　）

A. 牛仔装　　B. 职业装　　C. 西装加领带

（2）你的第一句话是什么？（　　）

A. 等主考官问你再说　　B. "我叫×××，我是来应聘××职位的。"

C. "您好！我是来应聘××职位的，以自荐吗？"

（3）"你为什么离开你先前的雇主？"（　　）

A. 不能发挥自己的专长　　B. 工资太低，不能养活自己及家人

C. 原先老板人格太差　　D. 工作环境恶劣

（4）"你有信心胜任这个职位吗？"（　　）

A. 应该有　　B. 有信心　　C. 绝对有

（5）应聘时，你的手放在哪里？（　　）

A. 放在桌上　　B. 边说边做手势　　C. 放在桌下

（6）应聘时，你的眼睛往哪里看？（　　）

A. 盯着对方的脸　　B. 注意对方的表情　　C. 盯着对方头顶

（7）"你希望什么时候上班？"（　　）

A. 马上　　B. 一周以后　　C. 一个月以后

（8）如果有上、中、下三等工薪，你申请哪一等？（　　）

A. 上等　　B. 中等　　C. 下等

（9）回答问题时，你准备用哪一种话音？（　　）

A. 普通话　　B. 当地话　　C. 家乡话

（10）如果主考官和你都坐在沙发上谈，你准备怎么坐？（　　）

A. 跷起二郎腿同他谈　　B. 他怎么个坐相我就怎么个坐相

C. 坐如钟　　D. 放松地坐着谈

记分如下：

（1）　A +1　　B –1　　C +2

（2）　A –1　　B 0　　C +1

(3)　A +1　B 0　C −1　D −2
(4)　A 0　B +1　C −1
(5)　A +1　B −1　C 0
(6)　A 0　B +1　C −1
(7)　A +1　B 0　C −1
(8)　A −1　B +1　C −1
(9)　A +1　B 0　C −1
(10)　A −2　B −1　C 0　D +1

如果你得分在6分以上，那么你极有可能成为竞争中的佼佼者；3～5分，说明你还得训练应聘素质；3分以下，说明你不适应应聘。

（资料来源：屈海英. 新编演讲与口才[M]. 杭州：浙江大学出版社，2011.）

课后练习

一、面试口才训练

1. 以小组为单位，轮流做自我介绍，互相点评，借鉴彼此的成功之处。

2. 设想你对做一位宾馆公关部经理向往已久，现在有了这样的一个机会，但你的竞争对手如林，在面试时你如何推销自己？

3. 请分析下面几句面试应答语的错误。

(1)“我原来那个单位的人际环境太差了，小人太多，没法与他们相处。”

(2)“现在已有多家公司表示要我，所以请你们务必于这个月底之前答复我。”

(3)“我毕业于名牌大学，学的又是热门专业，我是一个杰出的人才，我想实现我远大的理想和宏伟的抱负。”

(4)“我很想知道我如果到你们公司，每个月能挣多少钱？”

4. 日本的一些大公司在招聘人才进行面试时，专门就说话能力规定了若干不予录用的条文。其中有：

应聘者声若蚊子者，不予录用；
说话没有抑扬顿挫者，不予录用；
交谈时，不得要领者，不予录用；
交谈时，不能干脆利落回答问题者，不予录用；
说话无生气者，不予录用；
说话颠三倒四、不知所云者，不予录用。

对于日本大公司招聘人才的以上规定你有何看法？

5. 面试官问：“关于工资，你的期望值是多少？”应试者反问：“你们打算出多少？”如果是你，会这样反问面试官吗？为什么？

6. 根据面试者的提问，分析哪一种应答更能获得赞许。

（1）没有工作经验，你认为自己适合我们的要求吗？

应聘者1：可是你们就是来招聘应届大学生的啊。

应聘者2：听说有一只幼虎因为没有狩猎经验，而被拒绝在狩猎圈之外，你认为它还有成长的可能吗？

（2）为什么你读哲学，却来申请做审计？

应聘者1：你们已经说明“不限专业”，所以我想来试试。

应聘者2：据说外行的灵感往往超过内行，因为他们没有思维定式，没有条条框框。

应聘者3：我之所以跨专业谋职，是为了给自己提供这样一种动力，终生学习才不会被社会淘汰。

（3）你穿的西装好像质地不怎么样啊！

应聘者1：穿着并不影响我的表现，何况我还没工作，买不起更好的。

应聘者2：昨天我怀揣买西装的钱路过书店，发现两套对我来说至关重要的书，可能会为今天的面试提供帮助，我于是花掉了凑来买西装的钱。

（4）假如明天你就要死了，你希望自己的墓碑上刻上一句什么话？

（考官实际是想问，这一生你希望自己能达到怎样的成就。）

应聘者1：找了份好工作、找了个好老公等“老婆孩子热炕头”式的“人生理想”，或者请安息吧、我是个好人之类不着边际的空话。

应聘者2：我这一生在很多不同行业工作过，这让我很满足。

（5）你不认为你做这项工作太年轻了吗？

应聘者1：我虽然年轻，但我有干劲，敢于接受挑战，相信我一定能做得很好。

应聘者2：事实上下个月我就满23周岁了，尽管我没有相关的工作经历，但我有整整两年领导学校学生会工作的经验。您可以想象，负责管理全校3000多名学生并非易事，没有一定的管理才能和领导艺术，是无法胜任的。所以，我认为，年龄固然能说明一定的问题，但个人素质和能力更为重要。因为这是一个部门经理所不可缺少的。

（资料来源：http://www.yjbys.com/bbs/367461.html.）

7. 针对以下情境回答问题

（1）SUNNY 下午 5 点多在报摊上买了份招聘类报纸，查阅到了一个心仪职位。为了在第一时间与招聘方联系，就立刻拨通了对方电话：“喂，请问是××公司吗？我看了报纸，想来应聘……”还没等她说完，对方就表示人力资源部负责人正在开会，且下班时间快到了，没空细聊，但还是记下了她的手机号码，表示第二天会联系她。

问题：从上述案例可以看出，SUNNY 没有在合适的时间找到合适的人，主动致电变为了被动等候，是一次很失败的电话应聘。请你帮助她分析一下正确的电话应聘应注意哪些礼仪要点。

（2）廖远正逛街，突然接到某公司的电话面试。此时周围有商场背景音乐和人群的嘈杂声，对面试不利。于是廖远非常礼貌地告诉对方：“不好意思，我正在外面，环境比较吵闹，是否能过10分钟给您打回去？”对方应允，并留下电话。

问题：很多企业在收到简历后，为节约时间，首先通过电话面试做初步筛选。电话面试会准备几个目的性问题，用以核实求职者的背景，考察求职者的语言表达能力等。请你分析对于上述的电话面试环节，为获得成功，我们应预先做好哪些准备工作？

（3）李明自认第一轮面试回答顺利，应该能有复试结果。然而 3 天后仍未接到电话。焦急的他按捺不住致电对方："喂，您好，我是李明，我想请问一下你们第二轮复试是否已经开始？""对不起，我们的复试已经开始，若你没有接到通知，说明没有进入第二轮面试。"公司方简单地回绝了李明。

问题：若没有接到再次参加面试的通知，表示此次应聘失败，即使打电话询问也无可挽回。但是，李明自认为第一次面试给对方留下了非常深刻的印象，且双方交流愉快，想了解应聘失败的真正理由，你能帮助李明想一想应该怎么办吗？

（资料来源：http://jingyan.baidu.com/article/4853e1e5cd08201909f72603.html.）

二、案例分析

对话

面试官：你带简历了吗？

求职者（男生）：之前我在网上投过了，不用再带了吧？

面试官：你能做什么呢？

求职者：我喜欢的我都能做好，我不喜欢的我就不会去做。

面试官：你以前做过什么工作吗？

求职者：什么都没做过，我是个应届毕业生，我是来找工作的。

面试官：那你凭什么觉得你能把工作做好呢？

求职者：我觉得只要有信心就能把工作做好。

面试官：你的信心来自哪里？

求职者：来自我的能力，来自我的信念。

面试官：你的人生目标是什么？

求职者：做第二个马云。

面试官：你为什么觉得你能像马云那样成功呢？

求职者：因为他长得那么别致都可以成功，我觉得我更有能力超过他。

面试官：这跟他的长相无关吧？

求职者：开个玩笑啦！我觉得每个人做事都是靠信心完成的！马云能有这样的志向，我也有志向完成我的人生目标。

面试官：你对工资待遇有什么要求？

求职者：试用期你们可以随便给，如果正式录用我要求每月 4000 元以上。

面试官：我们公司的薪酬达不到这个要求，你为什么要求这么高呢？

求职者：因为到时候你们会看到我的能力，你们会觉得物超所值。

面试官：你对工作还有什么要求？

求职者：我要求自由的上班时间，每天只要我完成了公司布置的任务就可以下班了；我还要求用 QQ 与外界联系，方便我调用各方资源；我还希望不要让我与外面的客户面对面打交道，因为我不喜欢。

面试官：你之前去其他公司应聘也是这样吗？

求职者：是的，我这个人就是这样的。

思考题：

（1）看完这个案例，你的第一感觉怎么样？

（2）案例中这位男生应答的语言有什么特点？体现出了这位男生什么样的性格？

（3）如果你是面试官，你对这位男生有何评价？你会给他工作的机会吗？为什么？

两次面试

一个青年人在一家小信息公司颇有成就，因此想进入一家位列世界 500 强的大公司工作。第一次面试时，面试官问他："你认为自己最显著的成就是什么？为什么？"

他自信地说："我从小到大的求学是非常艰难的，在工作中也遇到很多困难，但我一一努力克服了。"出乎意料的是，他落选了。

经过一番反思，他发现了其中的问题：努力学习在今天是很普通的，而且回答里强调一个过程而不是某一具体活动，没有突出独特性。

当他第二次面试时，他说："我在信息科技公司工作的那段时间是我最骄傲的经历，当时我被聘用为营销部经理助理，帮助开发新型电脑并投放市场。在我上任两星期后，经理突然心脏病发作，管理层决定把这个项目拖延六个月。我认真思考了公司上层的这个决定，认为在飞速发展的市场中，拖延就代表着失败。于是，我找到了主管我们这个部门的副总裁谈了自己的看法，并拿出了一个基本完善的计划。我承认，的确有一些新东西需要学习，但这些困难我可以克服。他勉强同意我为代理经理，这之后的六个月，我学到了很多东西并日以继夜地工作，最后我们的产品取得了成功。"

可想而知，最后，他如愿以偿地进入了那家大企业。

思考题：

（1）案例中的这位青年人两次面试的表现有何不同？

（2）他第二次为什么能如愿以偿地被那家大企业录用？

（3）在求职面试中如何更好地与面试官沟通。

成功的面试

江丽萍待人彬彬有礼，很讲究面试礼仪，如愿以偿，她成功地当上了某销售部经理秘书。请看江丽萍参加面试的全过程。

上午 10 时 20 分，江丽萍迈着轻盈的步子准时走进了销售部经理张吉的办公室。此时的江小姐身着银灰色西装套裙，内衬红白碎花衬衣，显得格外端庄、典雅、职业化。这一天，江小姐是前来接受面试的。在此之前她已经递交了个人简历和推荐信，并填写了求职申请书，她拟求的职位是销售部经理秘书。

张先生（点头微笑并示意江小姐坐下）："江丽萍小姐，你好！"

江小姐（微笑回应）："你好！张先生。"（然后缓缓地坐下，并把手提包轻轻放在椅子边。）

张（以下简称张）："江小姐，我们这儿不难找吧！"

江（以下简称江）："没问题。您知道我对这儿很熟。"

张："不错，（翻着江小姐的《求职申请书》）我们这有你的《求职申请书》。看来，你的各方面条件都不错，尤其是外语。你在审计局能用上你的英语和……（看江的《求职申请书》）日语吗？"

江："用得很少，这也就是我为什么要来这应聘的原因之一，我希望能更多地用上我的外语。"

张："噢，好！你有速记和打字的结业证书，而且你的速度很不错。"

江："张先生，您知道那都是我一年前的成绩。事实上我现在的速度快多了。"

张："嗯。江小姐你为什么想来这儿工作呢？"

江："主要想用上我的外语专长。当然我从秘书做起的另一个原因，是想逐步地积累一些做贸易的经验，以便将来能独当一面地从事贸易工作。"

张：“噢！（这时电话铃声响起，张对江）对不起。（接着对话筒）对不起，这会儿很忙，我一会儿给你打过去。（放下话筒，对江）实在抱歉，嗯，你对计算机很感兴趣。上面说……（张查看江的《求职申请书》）。”

江：“是的。事实上，我哥哥在一家大的外贸公司里从事无纸贸易。我对此很有兴趣，在家哥哥也经常帮助我。”

张：“那很有趣！好！江小姐你有什么问题要问我吗？”

江：“主要是工资问题。广告上说‘待遇优厚’……张先生，您能给我具体讲一下吗？”

张：“噢，是这样。我们职员的待遇在外企中属中等偏上。例如，一个新入公司的秘书每月工资1600元人民币。因此我也想从1600元给你起薪，你看怎么样？”

江：“张先生，我希望您们对像我这样具有专业背景、实际经验及外语水平的人能给予恰当的评估及合适的月薪。顺便说一下，我在审计局的月工资包括奖金近1800元。”

张：“一周之后你会得到我们的消息，到时候我们再具体谈谈。”

江：“好的，谢谢您，张先生。”

张：“再见，江小姐。”

江：“再见，张先生。”

一周后，换了一身装束的江小姐又神态自若地走进了张经理的办公室。这一次，他们具体地谈了工作、待遇及其他。

大约10天后，江丽萍兴致勃勃地开始了她的秘书生涯，月薪1800元人民币。

思考题：

（1）江丽萍面试成功的秘诀何在？

（2）本实例对你有何启发？

巧答难题

临近毕业，一家地市级日报招聘采编人员。在入围面试的10个人中，无论是从学历还是从所学专业来看，我都处于下风，唯一的一点优势就是我有从业经验——在学校主办过校报。

接到面试通知后，我把收集到的该日报社的厚厚一摞报纸重新翻了一遍，琢磨它办报的风格、特色、定位及其主要的专栏等，做到心中有数。我记下了一串常在报纸上出现的编辑、记者的名字。

参加面试时，评委竟然有8个。第一个问题是常规性的自我介绍。第二个问题是“你经常看我们的报纸吗？你对我们的报纸有多少了解？”我于是把自己对这个报社的认识，包括其办报的风格、特色、定位等全部都说了出来。最后我说：“我还了解咱们报社许多编辑、记者的行文风格。例如某某老师写得简洁明了，某某老师文风清新自然。虽然我与他们并不相识，但文如其人，我经常读他们的文章，也算是与他们相识了。”我当时注意到，许多评委露出了会心的微笑。后来我才了解到，我提到的许多老师就是当时现场的评委。

第三个问题是“谈谈你应聘的优势与不足”。我说：“我的优势是有两年办板报经验，并且深爱着报业这一行。我的缺点是拿起一张报纸，总是情不自禁地给人家挑错，甚至有时上厕所，也忍不住捡起地上的烂报纸看。”听到这里，评委们不约而同地笑了。

面试结束的时候，我把自己主办的校报挑出了几份分给各位评委，请他们翻一翻，提出宝贵意见，并说：“权当给我们学校做个广告。”评委们又笑了。

最终，我幸运地被录用了。

思考题：

（1）实例中的“我”回答面试问题的语言艺术如何？请予以分析。

（2）本实例对你有何启发？

老总的故事

一家公司的老总要招聘一名副手，这一天老总亲自来面试。但奇怪的是，老总并不是对应聘者逐个地进行面试，而是把所有人都集中到大会议室，讲起了故事：“唐朝有个大将军，名叫张飞。有一天，张飞带领军队追击敌人。那天是一年中最热的一天，士兵们带的水早就喝干了，沿途中没有可饮用水，士兵们又累又渴，连前进的力气都没有了。张飞焦急万分，后来灵机一动，指着前面对士兵说，转过这个山口前面就是一片梅林，梅子已经成熟了，大家加把劲，很快就能吃到可口的梅子了。士兵们在条件反射的作用下，顿时口舌生津，又有力气前进了。”

讲完之后，老总望着大家仿佛有所期待，应聘者则莫名其妙。终于有个人鼓足勇气站起来说：“老总，您今天的故事讲得很好，但我们是来参加面试的，不是来听讲故事的。请问老总，面试什么时候开始？”老总没有回答。

过了几分钟，他不易察觉地笑了一下，转身要离开。这时一个人站起来：“老总，请等一等！我想指出您的错误。您刚才所讲的故事中，至少犯了两个错误。第一，那个将军不是张飞，是曹操；第二，故事发生的时代也不是唐朝，而是三国。尽管我不明白您讲这个故事跟今天的面试有何关系，但我还是指出来，希望您别介意。”老总听完，脸上露出了微笑。

在这个故事中，老总就是通过讲一个家喻户晓的故事，并故意犯了两个错误，把他的真实意图隐蔽起来：他想寻求一个善于发现他的错误并有勇气大胆指出来的副手。

思考题：

（1）请结合本实例谈谈面试中如何准确判断对方的意图。

（2）本实例对你有何启示？

我只当一张红桃 A

阿智大学毕业后，在宣传广告栏的一张海报上看到一则招聘销售主管的广告，率性不羁的他马上决定去一试锋芒。

他首先制作了一份个人简历，简历中他称自己已大学本科毕业，品学兼优，且在大学阶段已有一段丰富的工作经历。做好简历后，他用计算机将自己满意的一张照片进行加工，将照片的背景变为扑克牌中的红桃 A，这样，英俊的他就置身于一片“红桃”之中。他又在照片底部写上：“我将是您手中的一张好牌。”这一切都做好了，他使用扫描仪把这份简历和照片扫到他的个人主页中，传送到那家公司的电子邮箱内，同时他又将介绍信和照片通过邮局寄到公司。

一天之后，阿智来到公司人事部。参加面试的似乎只有他一个人，他很奇怪。考官问了他一些问题，他很轻松地对答如流。最后，考官叫他写点东西，他想到刚才在办公楼外见到的一些现象：员工们的自行车、摩托车乱放；门卫迎接客人时懒洋洋的，一句招呼也不打；走廊过道上灰尘很多……他下笔有神，很快就写出一篇“管理公关之我见”。

很快，他就被考官请到了总经理办公室。总经理很随意地和他聊起天来。他说：“知道为什么今天就你一个人来面试吗？”他摇摇头。“我们最先收到你的个人资料，你可能是唯一通过 E-mail 发送个人简历的应聘者！”他恍然大悟。“你的照片背景为什么不是王牌，却是一张红桃 A 呢？”总经理问。阿智镇定地站着，胸有成竹地说：“你们的招聘广告上不是写着‘招纳贤士，共创大业’吗？我不想做王，只希望为老总您横刀立马，冲锋陷阵，共创大业！”

三天后，阿智收到了熠熠闪光的聘书，成为销售主管。

思考题：

（1）“我只当一张红桃A”体现了阿智什么样的求职理念？

（2）为什么该理念得到了招聘单位的欣赏和录用？

一个戏剧性的求职故事

以下是一个真实的大学生求职故事，情节迭宕起伏，具有一定的戏剧性，耐人寻味，也能让人真切感受到求职语言是能够改变大学生职场人生的强大力量。

一天，中央某部委两位女领导来到武汉一所著名高校某学院，招录一名男性应届毕业生。当说明来意后，该院分管学生工作的副书记表示男生都已签约用人单位，并力推自己的女学生，希望领导考虑录用，然而两位领导坚持不考虑。眼看选录就要结束，一位身材高挑、面容姣好的女生出现在众人眼前，双方的谈话有了下文。书记竭力推荐：“真巧，两位领导，这位女同学就是我说的优秀女生，她是学生会主席，校时装队队长。”碍于情面，两位领导不得不继续应付对话。“你叫什么名字？”“汪慧（化名）。”“找到工作单位了吗？”“还没呢！”“为什么没找到工作？”“唉，说来真气愤，社会上都重男轻女。更可恶的是，很多单位老板自己就是女人，还瞧不起女人……”“好的，我们回去研究一下，如果接收你，电话通知你！”可以想见，不可能有电话通知了。

出于对这位女生的同情，书记利用考官如厕的短暂间隙，与这位女生进行了简短的交流。“汪慧，你是不是不想去北京，去部里工作？”“没有呀，做梦都想！”“可是你刚才的话给我的印象就是无所谓，不想去。”“没有呀，是不是我的话有问题？”“好像是有点问题！社会上不太接受女生是一个事实，但你说女领导不接受女生就是‘更可恶’，那么，今天来的两个领导也是女人，如果不接收你，是否和你说的女老板一样可恶？同样一句话，如果换一个角度或方式，或许会收到既令人同情，又取悦领导的‘两全’效果！”女孩霎时领悟过来，问道：“那应该怎么说呢？”“你可以说，现在社会上重男轻女，对女大学生不公平，但是这种偏见没有依据，社会上不乏成功女性，在座的两位领导不都是女性吗？不是也很优秀吗？”听了书记一席话，汪慧立即意识到自己“不小心”犯下“致命错”，这个错就源于自己语言失当。为了帮她挽回败局，书记建议她待领导返回时，找个话题表达出这两个意思：一是告诉她们其实女人不比男人差，两位阿姨就是“铁证”；二是自己因为没工作，什么都没有，唤起她们的“母爱”，赢得她们的同情，同时提醒她再为自己寻找更多表现的机会，赢得她们的好感。

在书记的授意下，于是有了下面一段对白。“两位领导，请您二位一定要给我一个机会。我真的很无助，大学的我一直很努力，全方位锻炼自己的能力，老师都评价我品学兼优，还是‘三好学生’‘优秀学生干部’，一直以为自己会得到社会的承认，可是就因为我是女生，如今连一份工作都没着落。我真的想不通，为什么说女生就不如男生呢？社会上不是有很多的成功女性吗？比方你们两位不就是女性吗？不是比许多男性更加优秀吗？”“呵呵，这丫头会说话！”两位领导一下子被说乐了。看到领导开心，女孩开始自信起来。“非但如此，女大学生找不到工作，真心酸。读了十多年的书，工作没有，饭碗就没有，就因为没有找到工作，连谈了三年的男朋友，也于三月前分手了，我现在真的是‘一无所有’了！”一席话，一下子赚得了两位“妈妈领导”的怜悯心，她们关切地问：“真的？那好吧，我们会考虑你的情况，回去等我们的消息吧！”事情到此终于有了一些转机，女孩也更有信心了，便热情地邀请两位领导到校园里参观，并表示希望最后当一次向导陪领导参观校园。一天下来，女孩已与两位领导成了能够交心的“朋友”。

晚上，女孩必须回校了，此时女孩最盼望的是领导能够明白表态接收她，告别的手在空中迟迟没有放下，在期待中一步三回头。“这女孩其实很不错，要是男孩多好！”书记首先打破沉默。“是呀，又漂亮，还乖巧。”处长应道。“那要不……”听到两人都说不错，司长终于开腔了。一听司长有改主意的意思，书记便随口大声叫了女孩的名字，已消失在夜幕中的女孩应声作答，并以百米冲刺的速度扑向两位领导，气喘吁吁地问道：“两位阿姨是不是答应要我了？”此时，已容不得两位领导再拒绝了。“好吧，汪慧，你真的愿意去部里工作？你真的没有男朋友？如果这样，那么我现在正式通知你，你被录用了！”司长的决定让女孩欣喜若狂。

后来听说女孩一进部里就赶上了国家部委精简，被送到美国进修两年，再后来做了处长，如今已经是一名位高权重的司级干部了。

思考题：

（1）汪慧在成功的求职中运用了哪些语言技巧？

（2）本案例对你有哪些启示？

第七章　职场口才

说话和事业的进展有很大的关系，是一个人力量的主要体现。

——【美】本杰明·富兰克林

如果有一天神秘莫测的天意将从我这里把我的全部天赋和能力夺走，而只给我留下选择其中一样保留的机会，我将会毫不犹豫地要求将口才留下，如此一来我将能够快速地恢复其余。

——【美】丹尼尔·韦伯斯特

学习目标

掌握与领导沟通的基本原则和方法；明确请示与汇报工作的技巧；掌握处理领导误解的沟通技巧；掌握与同事沟通的要求、方法及注意事项；明确职场“新人”与同事沟通的技巧；掌握劝慰同事的技巧；了解与下属沟通的意义；掌握与下属谈心的技巧；掌握调解下属矛盾的技巧。

案例导入

不善沟通的约翰

约翰所在的公司要进行人事调动，负责人罗伯特对约翰说：“把手下的工作放一放去销售部工作，我觉得那里更适合你，你有什么意见吗？”

约翰撇了撇嘴说：“意见？您是负责人，我敢有意见吗？”实际上他的意见大的很，因为当时销售部的状况特别糟糕。

来到销售部后，约翰的消极情绪非常严重，总是板着一副面孔，对同事爱理不理，别人主动跟他打招呼，他也只是应付地点点头，一来二去，同事们渐渐疏远了他。

一天，一个客户打来电话，请约翰转告罗伯特，让罗伯特第二天务必到客户那里参加洽谈会，有非常重要的生意要谈。约翰认为这是绝好的报复机会，就当什么事也没有发生一样，吹着口哨回家了。

第二天，罗伯特将他叫进办公室严厉地说：“约翰，客户那么重要的电话怎么不告诉我？你知道吗？要不是客户早晨打电话给我，一笔1000万美元的大生意就白白溜走了！”

罗伯特看了看约翰，约翰一副毫不在乎的样子，根本没有承认错误的迹象，便说，“约翰，说实在的，你的工作能力还不错，但在为人处世方面还不够成熟，我本来想借此机会锻炼你一下，可你却让我大失所望。我知道你心里对我不满，可你非但不与我沟通，反而暗中给我使绊子。你知道吗，部门的前途差一点毁在你手里。你没能通过考验，所以现在我只能遗憾地宣布：你被解雇了。”

鉴于此案的教训，这家公司高管层专门召开了一次名为“张开你的嘴巴”的会议，强调并鼓励所有员工要与上级多多进行沟通。

问题：

（1）约翰为什么被解雇了？

（2）本案例对你有何启示？

人在职场，必然要与领导、同事、下属等进行交往，交往的效果将直接影响个人的职业生涯乃至发展前途。因为，我们每天至少有三分之一的时间是在职场度过的，能否从工作中获得快乐与满足，能否敬业、乐业并最终成就一番事业，领导、同事和下属均扮演着很重要的角色。讲究职场沟通艺术，不仅可以减少矛盾与冲突，还能使职场人际关系更加和谐融洽，大大提高工作效率。所以，有专家认为，一个职场人士必须具备三项基本技能，即：沟通技巧+管理才能+团队合作意识。世界上很多著名的大公司也都以此来要求员工。

职场沟通的对象主要包括上司、同事和下属等。对象不同，沟通的技巧也有所不同。但是，无论与谁沟通均应遵循以下基本原则：

一是真诚。在沟通过程中，只有坦诚相见，言必由衷，才能促进理解和信任，才能化解矛盾与隔阂。

二是自信。成功者就是那些拥有坚强信念的普通人。在沟通中，只要充满自信，就能从容不迫、应对自如，就能赢得对方的尊重与认可。

三是友善。即从他人的立场看事情，从对方的角度想问题，以友善的态度与人沟通。

四是理性。沟通一定要清醒、理智，明确沟通的目的，预知沟通的效果，采取可行的沟通方法。不信口雌黄、口无遮拦，不一时冲动、说“过头话”，不无谓争执、伤了和气，不斤斤计较、耿耿于怀。

五是尊重。沟通的主体都是平等的，只有互相尊重，平等交流，沟通才能顺利进行。在职场沟通中切记要不责备、不抱怨、不攻击、不谩骂、不说教。

六是互动。沟通是双向性的，不是洗耳恭听、默不作声，也不是口若悬河、夸夸其谈。

沟通始终是两个维度之间平等、融洽的互动交流。恪守互动原则，才能在沟通中有说有听，有问有答，对等交流，实现共赢。

第一节　与领导沟通

与领导沟通，指的是团队成员通过一定的渠道和方式，与管理者或决策层所进行的信息交流。

上下级之间的有效沟通，无论对于组织还是个人，都具有十分重要的意义。仅就下级而言，通过与上级主动有效的沟通，既能准确了解信息，提高工作效能，又能及时表达自己的意愿，形成积极的双向互动。

一、与领导沟通的基本原则

与职场其他交际对象相比，“上级领导”这个群体往往具有图 7-1 所示的基本特征，在沟通过程中尤须注意遵循以下一些基本原则。

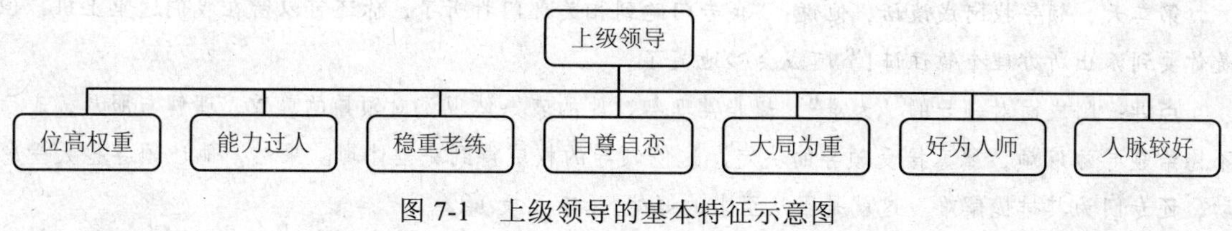

图 7-1　上级领导的基本特征示意图

1. 不卑不亢

与领导沟通，要采取不卑不亢的态度，既不能唯唯诺诺、一味附和，也不能恃才而傲、盛气凌人。因为沟通只有在公平的原则下进行，才可能坦诚相见，求得共识。

在社交过程中，每个人都有一种心理期待，希望得到别人的尊重、帮助，希望自己应有的地位和荣誉得到肯定和巩固，没有人愿意在一个群体中被孤立和冷落。如果这种愿望得不到满足，就会对周围的人产生隔膜，进而拒绝合作。因此，尊重别人，是每个职场人士必备的一种修养。在工作中，尊重领导的意见，维护领导的威信，理解领导的难处和苦衷，即使提出不同的意见，也会讲究适当的时机，选择易于对方接受的方式，无论是对工作，还是对沟通双方的感情、建立融洽的心理关系，都是很有益处的。

尊重与讨好、奉承有着质的区别。前者是基于理解他人、满足他人正常心理和感情需要的前提下；而后者则往往是为了满足一己之私欲。现实生活中，确有一些人为了达到自己不可告人的目的，不惜降低人格，曲意迎合、奉承、讨好领导，不仅屏蔽了领导的耳目，降低了领导的威信，也造成了同事之间心理上的不和谐。绝大多数有主见的上司，对于那种一味奉承、随声附和的人都是比较反感的。

2. 工作为重

上下级之间的关系主要是工作关系，因此，下属在与领导沟通时，应从工做出发，以做好工作为沟通协调之要义。既要摈弃个人的恩怨和私利，又要摆脱人身依附关系，在任何时候、任何问题上都是为了工作，为了整个团队的利益；都要作风正派，光明磊落。切忌对领导一味地讨好献媚、阿谀奉承、百依百顺，丧失理性和原则，甚至违法乱纪。

3. 服从至上

上级居于领导地位，掌握全盘情况，一般来说考虑问题比较周全，处理问题能从大局出发。在与上级沟通时坚持服从原则，是一切组织通行的原则，是组织获得巩固和发展的基本条件。事实证明，如果下属与上级沟通时拒不服从，那么这样的组织就无法形成统一的意志和严密的整体，组织就会像一盘散沙，不可能顺利发展。当然，服从不是盲从，下属一旦发现领导某些错误，就应抱着对工作高度负责的态度，及时向领导反映，并请求领导予以改正。

【沟通小故事 7-1】

尊重领导的决定

阿成的工作很简单，就是每天收发文件。领导脾气很好，同事之间相处也很融洽，阿成很希望自己能长期在这里工作。

可是好景不长，一天领导突然找阿成谈话，他说："因为你是外地人，'三金'不好交，以我们公司目前的情况不可能给你转户口，而如果不给你交'三金'，我们就违反了国家的规定。所以……"

阿成听了也不知道该如何是好，他难过地说："我尊重您的决定，虽然我很喜欢这里。"阿成没有再说什么，出门前给领导鞠了个躬，并轻轻地把门带上。

第二天，领导找阿成谈话，他说："我专门跑到相关部门打听了，你还可以留在我们这里上班，但是你要到派出所办理个暂住证！"阿成会心地笑了。

点评：阿成面对领导的"为难"，却非常理智，他的表态体现了对领导的尊重、理解与服从，表示不愿给领导添麻烦，愿意接受领导的决定，这使领导的权威得到完全体现。果然，他让领导也大受感动，还专门为其排忧解难。这就是服从至上的好处。（李元授）

4. 非理想化

在与领导沟通中，下属不能用自己头脑中形成的理想化模式去要求现实中的领导，从而造成对领导的过分苛求。坚持非理想化原则，就必须全面地看待领导，既要看到其优点和长处，又要看到其缺点和短处，同时还要能够容纳领导的一般性错误和缺点，克服求全责备的思想。

二、与领导沟通的方法

1. 主动沟通

有人说："要当好管理者，就要先当好被管理者。"作为下属要时刻保持主动与领导沟通的意识，因为领导工作比较繁忙，不可能经常深入员工去寻求沟通。但在实际工作中，很多下属都害怕直面自己的上司，不敢积极主动地与上司沟通交流，这是一种职场通病。我们应该消除对上司的恐惧感，上司也是人，也有情感，而人与人之间如果没有了交流和沟通，那么情感也会因此而疏离。

【沟通小故事 7-2】

主动与领导沟通的小丽

小丽在一家化妆品公司做财务工作，一直以来，她踏实肯干，工作能力也很强，但一直没有得到提升，原因是她不善于主动与老总沟通，许多事都等着老总亲自来找她。后来由于工作上的竞争，她不得不离开这家公司。

小丽吸取失败的教训，辞职后以全新的面貌到另一家公司上班。一个月后她接到一份传真，说她花了两个星期争取到的一笔业务出了问题，她马上去找老总。老总正准备用电话同这位客户谈生意，她就将情况做了汇报，并提出具体的建议和意见。老总掌握这些材料后，与客户交谈时顺利地解决了这一问题。

此后，小丽经常主动向老总汇报工作，及时进行良好的沟通，并在销售和管理方面提出了一些不错的意见和建议，不断得到老总的认可。不久，她被提升为业务主管。

那么，怎样消除对上司的恐惧感呢？

首先，要抛弃"不宜与上司过多接触"的观念。合理的沟通观念应该是：和上司沟通是一个职场人士的基本职责之一。因为领导是决策者和管理者，而下属则是执行者和完成者，在决策执行和目标实现过程中，必须借助沟通了解上司意图，争取上司的支持，获得上司的认可。

其次，不要害怕在上司那里"碰钉子"。当上司反馈意见不理想时，要从沟通态度、方式等方面进行自我反省；同时，要仔细揣摩领导的态度和意见，并通过换位思考去寻求对领导处理方法的理解。

最后，要用改进沟通技能的方法增强自信。在沟通内容上，尽量做到观点清晰、有理有据、层次清楚。在沟通方式上，采用易被对方接受的沟通频率、语言风格和态度情绪；刚开始时最好采取面对面这种直接交流的方式，相互熟悉之后可借助电话、短信、电子邮件等方式。

【沟通小故事 7-3】

少说话也有效果

方知渔老实、木讷，很少出声。所以，尽管他工作勤勤恳恳，可是在公司里总是不上不下，几年如一日地待在当初的位置上。

上司最近出差，要带几个下属一道去。在火车上，方知渔的铺位刚好在上司的旁边，两人寒暄了几句后，就陷入了沉默。

突然，方知渔瞥见上司脚上穿着一双新皮鞋，非常显眼，于是就说：“头儿，你这鞋子很有品位，在哪里买的？”

原本只是没话找话，但上司一听，顿时眼睛放光说：“这双鞋啊，我在香港买的，世界名牌呢！”上司的话匣子一下子打开了，滔滔不绝地讲述自己在服装搭配上的心得，还善意地指出方知渔平时在工作中着装的不足。方知渔只听不说，关键的时候才加一句。两人言谈甚欢，下车的时候，上司意味深长地说：“知渔啊，看来以前对你的了解太少了，今后你好好干。

点评：赞美对方衣饰细节的变化，能迅速拉近双方间的距离。方知渔歪打正着了。

2. 适度沟通

所谓适度，是说下属与领导的关系要保持在一个有利于工作、事业及二者正常关系的适当范围内，形成和谐的工作环境，沟通既不能“不及”，也不可“过分”。

目前，下对上的沟通存在两大弊端：一是沟通频率过高。有些下属为了博得领导的赏识和信任，有事没事经常往领导办公室跑，既给领导的正常工作造成了干扰，又会让领导认为你缺乏独立工作能力，遇事没有主见。二是沟通频率过低。有些下属以为干好本职就行了，至于是否向领导汇报思想和工作情况则无所谓，因而该请示不请示，该汇报不汇报，目无组织和领导。久而久之，既不利于开展工作，一定程度上也会影响个人和团队的发展前途。

【沟通小故事 7-4】

乙主任为何里外不好做人

甲和乙是两位新上任的车间主任，业务水平都很高。不过，在与上级沟通时采取的却是截然不同的态度。甲主任认为，一定要和上级搞好关系，于是，有事没事就往厂领导那儿跑，弄得车间员工议论纷纷，都说甲主任只会拍马屁，不关心员工的实际工作。后来这话传到了厂领导耳朵里，领导感到很难堪。与此相反，乙主任则认为“打铁还要自身硬”，一天到晚只知埋头苦干，为了业务生产甚至连车间主任会都不参加。可是车间员工也不买账，他们认为这样的主任不会为员工着想；而厂领导也因为他常常不来开会，心生不满，乙主任由此弄得里外不好做人。

3. 适时沟通

上司一天到晚要考虑的事情很多，因此应根据问题的重要与否，选择恰当的沟通时机。

首先，要选择上司相对轻松的时候。与上司沟通之前，可以通过打电话、发短信等方式主动预约，或者请对方预定沟通的时间、地点，自己按时赴约。假如是个人私事，则不宜在上司埋头处理大事时去打扰，否则就会忙中添乱，适得其反。

其次，要选择上司心情良好的时候。沟通之前，与其秘书或助理取得联系，以了解对方的情绪状态。当上司情绪欠佳时，最好不要去打搅对方，特别是准备向对方提要求、摆困难或者发表不同意见的时候。

再次，要寻找适合单独交谈的机会。特别是试图改变上司的决定或意向的时候，要多利用非正式场合和没有第三者在场时。这样既能给自己留下回旋余地，又有利于维护上司的尊严。

最后，不要选择上司准备去度假、度假刚回来或吃饭、休息的时间沟通。因为，这时对方容易分散精力，心不在焉，或者匆忙做出决定。

4. 灵活沟通

由于个人的素质和经历不同，不同的领导就有不同的处事风格。揣摩上司的不同风格，在交往过程中区别对待，往往会获得更好的沟通效果（见表 7-1）。

表 7-1 与不同风格类型上司沟通的技巧

风格类型	性格特点	沟通技巧
控制型（权力欲强）	实际，果决，求胜心切 态度强硬，要求服从 关注结果，而非过程	简明扼要，直截了当 尊重权威，执行命令 称赞成就而非个性或人品
互动型（重人际关系）	亲切友善，善于交际 愿意聆听困难和要求 喜欢参与，主动营造融洽氛围	公开、真诚地赞美 开诚布公地发表意见 忌背后发泄不满情绪
务实型（干事创业）	为人处事自有标准 理性思考，不喜感情用事 注重细节，探究来龙去脉	开门见山，就事论事 据实陈述 不忽略关键细节

5. 定位沟通

正确认识自己的角色、地位，真正做到出力而不“越位”，是处理好上下级关系的一项重要艺术。越位是下级在处理与上级关系过程中常发生的一种错误。主要表现在以下几个方面。

第一决策越位。决策是领导活动的基本内容，不同层次的领导决策权限也不同。如果本该上级做出的决策却由下级做出了，就是超越权限的行为。

第二表态越位。一个人对某件事的基本态度，往往与其特定的身份相联系，超越身份胡乱表态，是不负责任的表现，是无效的。

第三工作越位。本该由上级出面才合适的工作，下级却越俎代庖、抢先去做，从而造成工作越位。

第四场合越位。有些场合，如应酬客人、参加宴会等，应适当突出上级，下级却张罗过欢，风头出尽，也会造成越位。

三、请示与汇报工作的技巧

请示，是下级向上级请求决断、指示或批示的行为；汇报，是下级向上级报告情况，提出建议的行为。二者都是职场人士经常性的工作。

【沟通小故事 7-5】

哪种请示汇报方式好？

“领导，感觉最近员工的士气总是不高，您能不能给我些建议？”

“领导，我感觉最近员工的士气不高，业绩也受到了影响。这两天，我跟大家沟通了一下，感觉主要是临近春节，很多客户都忙着拜年和要账，没有精力跟我们谈广告业务，而我们的业务员也都想着回家过年，所以整个团队士气不高。我感觉春节前这段时间还是很宝贵的，我们必须提高团队的士气，我有两个方案，您看怎样？一是我们在团队内部做个竞赛，业绩排名前六的，公司帮助解决回家的火车票；二是搞个激励活动，对表现良好的，公司准备一个春节大礼包。这两个方案，花费都不会超过 6000 元，而增加的收入可能是 60 万元，您看选择哪个比较好？”

点评：上司只做“选择题”，不做“问答题”。对于下属而言，把“问答题”抛给上级是不明智的做法，甚至会导致上级出现错误的判断或决定。所以在请示上级时，一定要掌握请示汇报的技巧。

1. 明确程序

请示与汇报工作主要有以下四个步骤。

一是明确指令。一项工作在明确了方向和目标后，上级通常会指定专人负责此项工作。如果上级明确指示自己去完成这项工作，就一定要迅速准确地把握领导的意图和工作的重点，包括谁传达的指令（who）、做什么（what）、什么时间（when）、什么地点（where）、为什么（why），以及怎么做（how）、工作量（how much）。其中任何一点不明白，都要主动询问，并及时记录下来。最后，还要简明扼要地复述一遍，以确认是否有遗漏之处或领会有误的地方。当对领导的指令理解模糊时，决不能“想当然”；在执行任务的过程中，遇到困难或疑惑之处，也要及时跟上司沟通，以避免多走弯路，贻误工作。

【小资料 7-1】

在面对上司的指示时应询问的问题

要知道上司希望做的是什么？

要知道这项任务的具体目标是什么？

要知道完成这项任务的最佳做法是什么？

要知道公司在这一项目上准备投入多少资源？

要知道怎样进行工作报告？报告中包括哪些内容？什么时候需要报告？应该向谁报告？信息要求以什么形式呈报？

二是拟定计划。在明确工作目标之后，应尽快拟订工作计划，交与领导审批。在拟定工作计划时，应详细阐述自己的行动方案和步骤，尤其是工作进度要有明确的时间表，以便领导进行监控。以制定月销售计划为例：首先，要明确下个月要达成的业绩目标；其次，要说明这些目标有多少源于老客户、多少源于新客户；最后，要说明打算通过哪些渠道，采用什么促销方案来实现这一目标，等等。这样的月销售计划交上去，既具体可行，也方便领导及时纠正。

三是适时请教。在工作进行过程中，要及时向领导汇报和请教，让领导了解工作进程和取得的阶段性成绩，并及时听取领导的意见和建议。切不可等工作全部结束后，才将工作情况和盘托出。

四是总结汇报。工作任务完成以后，应及时向领导总结汇报，总结成功的经验和不足之处，以便在今后的工作中改进提高。与上司沟通自己的工作总结，既显示出对上司的尊重，也有利于展示自己的才干，为赢得上司的赏识和器重奠定了基础。

【沟通小故事 7-6】

善于汇报的销售员

一个小伙子名叫小波，是一家酒店的销售员，颇得上司的赏识。他之所以能够得到上司的青睐，一方面是因为业绩突出；另一方面就是小波每做完一笔单子，都会以书面的形式总结出这项业务成功与失败的原因。上司对此非常满意，尽管有些单子完成的不是很出色，但上司从来没有责备过小波，相反，还经常给他提出一些合理化建议。

2. 充分准备

“凡事预则立，不预则废”。无论请示还是汇报，要想达到预期目的，事先都必须认真做好准备。

首先，要做好思想准备。向领导汇报，既要消除紧张心理，又要克服无所谓的态度，调整情绪，树立信心，认真对待。

其次，要做好资料准备。“巧妇难为无米之炊”，充分占有资料是汇报成功的基础。如果不熟悉情况，或某方面的情况还不明了，就不能凭主观臆断、道听途说去汇报，搞所谓“领导要，我就报，准不准，不知道”那一套。只有通过调查了解，准确掌握情况，才能进行请示汇报。

最后，要搞好“战术想定”。如果是就某个特殊问题请求上司批示，自己心中至少要有两套以上的解决方案，并对其利弊了然于胸，必要时向领导阐述明白，并提出自己的主张，争取领导的理解和支持。如果是就某项工作加以汇报，要在明确领导意图的基础上，确定汇报主题，把握汇报重点，组织汇报材料，合理安排内容的顺序与层次；对汇报中可能出现的情况，领导可能提出的问题，要做到心中有数，决不能仓促上阵。

3. 选择时机

除了紧急事件需及时请示、汇报外，还应注意选择以下时机：当本人分管或领导交办的工作告一段落时；工作中遇到较大困难，想求得领导帮助与支持时；领导决策需要某方面的信息时；领导主动询问有关情况时；领导有空余时间时；等等。汇报不仅要注意时机，还要区别场合，可以通过会议形式正式汇报的，尽量不要不分场合地临时汇报；当领导公务繁忙或工作中出现困难心情烦燥时，一般不宜贸然开口汇报。应选择领导人乐意听取汇报的时机进行汇报，以取得预期的效果。

4. 因人而异

在请示和汇报时下属应采取不同的方式，以适应不同领导者的风格特点。例如，对于严谨细致的领导者，要解释得详细一点，最好列举必要的事例和数据；对于干练果断的领导者，要注意言简意赅，提纲挈领；对于务实沉稳的领导者，注意语言朴实，少加修饰；对于活泼开朗的领导者，语言可以轻松幽默一些。总之，要针对领导的个性特点，有针对性地搞好请示和汇报。

【沟通小故事 7-7】

冯涛的汇报技巧

市建材公司的冯涛从一个用户那里考察回来后，敲了经理办公室的门。“情况怎样？”经理劈头就朝冯涛问道。冯涛坐定后，并不急于回答经理的问话，而是显得有些心事重重的样子。因为他十分了解经理的脾气，如果直接将不利的情况汇报给他，经理肯定会不高兴，搞不好还会认为自己没尽力去办。经理见冯涛的样子，已经猜出了肯定是对公司不利的情况，于是改用了另一种方式问道：

“情况糟到什么程度，有没有挽救的可能？”

“有！”这回冯涛回答得倒是十分干脆。

“那谈谈你的看法吧！”

冯涛这才把他考察到的情况汇报给经理：“我这次下去了解到，这个客户之所以不用我们厂的产品，主要是因为他们已经答应从另一个乡镇建材厂进货。”

“竟有这样的事！那你怎么看呢？”

“我想是这样的，我们公司的产品应该比乡镇企业的产品有优势，我们的产品不但质量好而且价格还很公道，在该省已经具有一定的知名度……”

点评：向上级请示汇报一定要掌握技巧，对不同类型的领导应采用不同的汇报方式，特别是汇报时涉及到坏消息，如果处理不好，可能会引火上身。冯涛的汇报技巧就是根据经理的性格特点，先给经理打预防针，然后再顺势而行。

5. 斟酌语言

向领导汇报工作，一定要抓住重点，简短明快，而不能东拉西扯，词不达意，这样的汇报既浪费领导宝贵的时间，又令人生厌。因此，下级向领导作汇报，一定要有提纲或打好腹稿，使用精辟的语言归纳整理所要汇报的内容，做到思路清晰，观点精炼，语言流畅，逻辑性强，遣词用语朴实、准确。关键语句要认真推敲；评价工作要把握好分寸，切忌说过头话；列举数字一定要准确无误，尽量避免"大概""估计""可能"之类的模糊词语。如果语言啰唆、拖泥带水，再好的内容也汇报不出应有的效果。

6. 遵守礼仪

一是准时赴约。要按照事先约定的时间到达。过早到达或迟迟不到，都是严重失礼的行为。二是举止得体。做到站有站相，坐有坐相，文雅大方，彬彬有礼。三是控制好时间。一般情况下，领导总是想先了解事情的结果，所以在汇报工作时要先说结果，再谈过程和程序。这样，汇报工作时就能简明扼要，有效节省时间。四是注意场合。切忌在路上、饭桌、家里汇报工作，更不能在公开场合与领导耳语汇报工作。

此外，请示与汇报还应注意：要按照下级服从上级的原则，坚持逐级请示、报告；要避免多头请示、报告，坚持谁交办向谁请示、报告，以减少不必要的矛盾，提高办事质量和工作效率；要尊重而不依赖，主动而不擅权。请示、汇报要根据工作需要，不能仰仗、依附于领导，时时、事事都去请教或求助。要在深刻领会领导工作思路的前提下，积极主动、大胆负责地开展工作。

四、妥善处理领导的误解

在实际工作中，由于某些特殊的原因，下级可能会无意得罪领导，遭到领导误解，尤其是在多个领导属下工作、单位人际关系复杂微妙的环境中。遇到这种情形，就必须设法消除误解，否则，就会影响工作甚至个人的发展前途。

【沟通小故事 7-8】

和好如初

李杰是三年前从基层调到宣传部的，因为宣传部的方部长是一个求贤若渴的人，见李杰在报纸上发表的文章文笔不错，就多方跑动，终于将这个人才网罗到自己的麾下。几年后，由于李杰精明能干，厂里调他到办公室工作，厂办主任也很喜欢他。

过了不久，李杰忽然觉得方部长似乎对自己有点看法，关系好像渐渐疏远了。经了解才知道，原来方部长和厂办主任之间有隔阂。方部长认为，李杰已经是厂办主任的人了，有点忘恩负义。误解的形成很简单：一次下雨，中层干部开会，李杰拿着雨伞去接上司，只发现雨中的厂办主任，却没有看见站在门口躲雨的方部长，这样雨中送伞就送出麻烦了。

盛怒之下，方部长对信得过的人说，都怪他当初看错人了，没想到李杰是个见利忘义的人。时间不长，此话便传到李杰的耳朵里了，他这才意识到自己已经被误解，问题严重了。怎么办呢？李杰真的有些为难了，他经过反复思考是这样处理的：

每当有人当面说起自己与方部长的关系时，他总是矢口否认两个人之间有矛盾。这样做一方面可以向方部长表明自己的人品；另一方面可以制止误解继续扩大，便于缓和与方部长的关系。

李杰和方部长在工作中经常打交道。他总是先向部长问好，不管对方理与不理，脸上总是笑呵呵的。逢到工作上一起宴请客人时，李杰总是斟满酒杯，当着客人的面向方部长敬酒，并公开说明正是由于方部长的培养和提拔，自己才有了今天的长进。李杰的感激和态度，不仅是对客人的介绍，更重要的还是一种心灵道白，表示自己并非忘恩负义的小人。最后，方部长终于和李杰和好如初。

宇宙万物，无时无刻不处于矛盾之中。在与领导共事的过程中，磕磕碰碰是在所难免的。其实，矛盾并不可怕，最重要的是我们能够勇敢地正视它，并运用自己的智慧和技巧化解它。上下级之间最常见的矛盾就是彼此之间存在着误解与隔阂。如果处理不当或掉以轻心，误解就会变成成见，隔阂更会扩展成鸿沟，这无疑对下属是极为不利的。

误解缘何而生？这是一个非常复杂的问题，它涉及人的心理活动的复杂性。嫉妒、多疑、防范、自负甚至偏爱，都可能诱发领导心中对别人的不信任感，导致各种误解。这里，我们想要探讨的是产生误解的一般性原因或者说客观性原因，这就是：上下级之间存在着信息不完全或沟通不充分。由于缺乏足够的沟通与交流，彼此对对方的情况没有清晰的认识，在判断事情上难免加入更多的主观色彩和心理因素，导致对对方的不客观认识和推测。

【沟通小故事 7-9】

职场生存——除了沟通还是沟通

小芸已在公司做了三年秘书，敬业精神有口皆碑。最近她新换了上司，是公司负责研发的副总经理。这位上司让小芸心烦不已，不是因为他不苟言笑、难以“伺候”，而是因为他特别喜欢加班，即使没有应酬，也不会在晚上七点半之前离开办公室。

小芸的家离公司比较远，每天下班回家要倒两次公交车和一次地铁，路上至少得花两个小时。另外，每周要上一次夜校，还要与男朋友约会。最初一个月，小芸还能坚持在上司离开办公室之后再下班，慢慢地就感到坚持不下去了。

作为职业秘书，小芸一开始就严格要求自己，三年来都是在上司下班后自己才下班，现在这位新上司的工作习惯却让她犯了难。经过一个多月的观察她发现，新上司也不是每天都有什么重要的事，有一次竟然是在网上玩游戏。

小芸希望上司能了解自己的苦衷，却不知道怎么开口。直接告诉上司自己家离公司很远，不能每天都加班到七点半？那就是说自己要比上司先下班，这有违她对自己的职业要求，她不能这么做。即使这么说了，上司也不一定会同意，那今后两人就更难相处了。要么“提醒”上司没事就早点下班？这更不行，这种“提醒”是变相的指责，更有违秘书的道德准则。

怎么办？思来想去，小芸最后决定辞职，尽管她舍不得这份轻车熟路的工作还有办公室里的同事。在小芸办完所有离职手续最后与上司告别时，上司问她为什么干得好好的要辞职，是不是他这个上司有什么地方做的不好，这时小芸才把心里的苦水倒了出来。

上司这才恍然大悟，但他告诉小芸，自己之所以每天七点半以后才离开办公室，是因为回家的路上有一段在建立交桥，每天上下班时都堵车，所以他总是挺到车流高峰过后才开车回家。

“原来是这么大的误会！这种事你怎么不早说？”上司问小芸。

小芸无言以对……

对待领导的误解，下属最明智的态度就是及时、主动地去消除它，不要让它变成成见与隔阂。怎样消除领导的误解？要从以下方面着手。

1. 掩盖矛盾

在其他同事或领导面前，极力掩盖彼此之间的矛盾，以防事态进一步扩大。

2. 尊重对方

即使领导误解了自己，仍要尊重对方，见面主动打招呼，不管对方反应如何都面带微笑；当误解自己的领导遇到困难的时候，要挺身而出，及时“救驾”，用实际行动去感动对方。

3. 背后褒扬

一方面可以通过他人之口替自己表白心迹；另一方面能够很好地取悦于对方，毕竟，第三者的话总是比较真实、可信的。

4. 主动沟通

经过以上多种努力，彼此之间的矛盾会有所缓和，在此基础上，下级要寻找合适机会，以请教的口吻让领导说出产生误会的原因。此时可以做必要的解释，但一定要注意措辞，适可而止，否则就会显得缺乏诚意，引起对方逆反心理。

5. 加强交流

误解消除后，要经常与领导进行思想交流和情感沟通，不断增进彼此之间的了解和友谊，以免误解再次发生。

第二节　与同事沟通

处理好同事关系对每一位职场人士来说都很重要。所谓同事关系，是指同一组织内部处于同一层次的员工之间存在的一种横向人际关系。同事之间既是天然的合作者，又是潜在的竞争者（图 7-2），这是一种微妙的人际关系，必然会产生既渴望“合作”，又警觉“竞争”的复杂心理。因此，职场人士在与同事相处时，应特别注意沟通艺术。

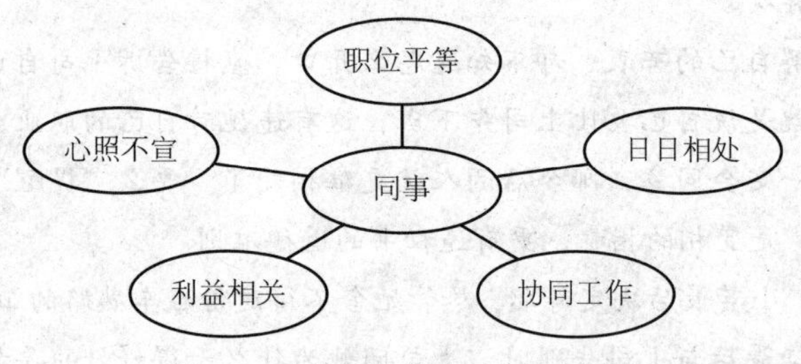

图 7-2　同事的基本特征示意图

【沟通小故事 7-10】

荀攸的智慧

三国时的荀攸智慧超群，谋略过人。他辅佐曹操征张绣、擒吕布、战袁绍、定乌恒，为曹操统一北方建功立业，做出了自己的贡献。在朝 20 余年，他能够从容自如地处理政治漩涡中上下左右的复杂关系，在极其残酷的同僚斗争中，始终地位稳定，立于不败之地。原因就在于他能谨以安身，以忍为安，很好地处理同僚关系。他平时特别注意周围的环境，对同僚从不刻意去争高下，总是表现得十分谦卑、文弱、愚钝和怯懦。他对于自己的功勋讳莫如深。这样，他就能和其他的同僚和平共处，并且深受曹操宠信，也从来没有人到曹操处进谗言加害于他，朝中朝外口碑极佳。

一、与同事沟通的基本要求

1. 互相尊重

尊重是人的需要，也是沟通的前提。职场人士的尊重需要包括团队成员给予的重视、威望、承认、名誉、地位和赏识等。每个成员都希望获得其他成员的承认，要求给予较高的评价，希望自己受到礼遇，获得较高的名誉和地位。尊重是相互的。古人语：敬人者人恒敬之。因此，职场中要想得到同事的尊重，就必须首先尊重同事的人格，尊重同事的工作和劳动，尊重同事在整个团队中的地位和作用。

【沟通小故事 7-11】

小陈为何不受欢迎

小陈是毕业于北京某重点大学的研究生，在单位工作几年后，由于业务能力突出被提拔为车间主任。这对他来说是一个施展才华的大舞台。但他在与别的车间主任交流时，总是流露出对这些工人出身的主任的不屑，开口闭口总是我们研究生如何、你们工人怎样，很快就把自己陷入与其他车间主任格格不入的境地，成为一个不受欢迎的人，最终不得不调换工作岗位。

2. 真诚待人

常言道：“精诚所至，金石为开。”同事之间要互相沟通，就必须消除不必要的戒备心理，摈弃“逢人只说三句话，不可全抛一片心”的处事原则，襟怀坦荡，以诚相见。唯有真诚，才能打开同事心灵的窗口，才能激起思想和情感上的共鸣。反之，如果当面一套，背后一套，或者说的一套，做的一套，就会失信于人，引起人们的反感。

【沟通小故事 7-12】

互相帮助

伍兰兰大学毕业后进入一家企业从事销售工作。她是一个勤劳善良的女孩，每天都提前到达公司，把同事的桌椅收拾整齐，把办公室打扫干净。尤其是帮同事江龙收拾好桌椅，由于江龙常常加班，桌上堆满书本，显得十分凌乱。江龙对此非常感激，主动要求带伍兰兰出去洽谈业务。在“师傅”的指引下，伍兰兰的能力提高很快。半年后，伍兰兰自认为已经能够胜任业务工作，私自决定替江龙撰写一份策划方案，并交给了客户。

没想到由于疏忽大意，一组数据被弄错了，客户因此否决了伍兰兰的方案，并且拒绝与他们合作。江龙得知后非常生气。伍兰兰诚恳地承认了错误，并在以后的工作中更加努力，将洽谈好的业务都算在江龙的头上，以此弥补自己的过失。

后来有一天，江龙生病住进医院，伍兰兰主动去医院精心照顾，而且没有放松工作，甚至连江龙的工作也一起处理了。

伍兰兰的一言一行都被同事们看在眼里，渐渐地，她的人缘越来越好，有什么事情大家都愿意真诚地帮助她。

点评：伍兰兰与同事交往的方法并不复杂她之所以受到同事欢迎，只是用一颗真诚的心去沟通而已。真诚是做人的基石，也是与人相处的根本。（李元授）

3．互谅互让

职场人士都希望有一个平和的、令人心情舒畅的工作环境。但是，同事之间由于思想认识、性格修养、观点立场等方面的差异，看问题的角度会有所不同，处理问题的思路与方法也不尽一致。面对这种差异和分歧，首先，不要过度争论，以免激化矛盾，影响彼此之间的关系；其次，要通过换位思考充分理解对方，并本着从工做出发、为全局着想的原则，求同存异，互相谦让。

4．分享成绩

同在职场中，成绩的取得与分享、利益的分配，都是十分关注的焦点。对于成绩，如果你在工作上有特别的表现，受到嘉奖时，千万别独享成功的荣耀。因为成绩的取得，不是哪一个人能够独自完成的，需要同事明里暗里的协助，所谓："一个篱笆三个桩，一个好汉三个帮"，是大家共同努力的结果。无论是有人与你争功，还是无人与你争功，你都要抱着分享、感恩的心态，才能赢得同事的好感与支持。

【沟通小故事 7-13】

功劳是大家的

在某单位的一次公开竞聘中，左某战胜了其他几位竞争对手，当上了经理。许多同事对他表示祝贺，更有人当众夸他能力非凡。左某却坦诚地说："其实几位候选人各有长处。论管理我不如老刘，论经营我不如老叶，论公关我不如小王。功劳是大家的。"后来左某不但以诚意挽留了这几位竞争者，而且还根据他们各自的特长做出了相应的安排。宽厚的气度使他赢得了大家的尊重，也使他在工作中取得显著成就。他上任没多久，单位就取得了很大的业绩。

点评：左某之所以能得到同事的支持，妙诀就是不把功劳揽在自己一个人怀里，一句功劳是大家的，温暖的是人心，赢得的是尊重。

5．大局为重

同事之间由于工作关系而走在一起，就形成了一个利益共同体。其中的每一分子，都要有集体意识和大局意识。因此，在与上司、同事交往时，要尽量保持同等距离，即使和某些同事情趣相投、关系密切，也不要在工作场合显现出来，以免让别的同事产生猜疑心理；在与本单位以外的人员接触时，更要形成荣辱与共的"团队形象"观念，多补台少拆台，不要为自身小利而害集体大利；不可外扬"家丑"，对自己的同事品头论足甚至恶意攻击，影响同事的外在形象。

二、与同事沟通的方法

1．重视团队合作

荀子说过，"人力不若牛，走不若马，而牛马为之用，何也？曰：人能群，彼不能群也。"这段话道出了团队合作的重要性。随着社会分工的越来越细，现代企业越来越强调员工之间的沟通协调。作为企业个体，无论自己处于什么职位，在保持自己个性特点的同时，都必须很好地融入集体。比尔·盖茨认为："大成功靠团队，小成功靠个人。"因此，在工作中同事之间要同心协力、互相支持、共同合作；需要大家共同完成的，要预先商定，配合中要守时、守信、守约；自己份内的事要认真完成，出现问题或差错时要主动承担责任，不拖延，不推诿；确需他人协助完成的，要使用请求的态度和商量性语气，不能居高临下、颐指气使。

【沟通小故事 7-14】

天堂和地狱的故事

说有一个人请求上帝带他参观一下天堂和地狱，希望通过比较选择自己的归宿。上帝答应了，先带他参观了由魔鬼掌管的地狱。进去之后，只见一群人，围着一个盛满了肉汤的大锅，但这些人看起来都愁眉苦脸、无精打采，一副营养不良、绝望又饥饿的样子。仔细一看，原来，每个人都拿着一只可以够到锅子的汤匙，但汤匙的柄比他们的手臂长，所以没法把东西送进嘴里。他们看来非常悲苦。

紧接着，上帝带他进入另一个地方。这个地方和先前的地方完全一样：一锅汤、一群人、一样的长柄汤匙。但每个人都很快乐，吃得也很愉快。上帝告诉他，这就是天堂。

这位参观者很迷惑：为什么情况相同的两个地方，结果却大不相同？最后，经过仔细观察，他终于找到了答案，原来，在地狱里的每个人都想着自己舀肉汤；而在天堂里的每一个人都在用汤匙喂对面的另一个人。结果，在地狱里的人都挨饿而且可怜，而在天堂的人却吃的很好，非常快乐。

点评：团队合作多么重要，在和谐的团队人们在帮助别人的同时也得到别人的帮助，在相互帮助中，让我们体会到了和谐人际关系的幸福快乐。

2. 懂得相互欣赏

人是具有能动思维的主体。人所具有的这种特性，表现在工作中就是有一定的价值目标，即追求理想和信念的成功，也就是成就感。人的成就感包括职业感和事业感两方面。职业感体现为个人对本职工作的态度；事业感则体现为个人追求被群体和社会承认的较高层次的成就。因此，职场人士都有得到赞许的欲望，都希望自己的职业和工作受到别人的重视，得到恰如其分的评价和鼓励。懂得这些，我们就会在长期共事的过程中，善于发现同事的优点、长处及工作中取得的成绩和进步，并加以及时地肯定和赞美。欣赏是人际关系的润滑剂，一句由衷的赞美，既可以表达对同事的尊重，又会赢得对方的好感，进而融洽彼此之间的关系。

3. 主动交流沟通

人际关系是在“互动”中发生联系和变化的。人际关系要密切，注重彼此的交往是前提。因此，在紧张的工作之余不妨主动找同事谈谈心、聊聊天或请教一些问题等，以便加深印象、增进了解。在主动沟通中应把握以下几点：一是选择合适的时间、场合及易引起对方兴趣的话题；二是保持诚恳、谦虚的态度；三是善于体察对方的心理变化，因势利导，随机应变；四是讲究语言艺术，选择“商量式”“安慰式”“互酬式”等语言并注意分寸。

4. 保持适当距离

“过密则狎，过疏则间。”同事之间保持适当距离，对人处事才可能客观、公正。每个人都有自己的私人空间，搞好职场人际关系并不等于无话不谈、亲密无间。有时同事之间摩擦不断、矛盾重重，恰恰是由于交往太过密切、随意，侵犯了别人的隐私。所以，当自己的个人生活出现危机时，不要在办公室随意倾诉；要尊重同事的权利和隐私，不打探同事的秘密，不私自翻阅同事的文件、信件，不查看对方的电脑；对同事不过多地品头论足，更不要做搬弄是非的饶舌者。

【沟通小故事 7-15】

焦先生的后悔

焦先生刚刚调入某局一个月，一个月来由于他处处小心做事，每每笑脸相迎，所以同事们对他的态度也颇为友善，竟不曾遇到他所担心的任何麻烦。一天，全科室的人决定一块儿去餐厅聚餐以度周末，也邀请了焦先生。席间大家有说有笑，无所不谈，其中有一名同事与焦先生最谈得来，几乎把局里的种种问题，以及科里每位同事的性格、缺点都尽诉无遗。焦先生一时受宠若惊，加之对局里的人事一无所知，很珍惜这样一位“知无不言，言无不尽”的同事，彼此显得相当投机，于是开始放松自己的防卫，便将一个月来看到的不顺眼、不服气的人和事通通向这位同事倾诉而后快，甚至还批评了科里一两个同事的不是之处，借以发泄心中的闷气。

不料这位同事竟是个翻云覆雨之人，不出几日便将这些“恶言”转达给了其他同事，这令焦先生狼狈之极，也孤立之极，几乎在科里没了立足之地。这时焦先生才如梦初醒，悔不该一时激动没管好自己的嘴巴，忘记了“来说是非者，必是是非人”这样一个浅显的道理。

点评：初到新环境中，必须学会与同事保持一段距离，凡事采取中道而行，适可而止。在大家面前不要轻易显露行动及言行，学习做个聆听者，“人不犯我，我不犯人”，公平对待每一位同事，避免建立任何小圈子，对谣言一笑置之，深藏不露，如此才能尽快适应新环境，打开新局面，成为办公室中的生存者，而非受害者。(谢红霞)

三、与同事日常沟通的注意事项

同在一个单位，甚至同处一个办公室，每天都要见面谈话，谈话的内容可能无所不包，涉及工作内外的方方面面。因此，在日常沟通中如何把握分寸，就成了不可忽视的一个环节。

1. 不谈论私事

办公室不是互诉心事的场所，虽然这样的交谈富有人情味，能使彼此之间变得亲切、友善。据调查，只有不到1%的人能够严守别人的秘密。因此，当自己的生活出现危机，如失恋、婚变等，不宜在办公室里倾诉；当自己的工做出现危机，如工作不顺利，对老板、同事有意见，更不应该在办公室里向人袒露。我们不能把同事的“友善”和朋友的“友谊”混为一谈，以免影响正常的工作秩序和自身的形象。

2. 不好争喜辨

同事之间在某些问题上发生分歧很正常，尤其是在座谈、讨论等场合。当别人提出不同意见时，要尊重对方，认真倾听，不随意打断，不急于反驳，在清楚了解对方观点及其理由的前提下，语气平和地陈述自己的观点，并提供支持的理由。切不可抱着“胜过对方”或“证明自己是对的，对方是错的”心态一味地争执下去，否则就会影响彼此关系，伤害别人自尊。

3. 不传播“耳语”

所谓“耳语”，即小道消息，是指非经正式途径传播的消息，往往传闻失实，并不可靠。在一个单位里，各方面的“耳语”都可能有，事关上司的“耳语”可能更多。这些耳语如同噪音一般，影响着人们的工作情绪。对此，应该做到“三不”：不打听、不评论、不传播。

4. 不过分表现

表现自己并不错。在现代社会，充分发挥自己潜能，表现出自己的才能和优势，是适应挑战的必然选择。但是，表现自己要分场合、分方式。美国戏剧评论家成廉·温特尔说过：“自我表现是人类天性中最主要的因素。”人类喜欢表现自己就像孔雀喜欢炫耀美丽羽毛一样正常，但刻意的自我表现就会使热忱变得虚伪，自然变得做作，最终的效果还不如不表现。

【沟通小故事 7-16】

小马的表现

小马是一家大公司的高级职员，平时工作积极主动，表现很好，待人也热情大方。但一天，一个小小的动作却使他的形象在同事眼中一落千丈。那是在会议室里，当时好多人都等着开会，其中一位同事发现地板有些脏，便主动拖起地来。而小马似乎有些身体不舒服，一直站在窗台边往楼下看。突然，他走过来，一定要拿过那位同事手中的拖把。本来地差不多已拖完了，不再需要他的帮忙。可小马却执意要求，那位同事只好把拖把给了他。

刚过半分钟，总经理推门而入。他正拿着拖把勤勤恳恳、一丝不苟地拖着。这一切似乎不言而喻了。从此，大家再看小马时，顿觉他假了许多。以前的良好形象被这一个小动作一扫而光。

点评：在工作中，往往有许多人掌握不好热情和刻意表现之间的界限。不少人总把一腔热忱的行为演绎得看上去是故意装出来的，也就是说，这些人学会的是表现自己，而不是真正的热忱。热忱绝不等于刻意表现。在需要关心的时候关心他人，在应当拼搏的时候努力付出，真诚自然，谁都会赞许。而不失时机甚至抓住一切机会刻意表现出自己“与群众打成一片”“关心别人”“是领导的好下属”，则会让人觉得虚假而不愿与之接近。

5. 不当众炫耀

在人际交往中，任何人都希望得到别人的肯定评价，都在不自觉地维护着自己的形象和尊严。如果当众炫耀自己的才能、长相、财富、地位等，处处显出高人一等的优越感，那么无形之中就是对他人自尊与自信的挑战与轻视，会引起别人的排斥心理乃至敌对情绪。因此，在与同事相处过程中，应该谨小慎微，认真做事，低调做人，即使自己的专业技术很过硬，深得老板赏识和器重，也不能过于张扬。

【沟通小故事 7-17】

爱吹嘘的多娜小姐

多娜小姐刚到公司的时候，最喜欢吹嘘自己以前在工作方面的成绩，以及自己每一个成功的地方。同事们对她的自我吹嘘非常讨厌，尽管她说的都是千真万确的事实。她与同事们的关系因此弄得很僵，为此，多娜小姐很烦恼。甚至无法在公司里继续工作了。

她不得不向职业专家请教。专家在听了她的讲述之后，认真地说：“唯一的解决方法就是隐藏你自己的聪明以及所有优越的地方。他们之所以不喜欢你，仅仅是因为你比他们更聪明，或者说你常常将自己的聪明向他们展示。在他们的眼中，你的行为就是故意炫耀，他们的心里难以接受。”多娜小姐顿时恍然大悟。她回去后严格按照专家的话要求自己。从此，她总是先请对方滔滔不绝地把他们的成绩讲出来，与其分享，而只是在对方问她的时候，才谦虚地说一下自己的成绩。很快，公司同事们就改变了对她的态度，慢慢地，她成了公司最有人缘的人。

点评：可见，炫耀让人讨厌，谦虚赢得信赖。你尊重别人，别人才会尊重你，才能与同事建立良好的关系。

6. 不直来直去

我们常常认为心直口快是一种难得的品质，有话就说，直来直去，给人以光明磊落、酣畅淋漓之感。其实，不分场合、不看对象的直率，往往也会成为沟通的障碍，特别是当我们有求于对方或者发表不同见解的时候，更不能颐指气使、直截了当。

7. 不随便纠正或补充同事的话

日常交流过程中，可以对某个问题发表自己的见解，但不要随意纠正或补充同事的话，除非工作需要或对方主动请教。否则，会有自以为是、故作聪明之嫌，也会无意损伤对方自尊心。

四、职场“新人”怎样与同事沟通

这里所说的“新人”是指刚刚参加工作或者新进一个单位的人。良好的沟通是一切工作得以顺利开展的基础。现代企业在招聘员工时，几乎无一例外地将“善于沟通”作为必不可少的条件之一。大多数老板宁愿招一个专业技术平平但沟通能力出色的员工，也不愿要一个整日独来独往、我行我素的所谓英才。能否与同事、上司及客户顺畅地沟通，越来越成为企业招聘时注重的核心技能。因此，来到一个新的工作环境，能否尽快融入团队、争取同事认可，对于每一个新进人员，特别是刚刚走上工作岗位的年轻人来说，就显得极为重要。

【沟通小故事 7-18】

小曹的“发泄日记”

小曹是长沙某大学大三的学生，20天前，她来到了王女士所在的报社实习。适逢暑假实习高峰期，小曹成为王女士的第4个实习生。实习第一天，老师和她没有过多的交流，就是叫她看报纸。

和所有初入社会的人一样，小曹对自己走入职场的演习充满着憧憬。可她没想到，王女士工作很忙，对她关注较少，也很少带她出去实地采访。在王女士看来，实习生应该多找线索多出门，单独完成采访更加锻炼人。而小曹认为，老师就应该多言传身教。在这样的观念分歧下，实习了20天的小曹感觉“再也憋不住了”，于是在QQ空间里写下了一篇日志来发泄：“每天37℃高温，至少4个小时的车程，实习一个月，作品任务还没完成；实习老师不和我交流，也不带我出去采访，我真的什么都做不好吗？每年都实习，花很多钱不说，还找不到工作……”

（资料来源：http://xf.hr1000.com/Article/2010/2531.html.）

据调查，在初涉职场3年左右的都市白领中，很多人都反映与单位的“前辈”相处存在问题，从工作思路到生活细节，分歧无处不在。其实，职场新、老人之间的矛盾，最根本的问题还是沟通不畅。

1. 职场新人沟通的原则

第一，摆正心态。职场新人要充分意识到自己是团队中的后来者，也是资历最浅的新手，所有的领导和同事都是自己在职场上的前辈。在这种情况下，新人在表达自己的想法时，应该尽量采用低调、迂回的方式。特别是当自己的观点与其他同事有冲突时，要充分考虑对方的权威性，充分尊重他人的意见。同时，表达自己的观点时也不要过于强调自我，应该更多地站在对方的立场考虑问题。

第二，顺应风格。不同的企业文化，不同的管理制度，不同的业务部门，沟通风格都会有所不同。一家欧美的IT公司，跟生产重型机械的日本企业员工的沟通风格肯定大相径庭；人力资源部门的沟通方式与工程现场的沟通方式也会不同。新人要注意观察团队中同事间的沟通风格，注意留心大家表达观点的方式。假如大家都是开诚布公，自己也不妨有话直说；倘若大家都喜欢含蓄委婉，自己也要注意一下说话的方式。总之，要尽量采取大家习惯和认可的方式，避免特立独行，招来非议。

第三，及时沟通。不管性格内向还是外向，是否喜欢与他人分享，在工作中，时常注意沟通总比不沟通要好的多。虽然不同文化的公司在沟通上的风格可能有所不同，但性格外向、善于与他人交流的员工总是更受欢迎。新人要利用一切机会与领导、同事交流，在合适的时机说出自己的观点和想法。

2. 职场新人沟通误区

沟通是把“双刃剑”，对象选择欠妥，表达方式有误，时机场合失当，都会影响一个人的沟通效果。新人在沟通中常见的误区有以下几个。

第一，把“不会”当成拒绝的理由。当领导安排工作时，某些新人会面带愁容，以“不会”或者“不了解情况”作为推辞。也许确实是不会或不了解工作所需的背景情况，但这不能成为拒绝的理由。不会或者不了解情况，就应该主动向领导和同事们请教。

第二，仅凭个人“想当然”来处理问题。有些新人因为性格比较内向，与同事不熟，或是碍于面子，在工作中遇到难以解决的问题或是不明白领导下达的指令时，不是去找领导或同事商量，而是仅凭自己个人的主观意愿来处理，最后出现问题时往往以“我以为……”“我觉得……”为自己开脱责任。

第三，迫不及待地表现自己。刚刚参加工作的新人，总是迫不及待地想把自己的创新想法说出来，希望得到大家的认可，正所谓“初生牛犊不怕虎”。实际上，一个人的想法可能存在疏漏或不切实际之处，应主动征求并虚心接受同事的意见或建议。

3. 职场新人沟通应注意的事项

首先，多听少说。初来乍到，一切都是陌生的，只有多观察、多思考、少说话，才是尽快了解和适应新的工作环境的明智之举。

其次，礼貌周全。对待身份、职位清楚的同事，可用“姓+职务”的方式称呼，如“张经理”“王主任”等；对待暂时还不甚熟悉的同事，可一律尊称为“老师”，因为一个人只有学会了谦虚，在需要帮助的时候才会容易得到别人的支持。

再次，中道而行。在新的工作环境中，必须学会与同事保持一定距离，凡事采取中道而行、适可而止的办法，公平地对待每一个同事。对于喜欢“拉帮结派”、搞小团体的人，要敬而远之，远离是非。

最后，尊重老员工。老员工由于资格老、贡献大、经验丰富、忠诚度高，在职工中常常拥有较高的声望，因而是新进人员不得不重视的一个群体。在与老员工沟通过程中，首先，要有积极主动的态度，遇事多虚心请教；其次，要以礼相待，尽量使用“您”或“您老”等敬辞，及“请”“麻烦”“谢谢”等礼貌用语；最后，要充分尊重对方的意见或建议，即使双方存在分歧，也要把敬意和肯定放在前面，用谦虚、委婉的方式表明自己的观点。

五、劝慰同事的技巧

俗话说：患难见真情。当同事在工作中遇到了麻烦，本人或者家中遭遇了不幸，我们理应伸出援助之手，努力为对方排忧解难，给同事以安慰和鼓励。这是人之常情，也是一种为人处事的美德。但是，要使劝慰真正收到实效，必须掌握劝慰的艺术。

【沟通小故事 7-19】

口舌拙笨的小王

小王分配到机关工作，本是件令人开心的事，但是上班几个月以来，小王却感到很郁闷，由于自己口舌拙笨，总是让同事不高兴。一次，奔丧回来的老李来到办公室，小王马上站起来安慰他说：“听说你岳母大人被车撞死了，我们都很难过，希望你节哀顺便。”老李面色阴沉地走出办公室。

（一）劝慰同事的基本要求

第一，同情而非怜悯。当一个人遭到挫折和不幸的时候，十分需要别人的同情。真正的同情，是站在完全平等的地位上交流思想感情，给对方以精神和道义上的支持，并分担对方的感情痛苦，使不幸者痛苦、懊丧的消极情绪得以宣泄，并逐渐消除心理上的孤独感，不断增强战胜困难的信心。怜悯则是对不幸者的感情施舍，其结果，要么是刺伤不幸者的自尊心，从心理上拒绝接受；要么使不幸者更加心灰意冷，无法振作精神重新站起来。

第二，鼓励而非埋怨。遭遇挫折和不幸的人，由于一时无法摆脱感情上的羁绊，往往会垂头丧气，消极悲观。此时，最重要的是通过积极鼓励，给予信心和勇气，让他在困难的时候看到前途和希望。一味埋怨只会使不幸者更加悲观，个别情感脆弱的甚至会走上极端。

第三，安抚而非教训。当一个人遭到挫折，精神处于迷惘状态时，特别需要有人给他以及时安抚和真诚开导，针对他此时此刻的心理，循循善诱，积极开导，帮助对方解除忧愁，驱散烦恼。如果以教训人的口吻讲大而空的道理，只能使对方更加不安，甚至产生破罐子破摔的情绪。

第四，选择恰当时机。劝慰效果的好坏，很大程度上取决于能否选择恰当的时机。对生老病死等突发事件要注意及时安慰；当一个人情绪处于失控的情况下，任何劝慰都听不进去，就要等他冷静下来后再去交谈。

（二）劝慰同事的技巧

第一，劝慰事业受挫者。对于胸怀大志而又在事业上屡遭挫折和失败的同事，最重要的是对其事业的充分理解和支持。在劝慰过程中，应注意理解多于抚慰，鼓励多于同情。最好的安慰是帮助其总结经验教训，分析面临的诸多有利和不利条件，克服灰心丧气的情绪，树立必胜的信心。

第二，劝慰患病者。一般来说，生病的人都会感到心情烦躁，有些病人还会顾虑重重，因病住院者更常常感到寂寞、孤单和愁闷。在探望生病的同事时，要视其具体情况思考谈话内容。对于身患重症、绝症的同事，即便友情再深，也不能在其面前流露哀伤情绪，以免给病人造成精神上的压力和负担，而应选择较为愉快的事情进行交谈，并多讲些安慰、鼓励的话。

第三，劝慰丧亲者。亲人去世，同事的悲伤心情可想而知。安慰这些同事，专注地倾听尤其重要，要倾听对方的回忆和哭诉，让其悲痛的心情得以宣泄和释放，这样有利于对方恢复心理平衡。此外，还应与同事多谈死者生前的优点、贡献以及后人对他的敬仰怀念，因为，对死者的评价越高，其亲属就越感到宽慰，进而也能尽快解脱丧亲的沉重与悲痛。

第四，劝慰受轻视者。在现实生活中，那些因能力平平或其他原因而被上司和同事轻视的人，往往都存在一个共同的心理缺陷——自卑。因此，劝慰时应多讲些成功人士的典型事例，鼓励对方不要向现实屈服；同时，要善于挖掘对方身上不易觉察的优点和长处，从而唤醒他的自尊心和自信心，使其坚信只要充分发挥自己的主观能动性，就一定能够取得成功，赢得别人的尊重与信赖。

此外，劝慰应注意：避开对方的痛处和能够引起对方伤感的相关信息；认同对方的感受，以示理解和同情；引导对方把注意力集中到如何解决问题上；控制好自己的情绪；真诚地关心对方，经常关怀对方的生活与工作。

第三节 与下属沟通

一、与下属沟通的意义

【沟通小故事 7-20】

与下属沟通不当

美容师小张和小李都是新来的员工，小张热情大方能说会道，吸引顾客来开卡消费的数量比小李多，因此受到店长赵姐的认可，在员工会议上赵姐多次对小张提出了表扬。而小李却寡言少语，只听说她很踏实。眼看两个月的试用期快到了，小李开卡落单的数量还不足小张的一半，赵姐就特别找她沟通了好几次，每次都希望她向小张多多学习口才，但每次她都发现小李听后都一脸郁闷，欲言又止。不久后，小李便辞职走人了。接下来，赵姐却发现小张的开卡数量在小李走后，居然没有增加一单，反而流失了好多客户。

身为管理者，一定要注意做好与下属的沟通，才能知人善用，发挥人才的最大价值。在进行沟通时，也要注意运用良好方式和技巧，才能达到沟通的目的。

此时，老员工周姐向她说了些情况后，赵姐才知道原来能言善道的小张技术不佳，大部分她说服做疗程的客户都是在经过技术能力合格的小李护理后，才决定留下办卡。此时的赵姐才猛然醒悟，由于自己跟下属的沟通不当，严重伤害了对方的工作热情，最终丢失了一个忠诚的核心员工。

点评：作为管理者，与下属的沟通，绝对不是聊天和谈工作这么简单，因为与下属沟通最大的目的，就是要通过沟通，充分调动下级的积极性，使他们的潜力得以最大限度地发挥。如果沟通的此目的不能达到，你和下属的对话要么属于寒暄，要么可能成为对方离开的导火索。

管理者不仅要把工作设计成为生产产出过程，更应该设计成为人和人交流、协作、沟通，实现员工深层交往需要以及个性、心理满足的过程。管理者必须了解员工的观点、态度和价值，努力帮助员工在工作中实现其价值。实现这一目标的根本途径即是面对面的语言沟通。没有沟通，就没有了解；没有了解，就没有全面、整体、有效及平衡的管理过程。

在现实生活中，上下级出现沟通问题屡见不鲜。管理者在处理人与人之间的各种矛盾时谴责、贬斥、误解，或是以一种“我是领导我怕谁”的态度对待别人，都会把事情搞糟。即使在世界上著名的大公司，类似的事件也屡见不鲜。

【沟通小故事 7-21】

总裁史蒂芬·盖瑟的转变

美国银行前总裁史蒂芬·盖瑟曾经亲身体会到作为领导者与下级沟通的重要性。20 世纪 80 年代末期，大学刚毕业的他就在一家大规模的投资公司任业务主管。他在洛杉矶西区拥有住宅，开着一辆奔驰，时年不过 25 岁。此时他自认为是神童，可以呼风唤雨，无所不能，而且在他人面前也毫不掩饰这种自大的态度。

20 世纪 90 年代以后，美国经济开始萎缩，裁员的风暴无情袭来。起初他不以为然。可没想到有一天，老板对他说：“史蒂芬，你的能力没话讲，可是问题出在你的态度上，公司里没有人愿意与你配合，我恐怕必须请你离开公司。”

这真是晴天霹雳，像他这样的人才居然被开除了！此后，经过几个月求职的挫折，他以前那种自大的态度已荡然无存。他终于意识到应该与他人有效沟通，并帮助那些处境不如自己的人。他换了一种态度去待人，变得更有人情味、更可爱、更能共事了。之后周围的人也开始关心他，三年后，他又回到高级主管职位，只不过这一次周围的同事都是他的朋友了。

（资料来源：http://3y.uu456.com/bp_8twhh7xuqz3uh255bmmx_1.html.）

身为领导，不管工作多么繁忙，都要保留与下属沟通的时间。美国前总统里根被称为“伟大的沟通者”，在漫长的政治生涯中，他深切体会到与自己的服务对象沟通的重要性。即使在总统任期内，他也保持着阅读来信的习惯。他请白宫秘书每天下午交给他一些信件，再利用晚上时间在家里亲自回复。克林顿总统也常常利用传媒与人们面对面交流，借此了解他们的想法，表达对他们的关切。即使无法解决所有人提出的问题，但总统亲自到场聆听人们的意见，表达自己的想法，这本身就具有沟通的意义。

真正有效的沟通并不妨碍工作，比如开会、讨论、走廊里的短暂同行、共进午餐的时机，等等，都是进行沟通的机会。要成功地与下属沟通，关键有三点：一是怀有真诚的态度，不走形式；二是保持开放的心态，不搞“一言堂”；三是主动创造沟通的良好氛围，不咄咄逼人。

二、与下属谈心的技巧

有这样一则寓言：一把坚实的锁挂在铁门上，一根铁杆费了九牛二虎之力还是无法将它撬开。钥匙来了，它瘦小的身子钻进锁孔，只轻轻一转，那大锁就“啪”的一声开了。铁杆奇怪地问：“为什么我费了那么大气力也撬不开，而你却轻而易举地就把它打开了呢？”钥匙说：“因为我最了解它的心。”

领导的才能不是表现在告诉员工如何完成工作，而是使得员工发挥能力去完成它。因此，身为领导，必须注意通过语言沟通，了解本单位、本部门每个员工有形的和无形的需求，并设法满足其正当需求，如此，员工才会更忠诚、更有凝聚力。而在实际管理工作中，领导者往往重视自身的带头示范作用，却忽视了跟员工的沟通，尤其是上、下级之间的真诚谈心。

1. 贴近下属，寻求沟通

下级对上级，往往存在各种各样的心态：试探、戒备、恐惧、对立、轻视、佩服、无所谓，等等。有的员工在上级面前唯唯诺诺，不敢妄言，在同事面前则落落大方，侃侃而谈。因此，身为领导应该避免使用命令、训斥的口吻讲话，要放下架子，以平易近人、亲切和蔼的姿态去寻求沟通。如经常深入基层和员工之中，通过召开座谈会、个别访谈、即时聊天等形式，了解员工关心的焦点问题，征求员工的意见和建议，关心员工的工作和生活。只有这样，下级才会敞开心扉，畅所欲言。

【沟通小故事 7-22】

善沟通的奥田

奥田是丰田公司第一位非丰田家族成员的总裁，在长期的职业生涯中，奥田赢得了公司内部许多人士的深深爱戴。他有 1/3 的时间在丰田城里度过，常常和公司里的多名工程师聊天，聊最近的工作，聊生活上的困难。另有 1/3 的时间用来走访 5000 名经销商，和他们聊业务，听取他们的意见。

2. 仔细倾听，适时提问

沟通艺术的核心在于仔细倾听和适时提问。一个优秀的领导人应该具备“作为一个听者所拥有的非凡技能”和一针见血地提出问题的能力。通过聆听，充分体味下属的心境，了解信息的全部内容；通过提问，促进沟通的深化，探究信息的深层内涵。二者均可为准确分析反馈信息、调整管理方式提供客观依据。因此，在谈心过程中，领导者要尽量少说多听，不随意插话，不轻易反驳；提问要言语简洁，要等对方说完或者说话告一段落时再提问。

3. 设身处地，换位思考

站在他人立场上分析问题，能给人以善解人意、体察入微的印象。这种投其所好的技巧常常具有极强的说服力。要做到这一点，知己知彼十分重要，唯有知彼，方能从对方立场上考虑问题。这就需要领导者经常深入基层开展调研，及时了解和掌握下属的思想动态和关心的利益所在。在谈心时，要善于联系对方的身份、职位和目前的工作、生活境况去揣摩对方心理，做到想对方之所想，急对方之所急，以真正理解对方的思想观点。

4. 拉近距离，平等交流

谈心伊始，要特别重视开场白的作用。可以先扯几句家常，或开一些善意的玩笑，以消除对方的拘束感，拉近双方心理上的距离，然后再慢慢引出正题。在阐述自己观点时，要有平等的姿态，晓之以理，动之以情，不以势压人，不训斥命令；音量适中，语气平和，语调自然，态度和蔼；手势或动作幅度不宜过大；多采用商量性的口吻，如“你觉得我的话有道理吗？”“你同意我的意见吗？”

【沟通小故事 7-23】

艾森豪威尔与士兵

艾森豪威尔是第二次世界大战时的盟军统帅。有一次，他看见一个士兵从早到晚一直挖壕沟，就走过去跟他说：“大兵，现在日子过得还好吧？”士兵一看是将军，敬了个礼后说：“这哪是人过的日子哦！我在这边没日没夜地挖。”艾森豪威尔说：“我想也是，你上来，我们走一走。”艾森豪威尔就带他在那个营区里面绕了一圈，告诉他当一个将军的痛苦和肩膀上挂了几颗星以后，还被参谋长骂的那种难受，打仗前一天晚上睡不着觉的那种压力，以及对未来前途的那种迷惘。

最后，艾森豪威尔对士兵说：“我们两个一样，不要看你在坑里面，我在帐篷里面，其实谁的痛苦大还不知道呢，也许你还没死的时候，我就活活地被压力给压死了。”这样绕了一圈以后，又绕到那个坑附近的时候，那个士兵说：“将军，我看我还是挖我的壕沟吧！”

三、调解下属矛盾的技巧

只要有人的地方，就必然会有矛盾与冲突发生，而矛盾与冲突的结果，不仅会破坏人与人之间的和谐关系，而且会削弱一个集体的凝聚力和战斗力，降低整个团队的声誉和绩效。因此，领导者的日常管理活动之一就是处理下属之间的矛盾冲突。

【沟通小故事 7-24】

握手言欢

张某、刘某二人同是某单位一科室的副科长。起初，二人关系融洽，工作上配合得十分默契。但在一次中层领导干部竞聘中，张某经过竞聘提拔为科长后，张、刘二人的关系却急剧恶化，身为副职的刘某非但不配合张某的工作，反而经常拆台搞内哄。不仅如此，他还不时背后诋毁张科长，说“张某任科长一职是花钱买来的”之类的话。张科长知道后也暗恨刘某，后来发展到见面不打招呼、二人无话可说的地步。

局领导对此十分重视，局长亲自召集全局领导班子开会研究调停冲突方案。会上，决定先由分管该科的林副局长出面做调停工作。林副局长接到任务后，便分别找张、刘二人单独谈话。谈话内容各有侧重，对刘某主要是让他说说对组织提拔张某有什么看法，如果组织上真有违反干部任用条例之处也希望他提出来，如属实，组织坚决公正决断。但不能无根据地瞎编乱谈。此外，还向他指出班子闹不团结的危害性：不但影响工作，而且影响个人前途。通过谈话使之认识到自己的错误。对于张科长则要求他作为一科之长要以大局为重，要有宽大的胸怀，善于求同存异，虚心听取各种不同的意见和建议，以宽容对待冲突，以礼貌谦让对待冷嘲热讽，不要总是对一些细枝末节斤斤计较，更不能对一些陈年旧账念念不忘；在大是大非面前要冷静头脑，要善于团结下属，共同把工作搞好。

经过第一次谈话后，局领导又按计划安排对张、刘的第二次谈话。这次谈话由局主要领导出面，以邀请张、刘二位科长共进晚餐的方式进行，谈话地点选在原先两位科长合好时常去的某饭店。大家都按时到位后，先由局长谈话。局长说，两位科长能不计前嫌，迈过门坎，走在一起共进晚餐不容易，局领导感到很高兴，这是科长们以大局为重的一种表现，并对他们的诚意表示感谢。然后，由二位科长先后发言，谈话间，各表衷心、互赔不是，以求得对方谅解，场面甚是感人。最后便是大家端起团结的酒杯，握手言欢，共祝工作如意。

那么，怎样正确处理下级之间的矛盾，营造和谐、积极的工作氛围呢？

1. 事前有预案

识别冲突，调解争执，是管理者最重要的能力之一。当发现下属间发生冲突时，如果盲目调和，往往收效甚微，搞不好还会火上浇油，弄巧成拙。因此，要对冲突的原因、过程及程度等做详尽的了解后，研究制订出可行的调和方案，并按方案进行调和。

2. 大局为重

现代社会的一个重要特点就是分工严密，这样可以提高工作效率，但同时也带来了一个不可避免的缺陷，这就是彼此之间缺乏相互了解。在诸多的矛盾冲突中，虽然双方在各自的利益上产生纷争，但共同的目标还是一致的，因此管理者应让冲突双方清醒地意识到，单纯地指责对方是无济于事的，只有相互配合、密切协助才能解决纷争，才能实现团队的共同目标。事实上，当双方均以单位的整体利益为重时，心中的怒气就会化为乌有。

3. 换位思考

在局部利益冲突中，双方所犯的错误多半是只考虑自己，以自己为中心，而不能体谅对方。要让他们互相了解、体谅对方的最好办法，莫过于各自站在对方的立场上去考虑问题。当双方确实做到这一点后，可能就会握手言和、心平气和地协商一种积极性的解决冲突的方法。孔子说："己所不欲，勿施于人"，正是设身处地、从对方角度看问题而得出的结论。

4. 折中调和

领导是下属之间矛盾的最终仲裁者。仲裁者要保持权威，就必须坚持公平、公正的原则。如果偏袒一方，就会使另一方产生不满和对立情绪，进而加剧矛盾，甚至将矛盾转化为上下级之间的矛盾，使矛盾性质发生变化。所以，冷静公允，不偏不倚，是处理下属矛盾时最起码的原则，尤其是在调节利益冲突时。此外，很多情况下冲突双方均各有道理，但又各执一词，很难判断谁是谁非。这时候，折中协调、息事宁人是最好的解决办法。

5. 创造轻松气氛

发生冲突双方均抱有成见和敌意，所以在进行调解时缓和气氛很重要。调解不一定在会议上、办公室里进行，有时在餐桌上、咖啡厅、领导家里效果反而会更好。

总之，下属之间的矛盾冲突是多样的，调和的办法不能千篇一律，要在实际工作中根据不同的冲突对象、起因及程度采用灵活的技巧来加以调解。

【电影赏析】

从《杜拉拉升职记》学职场口才

《杜拉拉升职记》改编自李可的同名小说，中国电影集团出品。该片是由徐静蕾执导，黄立行、吴佩慈、莫文蔚等出演的都市爱情片。

影片讲述了职场女性杜拉拉在外企经历八年，从一个职场菜鸟，到见识各种职场变迁及职场磨炼，最终成长为一个专业干练的 HR 经理，同时收获爱情的故事。定位准确是电影《杜拉拉升职记》成功的一大关键，在中国白领人群可按千万来计，庞大的受众群体，职场加爱情的剧情，再加上全面宣传，使得《杜拉拉升职记》大火，上映 13 天即宣告票房破亿。

影片中有很多经典对白，被很多职场人奉为经典，如：

1. EQ 在斗争中成长得最快。

2. You deserve it！——名至实归和罪有应得。

3. 升职前，拉拉打心眼觉得自己坐经理位子绝对胜任，到她真正坐到这个位子才发现，原来这个位子上的很多活，是自己以前不了解的。

4. 经理以下级别叫“小资”，就是“穷人”的意思，一般情况下利用公共交通上下班，不然就会影响还房贷。

5. 经理级别算“中产阶级”，阶级特征是他们买的第一个房子不需要贷款，典型的一线经理私家车是“宝来”。

6. 总监级别是“高产阶级”，“高产”们有不止一处住房，房子得是在好地段的优质房产或者“别墅”，可以自愿享受公司提供的商务车，或同等价格的补贴自己买车，和车相关的所有费用完全由公司负担。

7. VP 和 president 是“富人”，家里有管家和门房，公司给配着专门的司机，出差坐头等舱。

8. 爱情不是用来考验的，而是用来珍惜的，对女孩而言，青春苦短，守着一份变数太大的爱情是最大的危险。

9. 当痛苦有了一个时限，当事人就有了一个熬出头的指望，每过一天，你都知道你正在离痛苦更远。

10. 多参加集体活动，能增加良性进程。

11. 商业行为准则，就是公司用正式的书面形式，告诉员工什么可以做、什么不可以做，如果非做会受到什么样的处罚等，公司通过这套准则让员工明白，这里的企业文化认为，什么是道德的什么是不道德的。

12. 忠诚源于满足。入职培训的忠诚教育，这不仅源于洗脑者的需要，也源于被洗脑者的需要。这和婚姻没有什么两样，人们越满意自己的配偶，越为自己的配偶骄傲和自豪，就越愿意忠诚于自己的配偶。

13. 真正的外企，富高科技含量的 500 强跨国企业，不需要背《陋室铭》，更不会有性骚扰，而且老板肯定很忙，没有兴趣让我伺候他吹牛两小时，就算老板吹牛吧，一定也吹得非常有魅力。

【电影欣赏】
《杜拉拉升职记》
http://www.le.com/ptv/vplay/716356.html

阅读思考

职场沟通必备八个黄金句型

1. 句型：我们似乎碰到一些状况

妙处：以最婉约的方式传递坏消息。

如果立刻冲到上司的办公室里报告这个坏消息，就算不干你的事，也只会让上司质疑你处理危机的能力。此时，你应该不带情绪起伏的声调，从容不迫地说出本句型，要让上司觉得事情并非无法解决，而“我们”听起来像是你将与上司站在同一阵线，并肩作战。

2. 句型：我马上处理

妙处：上司传唤时责无旁贷。

冷静、迅速地做出这样的回答，会令上司直觉地认为你是名有效率的好部属；相反，犹豫不决的态度只会惹得工作本就繁重的上司不快。

3. 句型：安琪的主意真不错

妙处：表现出团队精神。

安琪想出了一条让上司都赞赏的绝妙好计，你恨不得你的脑筋动得比人家快；与其拉长脸孔，暗自不爽，不如偷沾她的光。会让上司觉得你富有团队精神，因而另眼看待。

4. 句型：这个报告没有你不行啦！

妙处：说服同事帮忙。

有件棘手的工作，你无法独立完成，怎么开口才能让那个以这方面工作最拿手的同事心甘情愿地助你一臂之力呢？送高帽，灌迷汤，而那些好心人为了不负自己在这方面的名声，通常会答应你的请求。

5. 句型：让我再认真地想一想，3点以前给你答复好吗？

妙处：巧妙闪避你不知道的事。

上司问了你某个与业务有关的问题，而你不知该如何作答，千万不可以说“不知道”。本句型不仅暂时为你解危，也让上司认为你在这件事情上头很用心。不过，事后可得做足功课，按时交出你的答复。

6. 句型：我很想知道你对某件事情的看法

妙处：恰如其分地讨好

你与高层要人共处一室，这是一个让你能够赢得青睐的绝佳时机。但说些什么好呢？此时，最恰当的莫过一个跟公司前景有关，而又发人深省的话题。在他滔滔不绝地诉说心得的时候，你不仅获益良多，也会让他对你的求知上进之心刮目相看。

7. 句型：是我一时失察，不过幸好……

妙处：承认疏失但不引起上司不满。

犯错在所难免，勇于承认自己的过失非常重要，不过这不表示你就得因此对每个人道歉，诀窍在于别让所有的矛头都指到自己身上，坦诚地淡化你的过失，转移众人的焦点。

8. 句型：谢谢你告诉我，我会仔细考虑你的建议

妙处：面对批评表现冷静。

自己的工作成果遭人修正或批评，的确是一件令人苦恼的事。不需要将不满的情绪写在脸上，不卑不亢的表现令你看起来更有自信，更值得人敬重。

项目实训

一、模拟职场沟通训练

实训目标：培养学生了解沟通的过程和基本技能；培养语言表达能力和沟通能力；通过活动，锻炼提高学生的团队协作意识等其他综合能力。

实训学时：2 学时。

实训地点：教室或实训室。

实训准备：

1. 分组，每组 4～6 人，设 1 人为组长。
2. 以小组为单位，自主选择一种职场沟通形式。
3. 根据要求各组分配人员角色，讨论设计故事情节，并进行认真准备。

实训方法：

1. 按小组顺序进行模拟演练。演练之前，每组派 1 人说明本组模拟的职场沟通形式及所要表达的主题。
2. 在模拟过程中，各组成员要认真严肃，尽力扮演好自己的角色，言谈举止符合角色要求。
3. 每组演练后，指导教师与学生共同点评。

二、组织一次主题班会

实训目标：掌握沟通的基本技巧，增进师生及同学之间的了解。

实训学时：1 学时。

实训地点：教室。

实训方法：组织一次由全班学生和系领导、任课教师代表参加的主题班会，针对当前教师与学生、干部与同学、同学与同学之间存在的实际问题进行现场沟通。在沟通过程中，要求学生讲究沟通技巧和语言艺术，注意倾听、提问、应答、说服等各个环节，并从老师与学生的沟通中体会如何与领导、同事及下属交流。可由班干部或学生主持。

班会参考议题

1. 大学老师上课该不该点名？
2. 大学生还有统一上早操的必要吗？
3. 大一学生做兼职会影响学习吗？

……

三、职场沟通能力测试

你的职场沟通能力如何？请回答下列问题测试一下自己的沟通能力。

1. 在说明自己的重要观点时，别人却不想听你说，你会：(　　)。

（1）马上气愤地走开

（2）不说了，但你可能会很生气

（3）等等看还有没有说的机会

（4）仔细分析对方不听的原因，找机会换一个方式去说

2. 去与一个重要的客人见面，你会：(　　)。

（1）像平时一样随便穿着

（2）只要穿得不太糟就可以了

（3）换一件自己认为很合适的衣服

（4）精心打扮一下

3. 与不同身份的人讲话，你会：(　　)。

（1）对身份低的人，你总是漫不经心地说

（2）对身份高的人说话，你总是有点紧张

（3）在不同的场合，你会用不同的态度与之讲话

（4）不管什么场合，你都是以一样的态度与之讲话

4. 在与人沟通前，你认为比较重要的是应该了解对方的：(　　)。

（1）经济状况、社会地位

（2）个人修养、能力水平

（3）个人习惯、家庭背景

（4）价值观念、心理特征

5. 去参加老同学的婚礼回来，你很高兴，而你的朋友对婚礼的情况很感兴趣，这时你会告诉她（他）：(　　)。

（1）详细述说从你进门到离开时所看到和感觉到的以及相关细节

（2）说些自己认为重要的

（3）朋友问什么就答什么

（4）感觉很累了，没什么好说的

6. 你正在主持一个重要的会议，而你的一个下属却在玩弄他的手机并有声音干扰会议现场，这时你会：(　　)。

（1）幽默地劝告下属不要玩手机

（2）严厉地叫下属不要玩手机

（3）装着没看见，任其发展

（4）给那位下属难堪，让其下不了台

7. 你正在跟老板汇报工作时，你的助理急匆匆跑过来说有你一个重要客户的长途电话，这时你会：(　　)。

（1）说你在开会，稍后再回电话过去

（2）向老板请示后，去接电话

（3）说你不在，叫助理问对方有什么事

（4）不向老板请示，直接跑去接电话

8. 你的一位下属已经连续两天下午请了事假，第三天上午快下班的时候，他又拿着请假条过来说下午要请事假，这时你会：（　　）。

（1）详细询问对方因何要请假，视原因而定

（2）告诉他今天下午有一个重要的会议，不能请假

（3）你很生气，什么都没说就批准了他的请假

（4）你很生气，不理会他，不批假

9. 你刚应聘到一家公司就任部门经理，上班不久，你了解到本来公司中就有几个同事想就任你的职位，老板不同意，才招了你。对这几位同事你会：（　　）。

（1）主动认识他们，了解他们的长处，争取成为朋友

（2）不理会这个问题，努力做好自己的工作

（3）暗中打听他们，了解他们是否具有与你进行竞争的实力

（4）暗中打听他们，并找机会为难他们

10. 你在听别人讲话时，你总是会：（　　）。

（1）对别人的讲话表示兴趣，记住所讲的要点

（2）请对方说出问题的重点

（3）对方老是讲些没必要的话时，你会立即打断他

（4）对方不知所云时，你就很烦躁，就去想或做别的事

评分方法

1～4 题，选 A 得 1 分、B 得 2 分、C 得 3 分、D 得 4 分；其余各题，选 A 得 4 分、B 得 3 分、C 得 2 分、D 得 1 分；将 10 道测验题的得分加起来，就是你的总分。

得分指导

总分在 20 分以下，说明你的职场沟通能力较差，必须加强这方面的学习。但是，只要学会控制自己的情绪，改掉一些不良习惯，仍能获得他人的理解和支持。

总分为 21～30 分，说明你的职场沟通能力一般，你懂得尊重他人，有一定的自控能力和表达能力，并能实现一定的沟通效果；但是，缺乏高超的沟通技巧和积极的主动性。因此，仍需要继续学习和锻炼，不断提高自己。

总分为 31～40 分，说明你的职场沟通能力很强，稳重，能很好地控制自己的情绪，能从容明白地表达自己，有很高的沟通技巧和人际交往能力。

课后练习

一、职场沟通训练

1. 作为大学生，应为走向社会做好准备。从你的暑期打工经历或周围朋友那里收获一些工作中与上级、下属和同事之间沟通的经验，在课堂上讲给同学们听听。

2. 从老师与学生、同事、领导的沟通中体会：① 领导如何与下属沟通；② 同事之间如何沟通；③ 下属如何与上级沟通。

3. 设想自己实习或大学毕业来到一个新的工作环境，面对初次见面的领导和同事，应该说的话和说话的技巧。

4. 小王是一个大学毕业参加工作不久的“新人”。她做事认真细致，和同事、下属关系都很融洽，可是她不愿意和上司主动交流。她说其实挺欣赏自己上司的，认为他敬业、有才华、对下属负责，但她不知为什么一见上司就底气不足，对于和上司沟通的事能躲就躲。有一次，因为没有听清楚上司的意思，导致上司交给她的工作被耽搁了。上司事后问她：“为什么你不过来再问我一声？”她说：“怕您太忙。”上司很生气地说：“我忙我的，你怕什么？”时间长了，小王一和上司沟通就紧张，出现脸红、心跳、说话不利索的状态。大家都认为王小姐怕上司，她自己也这么认为。上司看见她这样，也就很少和她单独沟通。一次，晋升的机会来临了，小王很想把握住这个机会，但她又犹豫了，因为升职后的工作会面临比较复杂的关系，需要经常和上司保持沟通。她觉得自己天生怕领导，因此就坐失了良机。假定你是小王，会采取怎样的措施挽回这种被动的局面呢？

二、案例分析

消除上司误解

凯丽是某销售公司的文员。春节前经理交给她一大堆名片和一些精心挑选的明信片，要她按照名片逐一打印寄出。凯丽曾提醒经理将已经发生改变或业务上已没有往来的客户挑出来，但经理不耐烦地说：“你别管，把所有名片都寄出去就是了！”

两天后，当凯丽把打印好的明信片交给经理过目时，经理却大声指责她将一些已经不在中国的客户错误地打印在“最精美”的明信片上。凯丽觉得很委屈，想说出来又担心被经理安个“顶撞上司”的罪名开除，便认了下来。回去后她大哭了一场，可心里还是觉得别扭，以致影响了工作。后来凯丽利用休息时间去拜访经理，坦诚地说出内心的想法。结果出乎意料，高高在上的经理竟然向她承认了错误。从此，他们二人在工作上配合得相当默契，为公司创造了显著的业绩。

思考题：

请问凯丽是如何对待和消除上司的误解的？

汇报

佩佩年轻干练、活泼开朗，入行不几年，职位“噌噌”地往上升，很快成为单位里的主力干将。几天前，新老板走马上任，下车伊始，就把佩佩叫了过去：“佩佩，你经验丰富，能力又强，这里有个新项目，你就多费心盯一盯吧！”

受到新老板的重用，佩佩欢欣鼓舞。恰好这天要去上海某周边城市谈判，佩佩一合计，一行好几个人，坐公交车不方便，人也受累，会影响谈判效果；打车吧，一辆坐不下，两辆费用又太高；还是包一辆车好，经济又实惠。

主意定了，佩佩却没有直接去办理。几年的职场生涯让她懂得，遇事向老板汇报一声是绝对必要的。于是，佩佩来到老板跟前。

“老板，您看，我们今天要出去，”佩佩把几种方案的利弊分析了一番，接着说：“所以呢，我决定包一辆车去！”汇报完毕，佩佩发现老板的脸不知道什么时候黑了下来。他生硬地说：“是吗？可是我认为这个方案不太好，你们还是买票坐长途车去吧！”佩佩愣住了，她万万没想到，一个如此合情合理的建议竟然被打了“回票”。

“没道理呀，傻瓜都能看出来我的方案是最佳的。”佩佩大惑不解。

思考题：

请问佩佩哪里做的不对？她应该怎样向老板“汇报”呢？

请假

下面是下属向上司请假的两个结果相反的案例。

职员：今天我有点急事，不来了。

经理：今天公司有好多重要业务要处理。

职员：但是我今天确实是有急事啊！

经理：那你昨天怎么不事先打招呼呢？不然，我会事先安排别人顶替你的业务。

职员：不是急事嘛？我又不是神仙，怎么能未卜先知？

职员：谁家里能没点急事？

经理：当然。那你就以家为重吧。（重重地扔上电话。）

职员：经理，您好！非常抱歉，今天家里有点急事，实在没办法，只能向您请假了。

经理：可是，今天公司有一项非常重要的业务要你处理啊！

职员：经理，这个我知道。不过经理啊，我的情况您也知道，不是万不得已，我是从不在紧要关头向您开口请假。您一向都非常关照我，我也不忍心在紧要关头给您添麻烦。

经理（犹豫了一下）：那这样吧，你给小王打个电话，将你准备好的材料发给她，我再跟她打个招呼，让她辛苦点，今天替你挡一阵。

职员：经理，您真是体贴下属的好领导！太感谢您了！改天请您吃饭！

经理（愉快地轻笑一声）：别拍马屁了。那就这样吧，拜拜！（轻轻地挂上电话。）

思考题：

（1）两个下属在向上司请假时的沟通方式有何不同？各自产生了什么效果？为什么？

（2）本案例对你有哪些启示？

参考文献

[1] 蒋红梅，张晶，罗纯. 演讲与口才实训教程[M]. 北京：清华大学出版社，2016.

[2] 刘淑娥. 演讲与口才[M]. 北京：首都经济贸易大学出版社，2016.

[3] 蒋红梅，张晶，罗纯. 演讲与口才实用教程[M]. 北京：人民邮电出版社，2015.

[4] 龙小语. 从零开始学演讲[M]. 上海：立信会计出版社，2015.

[5] 史钟锋，张传洲. 演讲与口才实训[M]. 南京：东南大学出版社，2015.

[6] 陶莉. 职场口才技能实训[M]. 北京：中国人民大学出版社，2015.

[7] 王子蕲. 公共关系口才[M]. 上海：华东师范大学出版社，2015.

[8] 张波. 口才与交际[M]. 北京：机械工业出版社，2015.

[9] 程霞. 成大事必备的演讲之道[M]. 北京：中国宇航出版社，2014.

[10] 李元授. 演讲与口才[M]. 武汉：华中科技大学出版社，2014.

[11] 李元授. 人际沟通训练[M]. 武汉：华中科技大学出版社，2014.

[12] 徐静，陶莉. 有效沟通技能实训[M]. 北京：中国人民大学出版社，2014.

[13] 滕远杰. 面试中的交流及语言技巧[J]. 中国新通信，2014（13）.

[14] 袁红兰. 演讲与口才[M]. 北京：航空工业出版社，2014.

[15] 王晶. 口才训练实用教程[M]. 北京：清华大学出版社，2014.

[16] 王宏. 每天一堂销售口才课[M]. 北京：机械工业出版社，2014.

[17] 张喜春，刘康声，盛暑寒. 人际交流艺术[M]. 北京：北京交通大学出版社，2014.

[18] 金常德. 大学生社交口才实践教程[M]. 北京：北京大学出版社，2013

[19] 卢海燕. 演讲与口才实训[M]. 大连：大连理工大学出版社，2013.

[20] 宇琦. 最讨人喜欢的说话方式：会说话一句顶一万句[M]. 北京：北京联合出版公司，2013.

[21] 杨利平，艾艳红. 实用口才训练教程[M]. 长沙：湖南人民出版社，2013.

[22] 秦凤岗. 成功的演讲都有一个好的开场白[J]. 秘书，2013（5）.

[23] 张珺. 实用口才[M]. 南京：南京大学出版社，2013.

[24] 周刚，袁媛. 实用型演讲开场白解析[J]. 长春理工大学学报，2013（3）.

[25] 韩虎山. 演讲辞结尾的写作艺术[J]. 写作，2012（3）.

[26] 谭一平. 职场生存——除了沟通还是沟通[J]. 秘书，2012（4）.

[27] 王旭. 看电影学礼仪[M]. 广州：南方日报出版社，2012.

[28] 姚小玲，张凤，陈萌. 演讲与口才[M]. 北京：电子工业出版社，2012.

[29] 傅春丹. 演讲与口才案例教程[M]. 北京：中国水利电力出版社，2011.

[30] 孙海燕，等. 口才训练十五讲[M]. 北京：北京大学出版社，2004.

[31] 彭义文．口才训练教程[M]．北京：北京师范大学出版社，2011.
[32] 谢红霞．沟通技巧[M]．北京：中国人民大学出版社，2011.
[33] 屈海英．新编演讲与口才[M]．杭州：浙江大学出版社，2011.
[34] 李阳海．为演讲设计好“开场白”[J]．应用写作，2008（3）.